Das Android Smartphone Buch

Beijing · Cambridge · Farnham · Köln · Sebastopol · Tokyo

Hans Dorsch

Kommentare und Fragen können Sie gerne an uns richten:
O'Reilly Verlag
Balthasarstr. 81
50670 Köln
E-Mail: kommentar@oreilly.de

1. Auflage 2011
2. Auflage 2012
3. Auflage 2014

Bibliografische Information der Deutschen Nationalbibliothek
Die Deutsche Nationalbibliothek verzeichnet diese Publikation in der Deutschen Nationalbibliografie; detaillierte bibliografische Daten sind im Internet über *http://dnb.de* abrufbar.

Lektorat: Christine Haite & Susanne Gerbert, Köln
Korrektorat: Friederike Daenecke, Zülpich & Sibylle Feldmann, Düsseldorf
Satz: Ulrich Borstelmann, Dortmund
Umschlaggestaltung: Michael Oreal, Köln
Produktion: Andrea Miß, Köln
Belichtung, Druck und buchbinderische Verarbeitung: Media-Print, Paderborn

ISBN 978-3-95561-668-7

Dieses Buch ist auf 100% chlorfrei gebleichtem Papier gedruckt.

Inhaltsverzeichnis

Willkommen, Smartphone, willkommen, Android! 11

1. Sofort starten mit dem Android Smartphone 13

Android-Grundlagen – Das ist dran am Smartphone 15
Das ist dran am Smartphone (Fortsetzung) 17
Android-Grundlagen – So steuern Sie Ihr Smartphone 19
Android-Grundlagen – Tasten und Menüs 21
Android Grundlagen – Unterschiede bei Versionen und Herstellern 23
Die wichtigsten Einstellungen für Samsung-Geräte 25
Android und die Cloud 27
Ein Google-Konto einrichten 29
Die wichtigsten Einstellungen festlegen 31
Das haben alle Android-Phones: Die Programme 33
Das haben alle Android-Phones (Fortsetzung) 35
Sichern Sie Ihr Smartphone 37
Display-Sperre mit PIN oder Passwort einrichten 39
Display-Sperre mit Muster einrichten 41
SIM-Kartensperre aktivieren und ändern 43
Telefoninfos – Wichtige Daten schnell zur Hand 45
Den Internet-Zugang einrichten und verwalten 47
Mit dem WLAN-Netz verbinden 49
Den Speicher mit einer neuen SD-Karte erweitern 51
Smartphone wiederfinden mit dem Android Geräte-Manager 53

2. Bedienungstipps für Ihr Smartphone 55

Das Android-Smartphone mit Gesten steuern 57
Das Android-Smartphone mit Gesten steuern (Fortsetzung) 59
Perfekt tippen auf dem Touch-Screen 61
Noch mehr Tipps zum Touch-Screen-Tippen 63

Sprechen statt Tippen 65
Steuern Sie Ihr Smartphone mit Sprache 67
Text kopieren und einsetzen 69
Bilder von einer App in die andere kopieren 71
Weitergeben – teilen Sie Ihre Inhalte mit anderen 73
Mehrere Fenster nutzen an Samsung-Geräten 75

3. Ihre Daten unterwegs und online – mit Google, Exchange und anderen 77
Google Mail, Kalender und Kontakte mit Outlook abgleichen 79
GMail-Zugang in Outlook einrichten mit IMAP 81
Kontakte in das Google-Konto importieren 83
Kontakte mit GO Contact Sync Mod abgleichen 85
Ihr Exchange-Konto mit Android verbinden 87
Das Smartphone mit dem Computer verbinden 89
Sichere Daten und sichere Übertragung bei Google-Diensten 91
Ein Samsung-Smartphone mit Kies synchronisieren 93
Kontakte von der SIM-Karte importieren 95
Schadsoftware und Viren abwehren 97

4. Das Smartphone mit Apps von Google Play erweitern 99
Kostenlose Apps von Google Play laden 101
Apps bei Google Play kaufen mit dem Google Wallet 103
Apps bei Google Play über die Telefonrechnung kaufen 105
Apps bei Google Play umtauschen 107
Apps am Computer laden 109
Apps aufräumen und löschen 111
Eigene Apps im Play Store verwalten und updaten 113

5. Telefonieren mit Komfort 115
Anrufen 117
Anrufen – Favoriten und andere Kontakte 119
Anrufe empfangen und Funktionen nutzen 121

Anrufe empfangen und Funktionen nutzen (Fortsetzung) 123
Telefonkonferenz – mit mehreren Leuten sprechen 125
Gesammelte Telefoneinstellungen 127
Mailbox: mit einem GSM-Code die Zeit bis zum Melden einstellen 129
Telefonfunktionen mit GSM-Codes steuern 131
Bluetooth-Headset mit dem Smartphone verbinden 133
Telefonieren mit Bluetooth und ohne 135
Telefonieren über das Internet – überall und günstig im WLAN mit VoIP 137
Mit Skype über WLAN telefonieren 139
SIP-Konto zum Telefonieren über das Internet einrichten 141
SIP – Telefonieren übers Internet 143
Günstig im Ausland und ins Ausland telefonieren 145

6. Das Web mobil nutzen 147
Webseiten finden und aufrufen 149
Große Webseiten mit dem Browser nutzen 151
Bequemer surfen mit mehreren Fenstern 153
Überall suchen und alles finden mit der Google-Suche 155
Text auf der Webseite suchen 157
Lesezeichen für Seiten, die Sie häufig benutzen 159
Lesezeichen vom Computer aufs Smartphone 161
Geöffnete Seiten auf mehreren Geräten ansehen 163
Webseiten per E-Mail weiterleiten 165

7. E-Mail und SMS, Twitter, Facebook und Google+ – Kommunikation auf allen Kanälen 167
E-Mail ganz wie Sie sie möchten 169
Gmail: E-Mail-Nachrichten anzeigen und organisieren 171
Gmail: Nachrichten lesen und beantworten 173
Gmail: Nachricht beantworten und Konversation anzeigen 175
Mails durchsuchen und andere Kleinigkeiten 177
Gmail: E-Mails schreiben und versenden 179
Alles Mögliche per Mail verschicken 181

E-Mail überall auf dem gleichen Stand mit IMAP 183
E-Mail: IMAP-Konto einrichten 185
E-Mail mit Exchange nutzen 187
E-Mail: Nachrichten vom Exchange- oder IMAP-Konto abrufen 189
E-Mail: Nachrichten über das Exchange- oder IMAP-Konto senden 191
E-Mail von GMX und Web.de nutzen 193
Alles drin in der Signatur 195
SMS mit Hangouts – das essenzielle Kommunikationswerkzeug für unterwegs 197
WhatsApp Messenger – die kostenlose Alternative zu SMS und MMS 199
Unterwegs unterhalten mit Hangouts 201
Videochat mit Hangouts 203
Facebook mit dem Smartphone nutzen 205
Twittern mit der Twitter-App 207
Android Beam: Teilen per Telefonkontakt 209

8. So wird Ihr Smartphone persönlicher, vernetzter und sicherer 211
Alles im Blick mit Widgets 213
Kontakte suchen und direkt anrufen 215
Mit Verknüpfungen schnell zur richtigen App 217
Mit Widgets direkt zu Ihren wichtigen Daten 219
Ordner für alles, was zusammengehört 221
Der Startbildschirm mit eigenem Hintergrund 223
Bildschirmdrehung ein- und ausschalten 225
Standardanwendungen festlegen – wie am PC 227
Erstellen Sie sich Ihren persönlichen Klingelton 229
Smart schreiben mit Textbausteinen im Wörterbuch 231
Mobiler Hotspot – Internetverbindung mit anderen Geräten nutzen 233
Explorer – Dateien auf der SD-Karte verwalten 235
Dropbox – Online-Speicher mit Smartphone-Anschluss 237
Dropbox – große Dateien mit anderen teilen 239

Die Dropbox und die Sicherheit 241
Der smarte Umgang mit privaten Daten 243
Der smarte Weg zum sicheren Passwort 245
1Password – der mobile Safe für persönliche Daten 247
Kids Place – das Smartphone kindersicher machen 249
Launcher – die Startoberfläche anpassen 251
Dokumente in der Cloud nutzen mit Google Drive 253

9. Termine, Aufgaben und alles andere geregelt kriegen 255
Kalender mit Google benutzen 257
Kalender anzeigen 259
Google Kalender online verwalten 261
Kalender auf dem Smartphone auswählen und anzeigen 263
Kalendereinträge unterwegs erstellen 265
Den Kalender zum Informationstool erweitern 267
Vier Möglichkeiten, den Google Kalender zu erweitern 269
Aufgaben und Listen verwalten mit GTasks 271
Evernote – Nehmen Sie Ihr Archiv mit 273
Mit Evernote Belege sichern und suchen 275
Timer, Uhr und anderes nützliches Zubehör 277

10. Smart unterwegs – Ihr Smartphone kennt sich aus 279
Maps – von Ort zu Ort mit digitaler Hilfe 281
Maps – mehr Informationen in Ihrer Umgebung 283
Orte am Computer speichern und unterwegs nutzen 285
Bahnverbindungen mit dem DB Navigator finden 287
Unterwegs mit Auto, Bahn und anderen Verkehrsmitteln 289

11. Smart informiert 291
Flipboard – Nachrichten aus allen Kanälen 293
Instapaper – Artikel im Browser merken und auf dem Smartphone lesen 295
Instapaper – eine Webseite auf dem Smartphone sichern 297
Nachrichten hören, statt lesen 299

WeatherPro – Wettervorhersagen ganz genau 301
Google Now: Alles, was Sie wissen wollen, mit einem Wisch 303

12. Volle Unterhaltung unterwegs und zu Hause 305
Musik hören 307
Mehr Möglichkeiten für Ihre Musik 309
Google Play Music – Musik auf allen Geräten 311
Audio-CDs in MP3-Dateien umwandeln 313
Auf dem Telefon Musik bei Amazon kaufen 315
TuneIn Radio – das Kofferradio des 21. Jahrhunderts 317
Videos bei YouTube finden und ansehen 319
Videos bei YouTube merken und ansehen 321
Mit dem Mobo Player Videos von der SD-Karte spielen 323
Spielfilme auf DVD mit Handbrake fürs Smartphone umwandeln 325
Chromecast: Der einfachste Weg, Musik und Videos ans TV-Gerät zu senden 327
Chromecast: Videos und Musik am TV 329
Google Play Movies – Filme online ausleihen 331
Google Play Movies – Filme ansehen 333
Musik mit Spotify überall hören 335

13. Bücher lesen und hören 337
Ein Kindle-E-Book bei Amazon laden 339
Ein Kindle-E-Book auf dem Smartphone lesen 341
EPUB- und PDF-Bücher mit Aldiko importieren und öffnen 343
E-Books mit Aldiko öffnen, verwalten und lesen 345
Bücher ausleihen und lesen 347
Hörbücher von Audible kaufen und abspielen 349
Bücher laden bei Google Play 351

14. Fotos und Videos mit und ohne Internetanschluss 353
Fotos schießen mit der Kamera 355
Mehr Fotospaß mit Kamera-Apps 357
Bilder und Filme mit Windows 7 importieren 359
Picasa – Fotos und Videos auf den Computer übertragen 361

Mit Google+ haben Sie immer die neuesten Familienbilder dabei 363
Dropbox Kamera Upload – alle Fotos und Videos automatisch auf allen Geräten 365
Videos aufnehmen in HD 367
Videos bei YouTube hochladen 369
Video auf dem Smartphone trimmen 371

15. Wartung, Pflege und Fehlerbehebung 373
Das Android-Smartphone neu starten 375
Android sichern und auf Werkseinstellungen zurücksetzen 377
Ihr Android-Smartphone mit Ihrem Google-Konto wiederherstellen 379
Systeminformationen anzeigen und verwalten 381
Android-Systemupdates installieren 383
Energiesparen für längeren Smartphone-Spaß 385

Index 387

4:40
Google
Google
Play Store

Willkommen, Smartphone, willkommen, Android!

2007 war das Jahr, das die Welt der Mobiltelefone veränderte. In diesem Jahr betrat Steve Jobs, der Chef von Apple, in San Francisco eine Bühne und präsentierte ein Gerät, das die Welt der Telefone und die der Computer grundlegend umkrempeln sollte. Seit dem Erscheinen des iPhone ist nichts mehr, wie es war. Es war das erste Mobiltelefon, das komplett auf Tasten verzichtete (bis auf eine Home-Taste) und stattdessen vollständig mit einem oder mehreren Fingern gleichzeitig (Multitouch) bedient wurde. Und obwohl es sehr teuer war, nur über eine langsame mobile Datenverbindung verfügte und zudem nur bei einem Mobilfunkanbieter zu haben war, eroberte es die Herzen von Fachleuten und – noch viel wichtiger – von ganz normalen Menschen.

Zu diesem Zeitpunkt lief bei Google schon das Geheimprojekt Android (das ist das englische Wort für einen Androiden, also einen menschenähnlichen Roboter). Dabei handelte es sich um ein Betriebssystem für Mobiltelefone, das dem des iPhone sehr ähnlich war. Das System ist Open Source (quelloffen) und darf von jedem verändert und weitergegeben werden.

2008 kam das erste Android-Gerät in die Läden. In Deutschland kam es als T-Mobile G1 auf den Markt. Seitdem geht die Entwicklung in Riesenschritten voran. 87 Unternehmen sind Mitglieder in der Open Handset Alliance und entwickeln Mobiltelefone, Tablets und alle möglichen anderen Geräte von Armbanduhren bis zu TV-Geräten mit diesem System.

Heute, im Frühjahr 2014 haben Smartphones klassische Handys praktisch vollständig verdrängt und der Anteil verkaufter Smartphones mit Android in Europa bei fast 70 %. Die aktuelle Version (4.4, KitKat) ist leistungsfähiger, schneller und dabei anwenderfreundlicher als die Vorgänger.

Deshalb geht dieses Buch nun in die dritte Auflage – komplett überarbeitet, mit vielen Tipps, wie Sie Ihr Smartphone nutzen, um in Verbindung zu bleiben und Dinge tun können, die vor wenigen Jahren noch nicht denkbar waren. Freuen Sie sich darauf.

SONY
10:35
AT&T
10:08
htc
SAMSUNG
12:45
Mon, 24 February
Lisa, and Peter!
4:40
Google

Kapitel 1 | Sofort starten mit dem Android Smartphone

Mit diesem Buch nutzen Sie schnell die vielen Möglichkeiten, die Ihnen Ihr Smartphone bietet, und finden heraus, wie dieser mobile Computer mit Telefonfunktion Ihr Leben jeden Tag bereichern kann. Die Anleitungen und Tipps in diesem Buch können Sie mit jedem Android-Smartphone nutzen. Jedoch ist kein Android-Smartphone wie das andere: Ich hatte Geräte von LG, Samsung Motorola zur Verfügung; alle waren unterschiedlich, aber alle waren sich auch sehr ähnlich.

Drei Hinweise deshalb vorweg:

1. Dieses Buch behandelt Geräte der Systemversionen 4.4 (erhältlich seit Oktober 2013) und höher. Die meisten Inhalte treffen auch auf Geräte mit niedrigeren Systemversionen zu, können sich aber unterscheiden (vor allem optisch).
2. Für die Anleitungen in diesem Buch wird hauptsächlich das Gerät Nexus 5 von LG verwendet. Dieses Gerät nutzt das Android-System in der unveränderten Ausführung von Google, die alle Hersteller als Grundlage für ihre Geräte verwenden (derzeit mit der Versionsnummer 4.4.2). Die gezeigten Bildschirme sehen deshalb möglicherweise ein wenig anders aus als bei Ihrem Gerät, die Funktionen stimmen jedoch weitgehend überein.
3. Sie können Ihr Android-Smartphone nutzen, ohne es jemals in die Nähe eines Computers zu bringen. Wenn Sie es aber doch einmal mit einem Computer zusammen nutzen möchten, ist es sehr kontaktfreudig. Ich gehe in diesem Buch auf die Verbindung mit dem PC (Windows 7/8) und dem Mac (OS X, 10.9) ein. Linux-Anwender finden sicher auch passende Anwendungen. Suchen Sie einfach danach – vielleicht mit Googles anderer erfolgreicher Erfindung, der Google Suche.

Mit welcher Software läuft mein Smartphone?

Wie Sie die Version Ihres Gerätes herausfinden, lesen Sie in diesem Kapitel auf Seite 45.

Kamera (mit Fotolicht)
Kopfhöreranschluss
Hörer
Mikrofon zur Geräuschunterdrückung
Lichtsensor
Frontkamera
Ein/Aus-Taste
Lautstärketasten
Touchscreen
Navigations-tasten
Mikrofon
Micro-USB
Lautsprecher

Android-Grundlagen – Das ist dran am Smartphone

Willkommen in der Welt der licht-, bewegungs- und berührungsempfindlichen Android-Smartphones. Es handelt sich bei ihnen um kleine Computer, die so einfach zu bedienen sind, weil sie ganz selbstverständlich modernste Technik nutzen. Das bringt Ihr Android mit:

Die Tasten

- Ein/Aus-Taste: Einmal kurz drücken, und das Smartphone geht in den Ruhezustand (Standby). Langes Drücken öffnet die Telefonoptionen. Dazu gehören immer Lautlos, Flugmodus und Ausschalten. Als ordentlicher Computer lässt sich Ihr Android das Herunterfahren bestätigen.
- Lautstärke: Die Lautstärke-Tasten sind meist als Wippe ausgelegt. Sie steuern die Lautstärke Ihres Gesprächspartners genauso wie den Musik- und Videoton.
- Die Navigationstasten: Sie gehören zum System und sind entweder Teil des Touchscreens oder als Touch-Tasten ausgeführt, bei manchen Geräten auch als echte Tasten mit Klick. Mehr dazu finden Sie auf den nächsten Seiten.

Der Touchscreen

Der berührungsempfindliche Bildschirm ist Anzeige- und Eingabegerät gleichzeitig. Alle Elemente, die Sie sehen, können Sie nutzen, indem Sie sie einfach anfassen. Mehr dazu auf den nächsten Seiten.

Kamera (mit Fotolicht)
Kopfhöreranschluss
Hörer
Mikrofon zur Geräuschunterdrückung
Lichtsensor
Frontkamera
Ein/Aus-Taste
Lautstärketasten
Touchscreen
Navigations-tasten
Mikrofon
Micro-USB
Lautsprecher

Das ist dran am Smartphone (Fortsetzung)

Die Sensoren

- Lichtsensoren erkennen, wenn Sie das Smartphone ans Ohr halten, und schalten das Display ab, damit Sie nicht aus Versehen mit der Wange eine Taste drücken. Außerdem regeln sie die Helligkeit je nach Umgebung.
- Die Kamera auf der Rückseite eignet sich für hochauflösende Foto- und Video-Aufnahmen. Die Frontkamera mit niedrigerer Auflösung reicht zum Videotelefonieren und als Schminkspiegel völlig aus.
- Die Hörmuschel (oben) und das Mikrofon zum Telefonieren (unten). Manche Geräte besitzen ein zweites Mikrofon, das Störgeräusche aus der Umgebung erkennt und ausblendet.
- Mit GPS-Chip, Kompass und Bewegungssensoren erkennt Ihr Smartphone jederzeit, wo und in welcher Lage es sich befindet.

1 Statusleiste
2 Start-bildschirm
3 Favoriten-leiste
4 Navigations-tasten
Benachrichtigungsfeld
Google-Suche
Hintergrund
Widget
Verknüpfung
Ordner

Android-Grundlagen – So steuern Sie Ihr Smartphone

Mit dem Einschalten entfaltet sich die Magie des Smartphones. Dann zeigt Android auf dem Bildschirm die Elemente, mit denen sich Ihr Telefon so schnell und mühelos steuern lässt.

❶ **Die Statusleiste**: Sie zeigt immer die Zeit, den Batterieladezustand und die Signalstärke des Funknetzes an. In ihr sammeln sich alle Benachrichtigungen, etwa zu neuen E-Mails oder SMS.

- Ziehen Sie mit dem Finger vom oberen Bildschirmrand nach unten, um das Benachrichtigungsfeld zu öffnen (egal, was Ihr Smartphone gerade anzeigt).
- Tippen Sie auf einen Eintrag, um ihn zu öffnen (z.B. auf eine SMS oder eine Twitter-Nachricht). Auch kleine Steuerelemente finden hier Platz.

❷ **Der Startbildschirm** (auch Home-Bildschirm oder Homescreen): Die Organisationszentrale Ihres Smartphones erreichen Sie immer mit einem Druck auf die Home-Taste. Auf diesem Bildschirm können Sie Verknüpfungen zu Apps oder Dokumenten (hier zu Runkeeper), Widgets (hier Wetter) und Ordnern (z.B. Google) frei platzieren. Wie Sie mit diesen Elementen Ihr Smartphone noch geschickter nutzen, lesen Sie in Kapitel 8, Das Smartphone smarter nutzen.

- Drücken Sie lange auf eine leere Fläche, um den Hintergrund zu ändern.
- Wischen Sie nach links und rechts. Sie können zwischen bis zu fünf Bildschirmen wechseln, die Sie ebenfalls individuell zusammenstellen können. Ganz links finden Sie Google Now. Die Google-Suche ist ab Android 4 immer fest am oberen Rand verankert.

❸ **Die Favoritenleiste**: Diese Leiste, oft Launcher genannt, ist fest am unteren Bildschirmrand verankert und auf allen Bildschirmen zu sehen.

- Platzieren Sie hier Verknüpfungen zu Apps, die Sie besonders häufig verwenden.
- Das Symbol in der Mitte öffnet das Anwendungsmenü mit allen installierten Apps und den verfügbaren Widgets.

❹ **Die Navigationstasten**: Diese Tasten stehen auf dem Startbildschirm und in allen Apps immer zur Verfügung. Mehr zu ihnen auf der nächsten Seite.

12:56
Kamera
Rasteransicht
4
Alben
Alben
Orte
Zeiten
Personen
Tags
12:56
Bearbeiten
Nach links drehen
Nach rechts drehen
Zuschneiden
Bild festlegen als
Details
Kamera
WeatherPro
-1°C
Google Mail
1
2
3
Zurück
Home
Kürzlich verwendet

Android-Grundlagen – Tasten und Menüs

Am unteren Bildschirmrand finden Sie die Navigationstasten. Sie sind immer zugänglich, egal, was auf dem Bildschirm zu sehen ist.

❶ Zurück: Geht einen Schritt zurück. Praktisch überall, systemübergreifend.

- Sie tippen durch ein Menü – Zurück bringt Sie eine Ebene höher.
- Eine App ruft eine andere auf – Zurück bringt Sie zur vorherigen App.
- Ein Dialogfeld öffnet sich – Zurück schließt es.

❷ Home: Die wichtigste Taste an Ihrem Smartphone. Ein Tipp bringt Sie immer auf den Startbildschirm zurück, den Startpunkt aller Aktivitäten.

❸ Letzte Apps: Öffnet eine Liste der zuletzt verwendeten Apps. Tippen Sie auf eine, um direkt dorthin zu wechseln. Wischen Sie nach links oder rechts, um sie aus der Liste zu löschen.

❹ Aktionsleiste: Zu vielen Inhalten, die auf dem Bildschirm angezeigt werden, gibt es zusätzliche Funktionen, hier am Beispiel der (Foto-)Galerie. Kleine Dreiecke öffnen Menüs, um etwa die Ansicht zu ändern, Tasten ermöglichen das Teilen (Mail, Twitter) Gibt es eine Suche, finden Sie hier eine kleine Lupe. Aktionen, die keinen Platz in der Leiste finden, landen im Menü. Tippen Sie auf die Taste mit den drei Pünktchen, um sie anzuzeigen.

4:40
Google
1
Google
Play Store
16:20
16:20
Do., 27. Februar
Köln
Bewölkt
10°C
27/02 16:20
Google
E-Mail
Kamera
Samsung Apps
Play Store
Telefon
Kontakte
Nachricht...
Internet
Menü
2
10:08 AM
10:08 AM
TUE, JUL 23 | LONDON, 20°C
Great Sunday drive with Jessie, Lisa, and Peter!
Jason Holt
Train for Success
Local News
The Ultimate Stage
UEFA.com
htc
3

Android Grundlagen – Unterschiede bei Versionen und Herstellern

Wahrscheinlich sieht Ihr Smartphone nicht aus, wie das links auf diesem Bild. Das liegt daran, dass Android als Open Source-System zuerst von Google und dann von den Geräteherstellern entwickelt wird. Da kann es durchaus sein, dass ein Gerät die Systemversion 4.4.2 nutzt, aber eine Menü-Taste am Gehäuse besitzt, ein anderes mit der Version 4.1 läuft, aber eine Zurück-, Home- und eine Letzte Apps-Taste besitzt.

❶ **Startbildschirm**:

- Bei Android 4.4 ist die Google-Suche fester Bestandteil des Startbildschirms.
- Fehlt das Suchfeld, lässt es sich als Widget hinzufügen. Drücken Sie lange auf eine leere Fläche, um das Auswahlmenü anzuzeigen.

❷ Die **Favoritenleiste** ist je nach System oder Hersteller unterschiedlich bestückt. Telefon und Anwendungsmenü sind jedoch immer drin.

❸ **Navigationstasten**: Bei den meisten Geräten sind diese Tasten als Software-Tasten angelegt. Das heißt, sie sind nur sichtbar, wenn der Bildschirm an ist. Es gibt aber Unterschiede.

- **Samsung-Geräte** besitzen eine mechanische Home-Taste (mit Klick). Links davon ist die Menü- und rechts die Zurück-Taste.
- Wo sind die Letzten Apps? Bei Samsung erscheinen sie nach langem Druck auf die Home-Taste. Bei **HTC** können Sie nach einem Doppeltipp auf die Home-Taste zu den zuletzt verwendeten Apps wechseln.
- Ist die Menü-Taste vorhanden, zeigt sie Optionen und Aktionen zu Inhalten auf dem Bildschirm an. In Android 4 finden Sie hier Aktionen, die in der Aktionsleiste keinen Platz haben.
  Bei den aktuellsten Modellen ersetzt Samsung (endlich) die Menütaste links von der Home-Taste durch die Taste Letzte Apps. So ist's recht.

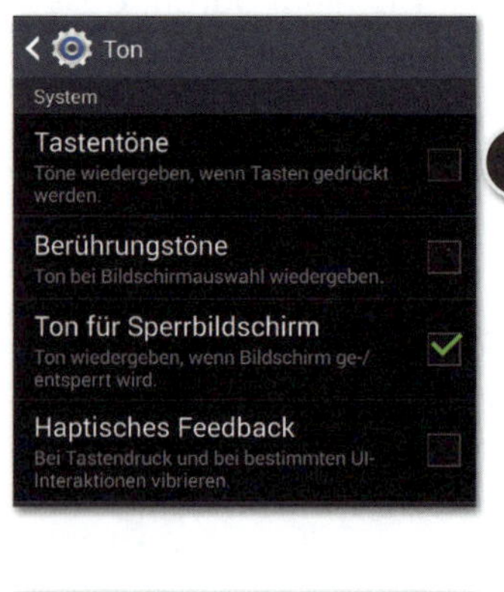
Ton
System
Tastentöne
Töne wiedergeben, wenn Tasten gedrückt werden.
Berührungstöne
Ton bei Bildschirmauswahl wiedergeben.
Ton für Sperrbildschirm
Ton wiedergeben, wenn Bildschirm ge-/entsperrt wird.
Haptisches Feedback
Bei Tastendruck und bei bestimmten UI-Interaktionen vibrieren.
1

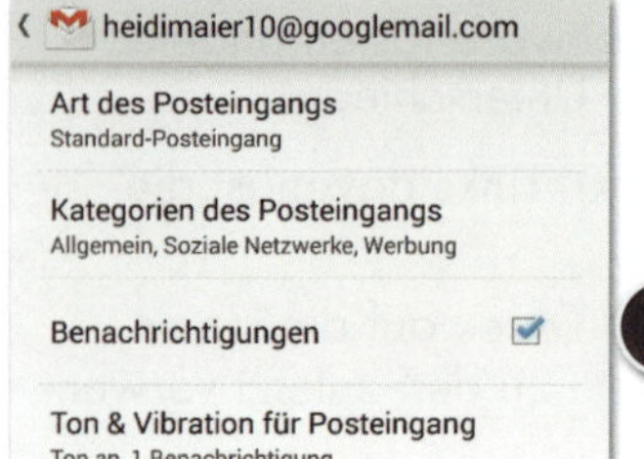
heidimaier10@googlemail.com
Art des Posteingangs
Standard-Posteingang
Kategorien des Posteingangs
Allgemein, Soziale Netzwerke, Werbung
Benachrichtigungen
Ton & Vibration für Posteingang
Ton an, 1 Benachrichtigung
2

Verbindung..
Mein Gerät
Konten
Optionen
Berechtigungen
Standort
3
Standort
Modus
Hohe Genauigkeit
4
Suchmethode
Hohe Genauigkeit
Schätzt den Standort über GPS, WLAN und mobile Netze.
Energiesparmodus
Schätzt den Standort über WLAN und mobile Netze.
Nur GPS
Schätzt den Standort über GPS.
Sperrbildschirm
Bildschirmsicherheit
Sperrbildschirm
Gesichert mit PIN
5

SAMSUNG
64%
10:35
10:35
Geräteoptionen
6
Ausschalten
Datennetzmodus
Datennetzmodus aktiviert
Offline-Modus
Offline-Modus deaktiviert
Neustart
Lautlos
Vibrieren
Ton

Die wichtigsten Einstellungen für Samsung-Geräte

Samsung-Geräte besitzen immer etwas mehr Möglichkeiten als die anderer Hersteller. Ob alle notwendig sind, entscheiden Sie. Die Regler für die wichtigsten Einstellungen finden Sie aber auch bei Samsung, wenn auch ein bisschen anders sortiert.

❶ Um die Tasten- und Berührungstöne abzuschalten, wählen Sie in den Einstellungen Mein Gerät → Ton und entfernen Sie die Haken. Entfernen Sie am besten auch gleich den Haken bei Haptisches Feedback. Es irritiert doch eher, als es hilft, wenn das Gerät bei jeder Berührung vibriert.

❷ Wenn Sie nicht bei jeder eingehenden E-Mail per Ton und Vibration benachrichtigt werden möchten, schalten Sie die Nachrichten ab. Gehen Sie in die Einstellungen Ihrer E-Mail-App und wählen Sie das Konto, für das Sie die Benachrichtigungen abschalten möchten. Wenn Sie keine Benachrichtigungen haben möchten, entfernen Sie den Haken. Wenn Ihr Smartphone nur vibrieren soll, können Sie das unter Ton & Vibration für Posteingang genau festlegen.

❸ Für manche Apps ist es wichtig zu wissen, wo Sie sind. Anders kann Google Maps Sie zum Beispiel nicht an Ihr Ziel führen. Also wählen Sie in den Einstellungen den Reiter Optionen und dort Standort. Schalten Sie die Standortbestimmung über den Schieber an.

❹ Wenn Sie auf Standort tippen, erhalten Sie weitere Optionen. Am besten ist die Hohe Genauigkeit. Dieser Modus verbraucht aber auch den meisten Strom.

❺ Schalten Sie die Display-Sperre über Mein Gerät → Sperrbildschirm ein. Mehr dazu später in diesem Kapitel.

❻ Schnell Ruhe schafft übrigens der Lautlosmodus. Damit schalten Sie alle Töne aus, die das Gerät erzeugt, bis auf die Medienwiedergabe und den Wecker. Drücken Sie dazu lange die Stand-by-Taste.

4:40
Google
Google
Play Store

Android und die Cloud

Ihr Smartphone ist ein mobiler Computer für das Internet. Es ernährt sich von Strom und GPS und braucht LTE und WLAN so dringend wie wir die Luft zum Atmen. Diese Nahrung ist die Grundlage für die beinahe magischen Fähigkeiten, mit denen Android Ihr Leben unwahrscheinlich bereichern kann.

Denn Android ist ein System für die Cloud. Das heißt, es ist dafür gemacht, mit Daten zu arbeiten, die sich nicht auf dem Gerät, sondern im Internet befinden, gleichsam über dem Gerät schwebend, wie in einer Wolke – auf Englisch Cloud.

Deshalb ist das Erste, was Sie beim Einschalten Ihres Telefons tun sollten, die Einrichtung Ihres Google-Kontos. Welche Daten und wie viele davon Sie Google anvertrauen wollen, können Sie später noch entscheiden.

Auch wenn Sie nicht vorhaben, Daten über Google-Dienste auszutauschen, empfehle ich Ihnen, ein Konto bei Google anzulegen. Sie benötigen es spätestens dann, wenn Sie bei Google Play einkaufen möchten.

Und wer denkt an den Datenschutz?

Sie meinen, ich stehe völlig blauäugig und ignorant den Gefahren der modernen Technik gegenüber und sehe nur die Versprechungen der Konzerne? Es klingt fast so, stimmt aber nicht. Im Laufe dieses Buches gehe ich durchaus auf Datenschutzbedenken ein und zeige, wie Sie Ihre Daten schützen können.

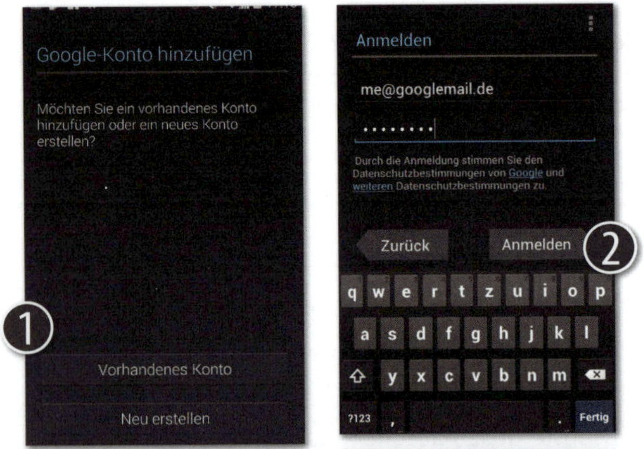

Google-Konto hinzufügen
Möchten Sie ein vorhandenes Konto hinzufügen oder ein neues Konto erstellen?
1
Vorhandenes Konto
Neu erstellen
Anmelden
me@googlemail.de
Durch die Anmeldung stimmen Sie den Datenschutzbestimmungen von Google und weiteren Datenschutzbestimmungen zu.
Zurück
Anmelden
2
Fertig

Google-Konto hinzufügen
Möchten Sie ein vorhandenes Konto hinzufügen oder ein neues Konto erstellen?
1
Vorhandenes Konto
Neu erstellen
Ihr Name
Ihr Name wird für die Personalisierung Ihres Telefons und der Google-Dienste verwendet.
Heidi
2
Maier
Zurück
Weiter
Fertig
Nutzernamen ändern
heidimeier6
@googlemail.com
Der Nutzername heidimeier ist nicht verfügbar.
3
Berühren, um Vorschläge zu
Vorgeschlagene Nutzernamen
heidimeier6
Maier932
Wiederholen
Überspringen
Passwort erstellen
(mindestens 8 Zeichen)
stark
4
Zurück
Weiter
Fertig

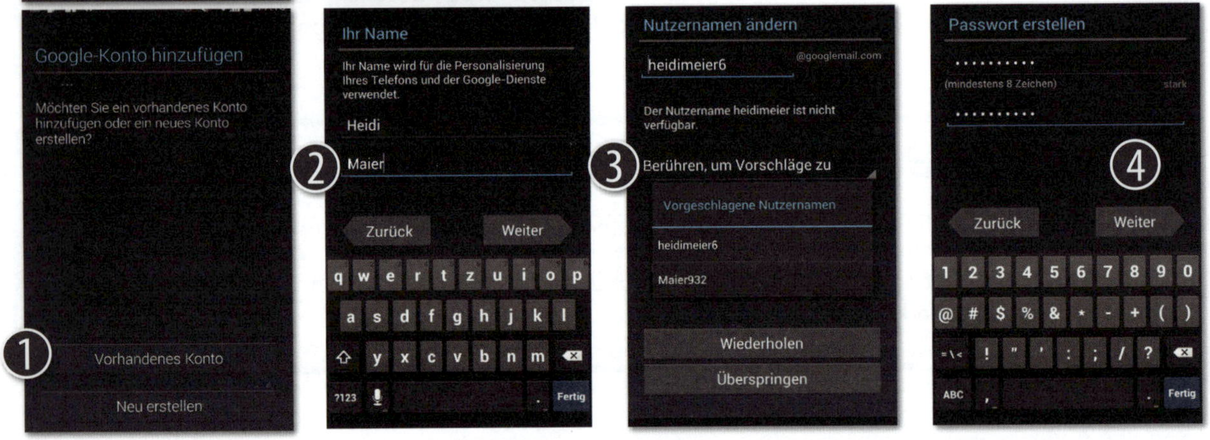

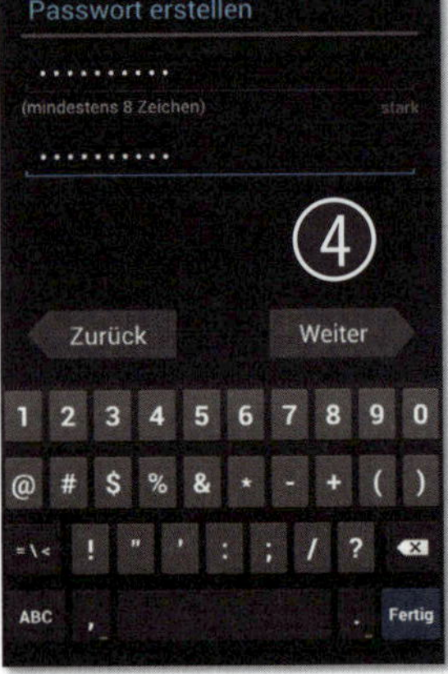

Ein Google-Konto einrichten

Wenn Sie Ihr Android-Phone zum ersten Mal starten, werden Sie nach Ihren Google-Kontodaten gefragt. Dieses erste Konto ist das Hauptkonto Ihres Geräts. Falls Sie schon ein Google-Konto aktiv nutzen, etwa mit Google Mail oder Google Talk, sollten Sie es hier angeben.

Wichtig! Mit diesem Konto werden Ihre Downloads und Einkäufe im Play Store verbunden. Mit diesem Konto sind auch die Datensicherung und die automatische Wiederherstellung Ihrer Einstellungen verbunden (Einstellungen → Datenschutz).

Öffnen Sie Einstellungen → Konten und Synchronisierung. Tippen Sie auf Konto hinzufügen und dann auf Google. Jetzt müssen Sie wählen:

Mit einem bestehenden Google-Konto anmelden

❶ Tippen Sie auf Anmelden.

❷ Geben Sie im nächsten Schritt Ihren Benutzernamen (Ihre Google Mail-Adresse) und Ihr Passwort ein. Tippen Sie dann auf Anmelden.

Ein neues Google-Konto anlegen

Tippen Sie auf Erstellen ❶.

Geben Sie Ihren Vornamen und Nachnamen ein und tippen Sie Weiter. Wählen Sie im nächsten Schritt einen Namen für Ihre E-Mail-Adresse und tippen Sie wieder Weiter ❷. Google überprüft jetzt, ob der Name verfügbar ist. Ist der Name nicht mehr verfügbar, können Sie ihn ändern oder durch einen der Vorschläge von Google ersetzen. Tippen Sie dann auf Wiederholen ❸. Ist der Name zu haben, geht es weiter. Geben Sie ein Passwort ein – Google zeigt an, ob es sicher ist –, und bestätigen Sie es. Tippen Sie dann auf Weiter ❹. Jetzt wird Ihr Konto eingerichtet und mit Ihrem Gerät verbunden (zwischendurch müssen Sie noch den Nutzungsbedingungen zustimmen). Im Anschluss können Sie ein Google+-Konto anlegen und Ihre Kreditkartendaten für den Google Play-Store eingeben. Mehr dazu in Kapitel 4 und 7.

Google-Tastatur
Deutsch
1
Google-Tastatureinstellungen
ALLGEMEIN
Autom. Groß-/Kleinschreibung
Das erste Wort jedes Satzes großschreiben
Bei Tastendruck vibrieren
Ton bei Tastendruck
2
Pop-up bei Tastendruck
Taste für Spracheingabe
hans.dorsch@gmail.com
Art des Posteingangs
Standard-Posteingang
5
Kategorien des Posteingangs
Allgemein, Soziale Netzwerke, Werbung, Benachrichtigungen
Benachrichtigungen
Ton & Vibration für Posteingang
Ton an, 1 Benachrichtigung
Signatur
Nicht festgelegt
Abwesenheitsnotiz
Aus
DATENVERBRAUCH
Gmail synchronisieren

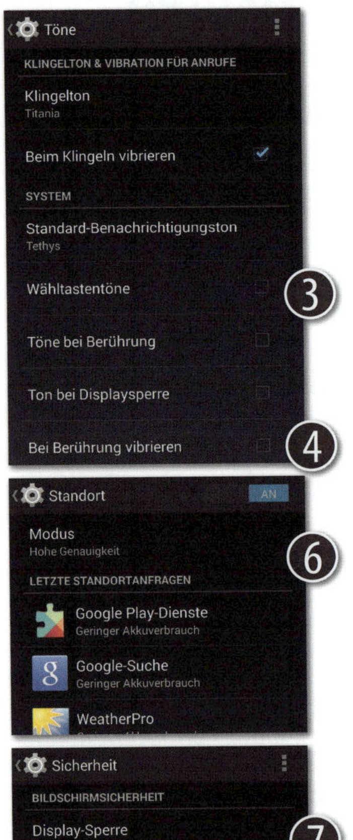

Töne
KLINGELTON & VIBRATION FÜR ANRUFE
Klingelton
Titania
Beim Klingeln vibrieren
SYSTEM
Standard-Benachrichtigungston
Tethys
Wähltastentöne
3
Töne bei Berührung
Ton bei Displaysperre
Bei Berührung vibrieren
4
Standort
AN
Modus
Hohe Genauigkeit
6
LETZTE STANDORTANFRAGEN
Google Play-Dienste
Geringer Akkuverbrauch
Google-Suche
Geringer Akkuverbrauch
WeatherPro
Sicherheit
BILDSCHIRMSICHERHEIT
Display-Sperre
PIN
7

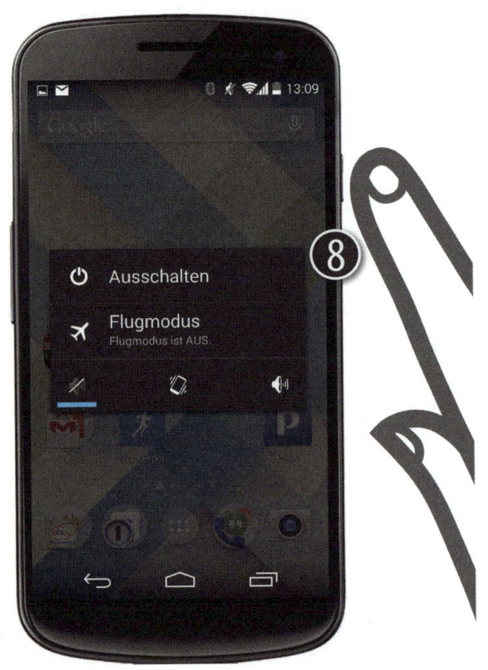

13:09
Ausschalten
Flugmodus
Flugmodus ist AUS
8

Die wichtigsten Einstellungen festlegen

Wundern Sie sich über die unfreundlichen Gesichter Ihrer Mitreisenden in der U-Bahn? Vielleicht liegt es daran, dass Sie SMS tippen und Ihr Gerät jeden Tastendruck mit einem deutlich hörbaren Ton quittiert. Sie können die Töne zum Glück abschalten. Ihre Mitmenschen werden es Ihnen danken. Diese Einstellungen empfehle ich für den Anfang:

❶ Öffnen Sie Einstellungen → Sprache & Eingabe. Tippen Sie im Abschnitt Tastatur und Eingabemethoden auf die Einstellungen für die Google-Tastatur.

❷ Schalten Sie den Ton bei Tastendruck aus (vielen Dank!). Auch Bei Tastendruck vibrieren können Sie ausschalten. Es stört zwar Ihre Mitmenschen nicht, irritiert aber bei der Bedienung.

❸ Schalten Sie die Systemtöne aus: vor allem die Wähltastentöne bei der Telefonwahl und die Töne bei Berührung. Öffnen Sie dazu Einstellungen → Töne.

❹ Schalten Sie auch die Option Bei Berührung vibrieren aus, es sei denn, Sie möchten das tatsächlich.

❺ Alle Nachrichten-Apps bieten eigene Benachrichtigungsoptionen an. Stellen Sie bei E-Mail-Konten, die nicht geschäftskritisch sind, den Klingelton ab (Gmail → Einstellungen → Konto).

❻ Schalten Sie die Ortungsdienste über Funkdienste und GPS (benötigt ein bisschen mehr Strom) an. So können manche Apps den Standort Ihres Telefons genauer feststellen. (Beim Download einer App können Sie sehen, welche das sind.)

❼ Schalten Sie die Display-Sperre ein. Mehr dazu später in diesem Kapitel.

❽ Schnell Ruhe schafft übrigens der Lautlosmodus. Damit schalten Sie alle Töne aus, die das Gerät erzeugt, bis auf die Medienwiedergabe und den Wecker. Drücken Sie dazu lange die Stand-by-Taste.

Kommunikation und Information

Foto und Unterhaltung

Das haben alle Android-Phones: Die Programme

Zwar kann der Kalender bei Samsung anders aussehen als bei Sony Ericsson – zugrunde liegen jedoch meist die Apps, die Google bereitstellt. Wenn Sie auf Ihrem Gerät nicht vorhanden sind, bekommen Sie sie im Play Store. Hier sind die aktuellen Programme, nach Funktionen gegliedert:

Kommunikation und Information

- **Telefon**: Die App zum Telefonieren mit vielen Funktionen, die das Anrufen schöner machen.
- **Kontakte**: Adressen und Telefonnummern sammeln, verwalten und online mit Google, Exchange und anderen Diensten abgleichen. Auch Teil der Telefon-App.
- **Kalender**: Termine ansehen und verwalten, auch online mit Google-Kalendern und Exchange.
- **Gmail**: Die App zum Abrufen Ihrer Google Mail-Konten. Mehr zu Mail und Chats in Kapitel 7.
- **E-Mail**: Die App für alle anderen E-Mail-Konten; rufen Sie POP3-, IMAP- und Exchange-Postfächer ab.
- **Hangouts**: Die universale App für SMS/MMS, Textchat, Audio- und Videotelefonate mit Google+-Nutzern weltweit.
- **Google+**: Die App zu Googles sozialem Netzwerk. Mehr dazu in Kapitel 7.
- **Chrome**: Der Webbrowser ist Ihr Zugang zum World Wide Web. Mehr dazu in Kapitel 6.

Foto und Unterhaltung

- **Kamera**: Fotos und Videos mit den eingebauten Kameras aufnehmen.
- **Galerie**: Das Foto- und Videoalbum von Android verwaltet und zeigt Ihre Aufnahmen. Mehr zu Fotos und Videos finden Sie in Kapitel 14.
- **Fotos**: Die Foto- und Video-App mit Google+-Verbindung. Mehr zu dieser App in Kapitel 14.
- **Play Music**: Googles Musikspieler mit Online-Verbindung spielt Ihre MP3s unterwegs ab. Mehr dazu finden Sie in Kapitel 12.
- **YouTube**: YouTube-Videos ansehen, bewerten und kommentieren, mit Zugriff auf Ihre eigenen Listen. Mehr dazu ebenfalls in Kapitel 12.

Orientierung und Navigation

Suche und Sprachsteuerung

Dienstprogramme

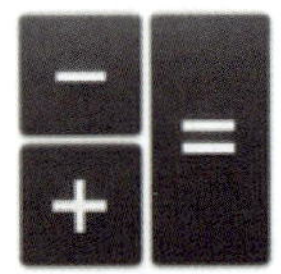

Das haben alle Android-Phones (Fortsetzung)

Orientierung und Navigation

- **Maps**: Der Kartendienst und Routenplaner von Google. Inklusive öffentlicher Verkehrsmittel und Navigation mit Sprachführung für Auto, Fahrrad und Fußgänger. Mehr dazu in Kapitel 10.
- (Google) **Earth**: Der digitale Atlas zum Entdecken der Welt

Dienstprogramme

- **Play Store**: Android-Apps suchen und laden. Mehr dazu bietet Kapitel 4.
- **Einstellungen**: Hier bearbeiten Sie die Systemeinstellungen (wie am Computer).
- **Rechner**: Taschenrechner mit Grundrechenarten
- **Uhr**: Die praktische Uhr mit Weckfunktionen
- **Downloads**: Hier finden Sie alle Downloads auf dem Gerät.
- **News & Wetter**: Lokales Wetter und Nachrichten von Google. Als App und als Widget.

Suche und Sprachsteuerung

- **Suche** (Google): Ein eigenständiges Programm, das sich nahtlos in Android einfügt. Als universelles Suchfeld auf dem Startbildschirm oder über den Google Now-Bildschirm. Sucht nach Inhalten auf dem Gerät und im Internet. Über die Tastatur oder über Sprache. Mehr dazu finden Sie in Kapitel 5 und 11.

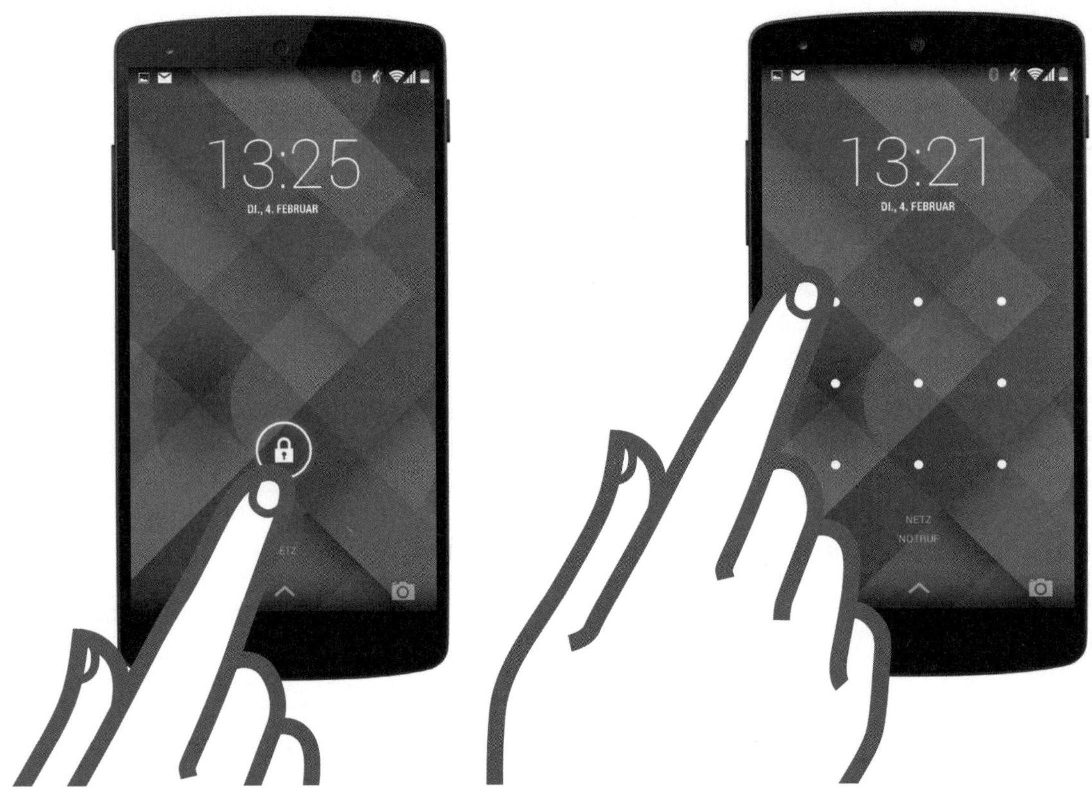
13:25
DI., 4. FEBRUAR
13:21
DI., 4. FEBRUAR
NETZ
NOTRUF

Sichern Sie Ihr Smartphone

Ihr Smartphone ist wahrscheinlich der persönlichste Computer, den Sie je hatten. Je länger Sie es nutzen, desto mehr Daten werden Sie darauf sammeln und desto wertvoller wird es als Begleiter für Sie – und möglicherweise für Personen, die auf irgendeine Weise daran kommen. Diebstahl, Verlust beim wilden Herumknutschen im Taxi oder banales Liegenlassen im Biergarten: Schnell ist Ihr Gerät in fremden Händen, und das mit all Ihren Kontakten, E-Mails und anderen persönlichen Daten. Wie Sie Ihr Smartphone sichern, lesen Sie auf der nächsten Seite.

Sichern Sie Ihre Daten, und löschen Sie sie aus der Ferne

Seit Mitte 2013 bietet Google mit dem Android Geräte-Manager einen Dienst zum Fernsteuern Ihres Telefons über das Web oder eine App an. Dazu gehört auch das Löschen aller Inhalte aus der Ferne. Dieser sogenannte Remote Wipe ist auch eine der Grundfunktionen von Microsoft Exchange. Haben Sie so ein Konto auf Ihrem Android eingerichtet, können Sie oder der Administrator das Gerät aus der Ferne auf den Werkszustand zurücksetzen.

Und wenn es kaputt ist?

Wenn Ihr Smartphone kaputt ist, ist das schade. Bei Wasserschäden wirkt manchmal Reis Wunder (Batterie raus, wenn möglich, und das Gerät ein paar Tage in eine Schale mit trockenem Reis legen), meistens werden Sie sich aber wohl ein neues Gerät kaufen müssen. Einen Trost habe ich aber für Sie: Ihre Daten können Sie leicht zurückbekommen – aus der Cloud. Dazu finden Sie mehr in Kapitel 15.

13:29
Sicherheit
BILDSCHIRMSICHERHEIT
Display-Sperre
Finger bewegen
1
Widgets aktivieren
Info zum Eigentümer
VERSCHLÜSSELUNG
Telefon verschlüsseln
Numerische PIN oder Passwort festlegen, mit dem das Telefon beim Einschalten entschlüsselt werden muss
SIM-KARTENSPERRE
SIM-Sperre einrichten
PASSWÖRTER
Passwörter sichtbar

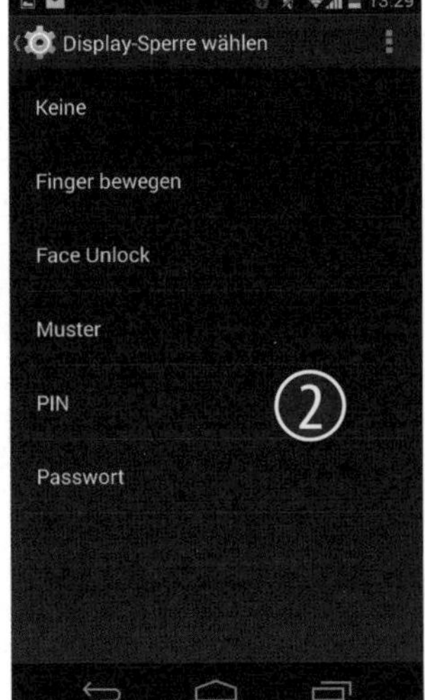
13:29
Display-Sperre wählen
Keine
Finger bewegen
Face Unlock
Muster
PIN
2
Passwort

13:32
PIN festlegen
PIN festlegen
3
Abbrechen
1
2 ABC
3 DEF
4 GHI
5 JKL
6 MNO
7 PQRS
8 TUV
9 WXYZ
0
Weiter

DI., 4. FEBRUAR
4
1
2 ABC
4 GHI
5 JKL
7 PQRS
8 TUV
0

Display-Sperre mit PIN oder Passwort einrichten

Ich weiß nicht, welches das erste Gerät war, das sich mit einem vierstelligen Code schützen ließ, und auch nicht, warum es ausgerechnet vier Stellen sind. Vielleicht hat es mit der Merkfähigkeit des Gehirns zu tun – wahrscheinlich aber eher mit Sachzwängen. Ihr Smartphone können Sie mit vier oder mehr Zeichen sichern – wenn Sie sich so viele merken können.

1. Öffnen Sie Einstellungen → Sicherheit, und tippen Sie auf Bildschirmsperre.
2. Wählen Sie PIN in der Auswahl.
3. Geben Sie eine Zahlenkombination mit mindestens vier Stellen ein (nicht 1234!), und tippen Sie auf Weiter. Geben Sie im nächsten Schritt die Kombination noch einmal ein (Android will sichergehen, dass Sie sich nicht vertippt haben). Der Tipp auf OK schaltet die Sperre scharf.
4. Beim nächsten Aufwecken aus dem Standby ist Ihr Telefon geschützt.

Wählen Sie statt PIN die Option Passwort in der Auswahl, können Sie beliebig lange und beliebig komplizierte Sicherheitsabfragen einrichten. Denken Sie aber daran, dass Sie dieses Wort jedes Mal eingeben müssen, wenn Sie Ihr Telefon entsperren!

Sollten Sie Ihren PIN-Code einmal vergessen, müssen Sie Ihr Android auf die Werkseinstellungen zurücksetzen. Welche Tasten Sie dazu drücken müssen, lesen Sie in Kapitel 15.

Verzögerte Sperre für weniger Tippen

Damit Sie Ihr Android nicht jedes Mal entsperren müssen, wenn Sie es für ein paar Sekunden zur Seite legen, empfehle ich, das Display-Timeout (unter Einstellungen → Display) ein wenig hochzusetzen, zum Beispiel auf 2 Minuten. Wenn Sie Ihr Telefon sofort schützen wollen, drücken Sie die Einschalttaste.

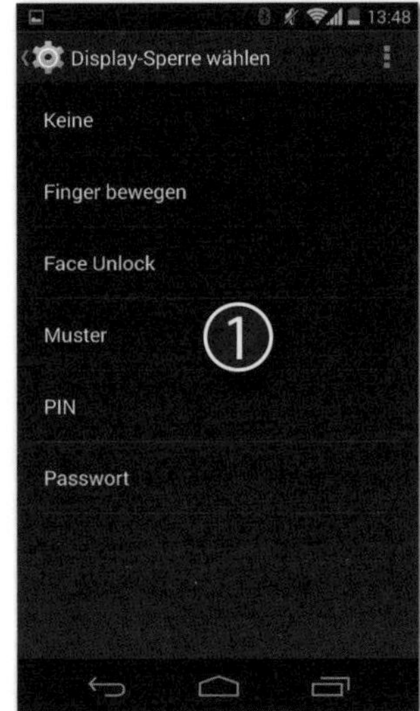
13:48
Display-Sperre wählen
Keine
Finger bewegen
Face Unlock
Muster
PIN
Passwort
1

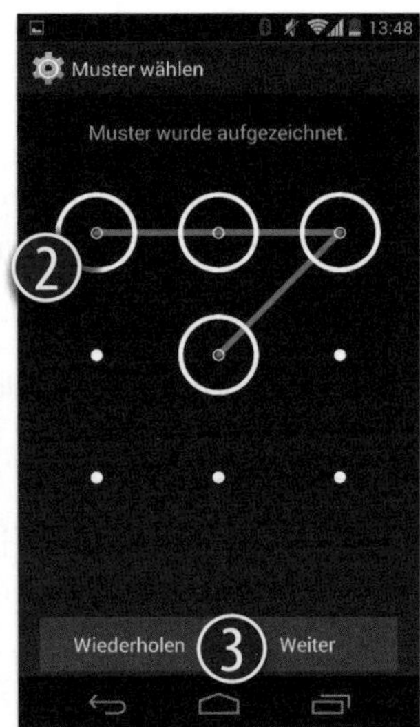
13:48
Muster wählen
Muster wurde aufgezeichnet.
2
Wiederholen
3
Weiter

13:48
Sicherheit
BILDSCHIRMSICHERHEIT
Display-Sperre
Muster
Muster sichtbar machen
4
Automatisch sperren
Nach 5 Sekunden im Ruhezustand
Ein/Aus sperrt Gerät
Widgets aktivieren
Info zum Eigentümer
VERSCHLÜSSELUNG
Telefon verschlüsseln
Numerische PIN oder Passwort festlegen, mit dem das Telefon beim Einschalten entschlüsselt

5
NETZ
NOTRUF

Display-Sperre mit Muster einrichten

Das wünsche ich mir fürs Fahrrad: ein Schloss, das auf Zeichnungen reagiert (»das ist das Haus vom Nikolaus«). Ich kann mir nämlich keine Zahlen merken. Am Android ist dieser Schutzmechanismus wirklich clever und außerdem grafisch sehr hübsch anzusehen.

❶ Wählen Sie in den Einstellungen für die Displaysperre die Option Muster.

❷ Zeichnen Sie zwischen den neun verfügbaren Punkten ein Muster, das Sie sich merken können. Dabei müssen Sie mindestens vier Punkte verbinden (Ich verwende ein einfaches Muster, das sich schnell mit dem Daumen wischen lässt. So kann ich mein Android auch einhändig aufsperren. Ab und zu ändere ich das Muster.)

❸ Tippen Sie auf Weiter, und zeichnen Sie das Muster im nächsten Schritt noch einmal. Mit Bestätigen schalten Sie die Sperre ein.

❹ Sie können das Muster anzeigen lassen, während Sie es eingeben (gut zum Üben). So ist es aber auch für Zuschauer einfacher nachzuvollziehen – entfernen Sie also lieber den Haken bei Muster sichtbar.

❺ Beim nächsten Aufwecken aus dem Standby ist Ihr Telefon geschützt.

Und wenn ich das Muster vergesse?

Haben Sie das Muster fünfmal falsch gezeichnet, ist der Zugang für 30 Sekunden blockiert. Wenn Sie sich partout nicht an Ihre Zeichnung erinnern können, hilft Ihr Google-Konto. Tippen Sie auf Muster vergessen am unteren Bildschirmrand, und loggen Sie sich damit ein. Puh! Jetzt noch ein neues Muster eingeben, und alles ist wieder gut.

13:52
Einstellungen für SIM-Sperre
SIM-Karte sperren
PIN zur Verwendung des Telefon
erforderlich
PIN ändern
1
3

13:52
Einstellungen für SIM-Sperre
SIM-Karte entsperren
PIN für SIM-Karte
2
Abbrechen
OK
1
2 ABC
3 DEF
4 GHI
5 JKL
6 MNO
7 PQRS
8 TUV
9 WXYZ
0
Fertig

SIM-Kartensperre aktivieren und ändern

In Zeiten von Flatrates und gedeckelten Tarifen (Kosten-Airbag) ist es eigentlich nicht mehr so tragisch, wenn Unbefugte Zugriff auf Ihre Telefonkarte bekommen. Da sich aber mit geklauten SIM-Karten allerlei Unfug treiben lässt, der Sie in Schwierigkeiten bringen kann, sollten Sie Ihre eigene Karte trotzdem schützen.

1. Öffnen Sie Einstellungen → Sicherheit → SIM-Sperre einrichten.
2. Tippen Sie auf SIM-Karte sperren. Geben Sie eine PIN ein (zweimal) und tippen Sie auf OK. Jetzt ist Ihr Telefonkonto sicher.
3. Hier können Sie auch die voreingestellte PIN ändern, mit der Ihr Telefonanbieter die Karte möglicherweise versehen hat, damit Sie sich die Nummer leichter merken können. Karten mit Vertrag (Postpaid) werden übrigens grundsätzlich mit PIN ausgeliefert.

Unfug mit Telefonkarten – ein Beispiel

Nehmen wir an, Sie betreiben einen Telefondienst mit einer teuren 0900-Telefonnummer. Wäre es nicht praktisch, wenn Sie ein paar Leute finden würden, die diese Nummer anrufen würden – am besten mit gefundenen Telefonen? Damit ließe sich vielleicht eine Menge Geld machen.

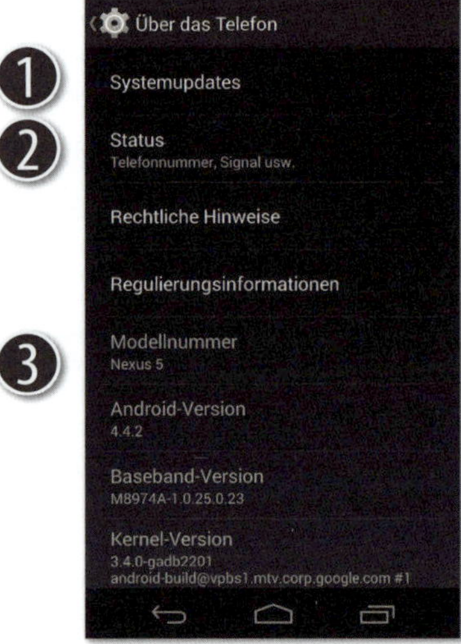

13:55
Über das Telefon
1
Systemupdates
2
Status
Telefonnummer, Signal usw.
Rechtliche Hinweise
Regulierungsinformationen
3
Modellnummer
Nexus 5
Android-Version
4.4.2
Baseband-Version
M8974A-1.0.25.0.23
Kernel-Version
3.4.0-gadb2201
android-build@vpbs1.mtv.corp.google.com #1

Telefoninfos – Wichtige Daten schnell zur Hand

Welches System läuft auf Ihrem Smartphone? Wie ist eigentlich Ihre Telefonnummer? Das wissen Sie nicht? Es steht alles in Ihrem Smartphone. Öffnen Sie Einstellungen und dann den letzten Eintrag in der Liste, Über das Telefon. Hier finden Sie unter anderem diese Informationen:

❶ Systemupdates werden meist angekündigt. Um nachzusehen, ob Updates für Ihr Gerät vorhanden sind, tippen Sie auf den Eintrag und dann auf Jetzt überprüfen.

❷ Status zeigt die Telefonnummer an (für mich wichtig) und weitere Daten, die man manchmal gerne weiß, wie die IMEI-Nummer (die eindeutige 15-stellige Seriennummer jedes Mobiltelefons), das Mobilfunknetz und die aktuelle WLAN-MAC-Adresse (die eindeutige Geräteadresse, falls Ihr Admin die wissen will).

❸ Android-Version zeigt die aktuell installierte Systemversion. Hier ist es die Version 4.4.2, auch »KitKat« genannt.

Für Kenner: Android-Versionskunde

Programmierer ernähren sich bekanntlich ausschließlich von Kaffee und Pizza. Im Android-Hauptquartier hegt man aber anscheinend auch noch eine ausgeprägte Vorliebe für delikate Süßigkeiten. Warum sonst trügen die Systemversionen solche süße Namen?

Die ersten Versionen des Android-Systems hießen Cupcake und Donut. Die aktuellen Versionen, von denen Sie hoffentlich eine installiert haben, heißen Jellybean (4.1) oder KitKat (4.4). Die Vorgänger waren Cupcake (1.5), Donut (1.6) Eclair (2.0 bis 2.1.x,), Froyo (Frozen Yoghurt, 2.2.x) und Gingerbread (2.3.x). Die süßen Honigwaben (Honeycomb, 3.x) blieben den Tablet-Computern vorbehalten. Seit Ice Cream Sandwich (4.x) laufen alle Androiden wieder mit dem gleichen System.

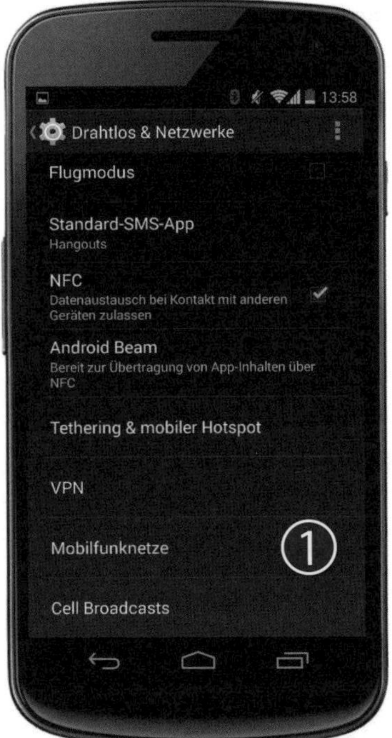
13:58
Drahtlos & Netzwerke
Flugmodus
Standard-SMS-App
Hangouts
NFC
Datenaustausch bei Kontakt mit anderen Geräten zulassen
Android Beam
Bereit zur Übertragung von App-Inhalten über NFC
Tethering & mobiler Hotspot
VPN
Mobilfunknetze
1
Cell Broadcasts

13:57
Einstellungen für Mobilfunknetze
Daten aktiviert
Datenzugriff über Mobilfunknetz
Daten-Roaming
Bei Roaming mit Datendienst verbinden
Bevorzugter Netzwerktyp
4G (empfohlen)
Zugangspunkte (APNs)
2
Mobilfunkanbieter
Mobilfunkanbieter auswählen

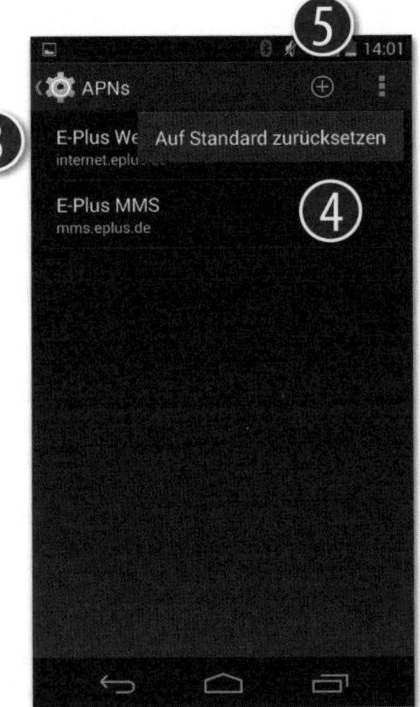
5
14:01
APNs
3
E-Plus We
internet.eplu
Auf Standard zurücksetzen
E-Plus MMS
mms.eplus.de
4

Den Internet-Zugang einrichten und verwalten

Ihr Smartphone braucht einen Internet-Zugang, und zwar immer. Schon beim ersten Einschalten fragt es danach – oder wahrscheinlich nicht. Denn Android hat die Verbindungseinstellungen (Zugangspunkte oder APNs, Access Point Names) der großen Mobilfunkanbieter in einer großen Datenbank gespeichert und konfiguriert schon beim Einlegen der SIM-Karte Ihr Smartphone für einen problemlosen Start. Falls Sie doch Schwierigkeiten mit dem Internet-Zugang haben, können Sie die Einstellungen auch vollständig selbst anpassen.

❶ Öffnen Sie Einstellungen → Daten & Netzwerke. Tippen Sie Mehr … und dann Mobilfunknetze.

❷ Tippen Sie auf Zugangspunkte, um die eingerichteten Zugänge zu sehen.

❸ Öffnen Sie einen Zugangspunkt (hier von T-Mobile), um die Einstellungen in aller Genauigkeit zu bearbeiten.

❹ Tippen Sie Menü → Auf Standard zurücksetzen, um sicherzugehen, dass Sie mit den Standards Ihres Anbieters ins Internet gehen.

❺ Tippen Sie auf das kleine Plus, um eine leere Konfiguration zu erzeugen. Tragen Sie dort die Daten ein, die Ihnen Ihr Anbieter genannt hat. Eine aktuelle Liste fast aller Zugangspunkte finden Sie bei www.androidhilfe.de unter www.bit.ly/mms-apn.

Verwenden Sie WLAN für große Datenmengen

Nutzen Sie ein WLAN, wenn Sie können: Die Verbindung ist meist schneller, Sie können sich mit Ihrem Mac oder PC im lokalen Netz verbinden, und der Datenverkehr wird nicht von der Datenflatrate abgezogen. Im Ausland können Sie außerdem Roamingkosten vermeiden.

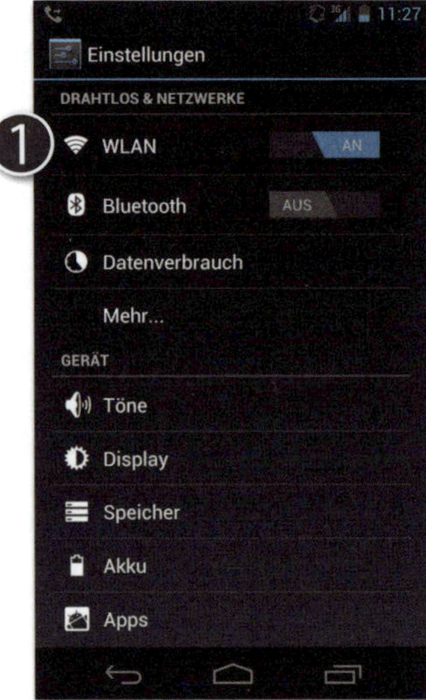
11:27
Einstellungen
DRAHTLOS & NETZWERKE
1
WLAN
AN
Bluetooth
AUS
Datenverbrauch
Mehr...
GERÄT
Töne
Display
Speicher
Akku
Apps

11:29
WLAN
AN
2
firmadorsch.com
Gesichert mit WPA/WPA2
EasyBox-D4A249
Gesichert mit WPA/WPA2 (geschütztes Netzwerk verfügbar)
NETCONNECT-4787
Gesichert mit WPA2
WLAN-1D2440
Gesichert mit WPA2 (geschütztes Netzwerk verfügbar)
Schlomos Homezone
Gesichert mit WPA2 (geschütztes Netzwerk verfügbar)
WLAN-001F3F1CE0C9
Gesichert mit WPA/WPA2 (geschütztes Netzwerk verfügbar)
kaiteriteri
Gesichert mit WPA2
SCANNEN
NETZWERK HINZUFÜGEN

11:32
firmadorsch.com
Signalstärke
Ausgezeichnet
Sicherheit
WPA/WPA2 PSK
Passwort
3
Passwort anzeigen
Abbrechen
Verbinden
4
?123
Fertig
5
14:01

Mit dem WLAN-Netz verbinden

Egal, ob zu Hause, im Büro oder unterwegs: Der Zugang ins Internet per WLAN (oder Wi-Fi) ist in den meisten Fällen die schnellste Möglichkeit, sich mit dem Internet zu verbinden. Wenn Sie zu Hause oder im Büro ein WLAN nutzen, sollten Sie den Zugang dazu schnell auf Ihrem Smartphone einrichten.

❶ Öffnen Sie Einstellungen. Stellen Sie im Abschnitt Drahtlos & Netzwerke den Schalter WLAN an, falls die Verbindung noch nicht aktiv ist. Tippen Sie dann auf WLAN.

❷ Suchen Sie das Netzwerk, mit dem Sie sich verbinden möchten. Mein Netz heißt firmadorsch.com, es ist geschützt und trägt deshalb ein Vorhängeschloss. Tippen Sie auf das Netzwerk.

❸ Geben Sie im nächsten Schritt Ihr Kennwort ein – über die Tastatur oder über Kopieren und Einsetzen. (Ich sammle die Zugangsdaten in 1Password, siehe Kapitel 8.)

❹ Tippen Sie auf Verbinden.

Sie sind jetzt verbunden. Den Status sehen Sie unter dem WLAN-Eintrag und am WLAN-Symbol in der Statusleiste ❺.

- Die Zugangsdaten bleiben gespeichert. Wenn Sie sich in Zukunft in Reichweite dieses Netzes befinden, verbindet sich Android automatisch.
- Wenn Sie nicht mehr automatisch mit diesem Netzwerk verbunden werden wollen, tippen Sie auf den Eintrag und wählen dann Entfernen.

Netzwerkhinweis abschalten spart Strom und Nerven

Unter Menü → Erweitert finden Sie die Option Netzwerkhinweis. Entfernen Sie den Haken, dann sucht Ihr Telefon nicht ständig nach offenen WLAN-Netzen in der Nähe – und behelligt Sie auch nicht damit. Tippen Sie stattdessen auf Scannen, um selbst nach WLAN-Hotspots zu suchen.

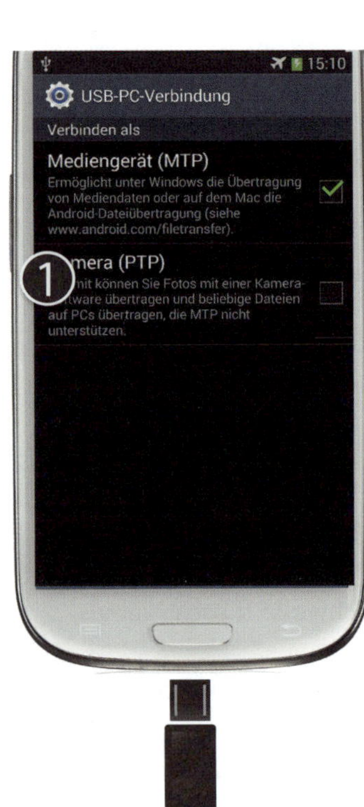
15:10
USB-PC-Verbindung
Verbinden als
Mediengerät (MTP)
Ermöglicht unter Windows die Übertragung von Mediendaten oder auf dem Mac die Android-Dateiübertragung (siehe www.android.com/filetransfer).
1

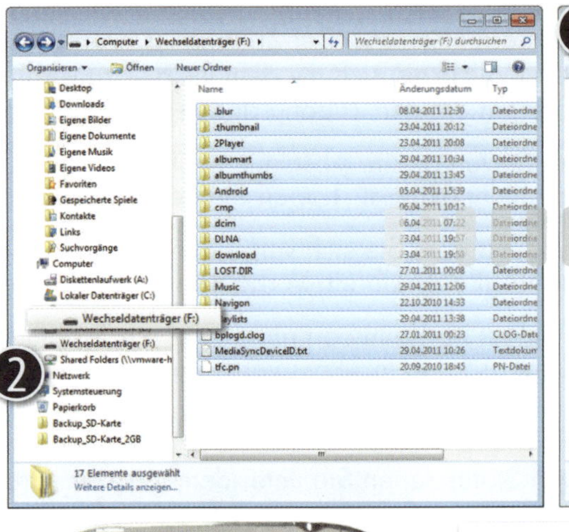
Computer ▸ Wechseldatenträger (F:) ▸
Organisieren
Öffnen
Neuer Ordner
Desktop
Downloads
Eigene Bilder
Eigene Dokumente
Eigene Musik
Eigene Videos
Favoriten
Gespeicherte Spiele
Kontakte
Links
Suchvorgänge
Computer
Diskettenlaufwerk (A:)
Lokaler Datenträger (C:)
Wechseldatenträger (F:)
Shared Folders
Netzwerk
Systemsteuerung
Papierkorb
Backup_SD-Karte
Backup_SD-Karte_2GB
Name
Änderungsdatum
Typ
.blur
.thumbnail
2Player
albumart
albumthumbs
Android
cmp
dcim
DLNA
download
LOST.DIR
Music
Navigon
bplogd.clog
MediaSyncDeviceID.txt
tfc.pn
17 Elemente ausgewählt
Weitere Details anzeigen...
2

3
Backup_SD-Karte_2GB
Organisieren
In Bibliothek aufnehmen
Freigeben für
Favoriten
Desktop
Downloads
Zuletzt besucht
Bibliotheken
Bilder
Dokumente
Musik
Videos
Hans Dorsch
Eigene Bilder
Eigene Dokumente
Eigene Musik
Eigene Videos
Gespeicherte Spiele
Kontakte
Links
Suchvorgänge
4
0 Elemente

5
MOBILE PHONE
CE0168

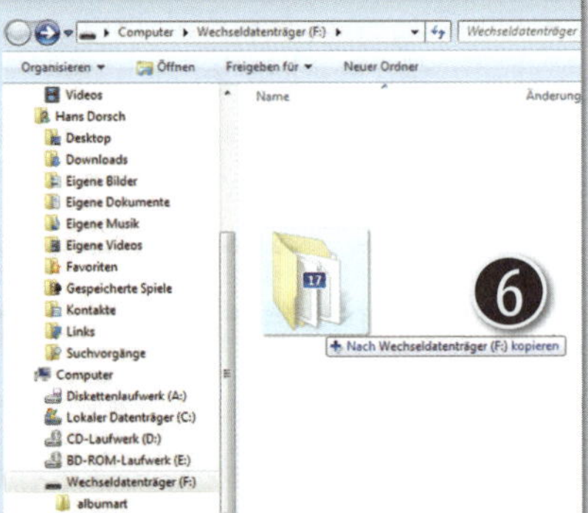
Computer ▸ Wechseldatenträger (F:) ▸
Organisieren
Öffnen
Freigeben für
Neuer Ordner
Videos
Hans Dorsch
Desktop
Downloads
Eigene Bilder
Eigene Dokumente
Eigene Musik
Eigene Videos
Favoriten
Gespeicherte Spiele
Kontakte
Links
Suchvorgänge
Computer
Diskettenlaufwerk (A:)
Lokaler Datenträger (C:)
CD-Laufwerk (D:)
BD-ROM-Laufwerk (E:)
Wechseldatenträger (F:)
albumart
6
Nach Wechseldatenträger (F:) kopieren

Den Speicher mit einer neuen SD-Karte erweitern

Viele Smartphones kommen mit einem Steckplatz für Speicherkarten. Der ist jedoch meist leer. Passende Micro-SD-Karten mit bis zu 32 GB sind im Elektronikhandel unfassbar günstig zu haben. So haben Sie einfach mehr Platz für Apps, Photos, Musik und Videos. Falls Sie schon eine Karte in Ihrem Gerät haben, und diese durch eine größere ersetzen wollen, müssen Sie noch die Daten auf die neue Karte kopieren. So funktioniert's am PC:

1. Verbinden Sie Ihr Smartphone über das Micro-USB-Kabel mit Ihrem Computer. Wählen Sie in den USB-Optionen auf dem Gerät Speicherkartenzugriff.

2. Öffnen Sie jetzt am Computer den Explorer. Die Karte taucht als externes Laufwerk auf (hier Wechseldatenträger (F:)).

3. Erstellen Sie einen neuen Ordner auf dem Desktop, und nennen Sie ihn »Backup_SD-Karte«. Öffnen Sie ihn in einem neuen Fenster.

4. Wählen Sie jetzt alle Inhalte von der SD-Karte im Gerät aus (Windows: Strg-A, Mac: cmd-A), und ziehen Sie sie in das Fenster des leeren Ordners. Warten Sie, bis alle Daten in den Ordner kopiert sind.

5. Entfernen Sie das Telefon vom Computer, schalten Sie es aus, und tauschen Sie die SD-Karten (das Bild zeigt das Galaxy S4). Stecken Sie dann das Gerät (angeschaltet) wieder an den Computer an. Die neue Karte wird im Normalfall sofort angezeigt.

6. Kopieren Sie jetzt alle Daten aus dem Ordner »Backup_SD-Karte« auf die neue, leere SD-Karte. (Melden Sie die Karte am Telefon ab, bevor Sie sie herausnehmen. Tippen Sie Home → Einstellungen → SD-Karte und Telefonspeicher → SD-Karte entnehmen. Das Gleiche gilt für den Computer. Auch hier sollten Sie die Karte auswerfen, bevor Sie den USB-Stecker ziehen. Erkennt das Telefon die neue Karte nicht, tippen Sie auf SD-Karte formatieren in den Einstellungen.)

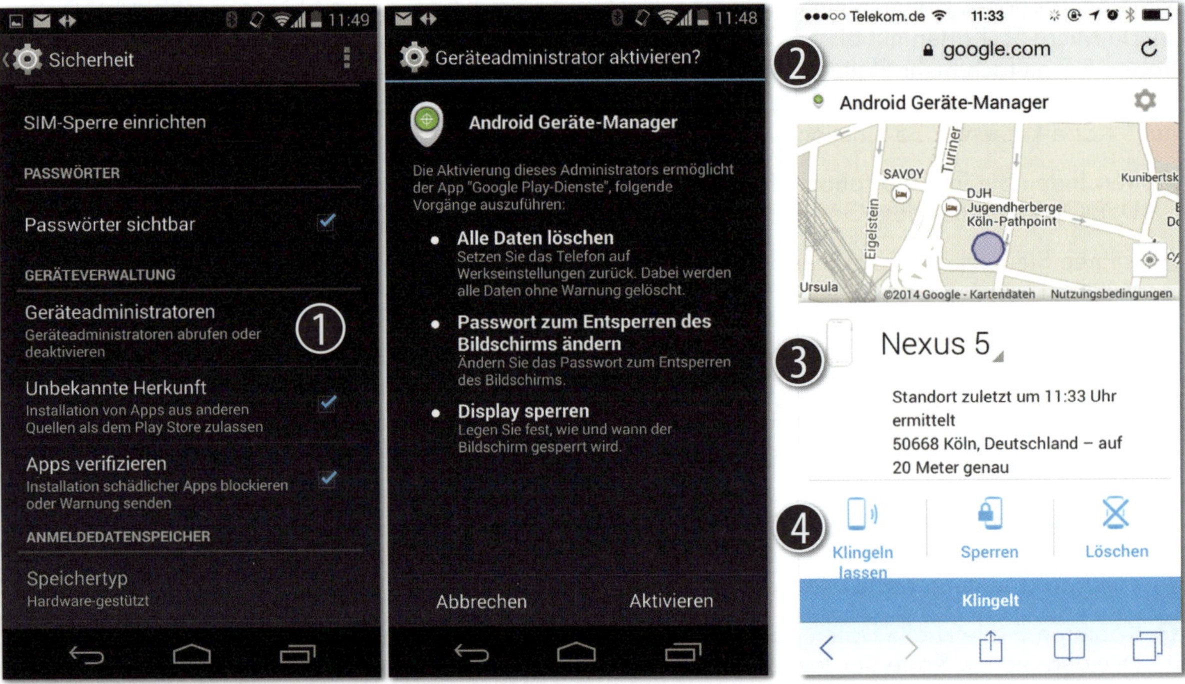
11:49
Sicherheit
SIM-Sperre einrichten
PASSWÖRTER
Passwörter sichtbar
GERÄTEVERWALTUNG
Geräteadministratoren
Geräteadministratoren abrufen oder deaktivieren
1
Unbekannte Herkunft
Installation von Apps aus anderen Quellen als dem Play Store zulassen
Apps verifizieren
Installation schädlicher Apps blockieren oder Warnung senden
ANMELDEDATENSPEICHER
Speichertyp
Hardware-gestützt
11:48
Geräteadministrator aktivieren?
Android Geräte-Manager
Die Aktivierung dieses Administrators ermöglicht der App "Google Play-Dienste", folgende Vorgänge auszuführen:
Alle Daten löschen
Setzen Sie das Telefon auf Werkseinstellungen zurück. Dabei werden alle Daten ohne Warnung gelöscht.
Passwort zum Entsperren des Bildschirms ändern
Ändern Sie das Passwort zum Entsperren des Bildschirms.
Display sperren
Legen Sie fest, wie und wann der Bildschirm gesperrt wird.
Abbrechen
Aktivieren
Telekom.de
11:33
google.com
2
Android Geräte-Manager
SAVOY
DJH Jugendherberge Köln-Pathpoint
Eigelstein
Ursula
©2014 Google - Kartendaten
Nutzungsbedingungen
3
Nexus 5
Standort zuletzt um 11:33 Uhr ermittelt
50668 Köln, Deutschland – auf 20 Meter genau
4
Klingeln lassen
Sperren
Löschen
Klingelt

Smartphone wiederfinden mit dem Android Geräte-Manager

Was tun Sie, wenn Ihr Smartphone mal wieder nicht zu finden ist? Sie rufen es von einem anderen Telefon aus an. Das hilft aber nichts, wenn es auf Lautlos gestellt ist. Dann kann es nur hilflos in der Sofaritze brummeln und Krümel durcheinanderbringen. Meine Empfehlung lautet daher: Rufen Sie von einem Computer oder einem anderen Gerät aus den Android Geräte-Manager auf. Damit finden Sie Ihr Gerät, nicht nur in der eigenen Wohnung, sondern auch, wenn Sie es woanders verloren haben. Das alles funktioniert natürlich nur mit Netzzugang.

❶ **Gerät einrichten**:

- Verknüpfen Sie Ihr Smartphone mit Ihrem Google-Konto. Darüber funktioniert die Kontaktaufnahme mit Ihrem Gerät.
- Aktivieren Sie den Geräte-Manager: Öffnen Sie Einstellungen → Nutzer → Sicherheit. Tippen Sie dann unter Geräteverwaltung auf Geräteadministratoren, und setzen Sie einen Haken beim Android Geräte-Manager. Bestätigen Sie den nächsten Bildschirm mit Aktivieren.

❷ Rufen Sie den Android Geräte-Manager im Web auf unter www.google.com/android/devicemanager, und melden Sie sich mit Ihrem Google-Konto an (hier an einem iPhone).

❸ Wählen Sie das Gerät aus, das Sie suchen (hier mein Nexus 5). Der aktuelle Standort wird auf der Karte angezeigt.

❹ Diese Möglichkeiten haben Sie. Keine Angst, Sie werden vorher um Bestätigung gebeten:

- Klingeln lassen. Das Gerät klingelt jetzt fünf Minuten in voller Lautstärke. Mit der Ein/Aus-Taste schalten Sie das Klingeln ab.
- Sperren: Geben Sie ein Kennwort ein (falls Sie noch keines haben), damit niemand an Ihre Daten kommt.
- Löschen: Vermuten Sie, dass Ihr Gerät gestohlen wurde, setzen Sie dadurch Ihr Gerät auf die Werkseinstellungen zurück. Damit werden alle Inhalte gelöscht. Ist Ihr Gerät offline, wird es zurückgesetzt, sobald es wieder mit dem Internet verbunden ist.

Kapitel 2 | Bedienungstipps für Ihr Smartphone

Sie haben es gut. Sie leben in der wunderbaren Zeit des Multitouchs. Die aktuellen Android-Smartphones haben die Experimentierphase der mobilen Benutzerschnittstellen hinter sich gelassen, und der technische Fortschritt bei den Bildschirmen hat dafür gesorgt, dass Eingabegeräte nicht nur immer auf genau einen Druck oder eine Berührung reagieren können, sondern auf mehrere gleichzeitig. Das ist Multitouch, und das lässt Sie Ihr Smartphone ganz natürlich bedienen.

Alles, was Sie auf dem Display Ihres Smartphones sehen, können Sie anfassen. Anders als am Computer müssen Sie Objekte auf dem Bildschirm nicht mit der Maus auf dem Tisch ansteuern, sondern fassen sie direkt an. Möchten Sie einen kleinen Überblick? Auf den nächsten Seiten finden Sie Fingerübungen für Ihr Smartphone. Und wenn Sie mal keine Hand frei haben, sprechen Sie einfach mit Ihrem Telefon. Android versteht Ihre Sprache.

Auf den folgenden Seiten finden Sie nützliche Hinweise zur Bedienung Ihres Smartphones:

- Die Gesten am Android-Smartphone
- Tippen auf der virtuellen Tastatur
- Tippen auf der fest eingebauten Tastatur
- Texteingabe mit der Spracherkennung
- Text und Bild kopieren und einsetzen

14:11
Google
1

14:13
Suchen
Schillingstraße
Hochschule für Musik und Tanz Köln
Ursulastraße
ALTSTADT-NORD
Konrad-Adenauer-Ufer
2

14:14
Startseite
Entdecken
Aktivität
Zum Aktualisieren loslassen...
HP Deutschland @HP_Deutschland
ow.ly/t93Wv
3
Was gibt's Neues?

Das Android-Smartphone mit Gesten steuern

Ihr Android spürt, was Sie möchten. Denn das System ist ganz auf die Bedienung über das berührungsempfindliche Display eingestellt. Fassen Sie es einfach an.

❶ **Tippen**: Mit einem Tipp starten Sie eine App auf dem Home-Bildschirm, folgen Links im Browser oder öffnen Fotos in der Galerie.
Der Doppeltipp auf das Detail eines Fotos in der Galerie zoomt dieses auf Bildschirmgröße heran. Ein weiterer Doppeltipp bringt das ganze Bild zurück.

❷ **Bewegen**: Berühren Sie den Bildschirm, und bewegen Sie Ihren Finger darüber. So **schieben** Sie etwa die riesige Karte in Maps wie hinter einem Fenster mühelos hin und her oder bewegen sich auf großen Webseiten über die ganze Fläche.

❸ **Streichen** ist ein Bewegen mit Loslassen und viel schwieriger erklärt als durchgeführt. Stupsen Sie einfach den Bildschirm an, und lassen Sie die Inhalte sich von alleine weiterbewegen. Die eingebaute magische Physik sorgt dafür, dass sie nach einer Weile von alleine stoppen. Schieben Sie mit mehr Schwung, um in langen Listen schnell ans Ende zu kommen. Stoppen Sie die Bewegung mit einem Tipp. Twitter (bzw. Tweetie) machte als erste App aus dem Streichen eine Aktion. Ziehen Sie die Liste mit Einträgen von oben nach unten, damit die App neue Nachrichten lädt.

Das ist noch kein Multitouch

Diese Gesten funktionieren alle mit einem Finger, also einer Berührung. Auf der nächsten Seite sehen Sie die Gesten, für die Sie mehrere Finger benutzen können.

14:22
http://m.spiegel.de/gesundheit/diagnose...
In neuem Tab öffnen
In Inkognito-Tab öffnen
URL kopieren
Link speichern
Bild speichern
Bild öffnen
4

Das Android-Smartphone mit Gesten steuern (Fortsetzung)

4. Langes Drücken löst Aktionen aus oder blendet Optionen ein. Drücken Sie im Browser lange auf ein Bild, und wählen Sie dann im Menü, ob Sie es speichern oder dem Link folgen möchten. Am Computer entspräche das einem rechten Mausklick.

5. Spreizen und kneifen: Mit dem Pinzettengriff vergrößern oder verkleinern Sie alles mögliche auf Ihrem Display: Fotos, Webseiten, Karten. Spreizen Sie Daumen und Zeigefinger, um ganz nahe ranzukommen, und kneifen Sie die Finger zusammen, um wieder herauszuzoomen. Bei Samsung- und HTC-Geräten holt Ihnen der Kniff auf dem Home-Bildschirm eine Übersicht aller Home-Bildschirme auf den Schirm.

6. Bewegen: Es gibt nicht nur Gesten, die Sie auf dem Display ausführen, sondern auch solche, bei denen Sie das Gerät selbst bewegen. Vor allem Spiele nutzen den Neigungssensor. Bewegen Sie eine Kugel durch das Labyrinth, oder lenken Sie einen Rennwagen durch Neigen in alle Richtungen. Schütteln Sie Ihr Smartphone, um mit virtuellen Würfeln zu spielen.

00_Eingang
Notiz von Audible Abo kündigen oder wied...
Zitat: Der erste Schritt zum Lernen ist die Liebe zum Lehrer, weil man vom Heranwachsenden die Liebe zur Wissenschaft noch nicht erwarte
(Erasmus von Rotterdam)
erwartet
erwarten
?123
1
2
3

erwartet
5

4

Deutsch
6

Perfekt tippen auf dem Touch-Screen

Die meisten Android-Phones besitzen keine echte Tastatur. Stattdessen blenden sie eine vollständige QWERTZ-Tastatur ein, wenn sie benötigt wird. Selbst eingefleischte Handytasten-Tipper sind der Magie der virtuellen Tastatur erlegen. Hier sind meine gesammelten Zaubertricks, mit denen Sie garantiert schneller tippen als auf Ihrem Tastentelefon.

❶ **Eine Hand hält, die andere tippt**: Längere Texte schreiben sich ganz entspannt, wenn Sie das Telefon in einer Hand halten und mit der anderen tippen. Auf Geräten mit großen Displays über 4″ (10 cm) funktioniert auch die Zwei-Daumen-Methode. (Siehe nächste Seite.)

❷ **Finger hoch, Zeichen drauf**: Die erste Regel des berührungsempfindlichen Displays lautet: Die Eingabe ist dann abgeschlossen, wenn Sie den Finger vom Glas nehmen. Welches Zeichen ausgewählt wird, sehen Sie vergrößert über Ihrem Finger. Haben Sie statt dem e das r getippt? Wischen Sie einfach zum richtigen Buchstaben, und lassen Sie erst dann los.

❸ **Den Bildschirm im Blick**: Während Sie schreiben, schlägt das eingebaute Wörterbuch ständig vollständige Worte vor. Ist das Wort, das Sie schreiben möchten, erkannt, tippen Sie einfach ein Leerzeichen (oder ein Satzzeichen), und Android setzt es ein. (Diese automatische Wortvervollständigung lässt sich in den Einstellungen abschalten.)

❹ **Lange drücken für Umlaute**: Ä, Ü und andere landestypische Zeichen haben keine eigenen Tasten. Sie erscheinen, wenn Sie lange auf den Buchstaben drücken, der mit Pünktchen, Häkchen oder Strichen versehen werden soll.

❺ **Zahlen ganz oben**: Die Zahlen finden Sie in der oberen Reihe. Sie erscheinen nach langem Drücken neben den Sonderzeichen der Buchstaben in der obersten Tastaturreihe.

❻ **Auf dem Punkt**: Die wichtigsten Satzzeichen finden sich auf der Punkt-Taste. Drücken Sie lange für alle Satzzeichen und den Klammeraffen (@).

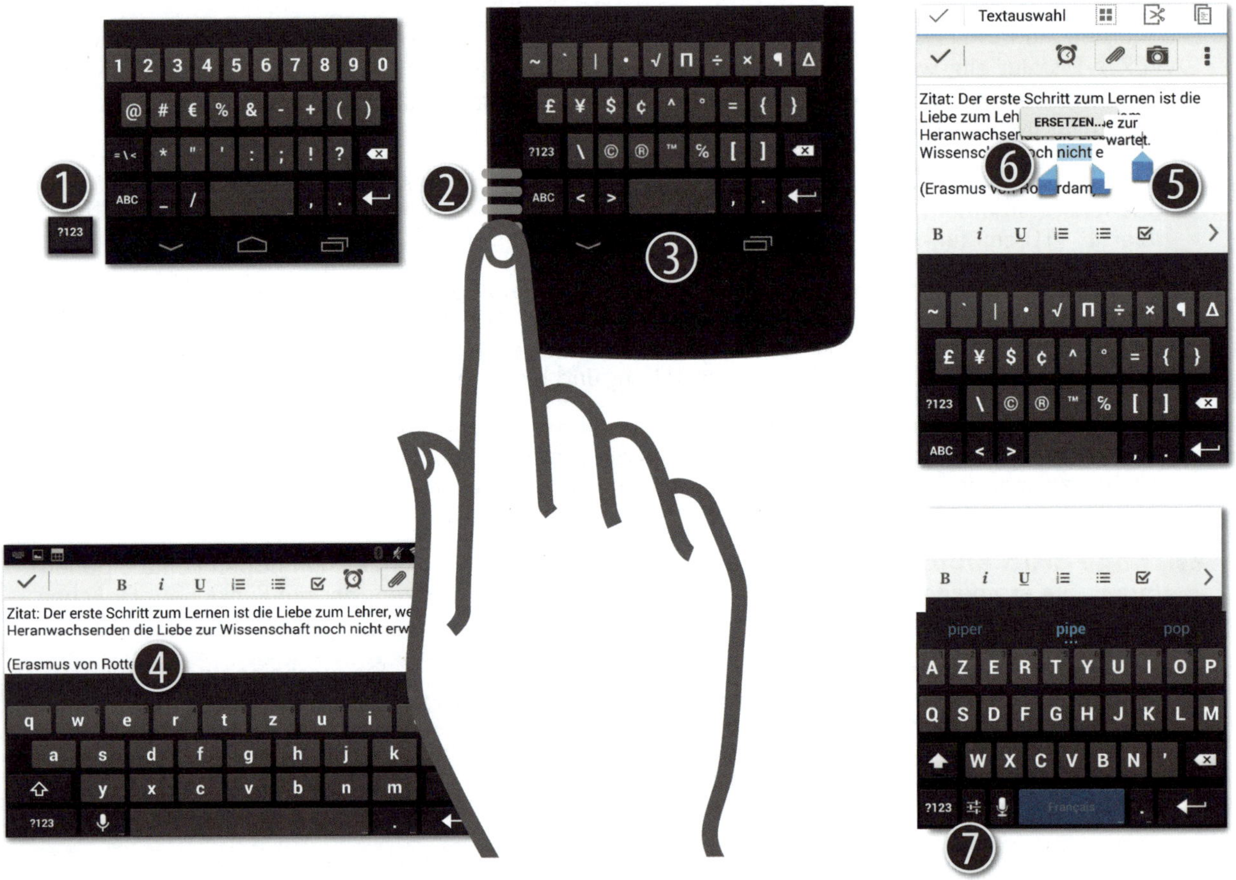

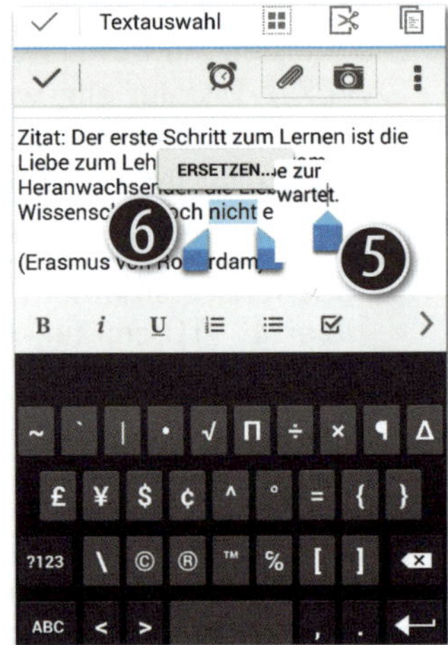
Textauswahl
ERSETZEN...
5
6

piper
pipe
pop
7

Noch mehr Tipps zum Touch-Screen-Tippen

1. **?123** für Zahlen und Zeichen: Alles, was kein Buchstabe ist, finden Sie hinter dieser Taste. Die =<-Taste bringt auch die seltensten Zeichen auf den Schirm. Zurück geht's mit ABC.

2. **Sonderzeichen in einem Zug**: Brauchen Sie schnell mal eine eckige Klammer? Tippen Sie ?123, ziehen Sie den Finger auf =< und dann auf die eckige Klammer. Lassen Sie dann die Taste los, und das Zeichen sitzt.

3. **Zweimal Leer = Punkt**: Tippen Sie am Satzende zweimal die Leertaste. Android setzt einen Punkt und ein Leerzeichen. Schon tippen Sie den nächsten Satz.

4. **Drehen und Tippen**: Daumentipper mit kleinen Displays schwören drauf. So wie das Zehnfingerschreiben am Desktop ist die Zwei-Daumen-Methode langjährigen Kleincomputerbenutzern tief ins Unterbewusstsein gebrannt. Eine 90-Grad-Drehung bringt das gerade ausgewählte Textfeld und eine extrabreite Tastatur aufs Display.

5. **Cursor zum Anfassen**: Mit den Fingerspitzen trifft man nicht immer genau die Stelle, an der man eine Korrektur vornehmen möchte. Deshalb schenkt Android Ihnen größere Anfasser, mit denen sich die Einfügemarke präzise verschieben lässt. Diese Cursor sehen unterschiedlich aus, funktionieren aber ähnlich. Manche Geräte zeigen auch eine Lupe, wenn Sie lange drücken. Das ist noch praktischer. Probieren Sie es aus.

6. **Lang drücken für das ganze Wort**: Ein langer Druck auf ein Wort wählt es aus. Mit den zwei Anfassern können Sie noch mehr Text auswählen. Tippen Sie dann auf ein Symbol, um ihn zu kopieren oder auszuschneiden.

7. **Parlez You Android?** Android kennt viele Sprachen. Wählen Sie Ihre Lieblingssprachen in den Einstellungen. Ein langer Druck auf die Leertaste bringt die Optionen zu Tastatur und Sprache auf den Schirm.

00_Eingang
Notiz von Audible Abo kündigen oder wied...
Zitat: Der erste Schritt zum Lernen, ist die Liebe zum Lehrer, weil man vom Heranwachsenden die Liebe nicht erwartet.
(Erasmus von
vom
von
voneinander

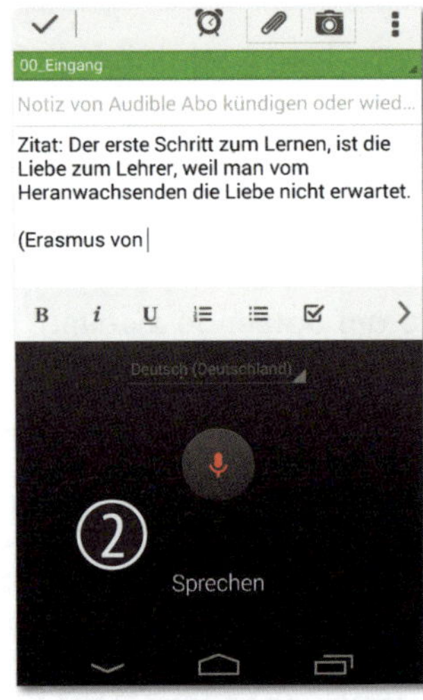
00_Eingang
Notiz von Audible Abo kündigen oder wied...
Zitat: Der erste Schritt zum Lernen, ist die Liebe zum Lehrer, weil man vom Heranwachsenden die Liebe nicht erwartet.
(Erasmus von
Sprechen

00_Eingang
Notiz von Audible Abo kündigen oder wied...
Zitat: Der erste Schritt zum Lernen, ist die Liebe zum Lehrer, weil man vom Heranwachsenden die Liebe nicht erwartet.
(Erasmus von Rott
Rotterdamer
Rotterdam
Ritterfamilie

14:11
Google

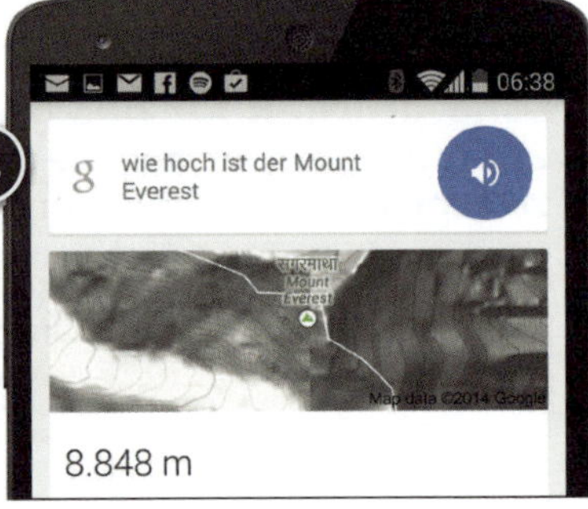
06:38
wie hoch ist der Mount Everest
8.848 m

Sprechen statt Tippen

Spracherkennung? Auf dem Telefon? Das funktioniert auf dem Computer nur mit teurer Spezialsoftware und mit mindestens zwei Stunden Training (ich hab's ausprobiert). Und wenn Sie dann auch noch in verschiedenen Sprachen Text eingeben möchten, greifen Sie lieber zur Tastatur.

Aber Android ist anders. Denn Android schickt Ihr gesprochenes Wort zum riesig großen Google-Übersetzungsserver ins Internet. Dieser übersetzt Ihr gesprochenes Wort in Maschinentext und schickt es zurück an Ihr Gerät. Und weil das außer Ihnen noch ungefähr 23 Millionen anderer Menschen machen, lernt dieser Übersetzungsdienst sekündlich dazu. Probieren Sie es mal aus. Ein paar Anwendungsbeispiele gefällig? Sie könnten Ihre Einkaufsliste vor dem Kühlschrank diktieren, eine SMS schreiben, ohne hinzusehen, oder auch ein gerade aufgeschnapptes Zitat für immer in Evernote festhalten, so wie hier:

❶ Tippen Sie auf das Mikrofonsymbol der Tastatur. (Falls das Mikrofon nicht zu sehen ist, schalten Sie es in Einstellungen → Android-Tastatureinstellungen ein.)

❷ Sprechen Sie jetzt Ihren Text (Sie können auch Punkt und Komma verwenden).

❸ Nach kurzer Zeit erscheint Ihr gesprochener Text auf dem Display. Eventuelle Korrekturen nehmen Sie am besten doch mit der Tastatur vor.

Frag Google

Wahrscheinlich ist es Ihnen schon aufgefallen: Im Google-Suchfeld auf dem Startbildschirm und im Browser ist immer ein kleines Mikrofon zu sehen ❹. Tippen Sie darauf, um Ihre Google-Suche zu diktieren. Ich kenne Menschen, die schon nicht mehr wissen, wann sie das letzte Mal unterwegs einen Suchbegriff getippt haben.

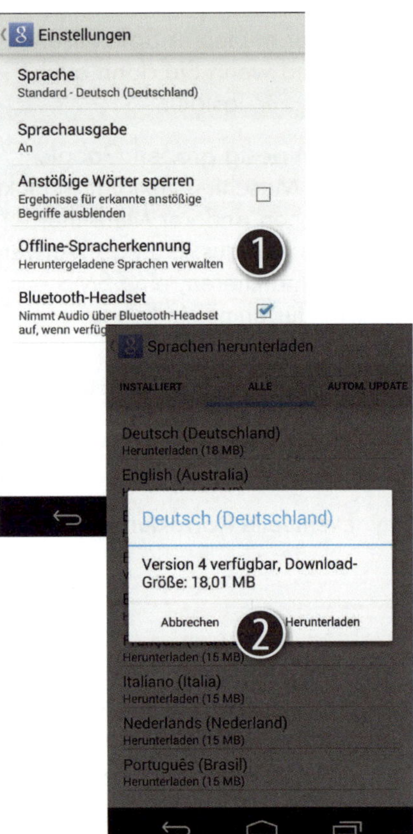

Befehl	Funktion
Uhrzeit in [Ort]	Zeigt die aktuelle Uhrzeit in einer Stadt
Wie ist das Wetter in [Stadt oderLand]	Zeigt das aktuelle Wetter an einem bestimmten Ort an
Einwohnerzahl [Stadt oder Land]	Gibt die Einwohnerzahl einer Stadt an
Erinnere mich um [Uhrzeit] an [Termin]	Erstellt eine Erinnerung in Google Now
Notiz [Text]	Sendet eine persönliche Notiz an die eigene Mail-Adresse
Öffne [Name der App]	Öffnet App auf dem Smartphone
Wecke mich um [Uhrzeit]	Stellt den eingebauten Wecker (Uhr)
Neuer Termin am [Tag] um [Zeit]	Erstellt Kalendereintrag
Navigiere zu [Ortsname] / Bring mich nach [Ortsname]	Startet Navigation zu einem bestimmten Ort
Karte von [Ortsname]	Öffnet Google Maps mit dem angegebenen Ort
Wo ist der nächste [Supermarkt, Kino, Bibliothek, etc.]	Sucht in der Nähe des eigenen Standortes
E-Mail an [Name des Empfängers]	E-Mail schreiben
Spiele [Musiktitel]	Spielt ein Lied ab
Textnachricht [Name] [Nachricht]	Erstellt SMS und versenden sie
Rufe [Name einer Person] an	Ruft Kontakt aus dem Telefonbuch an
4 mal 4 (Zahl [Rechenoperation] Zahl)	Löst Rechenaufgabe
[Betrag] [Währung] in [Währung]	Rechnet Währungen um
[Vereinsname] (z. B. FC Köln)	Zeigt das Ergebnis des letzten Spiels eines Sportvereins an
Wie macht sich [Vereinsnahme]	Zeigt Position eines Sportverein in der Liga-Tabelle an
Bei welchem Verein spielt [Spielername]	Zeigt, bei welchem Sportverein ein Spieler spielt
Öffne [URL]	Öffnet Webseite im Browser
Regisseur [Filmtitel]	Zeigt den Regisseur eines Films an
Filmlänge [Filmtitel] / Wie lang ist [Filmtitel]	Zeigt die Länge eines Films an
Wie ist die Besetzung von [Filmtitel]	Zeigte eine Liste der Darsteller eines Filmes
Wer ist der Autor von [Buchtitel]	Zeigt den Autor eines Buches an
Wie steht die Aktie von [Unternehmen]	Gibt den Aktienkurs eines Unternehmens an
Hilfe	Zeigt die Möglichkeiten der Sprachsuche an

Steuern Sie Ihr Smartphone mit Sprache

Ich bin immer noch ein wenig gehemmt, wenn ich mit meinem Telefon spreche. Deshalb tue ich es meistens unbeobachtet. Ich gebe dann Termine ein, frage nach Adressen oder verschicke Textnachrichten. Und dann ruft es aus dem Nebenzimmer: Hast du was gesagt?. Egal, die anderen werden sich daran gewöhnen, denn die Sprachsuche ist einfach zu praktisch, um sie nicht zu nutzen. Vor allem, wenn sie offline zur Verfügung steht.

Nutzen Sie die Spracherkennung offline

❶ Aktivieren Sie die Offline-Spracherkennung. Öffnen Sie Einstellungen → Sprache & Eingabe → Sprachsuche. Tippen Sie auf Offline-Spracherkennung.

❷ Laden Sie Ihre Lieblingssprache herunter.

- Bereits geladene Dateien finden Sie unter dem Punkt INSTALLIERT.
- Tippen Sie auf ALLE und laden Sie dort Ihre Landessprache (bei mir Deutsch) herunter. (Die Dateien sind erstaunlich klein.)

Probieren Sie die Möglichkeiten aus

Die Sprachsuche oder Sprachsteuerung ist eine Funktion der Google Suche (mehr dazu auch in Kapitel 11). Die meisten Funktionen stoßen Websuchen in Google an. Sie können aber auch Apps starten, Kontakte anrufen ❸ oder den Wecker stellen ❹. Probieren Sie es einfach aus. Sagen Sie Hilfe – und Sie erhalten Erklärungen zu diesen Funktionen.

Ok Google Now

Ein bisschen sonderbar ist das schon: Manche Geräte (z. B. das Motorola Moto X) hören Ihnen ständig zu. Hören sie dann das Codewort »Ok, Google Now«, wachen sie auf und tun, was Sie ihnen sagen. Falls Ihnen das zu sehr in's Private geht, schalten Sie die Funktion einfach ab.

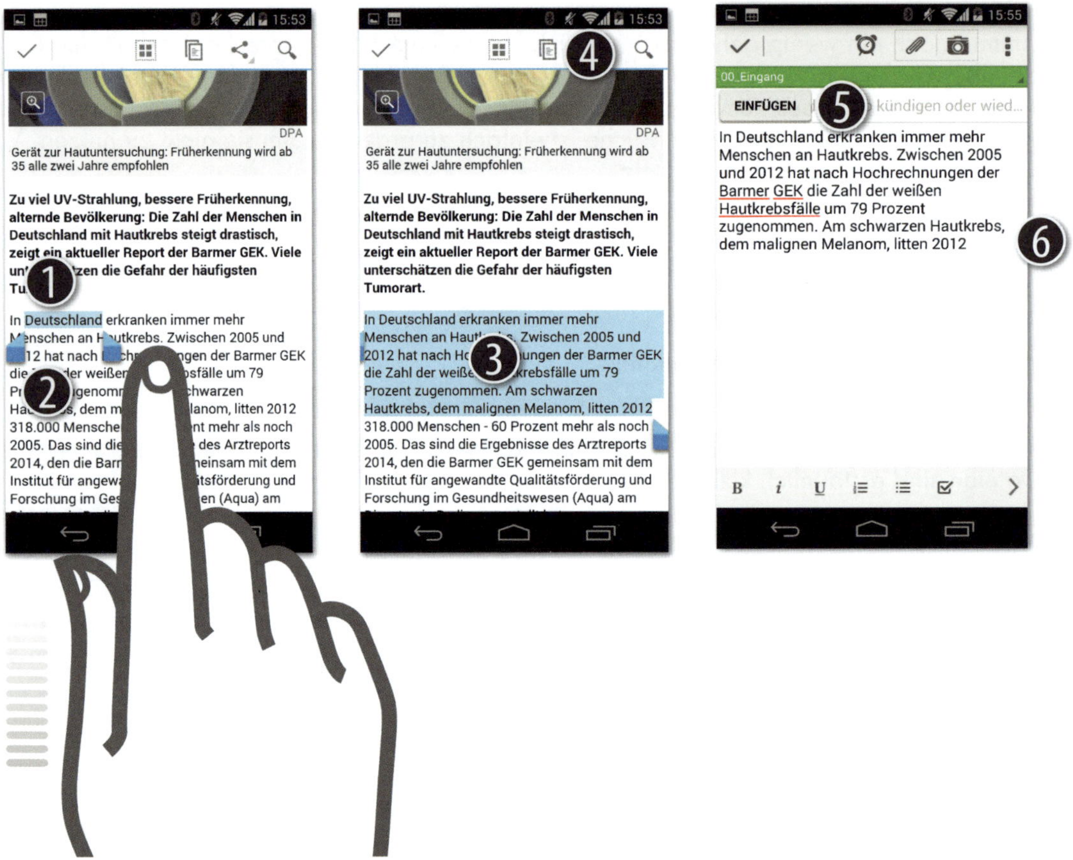

Gerät zur Hautuntersuchung: Früherkennung wird ab 35 alle zwei Jahre empfohlen

Zu viel UV-Strahlung, bessere Früherkennung, alternde Bevölkerung: Die Zahl der Menschen in Deutschland mit Hautkrebs steigt drastisch, zeigt ein aktueller Report der Barmer GEK. Viele unterschätzen die Gefahr der häufigsten Tumorart.

In Deutschland erkranken immer mehr Menschen an Hautkrebs. Zwischen 2005 und 2012 hat nach Hochrechnungen der Barmer GEK die Zahl der weißen Hautkrebsfälle um 79 Prozent zugenommen. Am schwarzen Hautkrebs, dem malignen Melanom, litten 2012 318.000 Menschen - 60 Prozent mehr als noch 2005. Das sind die Ergebnisse des Arztreports 2014, den die Barmer GEK gemeinsam mit dem Institut für angewandte Qualitätsförderung und Forschung im Gesundheitswesen (Aqua) am

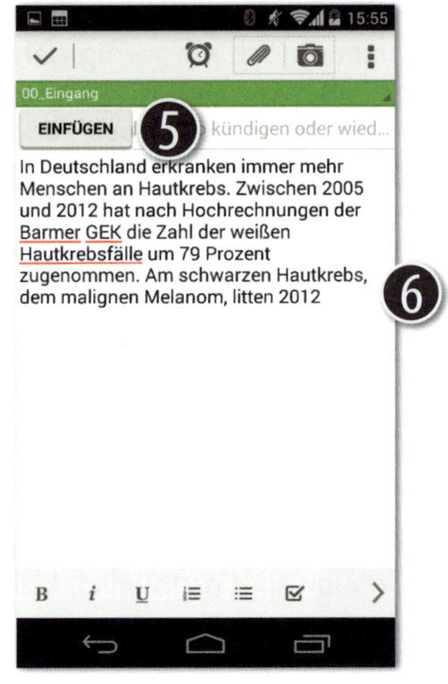

Text kopieren und einsetzen

Das Kopieren und Einsetzen ist die Grundlage unserer Remix-Kultur – und zum Glück im Android-System fast überall verfügbar, zum Beispiel im Browser. So bereichern Sie Ihren Text um Zitate:

Text aus dem Browser kopieren

❶ Drücken Sie lange auf die Stelle im Text, die Sie kopieren möchten, bis die Textauswahlmarken unter Ihrem Finger erscheinen. Am oberen Bildschirmrand erscheint die Aktionsleiste.

❷ Das ausgewählte Wort wird automatisch hervorgehoben. Ziehen Sie jetzt die Auswahlmarken in beide Richtungen, bis der gewünschte Text vollständig ausgewählt ist.

❸ Streichen Sie nach oben oder unten, um Text zu markieren, der sich ober- oder unterhalb des sichtbaren Displays befindet.

❹ Tippen Sie in der Aktionsleiste auf Kopieren (Symbol mit zwei Blättern), um den Text in die Zwischenablage zu kopieren.

Text im Notizblock einfügen

❺ Öffnen Sie eine Notiz im Notizblock (ich verwende Evernote), und wählen Sie die Stelle aus, an der Ihr Text erscheinen soll. Drücken Sie lang auf eine freie Stelle, bis der Cursor und die Taste Einfügen erscheinen.

❻ Tippen Sie auf Einfügen. Der Text wird in Ihre Notiz eingefügt.

Unterschiedliches Aussehen – gleiche Funktionen

Die Einfüge- und Auswahlmarken sehen bei jedem Hersteller anders aus. Sie funktionieren jedoch alle auf ähnliche Weise.

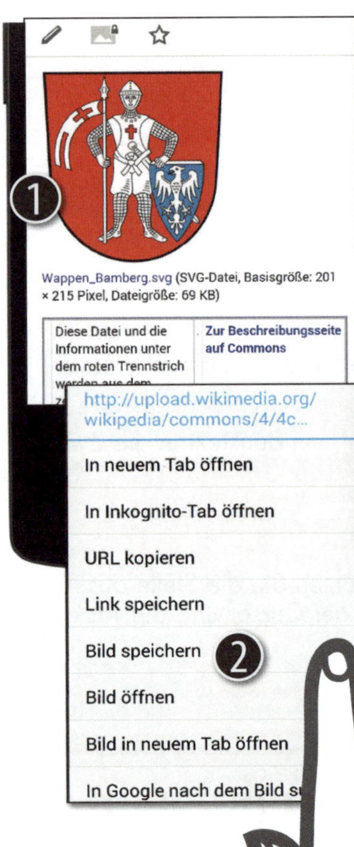
Wappen_Bamberg.svg (SVG-Datei, Basisgröße: 201 × 215 Pixel, Dateigröße: 69 KB)
Diese Datei und die Informationen unter dem roten Trennstrich
Zur Beschreibungsseite auf Commons
http://upload.wikimedia.org/wikipedia/commons/4/4c...
In neuem Tab öffnen
In Inkognito-Tab öffnen
URL kopieren
Link speichern
Bild speichern
Bild öffnen
Bild in neuem Tab öffnen
1
2

Schreiben
Datei anhängen
Cc/Bcc hinzufügen
Entwurf speichern
Löschen
Einstellungen
Feedback geben
Hilfe
An
Betreff
3
4

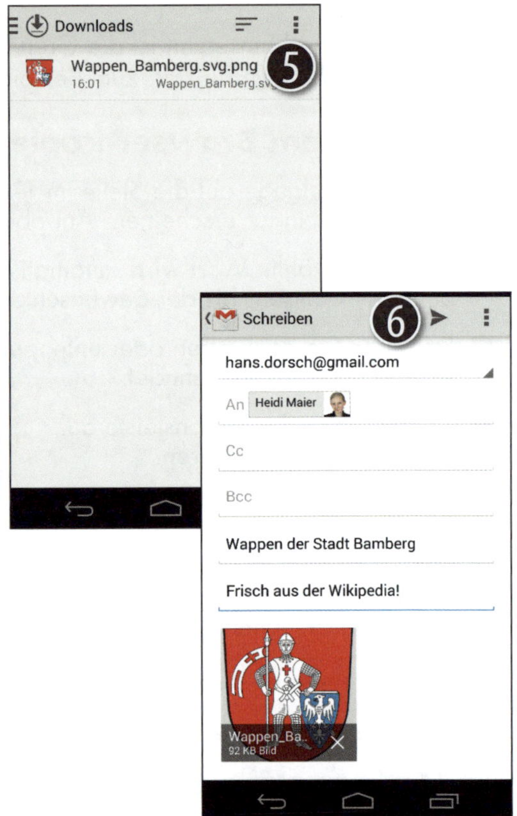
Downloads
Wappen_Bamberg.svg.png
16:01
Schreiben
hans.dorsch@gmail.com
An
Heidi Maier
Cc
Bcc
Wappen der Stadt Bamberg
Frisch aus der Wikipedia!
92 KB Bild
5
6

Bilder von einer App in die andere kopieren

Anders als Text können Sie ein Bild nicht mit Kopieren und Einsetzen von einer Anwendung in die andere transportieren. Der kleine Umweg führt über den Speicher des Telefons:

❶ Tippen und halten Sie das Bild, das Sie kopieren möchten. Ich möchte gerne das Wappen der Stadt Bamberg haben.

❷ Wählen Sie im Aktionsmenü Bild speichern. Das Bild wird im Downloadordner auf Ihrem Gerät gespeichert.

❸ Wechseln Sie in eine andere App, hier E-Mail, und erstellen Sie eine neue Nachricht.

❹ Wählen Sie Menü → Datei anhängen, und öffnen Sie die Galerie.

❺ Wählen Sie das Bild aus, das Sie eben kopiert haben. Sie finden es im Ordner Download. Tippen Sie darauf, um es auszuwählen.

❻ Das Bild ist jetzt als Anhang gesichert. Die Senden-Taste schickt es an den Empfänger.

Andere Dateitypen downloaden

Sie können nicht nur Bilder downloaden, sondern auch alle anderen Dateiformate (PDF, Word etc.). Sogar ganze Webseiten lassen sich als HTML-Dateien speichern. Alle werden auf Ihrer SD-Karte oder im USB-Speicher Ihres Geräts abgelegt. Eine übersichtliche Liste finden Sie im Browser unter Menü → Mehr → Downloads.

Heidi Maier
Inhaberin, Freie Journalistin
Bearbeiten
Teilen
1
Löschen
Klingeltonwahl
TELEFON
Alle Anrufe an Mailbox
MOBIL
Auf Startbildschirm platzieren
+49 221/677707200
GESCHÄFTLICH
+49 221 123 456 78
PRIVAT
E-MAIL
heidimaier10@googlemail.com
SONSTIGE

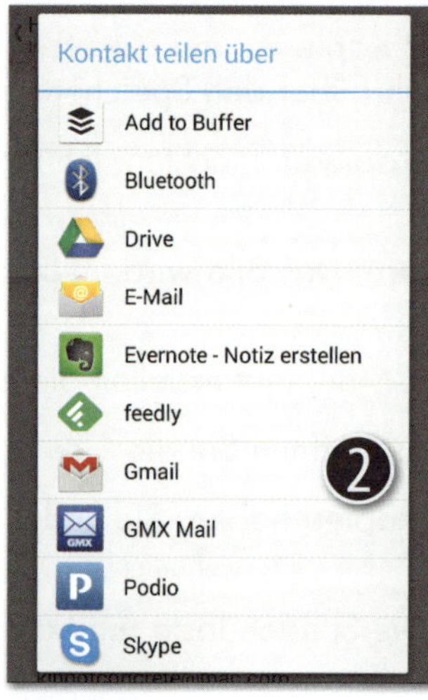
Kontakt teilen über
Add to Buffer
Bluetooth
Drive
E-Mail
Evernote - Notiz erstellen
feedly
Gmail
2
GMX Mail
Podio
Skype

Schreiben
hans.dorsch@gmail.com
An
Jennifer Garic
Heidis Daten
E-Mail schreiben
3
Heidi Maier.vcf

B-465E-41B3-9AC5-E27FDD96E24D.JPG
Facebook
4
Bluetooth
Picasa
Alle anzeigen...
Beitrag verfassen
5
Posten
Katzencontent des Tages.
Katzencontent des Tages.
6
Kommentieren
0
0

Weitergeben – teilen Sie Ihre Inhalte mit anderen

So gut wie alles, was Sie auf Ihrem Smartphone sehen, hören oder lesen, können Sie auch weitergeben – entweder um es selbst woanders zu nutzen, oder um anderen eine Freude zu machen.

❶ **Kontaktdaten weitergeben**: Rufen Sie einen Kontakt auf, den Sie weitergeben möchten. Tippen Sie dann Menü → Teilen. Das Menü öffnet sich (und verdeckt leider das Gesicht Ihres Kontakts).

❷ Wählen Sie Google Mail aus der Liste. Sie nutzen Mail als Kanal oder Medium zum Teilen.

❸ Die Kontaktdaten werden als VCF-Datei an die Mail angehängt. Dieses Format verstehen so gut wie alle aktuellen Adressbücher: Windows, Mac, Android und iPhone.

Och, wie süß, kann ich das Bild haben? Geben Sie Ihre Katzenbilder einfach über ganz verschiedene Kanäle weiter. Sie müssen das Blättern in Ihren Fotos nur ganz kurz unterbrechen.

❹ **Foto an Facebook schicken**: Öffnen Sie ein Foto in der Galerie. Drücken Sie lange auf das Bild, bis die Taste Weitergeben erscheint. Wählen Sie Facebook aus dem Menü. (Wenn Sie Facebook nicht installiert haben, können Sie auch die klassische E-Mail verwenden.)

❺ Die Facebook-App mit Ihrem Bild erscheint. Kommentieren Sie es und tippen Sie dann auf Posten.

❻ Nach kurzer Zeit ist Ihr Foto in der Facebook-App zu sehen. Und, tippen Sie mal auf die Menütaste, dort können Sie oder Ihre Freunde es schon wieder teilen.

Zu viele Optionen im Menü?

Viele Anwendungen bieten sich als Partner für die Weitergabe an. Das ist praktisch. Tauchen in Ihrem Teilen-Menü aber zu viele Optionen auf, von Apps, die Sie gar nicht nutzen, sollten Sie die dazugehörige App einfach löschen. Wie das geht, lesen Sie in Kapitel 4.

SAMSUNG
12:33
Anzeige
Allgemein
Hintergrundbild
Benachrichtigungsfeld
Multi Window
gleichzeitig.
Bildschirm
Bildschirmmodus
Bildschirmmodus auswählen
Lesemodus
Bildschirm ist für Lesen optimiert. Dieser Modus ist nur in best. Anwendungen verfügbar.
Helligkeit
Automatisch drehen
1
2

SAMSUNG
VAY NER CHUK.
Abbr.
Spe..
Vortragsprotokoll
- Punkt 1
- Punkt 2
7
2/2
23,7
27,2
Sym
Deutsch

Musik
Nachrichten
Video
Chrome
S Memo
Gmail
Hangouts
Maps
YouTube
16:08
99u Keynote: How to Storytell in a Fast Paced World
64.383 Aufrufe
387
Vortragsprotokoll
- Punkt 1
- Punkt 2
2/2
3
4
5
6

Mehrere Fenster nutzen an Samsung-Geräten

Jetzt, wo die Displays mancher Smartphones fast so groß sind wie die der Netbooks vor ein paar Jahren, dachten sich die Samsung-Techniker: Warum lassen wir unsere Nutzer nicht mehrere Apps gleichzeitig auf dem Bildschirm anzeigen? Meine Antwort: Weil es das schöne, einfache Konzept der Smartphones wieder in Richtung kompliziert verschiebt. Ich will aber kein Spielverderber sein, deshalb zeige ich mal, wie Sie die Funktion praktisch nutzen – und wie Sie sie ausschalten können.

Aktivieren Sie Multi Window

❶ **Blenden Sie die Multi Window-Leiste ein**: Wählen Sie Einstellungen → Mein Gerät → Anzeige und machen Sie einen Haken bei Multi Window. Ein kleiner Pfeil erscheint am Bildschirmrand. Ein Tipp öffnet die Multi Window-Leiste.

❷ **Blenden Sie die Leiste aus**: Tippen Sie lang auf die Zurück-Taste. Der Pfeil verschwindet. Tippen Sie erneut lang: Die Leiste wird wieder eingeblendet.

Nutzen Sie zwei Fenster übereinander

Wenn Sie sich Notizen zu einem Video machen möchten, platzieren Sie das Video in das obere Fenster und den Notizblock darunter.

Tippen Sie jetzt auf den kleinen Pfeil ❸ und öffnen Sie die Multi Window-Leiste. Hier sehen Sie automatisch alle Apps, die mehrere Fenster unterstützen. Tippen Sie auf YouTube. Die App öffnet sich im Vollformat. Wählen Sie Ihr Video aus. Öffnen Sie die Leiste erneut und tippen Sie S Memo (die Samsung Notiz-App) ❹. Sie wird in der unteren Hälfte des Bildschirms geöffnet. Ziehen Sie am (blauen) Anfasser zwischen den Fenstern, um die Größe anzupassen ❺. In diesem Fall soll ja auch die Tastatur noch mit drauf. Ein bisschen Experimentieren ist notwendig. Tippen Sie auf den blauen Punkt ❻. Kleine Menüpunkte erscheinen. Tippen Sie auf X und das ausgewählte Fenster wird geschlossen. (Notizen müssen Sie vorher speichern, sonst sind sie weg!) So sieht es aus, wenn Sie ein YouTube-Video anschauen und gleichzeitig Notizen machen ❼. Ganz schön praktisch.

10:17
Benedikt Bamberger
Hans Dorsch
Heidi Maier
Sebastian Rot

Kapitel 3 | Ihre Daten unterwegs und online – mit Google, Exchange und anderen

Sie rufen E-Mails am Computer mit Outlook ab, sammeln Telefonnummern auf dem Handy, schreiben Adressen von Hand in Ihr Adressbuch und führen auch Ihren Kalender noch auf Papier. Dann sind Ihre Daten auf vier verschiedene Orte verteilt.
Mit Ihrem Android-Smartphone können Sie all diese Daten in einem Gerät immer dabei haben – und gleichzeitig überall. Denn mit den richtigen Onlinediensten und Werkzeugen für Ihren Computer bleiben Ihr Android und Ihr Computer immer auf dem gleichen Stand:

- Verbinden Sie Ihr Google-Konto mit dem Smartphone.
- Greifen Sie auch unterwegs auf die Exchange-Dienste Ihres Unternehmens zu.
- Gleichen Sie Ihr Smartphone direkt mit dem Computer ab.
- Nutzen Sie Googles Webdienste zum Abgleich Ihrer elektronischen Geräte.

Google
In Kalender suchen
+Hans
Ihr Termin wurde aktualisiert. Rückgängig machen
Kalender
Heute
10. – 16. März 2014
Tag
Woche
Monat
4 Tage
TERMIN EINTRAGEN
Mo 10.3.
Di 11.3.
Mi 12.3.
Do 13.3.
Fr 14.3.
Sa 15.3.
Heidi Urlaub
März 2014
Meine Kalender
Hans Arbeit
Aufgaben
Familie Dorsch etc.
Hans Privat
Weitere Kalender
Feiertage in Deutschl.
Heidi Maier
Schulferien NRW
Kalender-Einstellungen
Termin in diesem Kalender einrichten
Kalendername
Hans Arbeit
Eigentümer des Kalenders
"hans.dorsch@gmail.com" <hans.dorsch@gmail.com>
Beschreibung
Diesen Kalender sehen enge Mitarbeiter und meine Frau
Privatadresse
Verwenden Sie die folgende Adresse, um über andere Anwendungen auf Ihren Kalender zuzugreifen. Sie können diese Adresse kopieren und in jeden Kalender einfügen, der das iCal-Format unterstützt.
OK
Kalenderadresse
Weitere Informationen
Freigabeeinstellungen ändern
Privatadresse:
Weitere Informationen
Private URLs zurücksetzen
Dies ist die Privatadresse für diesen Kalender. Geben Sie diese Adresse nur für andere Personen frei, wenn Sie möchten, dass diese alle Termine in diesem Kalender anzeigen können.
Kalender löschen:
Weitere Informationen
Diesen Kalender dauerhaft löschen
Löschen: Der Kalender wird endgültig gelöscht. Er kann dann von niemandem mehr verwendet werden.
« Zurück zum Kalender
Speichern
Abbrechen
1
2
3

13. März 2014
Microsoft Outlook
Möchten Sie diesen Internetkalender Outlook hinzufügen und Aktualisierungen abonnieren?
Erweitert...
Ja
Nein
4
5

10 - 16. März 2014
Heidi Urlaub
6

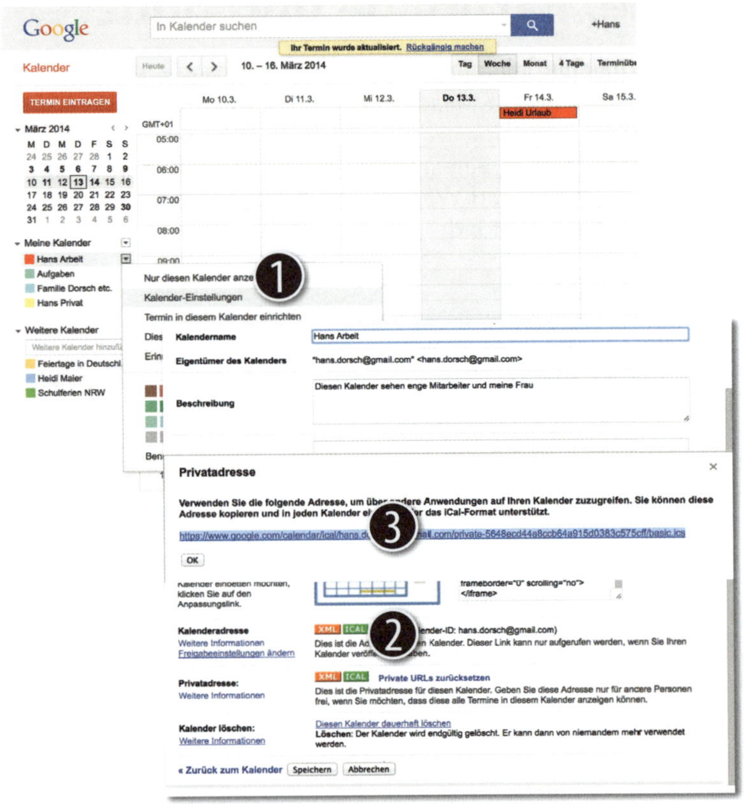

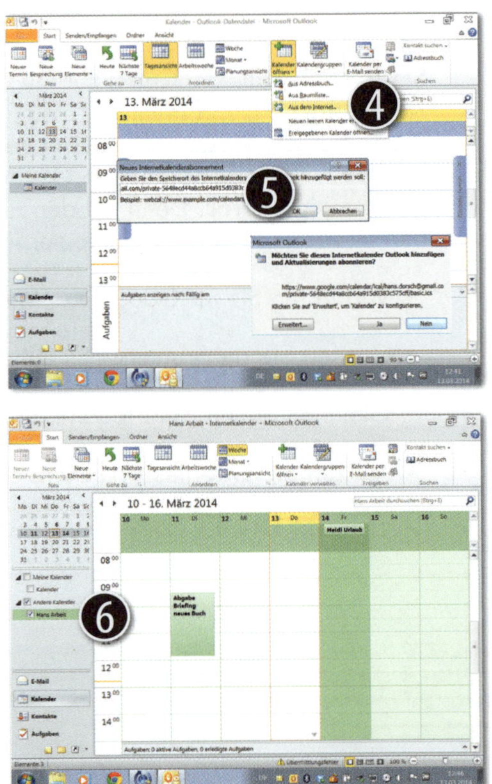

Google Mail, Kalender und Kontakte mit Outlook abgleichen

An manche Dinge gewöhnt man sich mit der Zeit, obwohl sie am Anfang ziemlich umständlich erscheinen. Dazu gehören der aufrechte Gang, das Essen mit Messer und Gabel und die Verwaltung von E-Mails, Adressen und Terminen mit Microsoft Outlook. Die letzte Entwicklungsstufe haben die Android-Entwickler übersprungen. Sie verwalten ihr Leben ausschließlich im Web und auf dem Smartphone. Was Sie aber nicht davon abhalten muss, weiterhin Outlook zu verwenden.

Zeigen Sie Google-Kalender in Outlook an

❶ Öffnen Sie Ihren Google Kalender unter www.google.com/calendar. (Wenn Sie noch keine Kalender angelegt haben, finden Sie alles Wissenswerte dazu in Kapitel 9.) Klicken Sie auf den kleinen Pfeil neben dem Kalender, den Sie in Outlook sehen möchten, und wählen Sie Kalender-Einstellungen aus dem Menü.

❷ Suchen Sie auf der Detailseite den Punkt Privatadresse. Klicken Sie auf das grüne Symbol mit dem Titel ICAL.

❸ Kopieren Sie die Adresse, die im folgenden Fenster erscheint, in die Zwischenablage. Klicken Sie nicht darauf.

❹ Wechseln Sie zu Outlook (2010). Klicken Sie in der Registerkarte Start auf Kalender öffnen und wählen Sie aus dem Internet.

❺ Setzen Sie die Adresse (URL) in das Feld ein und klicken Sie OK.
Bestätigen Sie mit Ja, wenn Sie Aktualisierungen erhalten möchten. (Natürlich möchten Sie das.)

❻ Ihr Google-Kalender wird jetzt in Outlook angezeigt. Sie können ihn hier nicht bearbeiten, das können Sie aber am Smartphone sehr gut. Mehr dazu lesen Sie in Kapitel 9.

Nutzen Sie Exchange? Dann wird dieser Kalender ebenfalls in Outlook angezeigt – und auf Ihrem Android, wenn Sie Ihr Konto einrichten.

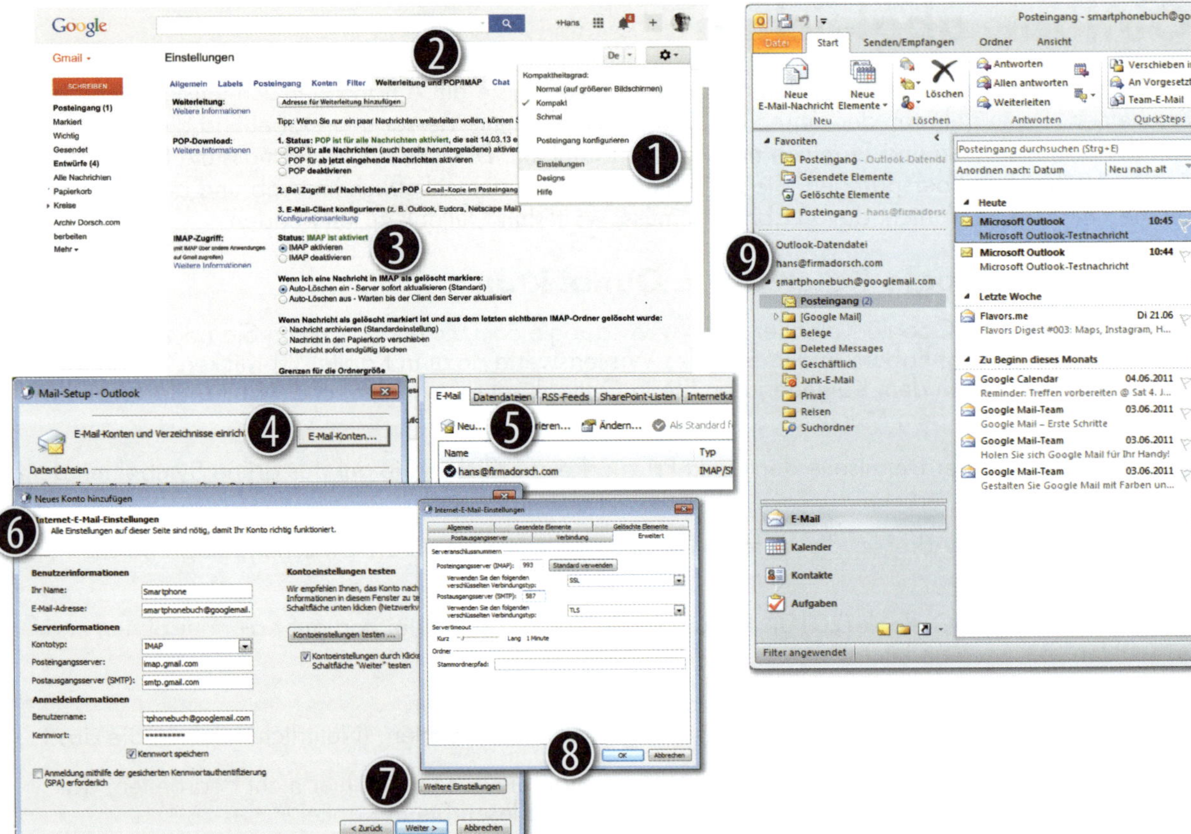

GMail-Zugang in Outlook einrichten mit IMAP

Gmail nutzt den IMAP-Standard und kann deshalb praktisch über jedes E-Mail-Programm abgefragt werden – natürlich auch über Outlook. So zeigen Sie Ihre Mails in Outlook an:

❶ Melden Sie sich im Web unter mail.google.com an. Wählen Sie oben rechts die Einstellungen.

❷ Gehen Sie zum Punkt Weiterleitung und POP/IMAP.

❸ Wählen Sie im Bereich IMAP-Zugriff den Punkt IMAP aktivieren. Wählen Sie Einstellungen sichern, wenn Sie fertig sind.

Jetzt legen Sie unter Windows ein E-Mail-Profil an:

❹ Beenden Sie Outlook, und öffnen Sie Systemsteuerung → Benutzerkonten und Jugendschutz → E-Mail (in Windows 7). Klicken Sie dort auf E-Mail-Konten …

❺ Klicken Sie auf Neu und wählen Sie im nächsten Fenster E-Mail-Konto. Wählen Sie dort Servereinstellungen oder zusätzliche Servertypen manuell konfigurieren. Klicken Sie dann auf Weiter.

❻ Wählen Sie im nächsten Schritt Internet-E-Mail. Jetzt gelangen Sie zu dem Eingabefenster, das Sie benötigen. Geben Sie hier folgende Daten ein: Kontotyp: IMAP, Posteingangsserver: imap.gmail.com, Postausgangsserver: smtp.gmail.com. Geben Sie dann Ihre persönlichen Google-Konto-Daten ein.

❼ Klicken Sie auf Weitere Einstellungen, um die Servereinstellungen festzulegen.

❽ Im Reiter Erweitert: Posteingangsserver: 993 mit SSL-Verschlüsselung, Postausgangsserver: 587, TLS-Verschlüsselung. Im Reiter Postausgangsserver: Der Postausgangsserver (SMTP) erfordert eine Authentifizierung. Verwenden Sie sonst die gleichen Einstellungen wie für den Posteingangsserver.

❾ Klicken Sie auf OK, um die Eingaben zu übernehmen, und dann auf Weiter. Schließen Sie die Einrichtung mit Fertig stellen ab. Ihr Gmail-Konto wird jetzt in Outlook angezeigt

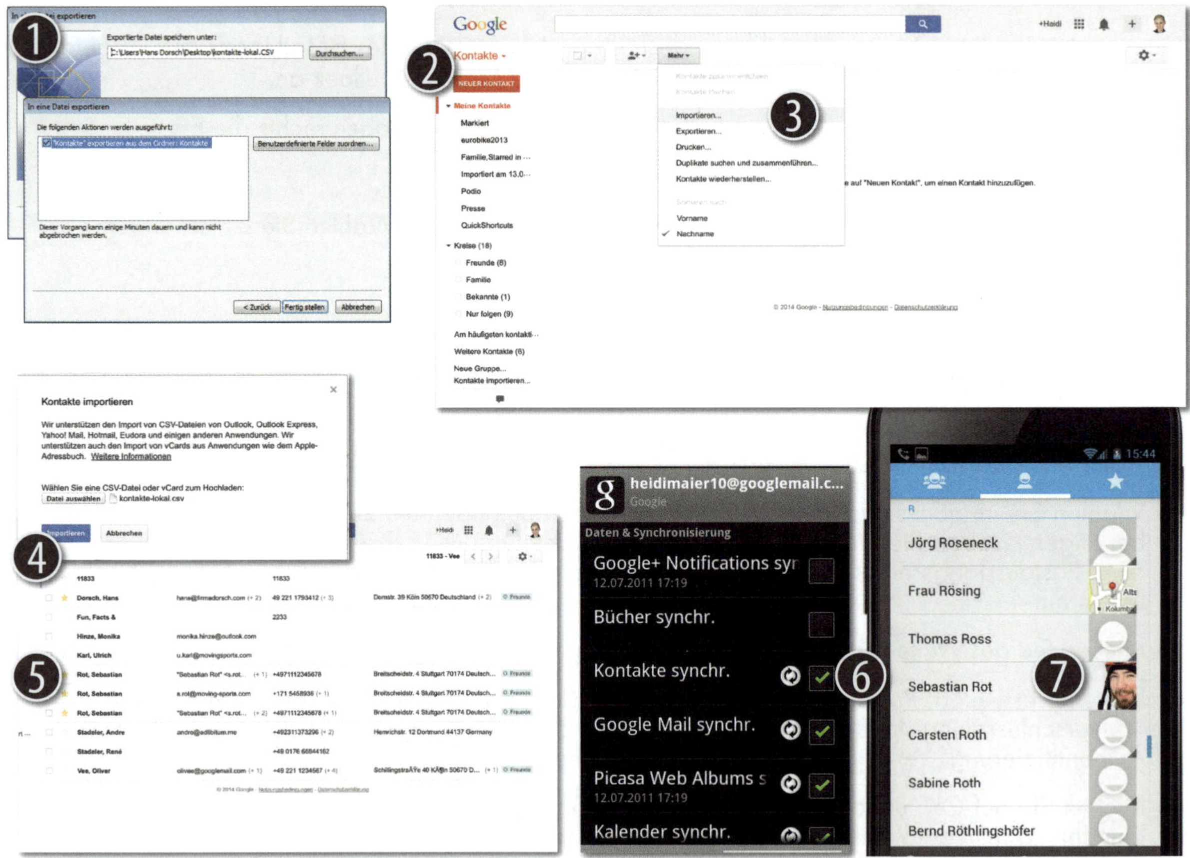

1
Exportierte Datei speichern unter:
Durchsuchen...
In eine Datei exportieren
Die folgenden Aktionen werden ausgeführt:
Benutzerdefinierte Felder zuordnen...
Dieser Vorgang kann einige Minuten dauern und kann nicht abgebrochen werden.
< Zurück
Fertig stellen
Abbrechen
2
Google
Kontakte
NEUER KONTAKT
Meine Kontakte
Markiert
eurobike2013
Podio
Presse
QuickShortcuts
Kreise (18)
Freunde (8)
Familie
Bekannte (1)
Nur folgen (9)
Weitere Kontakte (6)
Neue Gruppe...
Kontakte importieren...
Mehr
3
Importieren...
Exportieren...
Drucken...
Duplikate suchen und zusammenführen...
Kontakte wiederherstellen...
Vorname
Nachname
Kontakte importieren
Wir unterstützen den Import von CSV-Dateien von Outlook, Outlook Express, Yahoo! Mail, Hotmail, Eudora und einigen anderen Anwendungen. Wir unterstützen auch den Import von vCards aus Anwendungen wie dem Apple-Adressbuch. Weitere Informationen
Wählen Sie eine CSV-Datei oder vCard zum Hochladen:
Datei auswählen
kontakte-lokal.csv
Importieren
Abbrechen
4
5
heidimaier10@googlemail.c...
Google
Daten & Synchronisierung
Google+ Notifications syr
12.07.2011 17:19
Bücher synchr.
Kontakte synchr.
6
Google Mail synchr.
Picasa Web Albums s
12.07.2011 17:19
Kalender synchr.
15:44
Jörg Roseneck
Frau Rösing
Thomas Ross
Sebastian Rot
7
Carsten Roth
Sabine Roth
Bernd Röthlingshöfer

Kontakte in das Google-Konto importieren

Egal, wo Ihre Kontakte bisher verwaltet wurden, zum genialen Online-Abgleich müssen Sie zu Google ins Adressbuch. Wie das geht? Ganz einfach über Export und Import. So gut wie jedes Kontaktprogramm unterstützt zwei Formate: kommagetrennte Werte (CSV, Comma-Separated Values) und vCard (.vcf, vCard file). Wenn Sie Dateien in diesen Formaten ausgeben können, kriegen Sie sie auch in Android rein. Wenn Ihr Programm .vcf-Dateien ausgeben kann, verwenden Sie diese. Dann werden auch Fotos übertragen, die Sie zu Ihren Kontakten gespeichert haben.

Der Export

❶ Exportieren Sie Ihre Adressdaten in eine Textdatei, in diesem Fall die Datei kontakte-lokal.csv. (In Outlook gehen Sie dazu über Datei → Öffnen → Export/Import.)

Kontakte in Gmail importieren

Gmail unterstützt viele Importformate, selbstverständlich auch Text in Tabellenform, also .csv.

❷ Öffnen Sie Gmail im Browser unter mail.google.com. Klicken Sie links in Kontakte (hier ist noch kein Kontakt eingetragen).

❸ Wählen Sie rechts aus dem Menü Weitere Aktionen den Punkt Importieren …

❹ Wählen Sie die exportierte Datei aus, und klicken Sie auf Importieren. Nach Abschluss des Imports erhalten Sie eine Bestätigung. (Hier sind 7 Kontakte importiert worden.)

❺ Ihre Kontakte sind jetzt ordentlich sortiert online.

Kontakte auf dem Telefon anzeigen

❻ Öffnen Sie an Ihrem Smartphone die Einstellungen → Konten & Synchronisierung. Wählen Sie Ihr Google-Konto aus. Aktivieren Sie dort den Punkt Kontakte synchr. (Aktivieren Sie auch alle anderen Punkte, um Kalender und Mail abzugleichen.)

❼ Ihre Kontakte werden jetzt auf dem Telefon angezeigt.

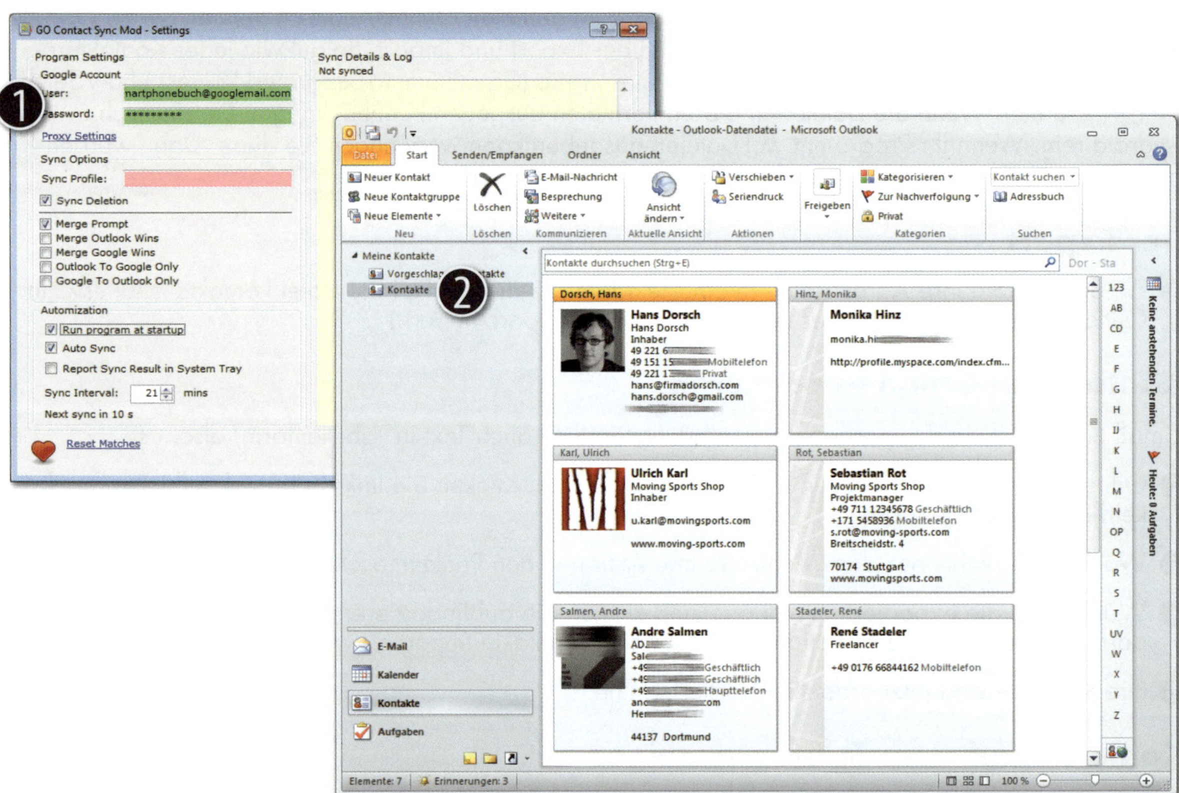

GO Contact Sync Mod - Settings
Program Settings
Google Account
User:
Password:
Proxy Settings
Sync Options
Sync Profile:
Sync Deletion
Merge Prompt
Merge Outlook Wins
Merge Google Wins
Outlook To Google Only
Google To Outlook Only
Automization
Run program at startup
Auto Sync
Report Sync Result in System Tray
Sync Interval:
mins
Next sync in 10 s
Reset Matches
Sync Details & Log
Not synced
Kontakte - Outlook-Datendatei - Microsoft Outlook
Datei
Start
Senden/Empfangen
Ordner
Ansicht
Neuer Kontakt
Neue Kontaktgruppe
Neue Elemente
Löschen
E-Mail-Nachricht
Besprechung
Weitere
Ansicht ändern
Verschieben
Seriendruck
Freigeben
Kategorisieren
Zur Nachverfolgung
Privat
Kontakt suchen
Adressbuch
Meine Kontakte
Kontakte
Kontakte durchsuchen (Strg+E)
Dorsch, Hans
Hans Dorsch
Inhaber
hans@firmadorsch.com
hans.dorsch@gmail.com
Hinz, Monika
Monika Hinz
http://profile.myspace.com/index.cfm...
Karl, Ulrich
Ulrich Karl
Moving Sports Shop
u.karl@movingsports.com
www.moving-sports.com
Rot, Sebastian
Sebastian Rot
Projektmanager
+49 711 12345678 Geschäftlich
+171 5458936 Mobiltelefon
s.rot@moving-sports.com
Breitscheidstr. 4
70174 Stuttgart
www.movingsports.com
Salmen, Andre
Andre Salmen
44137 Dortmund
Stadeler, René
René Stadeler
Freelancer
+49 0176 66844162 Mobiltelefon
E-Mail
Kalender
Kontakte
Aufgaben
Elemente: 7
Erinnerungen: 3
100 %

Kontakte mit GO Contact Sync Mod abgleichen

Installieren Sie die Anwendung GO Contact Sync Mod. Die Anwendung startet automatisch. Sie erhalten sie kostenlos unter www.googlesyncmod.sourceforge.net. Die Software ist Open Source und kostenlos.

1. Starten Sie das Programm, und geben Sie Ihre Google-Kontodaten ein. Die Voreinstellungen sind sehr praxisgerecht und müssen nicht verändert werden: Sync Deletion löscht Kontakte, die Sie auf Ihrem Smartphone löschen, auch in Outlook, und Merge Prompt fragt nach, welche Version eines Eintrags Sie speichern möchten, wenn er bei Google und in Outlook geändert wurde. Setzen Sie dann noch unter Automization die Haken bei Run program at startup und Auto Sync, damit das Programm beim Computerstart geladen wird und automatisch in festgelegten Zeitabständen die Kontakte abgleicht.

2. Ihre Kontakte werden ab jetzt mit dem Web und Ihrem Android-Phone abgeglichen.

Backup inklusive

Ist es Ihnen aufgefallen? Ihre Daten sind jetzt an mindestens drei Orten abgelegt. Wenn Ihr Smartphone verloren geht und zur gleichen Zeit auch noch Ihr PC Schwierigkeiten macht, sind alle Kontakte immer noch in Ihrem Google-Konto im Web zu finden. Sie finden sie in Google Mail (mail.google.com) unter Kontakte. Und wenn ein Kontakt im Web und auf Ihren Geräten gelöscht ist, können Sie Ihre Kontaktliste auf einen beliebigen Zeitpunkt innerhalb der letzten 30 Tage zurücksetzen.

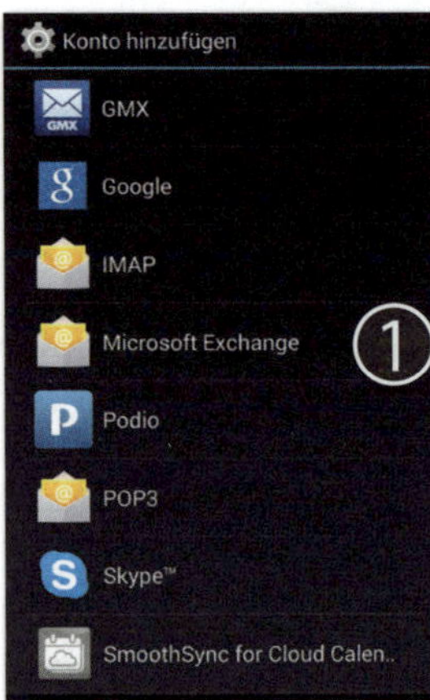
Konto hinzufügen
GMX
Google
IMAP
Microsoft Exchange
1
Podio
POP3
Skype™
SmoothSync for Cloud Calen..

Kontoeinrichtung
Sie können Ihr Konto in wenigen Schritten einrichten.
exchange@ersatztext.de
Manuell einrichten
Weiter
2
Kontoeinstellungen
Häufigkeit des E-Mail-Abrufs
Automatisch (Push)
Zu synchronisierende Tage
Letzte Woche
Bei neuer E-Mail benachrichtigen
Kontakte dieses Kontos synchronisieren
Kalender dieses Kontos synchronisieren
E-Mails dieses Kontos synchronisieren
Anhänge bei WLAN-Verbindung automatisch herunterladen
Zurück
Weiter
5

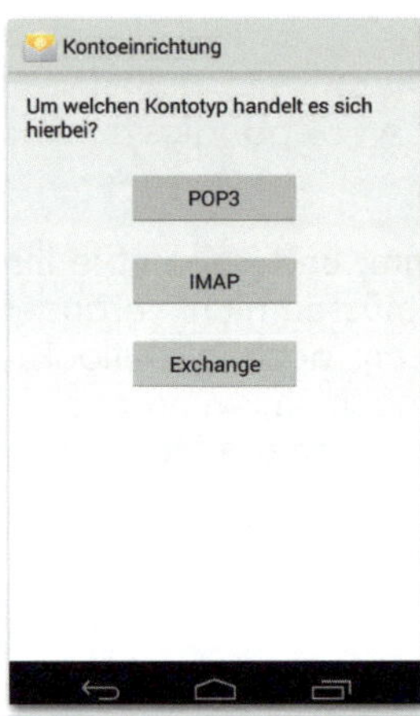
Kontoeinrichtung
Um welchen Kontotyp handelt es sich hierbei?
POP3
IMAP
Exchange

Kontoeinrichtung
Nutzername
exchange@ersatztext.de
Passwort
Server
exchange.df.eu
3
Port
443
Sicherheitstyp
SSL/TLS
Client-Zertifikat
Keine
Auswählen
Mobilgerät-ID
androidc1454406118
Zurück
Weiter

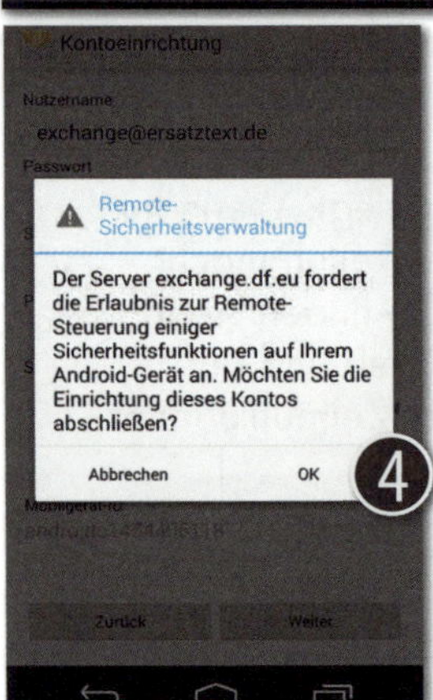
Kontoeinrichtung
Remote-Sicherheitsverwaltung
Der Server exchange.df.eu fordert die Erlaubnis zur Remote-Steuerung einiger Sicherheitsfunktionen auf Ihrem Android-Gerät an. Möchten Sie die Einrichtung dieses Kontos abschließen?
Abbrechen
OK
4

Geräteadministrator aktivieren?
E-Mail
Der Server exchange.df.eu fordert die Erlaubnis zur Remote-Steuerung einiger Sicherheitsfunktionen auf Ihrem Android-Gerät an.
Die Aktivierung dieses Administrators ermöglicht der App "E-Mail", folgende Vorgänge auszuführen:
Alle Daten löschen
Setzen Sie das Telefon auf Werkseinstellungen zurück. Dabei werden alle Daten ohne Warnung gelöscht.
Passwortregeln festlegen
Zulässige Länge und Zeichen für Passwörter zum Entsperren des Bildschirms festlegen
Versuche zum Entsperren des Displays überwachen
Anzahl der falsch eingegebenen Passwörter beim Entsperren des
Abbrechen
Aktivieren
6

Ihr Exchange-Konto mit Android verbinden

Android unterstützt Microsoft Exchange-Server. Das heißt, Sie können Ihre Firmen-E-Mail, -Kontakte und -Kalender ohne zusätzliche Programme nutzen – entweder ausschließlich oder zusätzlich zu Ihren privaten Daten, alles auf einem Gerät. Exchange ist auf Ihrem PC sicher schon eingerichtet, deshalb zeige ich hier, wie Sie Exchange auf dem Smartphone einrichten.

❶ Öffnen Sie Einstellungen → Konten & Synchr., und wählen Sie dort Konto hinzufügen. Wählen Sie dann Microsoft Exchange.

❷ Geben Sie im nächsten Schritt die E-Mail-Adresse und das Passwort Ihres Exchange-Kontos ein, und tippen Sie auf Weiter.
Falls Ihr Server nicht sofort erkannt wird, geben Sie im nächsten Schritt als Kontotyp Exchange an.

❸ Unterscheidet sich Ihr Benutzername von Ihrer E-Mail-Adresse, geben Sie ihn im nächsten Schritt ein. Das Feld Server verlangt die Adresse des Exchange-Servers (Ihr Provider oder Ihr Administrator nennt sie Ihnen gerne). Die meisten Server verwenden eine Sichere Verbindung. Setzen Sie einen Haken vor die Option, und tippen Sie auf Weiter. Das Feld Domäne können Sie meist leer lassen. Android verbindet sich jetzt mit dem Server und richtet das Konto ein. Treten Probleme auf, können Sie immer zurückkehren und die Einstellungen ändern.

❹ Exchange-Server können Inhalte auf Geräten aus der Ferne löschen und das ganze Gerät zurücksetzen, wenn Sie es verlieren. Dazu müssen Sie einmalig Ihre Erlaubnis geben. Tippen Sie auf OK.

❺ Die Einstellungen legen fest, welche Daten mit Exchange abgeglichen werden und wie oft E-Mails abgerufen werden. E-Mail-Push, Kontakte und Kalender-Abgleich sind Standard. Tippen Sie auf Weiter.

❻ Exchange richtet einen Geräteadministrator für die Sicherheitsfunktionen ein. Tippen Sie auf Aktivieren. Der Administrator wird unter Einstellungen → Standort & Sicherheit angezeigt. Dort können Sie ihn auch löschen.

11:06 DO., 13. MÄRZ
Als Mediengerät angeschlossen
Für mehr USB-Op... erühren
1
Auto-Rotate Switch
Wählen um Auto-Rotation zu beenden.
O2 - DE
Kontakte
Google
11:05
USB-Verbindung (PC)
VERBINDEN ALS
Mediengerät (MTP)
Ermöglicht die Übertragung von Mediendateien auf Windows- oder, mithilfe von Android File Transfer, auf Mac-Computer (siehe www.android.com/filetransfer)
Kamera (PTP)
Ermöglicht die Übertragung von Fotos mithilfe der Kamera-Software sowie die Übertragung von Dateien auf Computer, die MTP nicht unterstützen
Computer ▸ Nexus 5 ▸ Interner Speicher ▸
Interner Speicher durch...
Organisieren
Favoriten
Desktop
Bibliotheken
Hans Dorsch
Computer
Diskettenlaufwerk (A:)
Lokaler Datenträger (C:)
DVD-Laufwerk (D:)
BD-ROM-Laufwerk (E:)
Shared Folders (\\vmware-host)
Nexus 5
Interner Speicher
2
Netzwerk
Systemsteuerung
Papierkorb
Name
Typ
.mmsyscache
Alarms
amazon
amazonmp3
Android
burstlyImageCache
com.mg.android
DCIM
Download
dropbox
EditedOnlinePhotos
ezPDFReader
kindle
media
Movies
Music
Navigon
Notifications
null
Dateiordner
32 Elemente
Installieren von Gerätetreibersoftware
Klicken Sie hier, um Statusinformationen zu erhalten.
DE
10:49
13.03.2014
Computer ▸ Nexus 5 ▸
Nexus 5 durchsuchen
Organisieren
Favoriten
Desktop
Bibliotheken
Hans Dorsch
Computer
Diskettenlaufwerk (A:)
Lokaler Datenträger (C:)
DVD-Laufwerk (D:)
BD-ROM-Laufwerk (E:)
Shared Folders (\\vmware-ho
Nexus 5
Interner Speicher
3
Interner Speicher
21,9 GB frei von 26,7 GB
Automatische Wiedergabe
Nexus 5
Folgendes für dieses Gerät immer durchführe
Geräteoptionen
Digitale Mediendateien mit Gerät synchronisier
mit Windows Media Player
Gerät zum Anzeigen der Dateien öffnen
mit Windows-Explorer

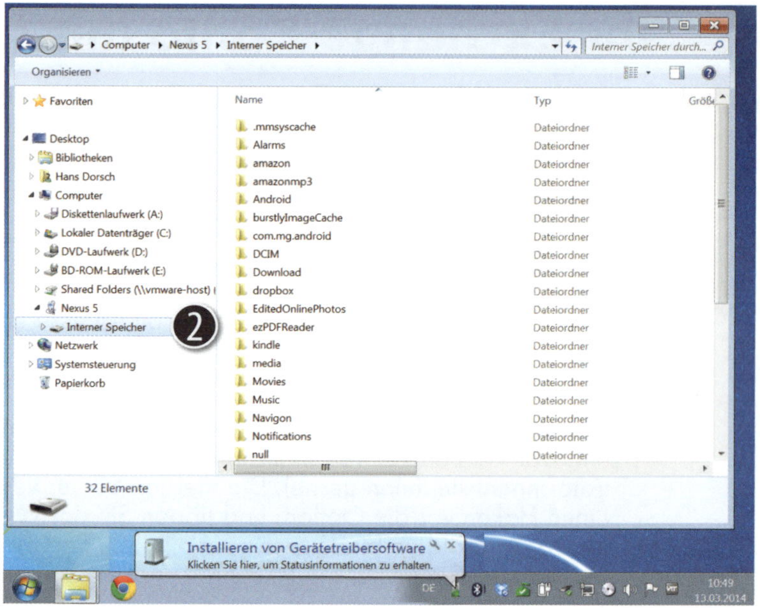

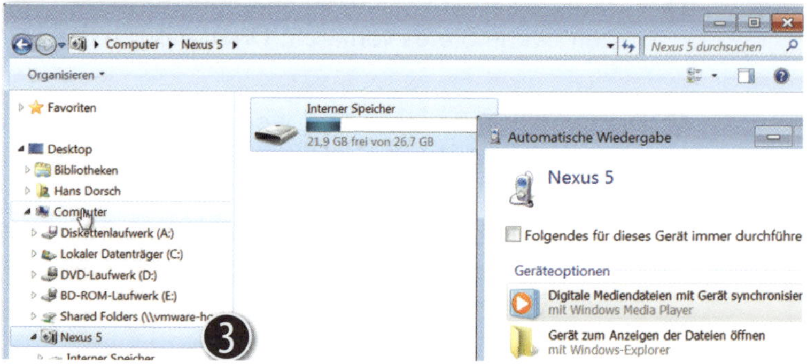

Das Smartphone mit dem Computer verbinden

Ihr Android-Phone lebt im Internet. Dennoch können Sie es ganz bodenständig über ein USB-Kabel mit Ihrem Computer verbinden. Das kann praktisch sein, wenn Sie größere Datenmengen laden möchten, zum Beispiel Ihre Musiksammlung oder Videos für die nächste Reise. Am Mac funktioniert das ohne zusätzliche Software, unter Windows benötigen Sie möglicherweise spezielle Gerätetreiber.

❶ Verbinden Sie Ihr Smartphone über ein Micro-USB-Kabel mit dem Computer (hier einem PC). In der Statuszeile erscheint das USB-Symbol. Ziehen Sie mit dem Finger nach unten, um das Benachrichtigungsfeld zu öffnen.

- Standardeinstellung ist Als Mediengerät angeschlossen. Unter Windows ist das eine gut Wahl.
- Tippen Sie auf den Eintrag und wechseln Sie zu Kamera PTP. Wenn Sie Ihr Gerät mit einer Fotosoftware auf dem PC oder Mac abgleichen möchten, ist dies die richtige Einstellung.

❷ Ihr Gerät taucht (nachdem die Treiber installiert wurden) im Explorer als Gerät auf.

- Klicken Sie auf Interner Speicher, um zu sehen, was auf Ihrem Gerät gespeichert ist. Einige Ordner kennen Sie vielleicht. Sie können auch neue anlegen und Daten darauf speichern.
- Von Ordnern, die Sie nicht kennen, sollten Sie die Finger lassen. Im Zweifel werden sie vom System genutzt und gebraucht.
- Besitzt Ihr Smartphone einen Speicherkarten-Steckplatz, taucht diese Karte hier als weiteres Laufwerk auf. Mehr dazu lesen Sie in Kapitel 1.
- Achten Sie darauf, dass Kopiervorgänge abgeschlossen sind, bevor Sie das USB-Kabel ziehen, sonst können Sie Daten verlieren.

❸ Ist Ihr Gerät als Kamera angeschlossen, erhalten Sie Optionen zum Import der Bilder Ihrer Smartphone-Kamera. Im Explorer wird Ihr Gerät als Kamera angezeigt.

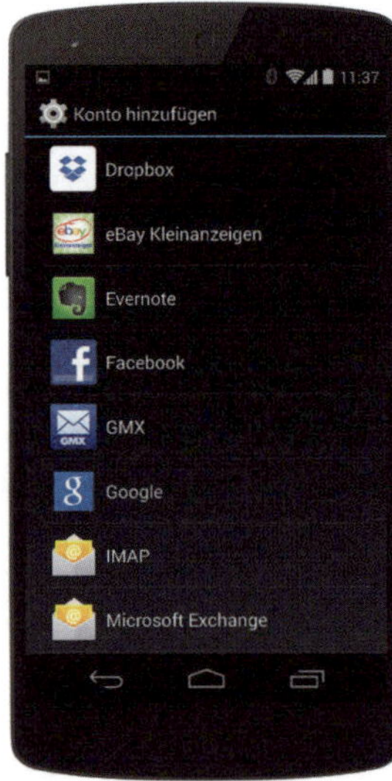
11:37
Konto hinzufügen
Dropbox
eBay Kleinanzeigen
Evernote
Facebook
GMX
Google
IMAP
Microsoft Exchange

11:56
www.google.com/intl/de/goodt
Google
GUT ZU WISSEN
Sicher online – Tipps und Informationen
Das Internet sicher nutzen

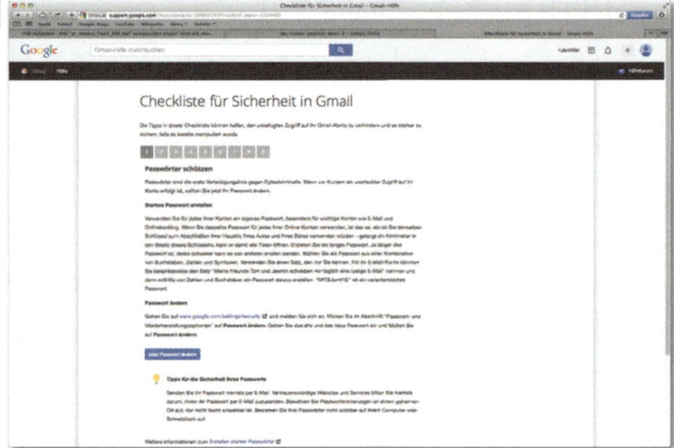
Google
Checkliste für Sicherheit in Gmail

Sichere Daten und sichere Übertragung bei Google-Diensten

Bei Google sind Ihre Daten sicher aufgehoben. Dafür hat der Konzern ziemlich umfangreiche Sicherheitsrichtlinien erlassen. Hier eine Liste der Maßnahmen:

- Benutzerdaten werden auf Servern in der ganzen Welt gespeichert.
- Anmeldedaten für Kontakte und Kalender werden verschlüsselt über HTTPS übertragen.
- E-Mails werden ebenfalls über HTTPS mit dem IMAP-Protokoll übertragen.
- Gmail warnt Sie, wenn verdächtige Aktivitäten auf Ihrem Konto geschehen.

Aber Ihre Daten sind nur dann sicher, wenn auch Ihre Zugangsdaten sicher sind. Deshalb sollten Sie auch darauf achten, dass Sie ein sicheres Passwort verwenden und dieses ab und zu ändern.

Die Datenübertragung über das Mobilfunknetz UMTS/LTE erfolgt verschlüsselt. Die Gefahr, dass Fremde auf Ihre Daten zugreifen, ist gering, obwohl Hacker ständig versuchen, Sicherheitslücken zu finden. Öffentliche WLAN-Hotspots hingegen übertragen die Daten ungeschützt. Mit der entsprechenden Ausrüstung ist es ein Kinderspiel, übertragene Daten abzufangen und zuzuordnen.

Bei Google werden Ihre privaten Daten (Anmeldungen mit dem authToken, Mails) verschlüsselt übertragen, so dass sie nicht abgefangen werden können.

Datenschutz bei Google

Google stellt interessante Artikel zum Thema Sicherheit bereit. Lesen Sie mal rein:

- Sicher online – Tipps und Informationen unter www.google.com/intl/de/goodtoknow
- Google Datenschutz-Center: bit.ly/goopriv
- Google Checkliste für Sicherheit in Gmail: bit.ly/gmcheck
- Der Google Transparency Report: www.google.com/transparencyreport

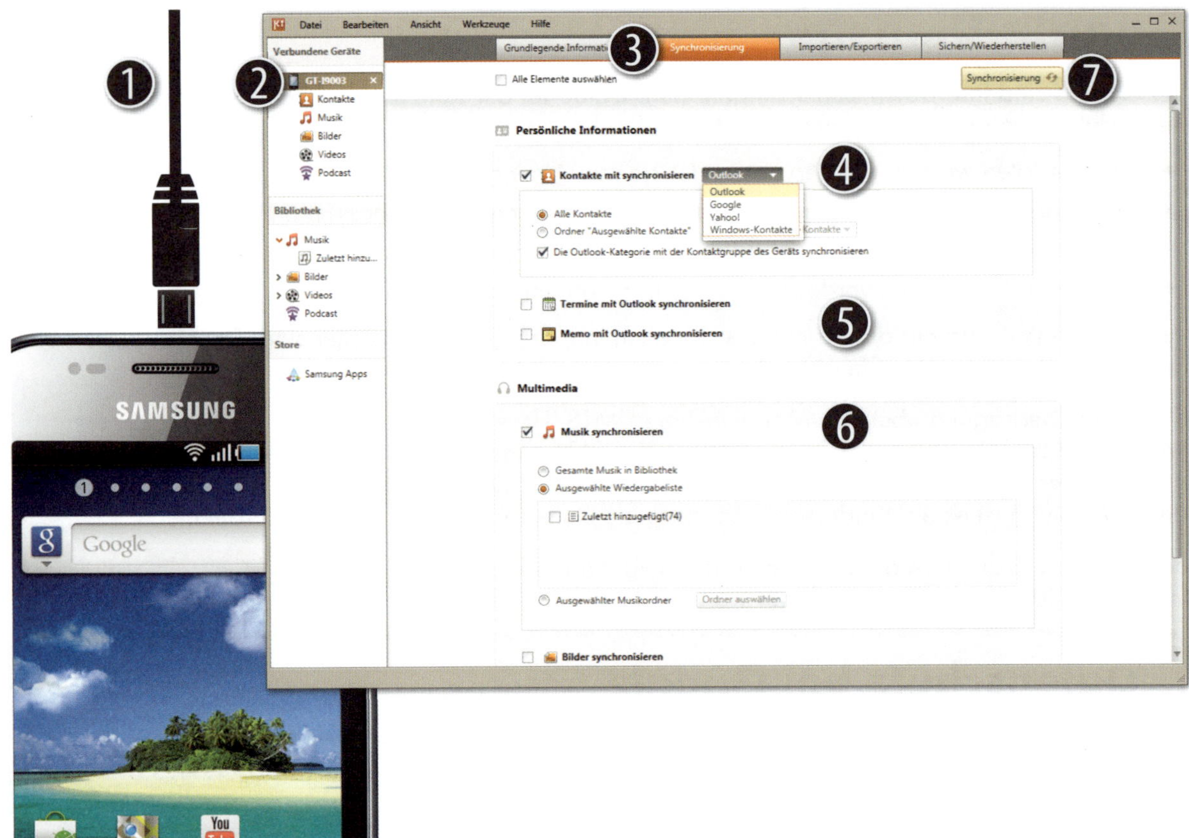

1
2
3
4
5
6
7
Datei
Bearbeiten
Ansicht
Werkzeuge
Hilfe
Verbundene Geräte
GT-I9003
Kontakte
Musik
Bilder
Videos
Podcast
Bibliothek
Musik
Zuletzt hinzu...
Bilder
Videos
Podcast
Store
Samsung Apps
Grundlegende Informati
Synchronisierung
Importieren/Exportieren
Sichern/Wiederherstellen
Alle Elemente auswählen
Synchronisierung
Persönliche Informationen
Kontakte mit synchronisieren
Outlook
Outlook
Google
Yahoo!
Windows-Kontakte
Alle Kontakte
Ordner "Ausgewählte Kontakte"
Kontakte
Die Outlook-Kategorie mit der Kontaktgruppe des Geräts synchronisieren
Termine mit Outlook synchronisieren
Memo mit Outlook synchronisieren
Multimedia
Musik synchronisieren
Gesamte Musik in Bibliothek
Ausgewählte Wiedergabeliste
Zuletzt hinzugefügt(74)
Ausgewählter Musikordner
Ordner auswählen
Bilder synchronisieren
SAMSUNG
Google
You Tube

Ein Samsung-Smartphone mit Kies synchronisieren

Wenn Sie Ihre Kontaktdaten und Kalender nicht über das Internet synchronisieren möchten, geht das auch ganz klassisch über Kabel. Nutzen Sie ein Smartphone von Samsung, können Sie zum Abgleich die Software Kies nutzen. So nutzen Sie Kies am PC:

❶ Schließen Sie Ihr Samsung-Smartphone über das Micro-USB-Kabel an. Wählen Sie bei der Frage nach der Verbindungsoption Kies.

❷ Ihr Smartphone taucht jetzt in der linken Leiste unter verbundene Geräte auf. Hier ist es das Modell GT-I9003. Klicken Sie darauf.

❸ Wählen Sie den Reiter Synchronisierung. Hier können Sie auswählen, welche Daten mit dem Computer abgeglichen werden sollen.

❹ Kontakte können Sie mit Microsoft Outlook oder den Windows Kontakten abgleichen. Sind Ihre Daten schon online, sollten Sie diese auch online abgleichen: Google Kontakte mit Android, für Yahoo-Adressen gibt es Yahoo! Mail.

❺ Termine können Sie über Kies nur mit Outlook abgleichen, genau wie die Samsung Memo-App. Setzen Sie den Haken, und stellen Sie, wenn nötig, Details ein.

❻ Auch Musik, Bilder und Videos können Sie über Kies abgleichen. Kies durchforstet dazu Ihren Computer nach passenden Dateien und zeigt diese an. Wiedergabelisten aus iTunes oder dem Windows Media Player lassen sich importieren und zum Synchronisieren nutzen.

❼ Starten Sie den Abgleich mit der Taste Synchronisieren oben rechts. (Damit Kies Ihr Gerät automatisch synchronisiert, wenn Sie es anstecken, setzen Sie im Reiter Grundlegende Informationen den Haken bei Automatisch synchronisieren ...)

10:17
Benedikt Bamberger
Hans Dorsch
Heidi Mai
Importieren/Exportieren
"Häufig kontaktiert" löschen
Konten
Einstellungen
Hilfe
1

17:40
Kontakte importieren/exportieren
Von SIM-Karte importieren
Aus Speicher importieren
In Speicher exportieren
Sichtbare Kontakte teilen
2

17:40
Kontakte für Import auswähl...
Alle importieren
Mailbox
Mailbox-Sprüche
Music Spy
Live Chat
Kundenbetreuung
1414
SMS-Chat
ADAC Pannenhilfe
3

Kontakte von der SIM-Karte importieren

Nur Kontakte, die auf dem Gerät gespeichert sind, werden mit Google synchronisiert und online gesichert. Falls Sie also noch Einträge auf Ihrer SIM-Karte haben, holen Sie diese in Ihren Telefonspeicher.

❶ Öffnen Sie Ihre Kontakte, drücken Sie die Menütaste und dann Importieren/Exportieren.

❷ Wählen Sie dann Von SIM-Karte importieren. Legen Sie danach fest, in welches Konto die Einträge importiert werden sollen.

❸ Android liest die Einträge aus und zeigt sie als Liste an (bei Ihnen ist hoffentlich mehr drauf als Chat und Mailbox-Sprüche). Tippen Sie lang auf die Einträge, die Sie speichern möchten, oder wählen Sie Menü → Alle importieren. (Auf meiner Karte sind nur die Einträge des Anbieters gespeichert. Außer den Servicenummern habe ich keine importiert.) Mit der Zurück-Taste beenden Sie den Import.

Ihr Händler hilft gerne

Wollen Sie sich diesen Schritt sparen? Dann bitten Sie doch Ihren Telefonhändler. Wenn Sie ihn fragen, ob er die Telefonnummern von Ihrem alten Handy auf Ihr neues Smartphone übertragen kann, macht er das sicher gerne.

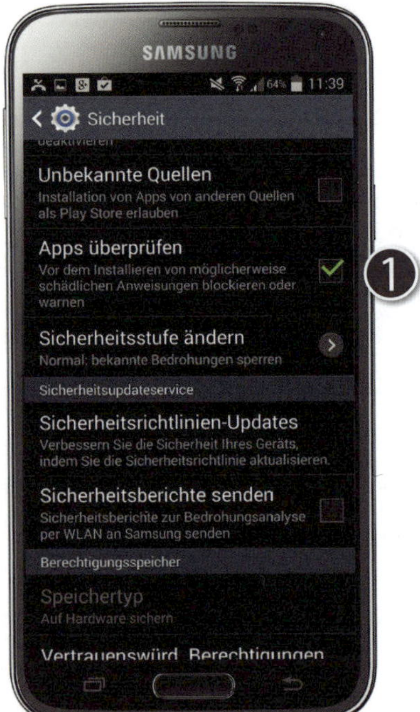
SAMSUNG
11:39
Sicherheit
Unbekannte Quellen
Installation von Apps von anderen Quellen als Play Store erlauben
Apps überprüfen
Vor dem Installieren von möglicherweise schädlichen Anweisungen blockieren oder warnen
Sicherheitsstufe ändern
Normal: bekannte Bedrohungen sperren
Sicherheitsupdateservice
Sicherheitsrichtlinien-Updates
Verbessern Sie die Sicherheit Ihres Geräts, indem Sie die Sicherheitsrichtlinie aktualisieren.
Sicherheitsberichte senden
Sicherheitsberichte zur Bedrohungsanalyse per WLAN an Samsung senden
Berechtigungsspeicher
Speichertyp
Auf Hardware sichern
1

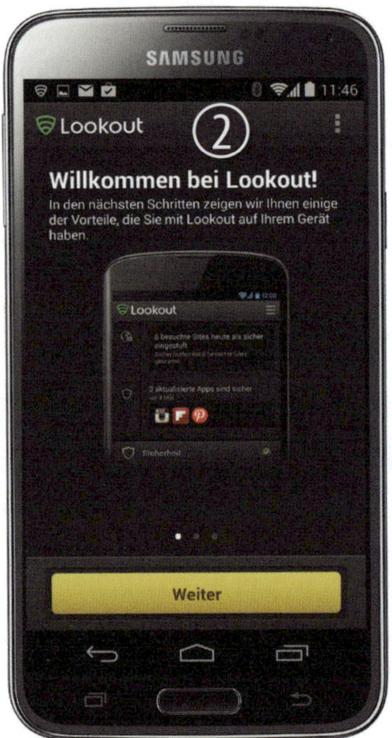
SAMSUNG
11:46
Lookout
2
Willkommen bei Lookout!
In den nächsten Schritten zeigen wir Ihnen einige der Vorteile, die Sie mit Lookout auf Ihrem Gerät haben.
Lookout
Weiter

Schadsoftware und Viren abwehren

Mit Version 4.2 (Jelly Bean) ist Android ein gutes Stück sicherer geworden. So schützen Sie Ihr Smartphone:

1. **Apps verifizieren**: Aktivieren Sie die Funktion in Einstellungen → Sicherheit. Installieren Sie jetzt Apps aus anderen Quellen als dem Play Store (.apk-Datei oder Download aus anderen Stores), gleicht Android diese mit der Google-Datenbank ab, die auch den Play Store schützt. Verdächtige Apps werden dann abgelehnt.

2. **Premium SMS**: Möchte eine App von Ihrem Gerät mit Mobilfunkkarte aus teure SMS-Nachrichten abschicken, erhalten Sie eine Nachricht. Das ist gut, denn diese Art des Onlinebetrugs ist bei Smartphones sehr beliebt und für die Betroffenen sehr teuer.

Apps von Herstellern wie Lookout gleichen Ihre Apps mit eigenen Datenbanken auf Viren und Malware ab und bieten darüber hinaus noch Backup und zusätzliche Premiumfunktionen (gegen Gebühr).

Trojaner kommen meist vom PC

Wenn Sie Banking und andere sensible Transaktionen mit dem Gerät durchführen, sind Keylogger besonders kritisch, die Ihre Tastatureingaben mitlesen und so Ihre Bankzugangsdaten ausspionieren. Am besten ist es, Ihr Tablet überhaupt nicht mit dem PC zu verbinden (vor allem bei älteren Windows-Systemen). Unabhängig davon sollten Sie auf dem PC natürlich ebenfalls Virenscanner installieren und nutzen.

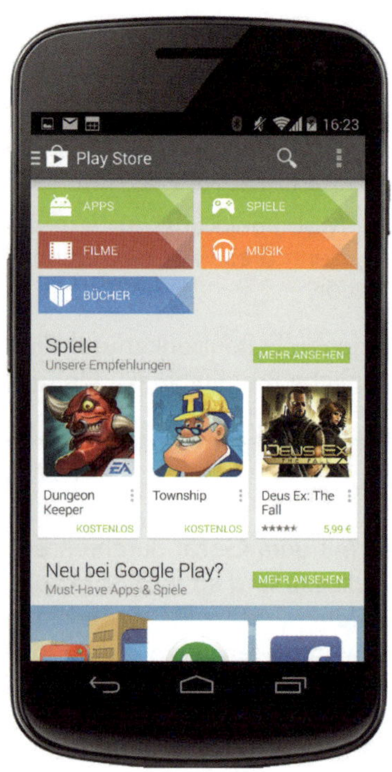
16:23
Play Store
APPS
SPIELE
FILME
MUSIK
BÜCHER
Spiele
Unsere Empfehlungen
MEHR ANSEHEN
Dungeon Keeper
KOSTENLOS
Township
KOSTENLOS
Deus Ex: The Fall
5,99 €
Neu bei Google Play?
Must-Have Apps & Spiele
MEHR ANSEHEN

Kapitel 4 | Das Smartphone mit Apps von Google Play erweitern

Ohne Apps geht gar nichts. Ihr Android-Phone kommt, je nach Modell, mit einer mehr oder weniger großen Grundausstattung an Funktionen. Aber genau die passende Lösung für Ihr aktuelles Problem ist wahrscheinlich nicht dabei.

Zum Glück gibt es Apps: kleine Anwendungen, die die Fähigkeiten Ihres Smartphones erweitern. Im Google Play Store finden Sie Hunderttausende davon, und eine davon kann bestimmt das, was Sie suchen.

Entdecken Sie auf den nächsten Seiten die Welt der Apps:

- Installieren Sie kostenlose Apps von Google Play.
- Kaufen Sie Apps (mit Umtauschgarantie).
- Räumen Sie Ihre Apps auf, und löschen Sie solche, die Sie nicht mehr benötigen.

Was ist Google Play?

Google Play ist der umfassende Medienladen von Google. Das »Play« steht dabei nicht für »Spielen«, sondern für »Abspielen«, und Sie finden es immer bei den Google Apps. So finden Sie Musik bei »Google Play Music«, auch Filme und Bücher haben ihre Abteilungen, und auch Geräte können Sie seit einiger Zeit kaufen.

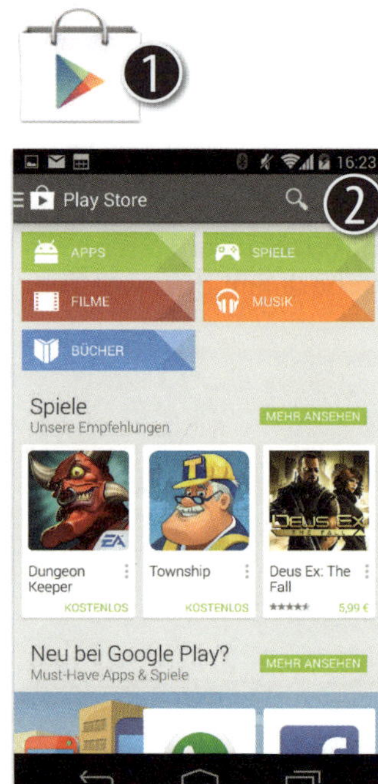

1
16:23
Play Store
2
APPS
SPIELE
FILME
MUSIK
BÜCHER
Spiele
Unsere Empfehlungen
MEHR ANSEHEN
Dungeon Keeper
KOSTENLOS
Township
KOSTENLOS
Deus Ex: The Fall
5,99 €
Neu bei Google Play?
Must-Have Apps & Spiele
MEHR ANSEHEN

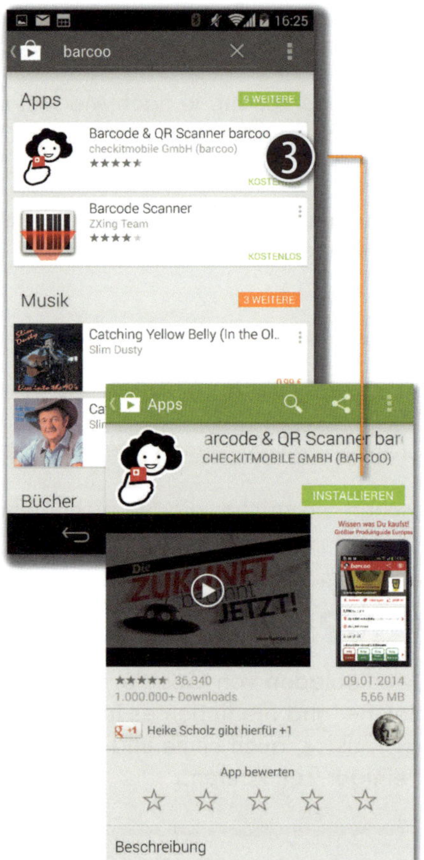

16:25
barcoo
Apps
9 WEITERE
Barcode & QR Scanner barcoo
checkitmobile GmbH (barcoo)
3
Barcode Scanner
ZXing Team
KOSTENLOS
Musik
3 WEITERE
Catching Yellow Belly (In the Ol..
Slim Dusty
Bücher
Apps
arcode & QR Scanner bar
CHECKITMOBILE GMBH (BARCOO)
INSTALLIEREN
36.340
09.01.2014
1.000.000+ Downloads
5,66 MB
Heike Scholz gibt hierfür +1
App bewerten
Beschreibung

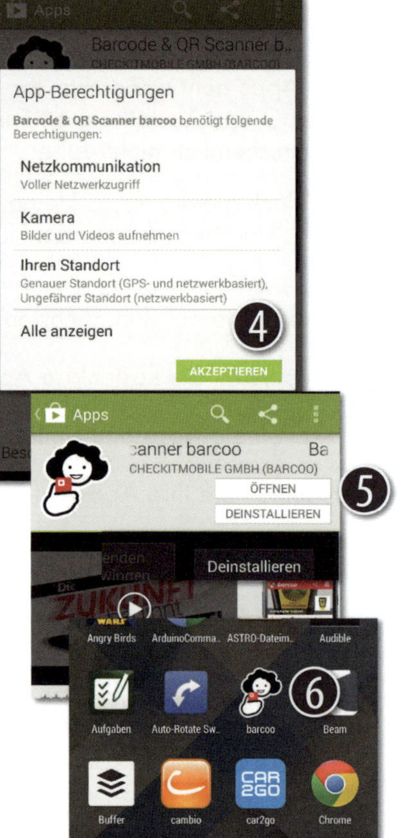

Apps
Barcode & QR Scanner b..
App-Berechtigungen
Barcode & QR Scanner barcoo benötigt folgende Berechtigungen:
Netzkommunikation
Voller Netzwerkzugriff
Kamera
Bilder und Videos aufnehmen
Ihren Standort
Genauer Standort (GPS- und netzwerkbasiert), Ungefährer Standort (netzwerkbasiert)
Alle anzeigen
4
AKZEPTIEREN
Apps
canner barcoo
CHECKITMOBILE GMBH (BARCOO)
ÖFFNEN
DEINSTALLIEREN
5
Deinstallieren
Angry Birds
ArduinoComma..
ASTRO-Dateim..
Audible
Aufgaben
Auto-Rotate Sw..
barcoo
6
Beam
Buffer
cambio
car2go
Chrome

Kostenlose Apps von Google Play laden

Manche Smartphones besitzen bereits einen Barcode-Reader, die meisten jedoch nicht. Daher zeige ich am Beispiel des Universal-Readers barcoo, wie Sie kostenlose Apps auf Ihr Smartphone laden:

1. Rufen Sie das Anwendungsmenü vom Home-Bildschirm aus auf, und öffnen Sie den Play Store (oder suchen Sie danach).
2. Suchen Sie eine bestimmte App? Tippen Sie auf die Lupe oben rechts. Ich suche einen Scanner für Barcodes und QR-Codes namens barcoo.
3. Tippen Sie in den Suchergebnissen auf den Eintrag, um die Details anzuzeigen – inklusive Vorschaubilder oder -videos. Ist die App kostenlos, tippen Sie auf Installieren, um sie zu laden.
4. Vor dem Download sehen Sie, auf welche Funktionen die App zugreifen will. Bestätigen Sie die Berechtigungen mit Akzeptieren.
5. Der Download startet sofort. Ein kleiner Balken zeigt den Ladeverlauf an. Tippen Sie Öffnen, um die App gleich zu starten.
6. Die geladene App finden Sie später immer wieder im Anwendungsmenü. Ist auf dem Home-Bildschirm noch Platz, erstellt Android dort eine Verknüpfung.

Berechtigungen und was sie bedeuten

Sie fragen sich vielleicht, warum Apps so viel wissen müssen. Das ist so: Die App barcoo beispielsweise greift auf die Kamera zu, um Bilder aufzunehmen, auf Ihren Standort, um Sie zu lokalisieren, und auf den Internet-Zugang, um die Codes mit der Datenbank abzugleichen. Das Spiel Cut the Rope fragt den Telefonstatus ab, um es mitzubekommen, wenn Sie angerufen werden. Es pausiert dann automatisch und speichert Ihren aktuellen Spielstand. Registriert die App, dass Sie aufgelegt haben, bietet sie Ihnen an, weiterzuspielen.

Ohne Google-Konto läuft gar nichts

Um Google Play zu nutzen, benötigen Sie ein Google-Konto. Das haben Sie wahrscheinlich schon eingerichtet. Wenn Sie bei Google Play außerdem einkaufen möchten, benötigen Sie ein Google Wallet-Konto. Wie Sie diese virtuelle Brieftasche einrichten, steht auf der nächsten Seite.

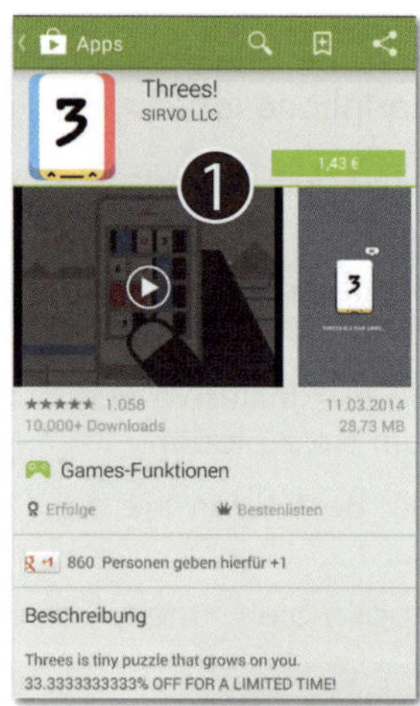
Apps
Threes!
SIRVO LLC
1,43 €
1
1.058
11.03.2014
10.000+ Downloads
28,73 MB
Games-Funktionen
Erfolge
Bestenlisten
860 Personen geben hierfür +1
Beschreibung
Threes is tiny puzzle that grows on you.
33.3333333333% OFF FOR A LIMITED TIME!

App-Berechtigungen
Threes! benötigt folgende Berechtigungen:
Anrufe
Telefonstat. u. -ID lesen
Netzwerkkommunikation
Vollständiger Internetzugriff
Speicher
Inhalt des USB-Speichers ändern/löschen.
Alle anzeigen
2
AKZEPTIEREN

Zahlungsoptionen
heidimaier10@googlemail.com
Kredit- oder Debitkarte hinzufügen
3
Abrechnung über Telekom aktivieren
Einlösen

Karte hinzufügen
Geben Sie Informationen zu der Kreditkarte ein, die Sie mit Google Wallet verwenden möchten.
4
Kartennummer
ABBRECHEN
SPEICHERN
1 2 3
4 5 6 OK
7 8 9
0

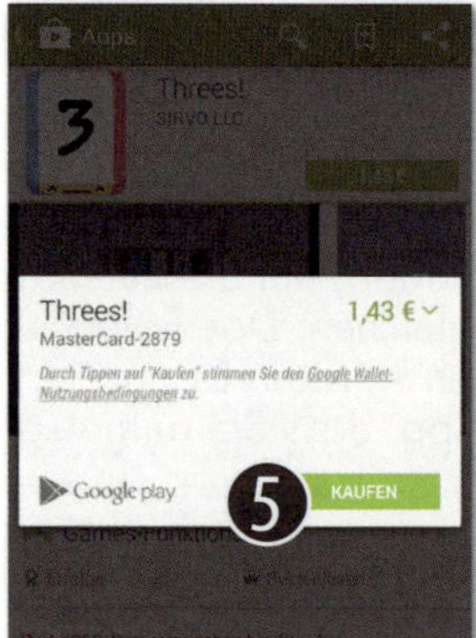
Threes!
1,43 €
MasterCard-2879
Durch Tippen auf "Kaufen" stimmen Sie den Google Wallet-Nutzungsbedingungen zu.
Google play
5
KAUFEN

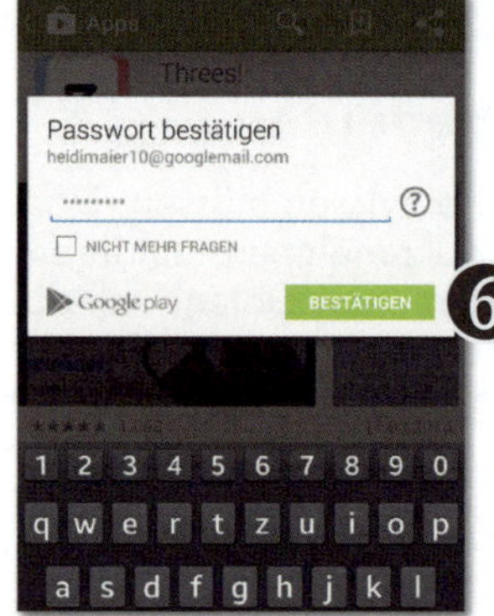
Passwort bestätigen
heidimaier10@googlemail.com
NICHT MEHR FRAGEN
Google play
BESTÄTIGEN
6

Threes!
Zahlung erfolgreich
7
Google play

Apps bei Google Play kaufen mit dem Google Wallet

Um kostenlose Apps aus dem Play Store zu laden, genügt ein Google-Konto. Wenn Sie eine App kaufen möchten, benötigen Sie aber ein **Google Wallet-Konto**. Legen Sie Ihre Kreditkarte bereit. Das Konto können Sie gleich am Smartphone anlegen.

❶ Das Spiel Threes ist faszinierend und fesselnd. 1,43 EUR ist der Spaß auf jeden Fall wert. **Tippen Sie auf den Preis**, um die App zu kaufen.

❷ Vor dem Kauf sehen Sie, auf welche Funktionen die App zugreifen will. Bestätigen Sie die Berechtigungen mit Akzeptieren. Haben Sie schon eine Zahlungsmethode eingerichtet, geht es weiter zu Punkt 5.

❸ Im nächsten Schritt wählen Sie Ihre Zahlungsmethode aus. Tippen Sie auf Kredit- oder Debitkarte hinzufügen um eine Kreditkarte für die Zahlung festzulegen.

❹ Geben Sie jetzt **Ihre Kreditkartendaten** ein. Das geht schnell, außerdem müssen Sie es nur einmal tun. Tippen Sie zum Abschluss auf Speichern. Ihr **Google Wallet-Konto** ist jetzt eingerichtet.

❺ Jetzt kommt die Seite, die Sie in Zukunft sofort beim Kauf sehen: Hier **kaufen** Sie die App und stimmen den Nutzungsbedingungen zu. Tippen Sie auf Kaufen.

❻ **Bestätigen Sie Ihren Kauf** mit Ihrem Google Passwort. Mein Tipp: Setzen Sie keinen Haken bei Nicht mehr fragen. Somit verhindern Sie Käufe, die Sie oder andere aus Versehen tätigen.

❼ **Fertig**: Jetzt startet der Download der App. Viel Spaß.

Google Play gibt's auch als Karte

Falls Sie keine Kreditkarte haben (in Deutschland nicht unüblich) oder keine Lust haben, damit Ihre Einkäufe zu bezahlen, hat Google eine Alternative: Die **Google Play-Geschenkkarten**. Die gibt's in vielen Geschäften und Tankstellen für 15, 25 und 50 EUR zu kaufen. Man kann sich auch selbst mal was schenken.

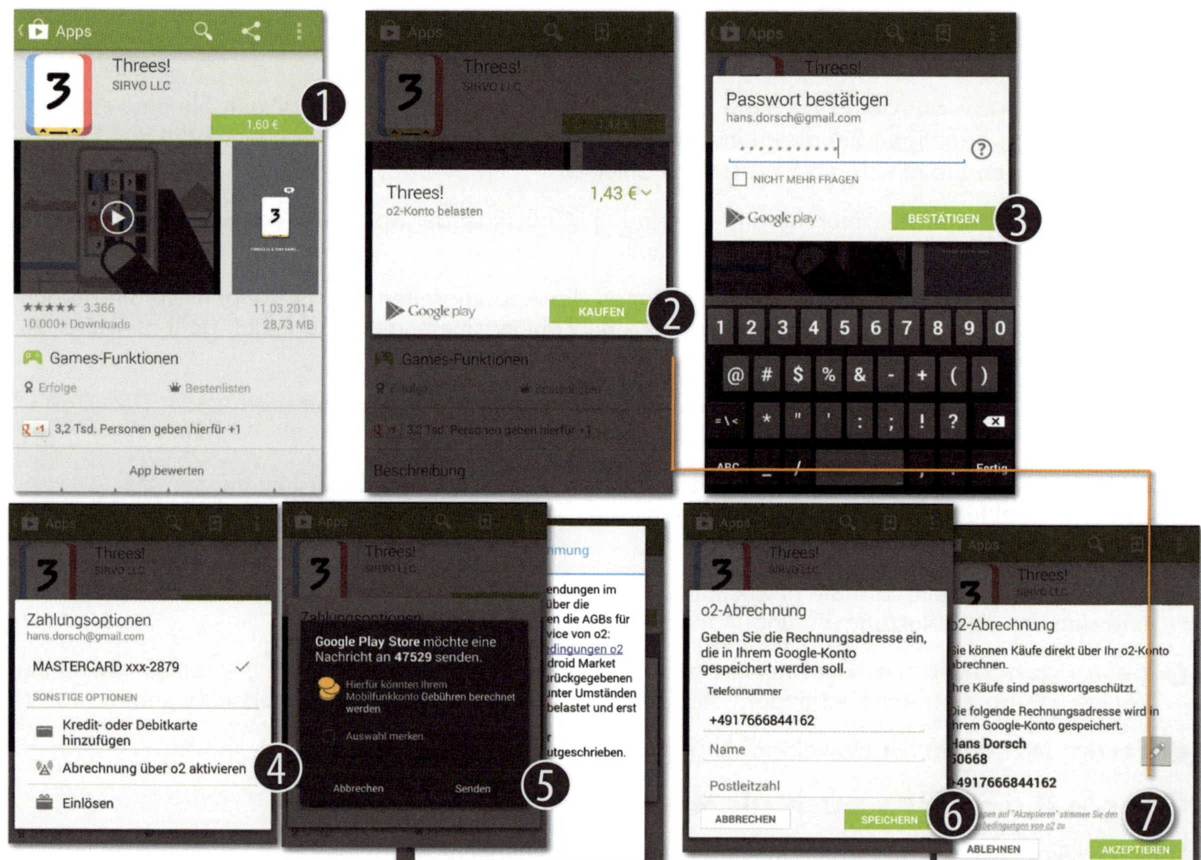

Apps
Threes!
SIRVO LLC
1,60 €
1
3.366
11.03.2014
10.000+ Downloads
28,73 MB
Games-Funktionen
Erfolge
Bestenlisten
3,2 Tsd. Personen geben hierfür +1
App bewerten
Threes!
1,43 €
o2-Konto belasten
Google play
KAUFEN
2
Passwort bestätigen
hans.dorsch@gmail.com
NICHT MEHR FRAGEN
Google play
BESTÄTIGEN
3
Zahlungsoptionen
hans.dorsch@gmail.com
MASTERCARD xxx-2879
SONSTIGE OPTIONEN
Kredit- oder Debitkarte hinzufügen
Abrechnung über o2 aktivieren
4
Einlösen
Google Play Store möchte eine Nachricht an 47529 senden.
Hierfür könnten Ihrem Mobilfunkkonto Gebühren berechnet werden
Auswahl merken
Abbrechen
Senden
5
o2-Abrechnung
Geben Sie die Rechnungsadresse ein, die in Ihrem Google-Konto gespeichert werden soll.
Telefonnummer
+4917666844162
Name
Postleitzahl
ABBRECHEN
SPEICHERN
6
o2-Abrechnung
Sie können Käufe direkt über Ihr o2-Konto abrechnen.
Ihre Käufe sind passwortgeschützt.
Die folgende Rechnungsadresse wird in Ihrem Google-Konto gespeichert.
Hans Dorsch
50668
+4917666844162
ABLEHNEN
AKZEPTIEREN
7

Apps bei Google Play über die Telefonrechnung kaufen

Wenn Sie Vertragskunde bei Ihrem Mobilfunkanbieter sind, können Sie möglicherweise Ihre Einkäufe bei Google Play auch ohne Kreditkarte bezahlen – über die Telefonrechnung. So funktioniert's bei der Telekom und bei o2:

❶ Threes ist ein fesselndes Spiel für stundenlangen Knobelspaß. Dafür sind 1,43 EUR ein echtes Schnäppchen (meine Meinung). Tippen Sie auf den Preis, um die App zu kaufen. Der Einkauf funktioniert wie mit der Kreditkarte:

❷ Ihr Gerät fragt nach: o2 Konto belasten. Tippen Sie Kaufen.

❸ **Bestätigen** Sie mit Ihrem Google Passwort. Fertig.

Nur beim ersten Mal

❹ Möchten Sie das erste Mal über Telefonrechnung zahlen, nehmen Sie eine kleine Extraschleife. Wählen Sie zuerst Ihre Zahlungsmethode aus. Tippen Sie auf Abrechnung über o2 aktivieren.

❺ Die Aktivierung geschieht per SMS (Tippen Sie Senden). Sie erhalten eine Bestätigung. Tippen Sie Akzeptieren.

❻ Geben Sie anschließend die Rechnungsdaten für Ihren Anbieter an. Tippen sie auf Speichern und bestätigen Sie Ihre Daten mit Akzeptieren.

❼ Fahren Sie fort mit Punkt 2.

Sichern Sie Ihr Konto mit Ihrem Google-Passwort

Nur zur Erinnerung: Setzen Sie keinen Haken an den kleinen Satz Nicht mehr fragen bei der Google Passwortbestätigung. Auch wenn es umständlich erscheint, das Einkaufen wird sicherer. Legen Sie sich lieber ein Passwort zu, das Sie sich merken können (Siehe Kapitel 8).

07:22
2
Apps
Toca Hair Salon 2
TOCA BOCA AB
2,69 €
Toca Hair Salon 2
2,69 €
MASTERCARD xxx-2879
Google play
1
KAUFEN
21 Tsd. Personen geben hierfür +1
Beschreibung
Schneidet, lockt, färbt und stylt – so wie es euch gefällt!
Unsere Bestseller-App Toca Hair Salon gibt es jetzt in
3
07:30

07:27
Apps
Toca Hair Salon 2
TOCA BOCA AB
ÖFFNEN
4
ERSTATTEN
Möchten Sie sich diesen Kauf wirklich erstatten lassen? In diesem Fall wird die App deinstalliert.
Nein
Ja
TOP-ENTWICKLER
21 Tsd. Personen geben hierfür +1
App bewerten
07:29
Benachrichtigungen
hans.dorsch@gmail.com
Google Play
07:27
Stornierungsbestätigung
Bestellung bei Google Pla
5
Google Play
07:22
Beleg für Ihre Google Play-Bestellung vom 15.03.2014 – [image: Google Play]...
Medium
00:04
This Week's Top Stories – [image] Our top pick for you on Medium this week [imag...
Dave Verwer
14. Mär.
iOS Dev Weekly - Issue 137 – iOS Dev Weekly Read this Issue on the web |...

Apps bei Google Play umtauschen

Was tut man nicht alles für die Kinder. Zum Beispiel kauft man ihnen lustige Spiele. 2,69 mögen für eine App nicht viel Geld sein, wenn sie aber auf Ihrem Gerät nicht funktioniert (das kommt vor) oder überhaupt nicht Ihren Vorstellungen (also denen der Kinder) entspricht, hätten Sie davon doch lieber ein Eis gekauft (ein großes!). Im Play Store können Sie gekaufte Apps zum Glück auch umtauschen – vorausgesetzt, Sie beeilen sich. Denn Sie haben genau 15 Minuten Zeit, Ihr Geld zurückzubekommen.

1. Öffnen Sie den Google Play Store, und kaufen Sie eine App, die Sie interessiert (ich teste den Toca Hair Salon 2). Tippen Sie auf Jetzt kaufen.
2. Schauen Sie auf die Uhr. Ab jetzt haben Sie 15 Minuten Zeit zum Umtausch.
3. Öffnen Sie die App und testen Sie die Funktionen, die Ihnen wichtig sind. (Funktioniert der Fön? Ist das Spiel wirklich so süß?)
4. Möchten Sie die App zurückgeben? Wechseln Sie zurück zu Google Play (Taste Letzte Apps). Dort sehen Sie auf der Detailseite die Taste Erstatten (ist die Downloadseite nicht mehr geöffnet, finden Sie die App in Meine Apps). Tippen Sie auf Erstatten.
5. Google Play fragt noch einmal nach, ob Sie sich wirklich den Kauf erstatten lassen wollen – wenn ja, wird die App sofort deinstalliert. Kurze Zeit später finden Sie eine E-Mail mit der Stornierung in Ihrem Posteingang. Es sind keine Kosten angefallen.

Die Umtauschregeln in Kürze

Sie können jede App nur einmal umtauschen. Bei einer zweiten Installation taucht die Taste Erstatten nicht mehr auf. Sollten Sie später Probleme mit einer App bekommen, müssen Sie sich direkt an den Entwickler wenden und die Lösung persönlich klären. Die E-Mail- und Webadresse des Entwicklers finden Sie ganz unten auf der App-Seite im Play Store.

WhatsApp Messenger – Android-Apps auf Google Play
WhatsApp Messenger
1
2
3
4
Beschreibung
WhatsApp Messenger
Herzlichen Glückwunsch!
OK

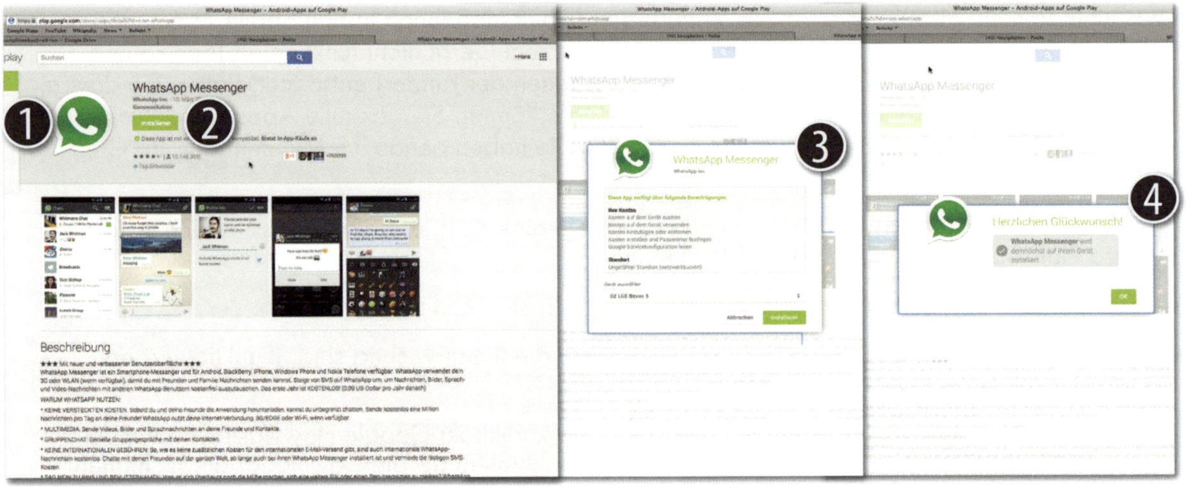

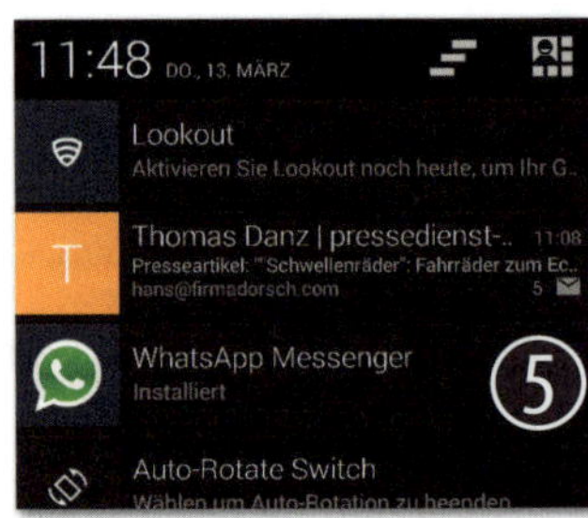

11:48 DO., 13. MÄRZ
Lookout
Aktivieren Sie Lookout noch heute, um Ihr G..
T
Thomas Danz | pressedienst-.. 11:08
Presseartikel: "Schwellenräder": Fahrräder zum Ec..
hans@firmadorsch.com
WhatsApp Messenger
Installiert
5
Auto-Rotate Switch

Apps am Computer laden

Alle Apps werden auf Ihrem Smartphone installiert. Das heißt aber nicht, dass Sie dazu Ihr Gerät in die Hand nehmen müssen. Den Play Store können Sie auch am Computer im Webbrowser nutzen. Apps, die Sie kaufen, schicken Sie einfach an Ihr Phone. Das geht, weil Ihr Google-Konto immer mit Ihrem Android-Phone verbunden ist – über die Cloud.

1. Rufen Sie im Webbrowser die Adresse play.google.com/ auf und suchen Sie nach einer App, die Sie installieren möchten. Ich wähle WhatsApp Messenger, eine Nachrichten-App als SMS-Alternative. Melden Sie sich am besten schon vorher mit Ihrem Google-Konto an.
2. Klicken Sie auf Installieren oder Kaufen. Bei Kauf-Apps steht der Preis immer dabei; darunter sehen Sie, ob die App mit Ihrem Gerät kompatibel ist. Bei mir ist das der Fall.
3. Überprüfen Sie Ihren Download im nächsten Schritt. Wählen Sie dann Ihr Smartphone aus dem Menü Gerät auswählen, und klicken Sie auf Installieren.
4. Sie erhalten eine Bestätigung über den Download im Browser. Die App wird gleichzeitig an Ihr Smartphone geschickt.
5. Die App wird jetzt auf Ihrem Gerät installiert. Neue Installationen werden in den Benachrichtigungen angezeigt. Von hier aus können Sie die App direkt starten oder, wie alle Apps, im Anwendungsmenü finden.

Das richtige Google-Konto

Sollten Sie mehrere Google-Konten besitzen, achten Sie darauf, dass Sie sich mit dem Konto anmelden, das Sie auf Ihrem Android-Telefon nutzen. Wie Sie ein Google-Konto einrichten, steht in Kapitel 1.

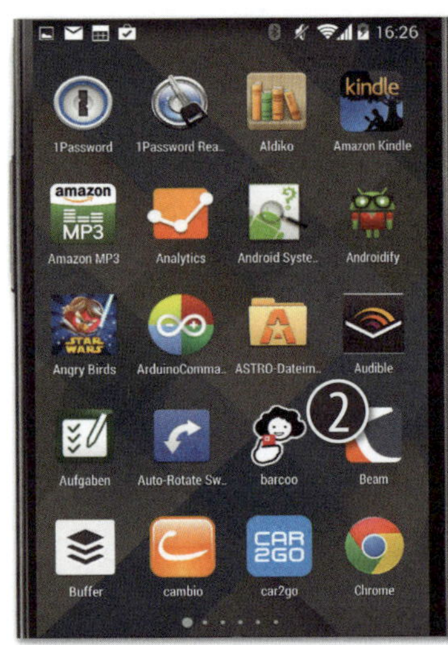
16:26
1Password
1Password Rea..
Aldiko
Amazon Kindle
Amazon MP3
Analytics
Android Syste..
Androidify
Angry Birds
ArduinoComma..
ASTRO-Dateim..
Audible
Aufgaben
Auto-Rotate Sw..
barcoo
Beam
Buffer
cambio
car2go
Chrome
2

16:40
App-Info
3
Play Music
Play Movies
Play Books
Play Games

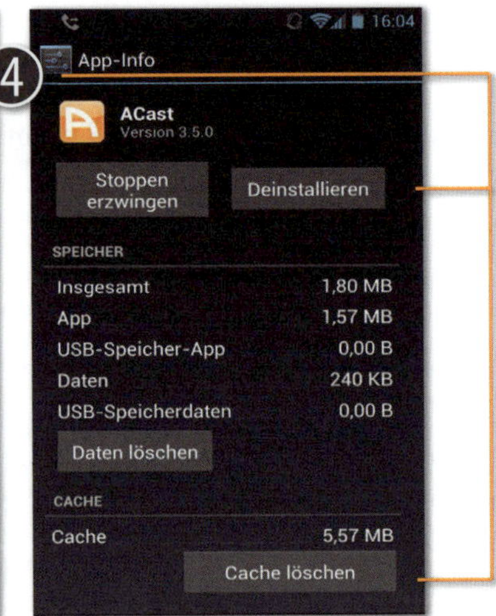
16:04
4
App-Info
ACast
Version 3.5.0
Stoppen erzwingen
Deinstallieren
SPEICHER
Insgesamt 1,80 MB
App 1,57 MB
USB-Speicher-App 0,00 B
Daten 240 KB
USB-Speicherdaten 0,00 B
Daten löschen
CACHE
Cache 5,57 MB
Cache löschen

1

Apps aufräumen und löschen

Apps, die Sie nicht nutzen, stören eigentlich nicht weiter. Aber sie behindern manchmal die Übersicht. Sie begegnen Ihnen als Einträge in Weiterleiten-Menüs oder als überflüssige Widgets im Anwendungsmenü. Deshalb empfehle ich gelegentliches App-Ausmisten. Mit Android 4 geht das ganz einfach:

❶ Tippen Sie vom Home-Bildschirm auf das Anwendungsmenü. Sie sehen die installieren Apps.

❷ Drücken Sie lang auf die App, die Sie nicht mehr verwenden wollen.

❸ Das Anwendungsmenü verschwindet, und Sie sehen den Home-Bildschirm als Miniatur. Ziehen Sie die App auf den Papierkorb zum Deinstallieren und lassen Sie los. Bestätigen Sie im Anschluss das Löschen. Die App und alle dazugehörigen Daten werden jetzt gelöscht.

❹ Ziehen Sie die App auf App-Info, um mehr Informationen zu erhalten. Wenn Sie Probleme mit einer App haben, können Sie zur Fehlerbehebung die App zurücksetzen (Stoppen erzwingen), gespeicherte Daten oder den Cache löschen. Wollen Sie die App ganz loswerden, tippen Sie hier auf Deinstallieren.

Falls dieses Vorgehen nicht funktioniert:

Die App-Info ❹ erreichen Sie auch über die Einstellungen. Öffnen Sie dazu Einstellungen → Apps und suchen Sie dann die Anwendung, die Sie entfernen möchten.

Apps jederzeit neu installieren

Wenn Ihnen irgendwann einfällt, dass Sie eine gelöschte App wiederhaben möchten, installieren Sie sie einfach neu aus dem Google Play Store. Gekaufte Anwendungen bleiben mit Ihrem Konto verbunden, so dass Sie nicht noch einmal zahlen müssen.

Google Play
Hans Dorsch
hans.dorsch@gmail.com
Store-Startseite
Meine Apps
Apps kaufen
Meine Wunschliste
Einlösen
Meine Apps
INSTALLIERT
ALLE
Updates
ALLE AKTUALISIEREN
HootSuite (Twitter & Facebook)
HootSuite
UPDATE
Maps
Google Inc.
UPDATE
Zuletzt aktualisiert
13
Amazon DE
Amazon Eurasia Holdings Sarl
INSTALLIERT
car2go
Daimler Mobility Services GmbH
INSTALLIERT
Chromecast
Apps
Maps
AKTUALISIERE
DEINSTALLIER
Autom. Update
Einstellungen
Hilfe
Impressum
3.584.810
13.03.2014
500.000.000+ Downloads
8,56 MB
TOP-ENTWICKLER
Oliver Gassner und 7 andere geben hierfür +1
Hans Dorsch
EIGENER
Bearbeiten
14.03.2014
Neue Funktionen
1
2
4
5
6

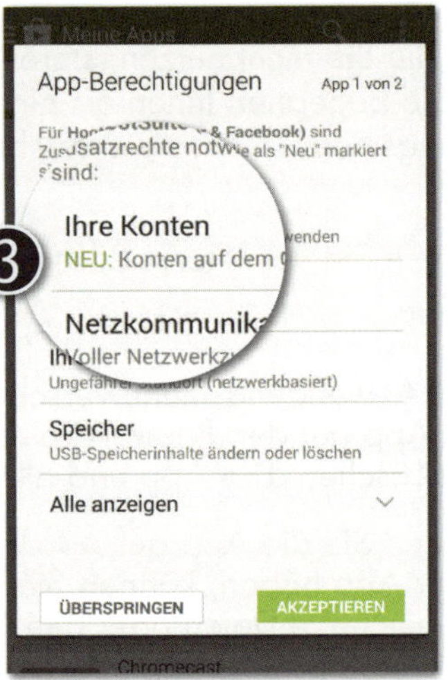
App-Berechtigungen
App 1 von 2
Ihre Konten
NEU: Konten auf dem
Netzkommunika
Speicher
USB-Speicherinhalte ändern oder löschen
Alle anzeigen
ÜBERSPRINGEN
AKZEPTIEREN
3

Eigene Apps im Play Store verwalten und updaten

Alle Apps, die Sie bei Google Play geladen haben, sind mit Ihrem Google-Konto verbunden. So können Sie (relativ) übersichtlich sehen, welche Apps Sie geladen oder gekauft haben und welche in neuer Version vorliegen.

1. Rufen Sie den GooglePlay Store auf, und wählen Sie oben rechts Meine Apps. Sie gelangen zur Liste Ihrer installierten Apps.
2. Wählen Sie Alle aktualisieren, um die verfügbaren Updates für Ihre installierten Apps zu laden.
3. Für alle Apps werden die angeforderten Berechtigungen angezeigt.
   - Möchte die App beim Update Rechte ändern, werden diese als Neu angezeigt. Diese Änderungen müssen Sie für jede App einzeln Akzeptieren. (Tippen Sie Überspringen, um Apps vom Update auszunehmen.)
   - Jetzt werden die Apps aktualisiert. Dabei müssen Sie nicht zusehen. Über alle erfolgreichen Updates werden Sie im Statusmenü benachrichtigt.
4. Apps lassen sich auch einzeln aktualisieren. Ich tippe auf Maps.
5. Tippen Sie Aktualisieren auf der Detailseite.
6. Tippen Sie vorher auf's Menü und wählen Sie Autom. Update. Dann erhalten Sie in Zukunft kleinere Updates sofort, wenn der Entwickler sie bereitstellt. Bei vielen Apps spart das richtig Arbeit.

App-Übersicht auch im Web

Richtig übersichtlich sehen Sie Ihre Apps im Web. Rufen Sie Ihr Play Store-Konto am Computer unter play.google.com/apps auf. Dort sehen Sie alle Ihre Downloads und können zudem noch Ihre Geräte verwalten.

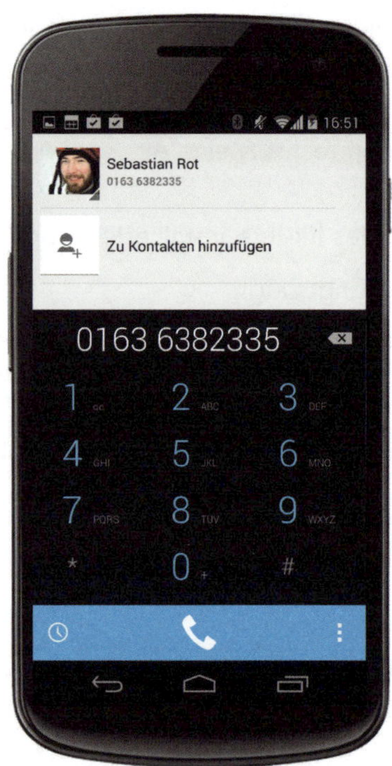
16:51
Sebastian Rot
0163 6382335
Zu Kontakten hinzufügen
0163 6382335
1
2 ABC
3 DEF
4 GHI
5 JKL
6 MNO
7 PQRS
8 TUV
9 WXYZ
*
0 +
#

Kapitel 5 | Telefonieren mit Komfort

Wie heißt dieses elektronische Gerät, mit dem man von beinahe überall mit beinahe jedem sprechen kann? Handy, Mobiltelefon? Ihr Android-Gerät heißt Smartphone, weil es Sie beim Telefonieren mit smarten Funktionen unterstützt. Auf dem großen Bildschirm lassen sich private und geschäftliche Kontakte einfach besser finden und organisieren, und wenn zusätzlich zum Klingeln das Foto des Freundes angezeigt wird, gehen Sie doch gleich viel lieber ran.

Neben dem Android erscheinen Festnetztelefone und Handys wie Relikte aus dem Technikmuseum: mit viel zu kleinem Bildschirm und viel zu vielen Tasten, umständlich zu bedienen und wenig flexibel. Auf den nächsten Seiten sehen Sie, warum Sie nie wieder zu Ihrem alten Telefon zurückkehren wollen.

- Telefonieren Sie komfortabel wie nie mit den Komfortfunktionen von Android.
- Nutzen Sie Zubehör ganz einfach.
- Finden Sie Telefonnummern und Adressen.
- Telefonieren Sie günstig und flexibel mit VoIP und Skype.

Google
Lesen
Fotos
Galerie
Google
RunKeeper
Dienstprogram...
Public
1

Sebastian Rot
0163 6382335
Zu Kontakten hinzufügen
2
0163 6382335
1
2 ABC
3 DEF
4 GHI
5 JKL
6 MNO
7 PQRS
8 TUV
9 WXYZ
*
0 +
#
4
3

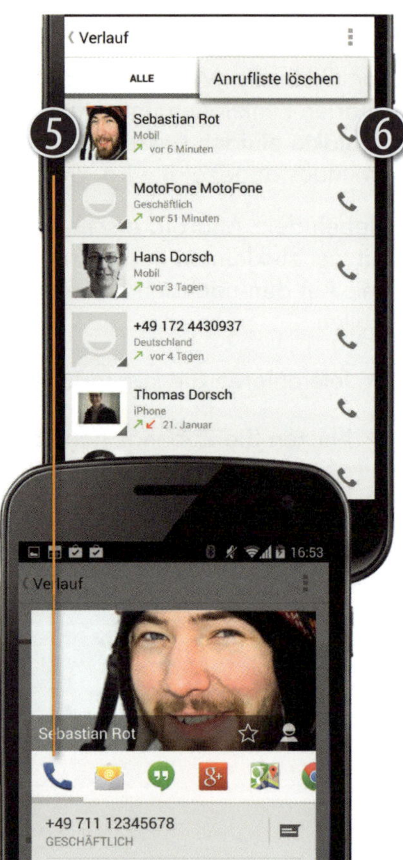

Verlauf
ALLE
Anrufliste löschen
5
Sebastian Rot
Mobil
vor 6 Minuten
6
MotoFone MotoFone
Geschäftlich
vor 51 Minuten
Hans Dorsch
Mobil
vor 3 Tagen
+49 172 4430937
Deutschland
vor 4 Tagen
Thomas Dorsch
iPhone
21. Januar
16:53
Verlauf
Sebastian Rot
+49 711 12345678
GESCHÄFTLICH

Anrufen

Ihr Smartphone ist möglicherweise das leistungsfähigste Telefon, das Sie bisher hatten. Dabei ist das Telefon auch nur eine App auf Ihrem – genau – Telefon.

Zum Telefonieren brauchen Sie Telefonnummern. Diese und sämtliche anderen Informationen verwaltet Android zentral in den Kontakten. Weil diese mit Ihrem Computer und dem Internet abgeglichen werden, haben Sie Ihr Adressbuch immer zur Hand.

Anrufen aus dem Ziffernblock

❶ Tippen Sie auf das Symbol Telefon. Sie finden es meistens unten links in der Favoritenleiste auf dem Home-Bildschirm. Die Telefon-App öffnet sich.

❷ Die Telefon-App startet mit einer Mischung aus Verlauf (oben), Favoriten und häufig angerufenen Nummern.
Tippen Sie auf das Tastenfeld. Eine vollständige Standard-Telefontastatur erscheint, mit Ziffern, Buchstaben und Steuertasten, wie beim echten Vorbild. Also, Nummer tippen (immer mit Vorwahl) und los (passt ein Eintrag aus Ihren Kontakten zur Nummer, wird er oben angezeigt).

❸ Die große Hörertaste startet den Anruf.

Anrufen aus der Anrufliste

❹ Öffnen Sie den Verlauf (Bei Samsung: Protokolle). Er zeigt alle Anrufe in der Übersicht. Dabei sind Ihre getätigten Anrufe grün, die angenommenen Anrufe blau und die verpassten Anrufe mit roten Pfeilen markiert. Sind mehrere Pfeile zu sehen, zeigt ein Tipp auf den Eintrag alle an. Ist Ihnen die Liste zu lang, tippen Sie auf Menü → Anrufliste löschen, um sie auf Null zurückzusetzen.

❺ Tippen Sie auf das Bild des Kontaktes, um alle Details anzuzeigen. Sie können von hier aus auch per SMS oder Mail antworten.

❻ Tippen Sie auf den Telefonhörer, um den Kontakt mit der angezeigten Nummer anzurufen.

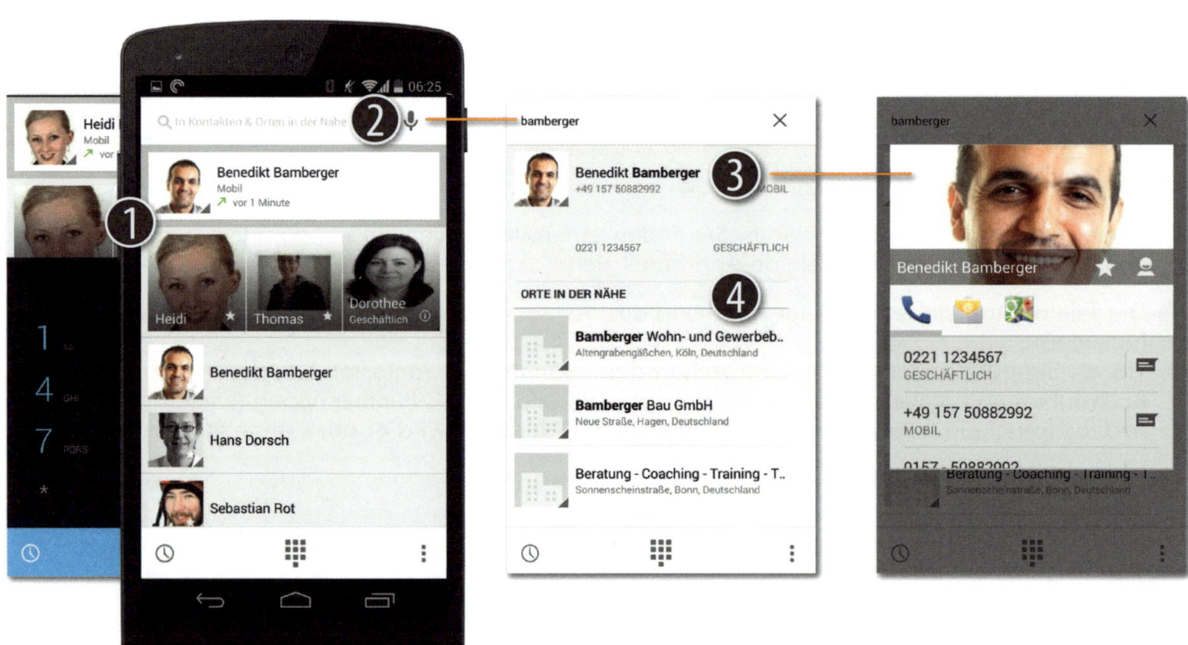

In Kontakten & Orten in der Nähe
Benedikt Bamberger
Mobil
vor 1 Minute
Heidi
Thomas
Dorothee
Geschäftlich
Benedikt Bamberger
Hans Dorsch
Sebastian Rot
bamberger
Benedikt Bamberger
+49 157 50882992
MOBIL
0221 1234567
GESCHÄFTLICH
ORTE IN DER NÄHE
Bamberger Wohn- und Gewerbeb..
Altengrabengäßchen, Köln, Deutschland
Bamberger Bau GmbH
Neue Straße, Hagen, Deutschland
Beratung - Coaching - Training - T..
Sonnenscheinstraße, Bonn, Deutschland
bamberger
Benedikt Bamberger
0221 1234567
GESCHÄFTLICH
+49 157 50882992
MOBIL
1
2
3
4

Anrufen – Favoriten und andere Kontakte

Die Kontakte sind eine eigene App, aber Sie können sie direkt im Telefon nutzen. So kommen Sie vom Telefon zu den Kontakten und wieder zurück:

❶ Die Telefon-App startet mit einer Mischung aus Verlauf (oben), Favoriten und häufig angerufenen Nummern. Wenn Sie im Tastenfeld sind, tippen Sie in die Kontakte im oberen Bereich.

❷ Suchen Sie nach Kontakten: Tippen Sie den Namen des gesuchten Kontakts in das Suchfeld ein.

❸ Während Sie tippen, werden die passenden Einträge schon angezeigt. Benedikt Bamberger ist schon in meinen Kontakten gespeichert.

- Tippen Sie auf das Bild, um die Infokarte anzuzeigen oder auf eine Telefonnummer, um ihn anzurufen.
- Tippen Sie hier auf das Kontaktsymbol, um den Eintrag zu bearbeiten.

❹ Schauen Sie mal, was noch auftaucht! Ihr Android sucht über Google nach Orten in der Nähe. Sie müssen also nicht mehr extra in den Browser wechseln oder gar in eine Telefonbuch-App. Die Funktion nutzt Ihre Ortsdaten, lässt sich aber in den Einstellungen abschalten.

Alle Favoriten überall im Google-Konto

Gleichen Sie Ihre Kontakte mit einem Google-Konto ab, sehen Sie diese auch in Gmail oder Google Kontakte. Dort heißen sie Starred in Android.

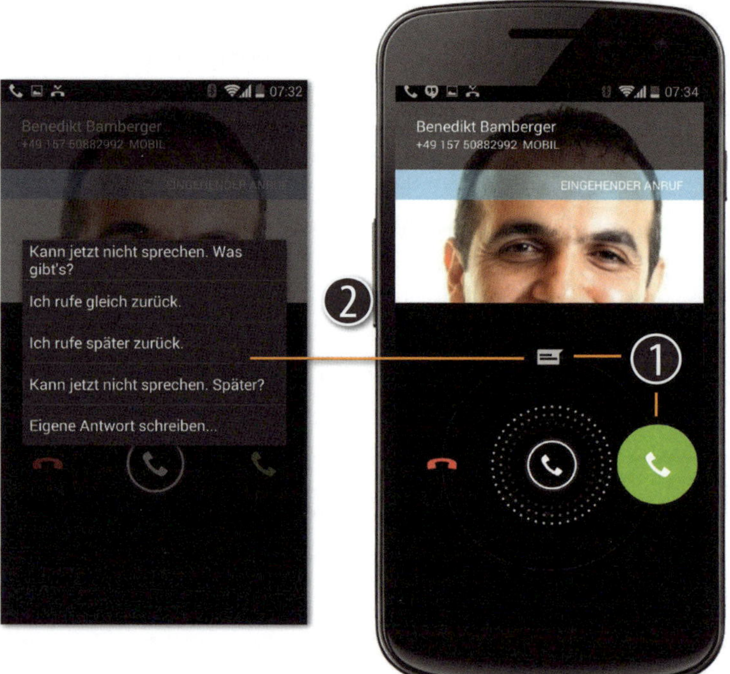
07:32
Benedikt Bamberger
+49 157 50882992 MOBIL
EINGEHENDER ANRUF
Kann jetzt nicht sprechen. Was gibt's?
Ich rufe gleich zurück.
Ich rufe später zurück.
Kann jetzt nicht sprechen. Später?
Eigene Antwort schreiben...
07:34
Benedikt Bamberger
+49 157 50882992 MOBIL
EINGEHENDER ANRUF
2
1

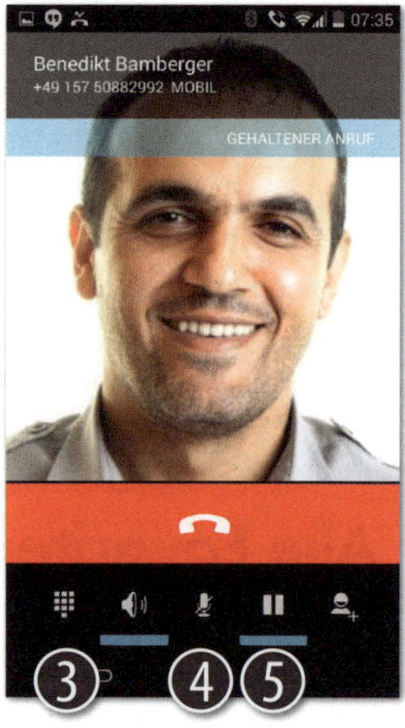
07:35
Benedikt Bamberger
+49 157 50882992 MOBIL
GEHALTENER ANRUF
3
4
5

Anrufe empfangen und Funktionen nutzen

Sehen, was los ist: Das große Display Ihres Android zeigt immer genau die Möglichkeiten an, die Sie gerade haben. Es leitet sie, ohne dass Sie es merken, und ist immer da, wenn Sie es brauchen.

❶ Wenn Ihr Telefon klingelt, sehen Sie, wer Sie anruft, am Bild, am Namen oder an der Nummer. Ziehen Sie die Telefontaste nach rechts auf den grünen Hörer, um den Anruf anzunehmen, oder nach links auf den roten Hörer, um ihn abzulehnen. Ziehen Sie nach oben auf das SMS-Symbol, um dem Anrufer eine vorbereitete SMS zu schicken (»Kann nicht sprechen. Was gibt's?«).

❷ Klingelt Ihr Telefon im Meeting, drücken Sie die Lautstärke-Taste einmal, um den Klingelton abzustellen, während Sie den Raum verlassen.

Während des Gesprächs können Sie praktische Funktionen nutzen. Nehmen Sie dazu Ihr Smartphone kurz vom Ohr.

❸ Wähltasten: Holen Sie sich einen Ziffernblock auf den Schirm; den brauchen Sie, wenn die automatische Service-Nummer mal wieder sagt »Drücken Sie die 5, wenn Sie mit einem Kundenberater sprechen wollen«.

❹ Ton aus: Wollen Sie eben etwas besprechen oder laut husten, ohne dass der Anrufer etwas mitbekommt? Stellen Sie Ihr Mikrofon stumm.

❺ Halten Sie den Anruf, während Sie anderen Beschäftigungen nachgehen. Ihr Telefonpartner hört Wartemusik (»Please hold the Line. Bitte warten, Sie können Ihr Gespräch gleich weiterführen«).

07:49
1 2 ABC 3 DEF
4 GHI 5 JKL 6 MNO
7 PQRS 8 TUV 9 WXYZ
* 0 #
6
7
8

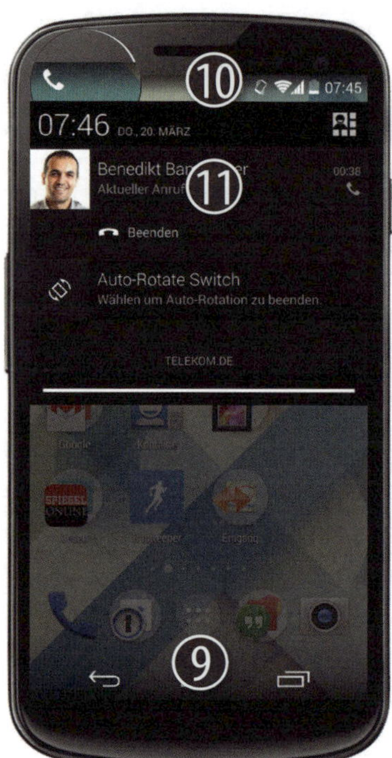
10
07:45
07:46 DO., 20. MÄRZ
Aktueller Anruf
11
00:38
Beenden
Auto-Rotate Switch
Wählen um Auto-Rotation zu beenden.
TELEKOM.DE
9

12

Anrufe empfangen und Funktionen nutzen (Fortsetzung)

❻ Die Wähltastatur wird eingeblendet. Geben Sie die Zahlen ein, und tippen Sie auf Ausblenden, um die Ziffern wieder auszublenden.

❼ Lautsprecher: Stellen Sie Ihr Telefon laut, um andere im Raum mithören zu lassen. Fragen Sie vorher Ihren Gesprächspartner, ob ihm das recht ist.

❽ Anruf hinzufügen startet eine Telefonkonferenz. Mehr dazu erfahren Sie auf der nächsten Seite.

❾ Tippen Sie auf die Home-Taste, um auf den Home-Bildschirm zu gelangen und in ein anderes Programm zu wechseln. Das Telefonat bleibt aktiv, während Sie zum Beispiel Ihren Kalender checken.

❿ Ist das Telefon im Hintergrund, zeigt ein kleines Telefon in der Statuszeile das laufende Gespräch an.

⓫ Ziehen Sie die Benachrichtigungen nach unten, sehen Sie alle Details zum Anruf. Ein Tipp darauf bringt Sie zurück zum Telefon.

⓬ Ende: Mit der großen roten Taste legen Sie auf. Aber das wissen Sie ja schon.

zentrale

Zentrale 5
+49 221 677707 GESCHÄFTLICH

ORTE IN DER NÄHE

Zentrale für Gehörlose e.V.
Lupusstraße, Köln, Deutschland

Zentrale Studienberatung Hauptg..
Köln, Deutschland

q w e r t z u i o p
a s d f g h j k l
y x c v b n m
?123 Weiter

Telefonkonferenz – mit mehreren Leuten sprechen

Nichts geht über ein direktes persönliches Gespräch. Manche Dinge lassen sich in der Gruppe einfach besser klären. Auch am Telefon. Deshalb können Sie am Smartphone mit bis zu fünf Gesprächspartnern gleichzeitig telefonieren. Das kann geschäftlich sein oder auch unter Freunden, wie bei uns:

❶ Ich telefoniere mit Benedikt und verabrede mich grob für das nächste Wochenende zum Radfahren.

❷ Dann tutet es bei mir im Hörer: Ein neuer Anruf kommt an. Es ist Heidi. Was für ein Zufall. Sie soll mitkommen. Ich nehme den Anruf mit der Telefontaste an. (Damit Sie während eines Telefongesprächs weitere Anrufe annehmen können, muss die Funktion Anklopfen/Makeln aktiviert sein. Sie finden sie im Menü → Einstellungen → Zusätzliche Einstellungen.)

❸ Benedikt hört kurz Wartemusik, während ich Heidi frage, ob ich sie mit in unser Gespräch nehmen soll (sein Bild ist gedimmt). Anschließend tippe ich auf die kleine Weichentaste Anrufe verbinden. Die Gespräche werden zusammengeschaltet.

❹ Jetzt telefonieren wir zu dritt. Wenn jetzt noch meine Frau zu sprechen wäre, könnten wir die Verabredung gleich festmachen. Sie ist im Büro. Vielleicht hat sie kurz Zeit. Ich tippe auf Anruf hinzufügen. Die Suche wird geöffnet.

❺ Ich suche die Büronummer aus dem Adressbuch und rufe an.

❻ Meine Frau hebt ab. Auch sie hole ich mit Anrufe verbinden ins Gespräch.

❼ Jetzt klären wir zu viert den Termin für den Fahrradausflug. Am Sonntagmorgen haben alle Zeit. Und ein Ziel gibt es auch. Heidi kennt einen neuen Biergarten im Bergischen Land. Ein Tipp auf Konferenz verwalten führt zur Liste der Konferenzteilnehmer.

❽ Meine Frau muss noch arbeiten. Ich tippe auf den roten Hörer neben ihrem Eintrag und dann auf Beenden und verabschiede sie aus der Konferenz. Mit den beiden anderen bespreche ich noch die technischen Einzelheiten. Dann legen wir alle auf.

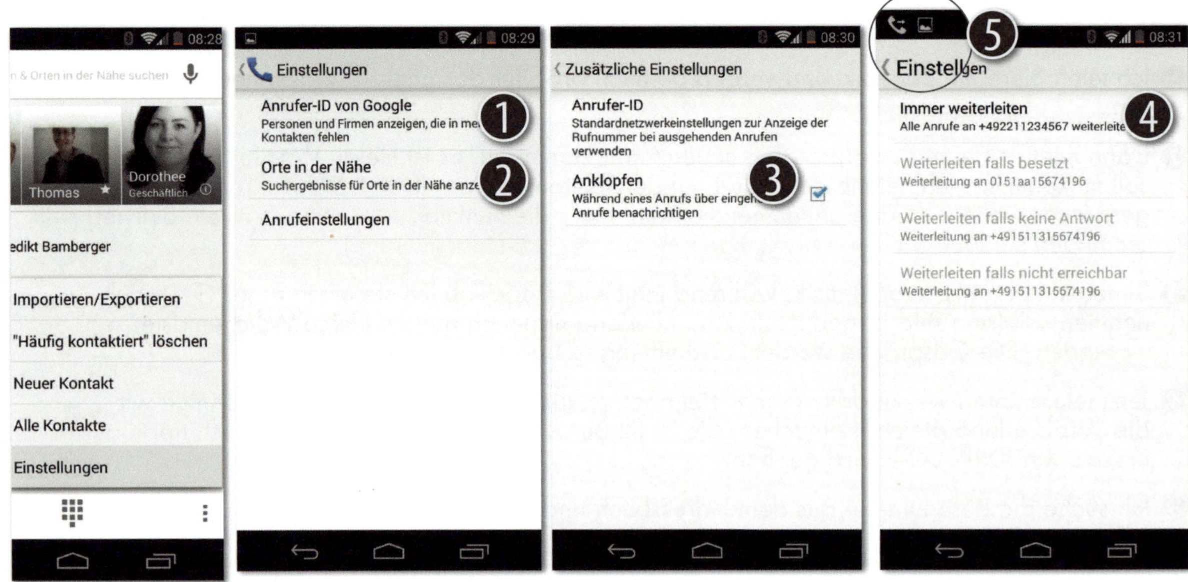

08:28
n & Orten in der Nähe suchen
Thomas
Dorothee
Geschäftlich
edikt Bamberger
Importieren/Exportieren
"Häufig kontaktiert" löschen
Neuer Kontakt
Alle Kontakte
Einstellungen
08:29
Einstellungen
Anrufer-ID von Google
Personen und Firmen anzeigen, die in me
Kontakten fehlen
Orte in der Nähe
Suchergebnisse für Orte in der Nähe anze
Anrufeinstellungen
08:30
Zusätzliche Einstellungen
Anrufer-ID
Standardnetzwerkeinstellungen zur Anzeige der Rufnummer bei ausgehenden Anrufen verwenden
Anklopfen
Während eines Anrufs über einge
Anrufe benachrichtigen
08:31
Einstel gen
Immer weiterleiten
Alle Anrufe an +492211234567 weiterleite
Weiterleiten falls besetzt
Weiterleitung an 0151aa15674196
Weiterleiten falls keine Antwort
Weiterleitung an +491511315674196
Weiterleiten falls nicht erreichbar
Weiterleitung an +491511315674196
1
2
3
4
5

Gesammelte Telefoneinstellungen

Falls Ihr Gerät noch keine Voreinstellungen zum Telefonieren besitzt, können Sie diese in der Telefon-App ändern. Wählen Sie in der App das Menü → Einstellungen.

Google-Einstellungen

Anrufer-ID ❶ von Google: Google gleicht die Telefonnummern der Anrufer mit seinen gesammelten Firmendaten ab. Sie erhalten also einen Namen zu einer unbekannten Nummer.
Orte in der Nähe ❷: Suchen Sie nach Kontakten, werden auch Einträge in der Google-Datenbank angezeigt, die sich im Umkreis befinden.

Einstellungen für Ihren Mobilfunkanschluss

Anklopfen ❸: Mit Android können Sie mehrere Gespräche gleichzeitig führen, ohne verwirrt zu sein. Ich möchte hören, wenn mich jemand erreichen will, während ich telefoniere. Dann kann ich ihn auch gleich mit in eine Konferenz nehmen. Dazu wähle ich in der Telefon-App die Einstellungen → Anrufeinstellungen → Zusätzliche Einstellungen → Anklopfen aktivieren.

Immer weiterleiten ❹: Manchmal ist es sinnvoll, alle Anrufe auf Ihrem Mobiltelefon auf eine andere Nummer weiterzuleiten. Ich aktiviere diese Funktion in folgenden Fällen:

- Der Akku ist leer: Ich leite die Anrufe auf das Telefon meiner Reisebegleitung um.
- Kein Netz: In der Ferienwohnung gibt es keine Netzverbindung, aber Festnetz. Dann leite ich alle Anrufe auf diesen Apparat. Wählen Sie Einstellungen → Anrufeinstellungen → Rufweiterleitung. Geben Sie unter Immer weiterleiten die Zielnummer ein.
- Die weiteren Weiterleitungen sind in der Regel bereits eingestellt. Normalerweise werden alle Anrufe auf Ihre Mailbox weitergeleitet, falls Sie nicht erreichbar sind. Haben Sie Anklopfen aktiviert, ist die Weiterleitung bei „besetzt" natürlich deaktiviert.

Ein Symbol in der Statusleiste zeigt die Weiterleitung an. Öffnen Sie das Benachrichtigungsfeld ❺, und tippen Sie auf den Eintrag, um die Einstellungen wieder aufzurufen. Bei diesen Einstellungen handelt es sich nicht um Einstellungen auf Ihrem Gerät, sondern um Einstellungen im Netz. Im Hintergrund schickt Ihr Smartphone dazu sogenannte GSM-Codes.

14:28
Zu Kontakten hinzufügen
1
61*331130#

12:58
Google
09
[E].pyCologne
Rufweiterleitung
Registrierung war erfolgreich.
2
OK
Maps
Organisieren
Galerie

Mailbox: mit einem GSM-Code die Zeit bis zum Melden einstellen

Die meisten Telefonfunktionen können Sie bei Android über die grafische Benutzeroberfläche steuern. Manche wichtige Einstellmöglichkeit findet sich jedoch auch nach langem Suchen in keinem Menü. Zum Beispiel werde ich regelmäßig gefragt, wie sich denn einstellen lässt, nach welcher Zeit der Anrufbeantworter ein Gespräch annimmt. Hier ist die Lösung: Dieses Zeitintervall stellen Sie über einen GSM-Code ein. Diese Steuercodes sind Teil des Mobilfunkstandards GSM (Global System for Mobile Communications) und funktionieren auf jedem Mobiltelefon.

So stellen Sie bei der Telekom Ihre Mailbox so ein, dass sie sich nach 30 Sekunden meldet:

1. Öffnen Sie das Telefon mit der Telefontastatur. Geben Sie folgende Zeichen ein: **61*3311**30#
2. Tippen Sie auf die Anruftaste (Telefonhörer), um den Befehl abzuschicken. Nach kurzer Zeit erhalten Sie eine Bestätigungsmeldung. Tippen Sie auf OK*.

So funktioniert der Code

Mit dem Code übergeben Sie Befehle und Parameter an das Mobilfunknetz. Dort werden sie empfangen, verarbeitet und umgesetzt. Stern (*) und Raute (#) dienen dabei als Steuerzeichen. Die Einstellung des Anrufbeantworters setzt sich folgendermaßen zusammen:

(Dienstnummer, hier 60) (Nummer der Mailbox, hier 3311)(Zeitintervall in Sekunden, hier 30)#.

Das Zeitintervall lässt sich in 5-Sekunden-Schritten einstellen (05, ..., 30). Ich wähle die längstmögliche Zeitspanne von 30 Sekunden. In dieser Zeit klingelt das Telefon ungefähr 7- bis 8-mal. (Mehr GSM-Codes finden Sie auf der nächsten Seite.)

Prepaid-Karten haben eine Menge Vorteile. Einer davon ist der Preis. Leider gibt es auch ein paar Nachteile. Zum Beispiel fehlende Komfortmerkmale. Ob Ihre Prepaid-Karte die Rufumleitung unterstützt, erfahren Sie unter www.prepaid-wiki.de.

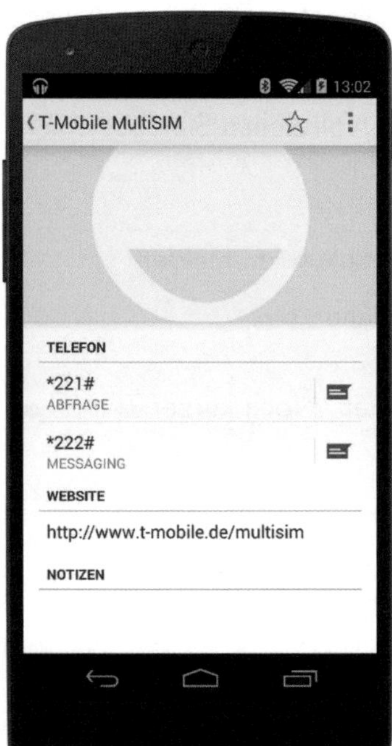

Häufig genutzte GSM-Codes	
Aktion	GSM-Code
Rufumleitung zur Voicemailbox bei Besetzt aktivieren.	**67*3311#
Rufumleitung bei Besetzt deaktivieren.	##67#
Rufumleitung zur Voicemailbox bei ausgeschaltetem oder nicht erreichbarem Telefon aktivieren.	**62*3311#
Rufumleitung bei ausgeschaltetem / nicht erreichbarem Telefon deaktivieren.	##62#
Rufumleitung zur Voicemailbox nach 15 Sekunden klingeln aktivieren. Standardeinstellung der Voicemail.	**61*3311#
Verzögerte Rufumleitung aktivieren: nach 5, 10, 20, 25 ode r 30 Sekunden klingeln aktivieren:	**61*3311*11*3 0#
Verzögerte Rufumleitung deaktivieren.	##61#
Globale Rufumleitung aktivieren: alle Anrufe zur Voicemailbox leiten.	**21*3311#
Globale Rufumleitung deaktivieren.	##21#
Alle Rufumleitungen deaktivieren.	##002#
Die 3311 ist die Mailboxnummer der Telekom. Ersetzen Sie diese durch eine andere Nummer, um auf diese umzuleiten. (Simyo: 9911, O2: 331, Vodafone: 5500)	

Telefonfunktionen mit GSM-Codes steuern

Mit GSM-Codes (auch Netz- oder Steuercodes, USSD-Codes oder MMI-Codes genannt) steuern Sie meist Telefoneinstellungen, die nicht das Telefon, sondern das Mobilfunknetz zur Verfügung stellt. Dazu gehören unter anderem Rufumleitung, Mailboxfunktionen (Voicemail) und Anrufsperren.

Die GSM-Codes sind Zeichenfolgen aus Ziffern, Raute (#) und Stern (*), die auf jeder Telefon-Tastatur vorhanden sind. Sie geben den Code ein und schicken ihn mit der Anruftaste (grüner Hörer) an das Mobilfunknetz. Im Anschluss erhalten Sie eine Bestätigung. Das Verschicken von GSM-Codes ist gebührenfrei. Diese Beispiele gelten für das Netz der Telekom, sollten jedoch auch bei allen anderen Anbietern funktionieren.

Häufig genutzte Codes in die Favoriten

Benutzen Sie mehrere Telefone? Haben Sie eine MultiSim-Karte? Dann speichern Sie sich diese Einträge einfach im Telefonbuch. Ich nutze die MultiSIM bei der Telekom und habe mir die Einstellungsnummern in den Kontakten abgelegt. Mit diesen Codes lassen sich die MultiSIMs der großen deutschen Anbieter steuern:

- **Telekom**: Statusabfrage mit *221#, Messaging aktivieren mit *222# (SMS/MMS-Empfang)
- **vodafone**: Statusabfrage mit *132#, Messaging aktivieren mit *133#
- **o2**: Statusabfrage mit *121#, Telefon aktivieren mit *123#, MMS mit *126#, SMS mit *125#
- **base** oder **E-Plus FlexiCard**: Statusabfrage mit *130#, Messaging aktivieren mit *131#

Mehr Codes beim Anbieter oder in der Wikipedia

Eine Liste mit Steuercodes finden Sie auf der gegenüberliegenden Seite, bei der Telekom (www.bit.ly/tgsmcodes) und auch in der Wikipedia. Suchen Sie dort nach GSM-Code.

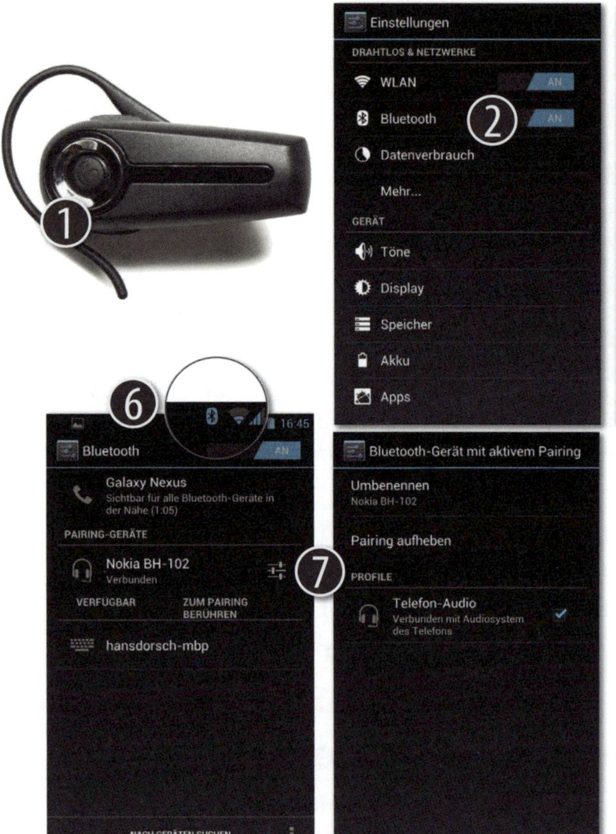
1
Einstellungen
DRAHTLOS & NETZWERKE
WLAN
AN
Bluetooth
2
AN
Datenverbrauch
Mehr...
GERÄT
Töne
Display
Speicher
Akku
Apps
6
16:45
Bluetooth
AN
Galaxy Nexus
Sichtbar für alle Bluetooth-Geräte in der Nähe (1:05)
PAIRING-GERÄTE
Nokia BH-102
Verbunden
VERFÜGBAR
ZUM PAIRING BERÜHREN
hansdorsch-mbp
NACH GERÄTEN SUCHEN
7
Bluetooth-Gerät mit aktivem Pairing
Umbenennen
Nokia BH-102
Pairing aufheben
PROFILE
Telefon-Audio
Verbunden mit Audiosystem des Telefons

Bluetooth
AN
Galaxy Nexus
Sichtbar für alle Bluetooth-Ge
der Nähe (1:19)
3
VERFÜGBAR
ZUM PAIRING BERÜHREN
Nokia BH-102
4
hansdorsch-mbp
NACH GERÄTEN SUCHEN

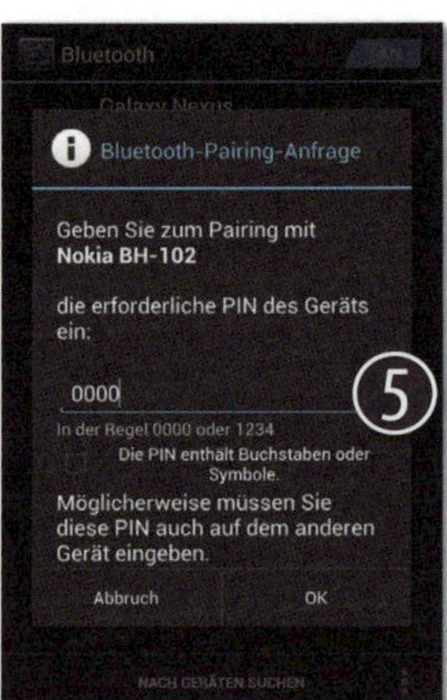
Bluetooth
Bluetooth-Pairing-Anfrage
Geben Sie zum Pairing mit
Nokia BH-102
die erforderliche PIN des Geräts ein:
0000
5
In der Regel 0000 oder 1234
Die PIN enthält Buchstaben oder Symbole.
Möglicherweise müssen Sie diese PIN auch auf dem anderen Gerät eingeben.
Abbruch
OK
NACH GERÄTEN SUCHEN

Bluetooth-Headset mit dem Smartphone verbinden

Bluetooth ist ein Funkstandard, der elektronische Geräte über kurze Strecken direkt miteinander verbindet: Headsets, Autoradios, Kopfhörer. Seinen Namen hat er vom dänischen Wikingerkönig Harald Blauzahn (Harald Blåtand), der für seine Kommunikationsfähigkeiten berühmt war. Hier zeige ich, wie Sie Ihre Freisprecheinrichtung mit dem Smartphone verbinden. Auf der nächsten Seite lesen Sie, wie das Telefonieren damit praktischer und sicherer wird.

❶ Schalten Sie die Freisprecheinrichtung ein, stecken Sie sie vorher ins Ohr, für eventuelle Rückmeldungen per Ton. Ich verwende ein ziemlich altes Nokia-Headset (BH–102), das es leider nur noch gebraucht zu kaufen gibt.

❷ Schalten Sie Bluetooth am Android ein (AN). Sie finden den Schalter in den Einstellungen unter Drahtlos & Netzwerke. Tippen Sie dann auf Bluetooth für die weiteren Einstellungen.

❸ Tippen Sie auf den Namen Ihres Gerätes, um es für andere sichtbar zu machen (sie müssen sich finden können). Falls es nicht automatisch geschieht, tippen Sie am unteren Rand die Taste Nach Geräten suchen.

❹ Die Freisprecheinrichtung erscheint jetzt unter Verfügbar (hier Nokia BH–102). Tippen Sie auf den Eintrag, um das Gerät zu verbinden. Drücken Sie jetzt die Taste am Headset. (Beim Nokia-Gerät erklingt ein kurzer Ton.)

❺ Jetzt startet das sogenannte Pairing. Falls Sie danach gefragt werden, geben Sie die PIN ein; in den meisten Fällen ist es die »0000«. Manche Geräte, z.B. Autoradios, zeigen eine eigene PIN an. Geben Sie diese am Android ein. Bestätigen Sie mit OK.

❻ Das Gerät ist jetzt mit Ihrem Smartphone verbunden. Das Bluetooth-Symbol in der Statusleiste zeigt jetzt an, dass es gekoppelt und mit einem Gerät verbunden ist.

❼ Möchten Sie das Headset wieder trennen? Tippen Sie auf den Namen des verbundenen Geräts und tippen Sie in den Einstellungen Pairing aufheben. Die Verbindung wird beendet.

1

Lautsprecher
Handy-Kopfhörer
Bluetooth
2

3

09:41
Google
Ok Google
4

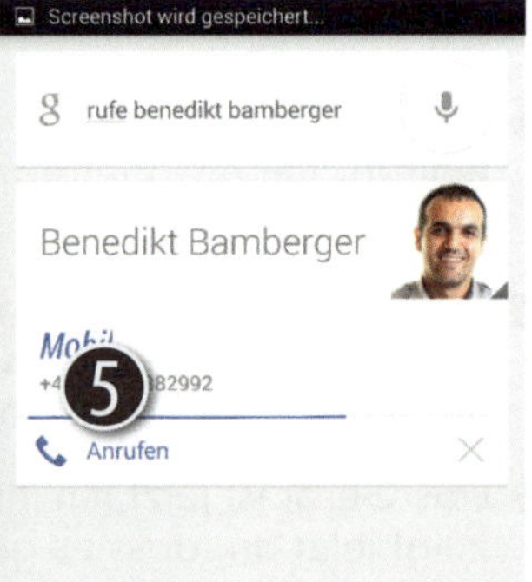
Screenshot wird gespeichert...
rufe benedikt bamberger
Benedikt Bamberger
Anrufen
5

Telefonieren mit Bluetooth und ohne

Ich sag' Ihnen jetzt was: Ich bin immer noch irritiert, wenn Menschen laut ins Leere sprechend durch die Straßen laufen, aber im Auto oder am Schreibtisch nutze auch ich gerne die Funkfreisprechanlage – vor allem, wenn es so leicht ist, zwischen Headset und Telefon zu wechseln.

❶ Sie fahren im Auto – Headset aktiviert. Die Zentrale ruft an. Sie hören das Klingeln im Kopfhörer. Drücken Sie die Taste (die meisten Headsets haben nur eine), und nehmen Sie das Gespräch an. Dabei kann das Gerät auch in der Tasche bleiben.

❷ Sie haben eingeparkt und wollen das Gespräch am Telefon weiterführen. Die Leiste mit den Steuerelementen ist immer zu sehen. Ein Tipp auf die Lautsprechertaste (sie zeigt jetzt das Bluetoothzeichen) öffnet das Menü. Wechseln Sie zum Handy-Kopfhörer. Auflegen können Sie entweder mit der Hörertaste oder auf dem Telefon.

Einmal eingerichtet, verbinden sich die Geräte übrigens ganz leicht wieder miteinander. Schalten Sie einfach das Headset oder die Auto-Freisprechanlage an, schon können Sie wieder darüber sprechen.

Mit Headset und der Sprachwahl (Voice-Dialer) können Sie das Smartphone sogar zum Starten von Anrufen in der Tasche lassen. Ein Knopfdruck genügt:

❸ Wählen Sie mit Ihrer Stimme: Drücken Sie die Headset-Taste lange (Bestätigungston erklingt).

❹ Eine Stimme sagt: »Bitte warten«. Sagen Sie »Benedikt Bamberger mobil anrufen«.

❺ Die Stimme bestätigt Name und Nummer und startet den Anruf. Wurde die falsche Nummer erkannt, drücken Sie einfach noch einmal, um abzubrechen.

P.S.: Die Sprachwahl klappt nicht bei jedem Gerät zuverlässig. Testen Sie sie besser, bevor Sie sie während der Autofahrt einsetzen.

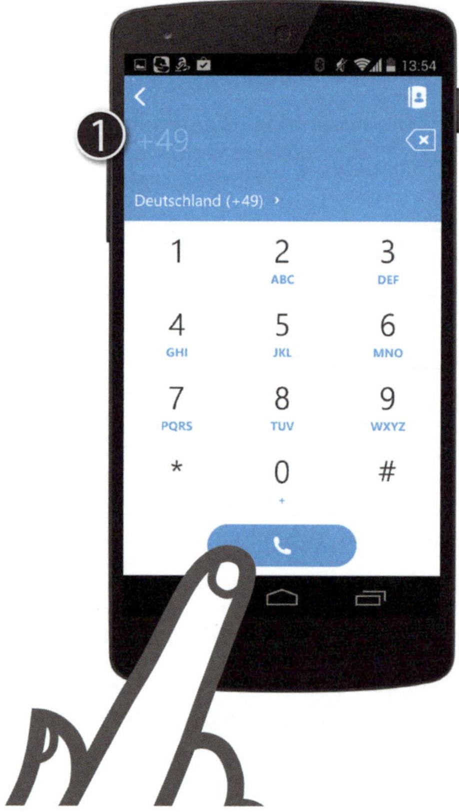
13:54
+49
Deutschland (+49)
1
2
ABC
3
DEF
4
GHI
5
JKL
6
MNO
7
PQRS
8
TUV
9
WXYZ
*
0
+
#

15:40
Hans Dorsch
+49 151 15674196 MOBIL
EINGEHENDER ANRUF

Telefonieren über das Internet – überall und günstig im WLAN mit VoIP

Eins ist klar: Mobilfunktarife sind mittlerweile ziemlich günstig. Wenn Sie aber häufiger ins Ausland telefonieren oder vom Ausland aus nach Hause telefonieren möchten, empfehle ich Ihnen, über eine VoIP-Option nachzudenken.

Bei VoIP (Voice over IP) wird Sprache in kleinen Paketen über das Internet transportiert, genau wie Daten. So nutzen Sie eine bestehende Internetverbindung einfach zum Telefonieren. Wenn der Angerufene dabei ebenfalls über das Internet telefoniert, ist das sogar kostenlos. Zwei Möglichkeiten sind besonders interessant:

1. **Skype**: Die populäre Komplettlösung für Chat, Voicechat, Videochat und Telefon. Wenn Sie Skype schon am Computer nutzen, können Sie Ihr bestehendes Konto auf Ihrem Android nutzen. Sie müssen nur die Skype-App installieren. Wenn Sie viele Bekannte bei Skype haben, ist das eine hervorragende Lösung. Denn Skype-Nutzer telefonieren untereinander kostenlos. Anrufe in Telefonnetze kosten Geld. Dazu müssen Sie vorher Ihr Skype-Gebührenkonto aufladen. Wie Sie mit Skype im WLAN telefonieren, lesen Sie auf der nächsten Seite.

2. **Sipgate** ist ein kompletter Telefonanschluss mit Anrufbeantworter, SMS und Fax. Schon im kostenlosen Basispaket erhalten Sie eine Festnetznummer in Ihrem Ortsnetz (Überprüfung mit Personalausweis, Telefonrechnung oder Meldebescheinigung). Über diese Nummer können Ihre Freunde Sie günstig oder sogar kostenlos anrufen, egal, wo auf der Welt Sie gerade sind. Sipgate-Nummern lassen sich ohne App direkt auf dem Android-Telefon nutzen. Wie das geht, zeige ich später in diesem Kapitel.

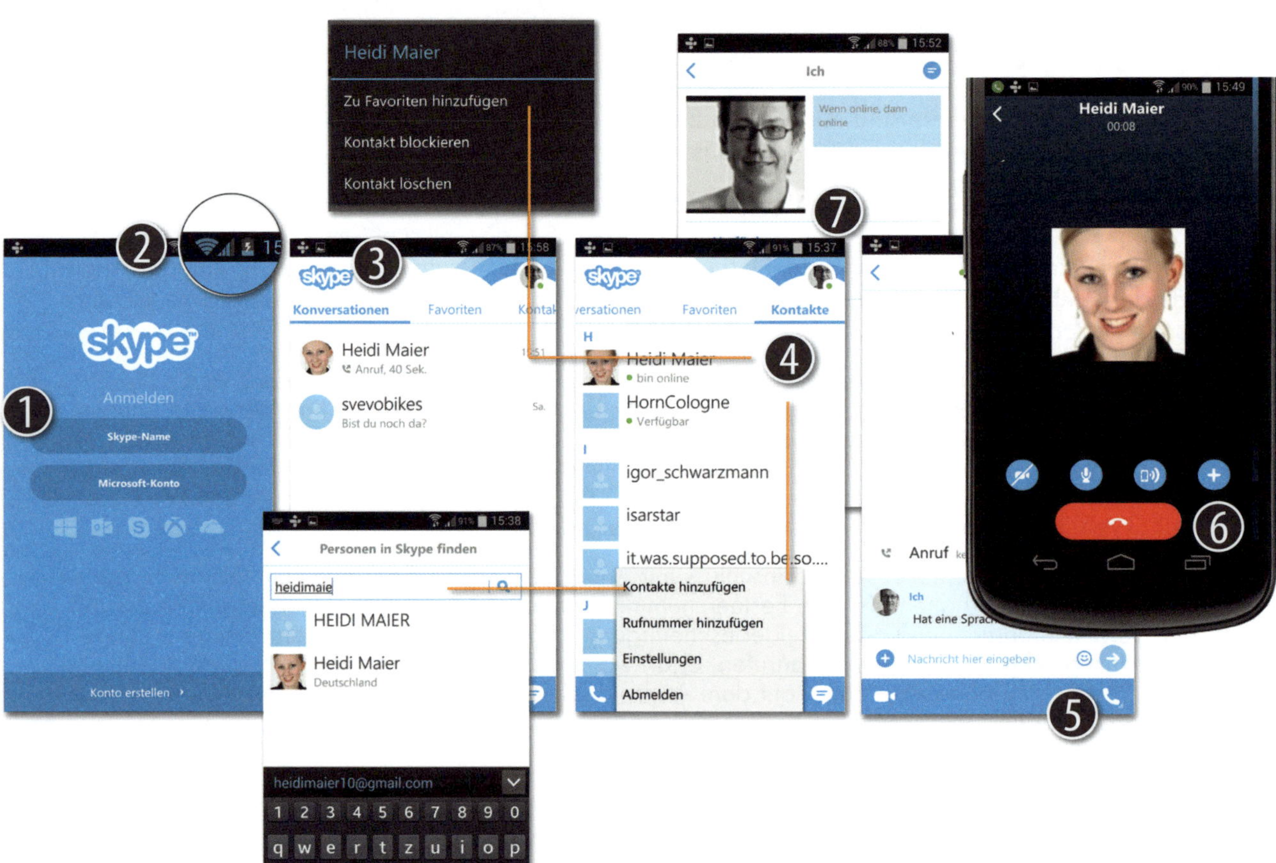

Heidi Maier
Zu Favoriten hinzufügen
Kontakt blockieren
Kontakt löschen
Ich
Wenn online, dann online
Heidi Maier
00:08
skype
Anmelden
Skype-Name
Microsoft-Konto
Konto erstellen
Konversationen
Favoriten
Heidi Maier
Anruf, 40 Sek.
svevobikes
Bist du noch da?
Kontakte
H
Heidi Maier
bin online
HornCologne
Verfügbar
igor_schwarzmann
isarstar
it.was.supposed.to.be.so....
Kontakte hinzufügen
Rufnummer hinzufügen
Einstellungen
Abmelden
Personen in Skype finden
heidimaie
HEIDI MAIER
Heidi Maier
Deutschland
heidimaier10@gmail.com
Anruf
Ich
Nachricht hier eingeben
1
2
3
4
5
6
7

Mit Skype über WLAN telefonieren

Mit Skype können Sie über Ihre Datenverbindung telefonieren. Das funktioniert über Mobilverbindungen (UMTS oder LTE) aber am besten über WLAN, vor allem, wenn Sie im Ausland sind.

❶ Starten Sie Skype, und melden Sie sich mit Ihrem Skype-Namen an. An dieser Stelle können Sie auch ein neues Konto anlegen. (Beim ersten Start können Sie auswählen, ob Sie Skype-Kontakte mit den Android-Kontakten abgleichen möchten. Wählen Sie Mit bestehenden Kontakten synchronisieren. So werden die Skype-Daten zu bestehenden Einträgen hinzugefügt. Sie können diese Einstellungen später ändern.)

❷ Achten Sie darauf, dass das WLAN-Symbol in der Statusleiste angezeigt wird. Sonst wird die Verbindung über Ihre mobile Datenverbindung aufgebaut – und abgerechnet.

❸ Die Startseite von Skype erscheint. Sie öffnet zuerst Ihre letzten Konversationen.

❹ Tippen Sie oben rechts auf Kontakte. Wählen Sie einen Kontakt aus der Liste Ihrer Skype-Kontakte und tippen Sie auf ihn, um ein Gespräch (Chat, Video oder Audio) zu starten.

- Tippen Sie lang auf den Kontakt, um ihn zu Ihren Favoriten hinzuzufügen. Das lohnt sich, denn es gibt keine Suche in den Kontakten.
- Tippen Sie auf Menü → Kontakte hinzufügen, um bei Skype nach einem Kontakt zu suchen (»such' nach heidimaier«) und ihn in ihre Liste aufzunehmen.

❺ Haben Sie Ihren Kontakt aufgerufen, sehen Sie die letzten Verbindungen. Tippen Sie unten rechts auf das kleine Telefon. Wählen Sie Skype-Anruf.

❻ Jetzt können Sie mit Heidi Maier (oder anderen Personen) telefonieren. Skype zeigt an, wie lange Sie schon telefonieren. Tippen Sie die große rote Taste und legen Sie den virtuellen Hörer auf.

❼ Tippen Sie oben rechts auf Ihr Profilbild, um Ihren Status anzuzeigen oder zu ändern (online, abwesend, beschäftigt) und Ihr Guthaben zu überprüfen. Tippen Sie auf den Guthaben-Eintrag, um zusätzliche Gesprächsminuten zu kaufen.

16:27
Konten für Internetanrufe (SIP)
Eingeh. Anrufe annehmen
Verkürzt Akkulaufzeit
SIP-KONTEN
1
KONTO HINZUFÜGEN

16:51
SIP-Konto: Details
Nutzername
8668121e2
2
Passwort
******
Server
sipgate.de
Als primäres Konto festlegen
Für ausgehende Anrufe verwendet
Optionale Einstellungen
Tippen, um alle anzuzeigen
SPEICHERN

16:51
Konten für Internetanrufe (SIP)
Eingeh. Anrufe annehmen
Verkürzt Akkulaufzeit
3
SIP-KONTEN
8668121e2@sipgate.de
Primäres Konto. Eingehende Anrufe aktiviert

Für alle Anrufe mit verfügbarem Datennetz
Nur für Internetanrufe
Bei jedem Anruf fragen
Abbruch
EINSTELLUNGEN FÜR INTERNETANRUFE
Konten
Internetanrufe verwenden
Bei jedem Anruf fragen
4

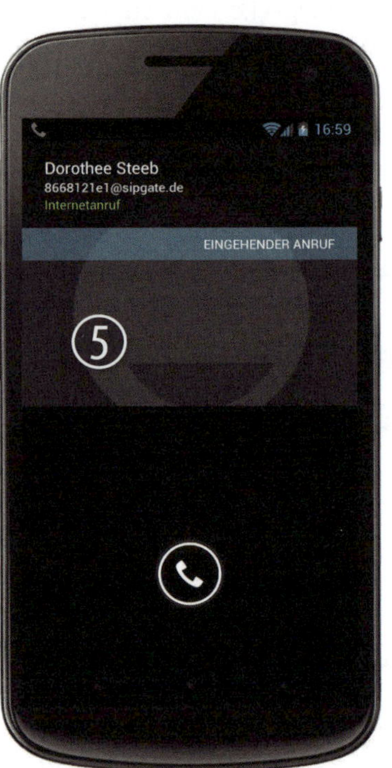
16:59
Dorothee Steeb
8668121e1@sipgate.de
Internetanruf
EINGEHENDER ANRUF
5

SIP-Konto zum Telefonieren über das Internet einrichten

Rufen Sie mich mal auf meiner Büronummer an. Auch wenn das eine Festnetznummer ist, wissen Sie nicht, wo Sie mich erreichen. Es handelt sich nämlich um einen Telefonanschluss, der VoIP (Voice over IP) über das SIP (Session Initiation Protocol) nutzt. Klingt kompliziert? Ist es aber gar nicht.

Wenn mein Smartphone im WLAN angemeldet ist, egal in welchem, kann ich Anrufe nämlich auf diesem Gerät annehmen und vom Gerät aus über meine SIP-Nummer telefonieren. So richten Sie eine SIP-Nummer auf dem Android ein:

❶ Öffnen Sie Telefon → Einstellungen (Samsung: Mein Gerät → Anrufeinstellungen). Tippen Sie unter Einstellungen für Internetanrufe auf Konten. Wählen Sie dort Konto hinzufügen. (Sie können sogar mehrere Konten/Telefonnummern verwenden.)

❷ Geben Sie hier Ihre Zugangsdaten ein: Nutzername und Passwort sowie die Adresse des Servers (z.B. sipgate.de oder sip.1und1.de). Das war's.

❸ Wählen Sie nach dem Sichern noch Eingehende Anrufe annehmen, damit Ihr Telefon eingehende Gespräche annehmen kann.

❹ Legen Sie jetzt noch fest, wann Sie über das Internet telefonieren. Gehen Sie dazu zurück zu den Anrufeinstellungen, und tippen Sie auf Internetanrufe verwenden. Ich habe Bei jedem Anruf fragen eingestellt, damit ich entscheiden kann, über welches Netz ich telefoniere.

❺ Wenn jetzt jemand auf der verbundenen Festnetznummer anruft, wird der Anruf als Internetanruf angezeigt.

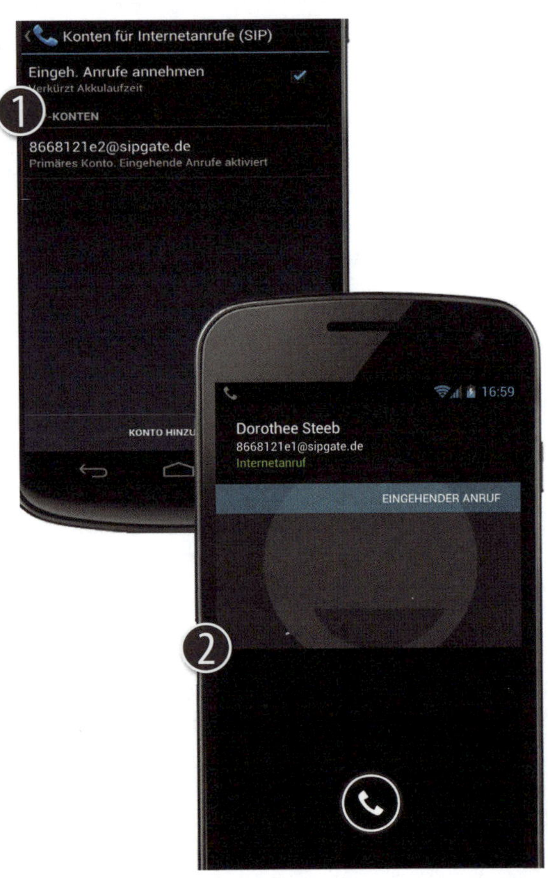
Konten für Internetanrufe (SIP)
Eingeh. Anrufe annehmen
Verkürzt Akkulaufzeit
1
-KONTEN
8668121e2@sipgate.de
Primäres Konto. Eingehende Anrufe aktiviert
KONTO HINZU
16:59
Dorothee Steeb
8668121e1@sipgate.de
Internetanruf
EINGEHENDER ANRUF
2

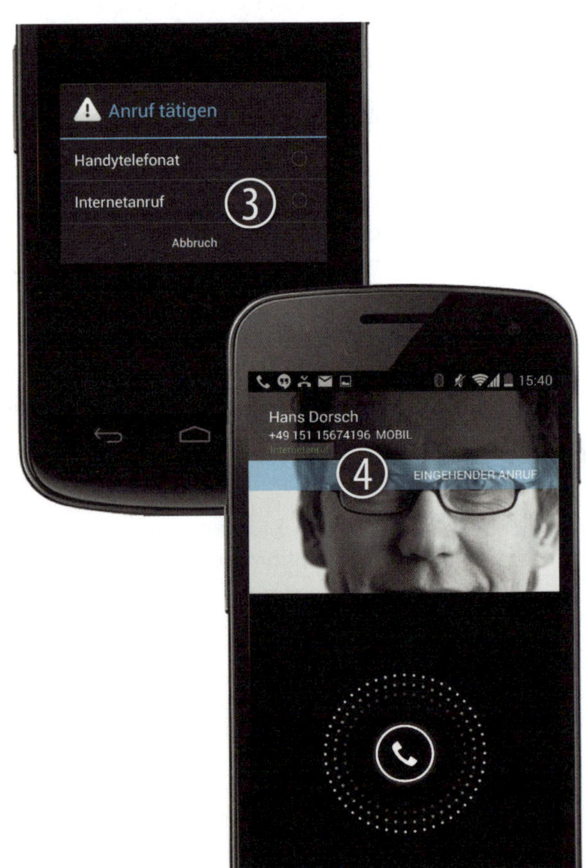
Anruf tätigen
Handytelefonat
Internetanruf
3
Abbruch
15:40
Hans Dorsch
+49 151 15674196 MOBIL
4
EINGEHENDER ANRUF

SIP – Telefonieren übers Internet

Haben Sie Ihre SIP-Telefonnummer eingerichtet (vorherige Seite), und ist Ihr Smartphone im WLAN angemeldet? Dann können Sie mit Ihrem Smartphone über diese Nummer telefonieren und Anrufe annehmen.

❶ Achten Sie darauf, dass Ihr Telefon auf eingehende Anrufe über Ihre SIP-Nummer reagiert. Wählen Sie dafür in Telefon → Anrufeinstellungen → Konten die Option Eingeh. Anrufe annehmen.

❷ Wenn Ihr Telefon jetzt klingelt, werden Anrufe auf Ihrer SIP-Nummer als Internetanruf angezeigt. Nehmen Sie einfach ab, und sprechen Sie.

❸ Möchten Sie selbst einen SIP-Anruf starten? Dann wählen Sie beim Anrufen die Option Internetanruf.

❹ Auch für diesen eingehenden Anruf nutzt Android jetzt die Internetverbindung.

Wo gibt es eigentlich SIP – oder habe ich es vielleicht bereits?

Wenn Sie Kunde bei 1&1 sind, kann es sein, dass Sie schon über SIP telefonieren. Das heißt dort DSL-Telefonie. Sollten Sie eine transportable Telefonnummer suchen, dazu ein Internet-Fax und unabhängig von einem Telefonanbieter sein wollen, bietet sich ein Anbieter wie Sipgate an. Mit diesem können Sie auch im Ausland viel Geld sparen.

SIP-Apps statt Telefoneinstellung

Nutzen Sie eine FRITZ!Box? Dann können Sie die VoIP-Funktionen auch über Ihr Android nutzen. Die passende App heißt FRITZ!Fon. Die App Zoiper funktioniert mit allen SIP-Anbietern.

Von - Nach	T-Mobile D	Skype	Sipgate
Schweden - Deutschland Festnetz/Mobil	29/29 Cent (plus einmalig 75 Cent pro Gespräch)	2,2/23,6 Cent	1,79/14,9 Cent
Deutschland - USA Festnetz/Mobil	1,29 EUR/1,29 EUR	1,9/1,9 Cent	1,9/1,9 Cent

Günstig im Ausland und ins Ausland telefonieren

Selbst wenn Sie normalerweise mit Ihren 100 Inklusivminuten pro Monat glücklich innerhalb von Deutschland telefonieren und eher selten mit Menschen in entfernten Ländern sprechen müssen, kann es doch zu bestimmten Zeiten ganz anders sein. Und auch wenn Sie selbst ins Ausland fahren und dort telefonieren möchten, kostet das Telefonieren häufig mehr, denn dort müssen Sie Roaming-Gebühren zahlen – egal, bei welchem Anbieter.

Hier sind zwei Beispiele für Telefonate aus dem Ausland und ins Ausland mit den Tarifen von Telekom, Skype und Sipgate:

1. Sie fahren im Sommer nach Schweden – und zwar gleich für vier Wochen. Gut, dass Sie bei der Auswahl der Unterkunft auf WLAN geachtet haben.
2. Sie bleiben in Deutschland, haben aber ein großes Projekt an Land gezogen, für das Sie häufig mit Partnern in den USA telefonieren müssen.

Schauen Sie mal auf die Tabelle auf der gegenüberliegenden Seite. Die Preisunterschiede sprechen vor allem bei den USA eindeutig für VoIP.

Mehr Informationen zu den Auslandstarifen finden Sie hier:

- Telekom: www.bit.ly/telroaming
- Skype: www.skype.com/intl/de/prices
- Sipgate: www.sipgate.de/basic/tarife

Wie viel Datenverkehr verursacht ein VoIP-Telefonat?

Insgesamt müssen Sie bei einem einstündigen Telefonat mit ca. 70-80 MByte Datenverkehr rechnen. Während eines Gesprächs fallen durchschnittlich 100 kBit Datenvolumen pro Sekunde und pro Richtung (Up- und Downstream) an. Nutzen Sie also auch in Ihrem Heimatland am besten WLAN.

15:24
www.android.com
android
Lernen Sie Android 4.4 (KitKat) kennen
Mehr Informationen zur neuesten Version ›
Offizieller Blog

Kapitel 6 | Das Web mobil nutzen

Android lebt ganz und gar im Internet. Jede Anwendung kann über das Netz drahtlos Daten austauschen oder auf Informationen zugreifen. Die vielleicht bekannteste Internetanwendung ist der Browser. Mit ihm nutzen Sie das Web auf dem kleinen Bildschirm – und zwar so gut, dass Sie bald lieber zum Smartphone greifen werden, als sich an den Computer zu setzen. Dabei helfen drei Faktoren:

- **Permanenter Internet-Zugang**: Mit dem Smartphone sind Sie über UMTS schnell, über LTE häufig schneller als über den DSL-Anschluss mobil verbunden. Und über WLAN nutzen Sie meist kostenlos Hotspots zu Hause, im Büro und unterwegs.
- **Rasante Browserengine**: Webseiten und Webanwendungen bestehen aus Programmcode, der im Browser verarbeitet und dargestellt wird. Diese anspruchsvolle Arbeit erledigt der sogenannte Motor oder die Engine. Android verwendet WebKit, die zurzeit vielleicht fortschrittlichste und schnellste Engine, die auch Googles Chrome und Apples Safari auf dem Computer verwenden. Das Web fühlt sich damit richtig schnell an.
- **Google- und Android-Dienste**: Die Google-Suche ist direkt im Browser eingebaut. Alle Inhalte lassen sich weiterleiten und bearbeiten.

Das Web ist das Internet ist das Web

Früher habe ich schon mal über die Unterschiede zwischen dem Internet und dem Web diskutiert. Aber eigentlich ist es völlig egal, ob Sie den Webbrowser Internet nennen oder nicht. Hauptsache ist, Sie sind vernetzt.

10:46
1
sueddeu
sueddeu
süddeutsche
Nachrichten aus Politik, K
sueddeutsche.de
2
süddeutsche magazin
q w e r t z u i o p
a s d f g h j k l
y x c v b n m
?123
Los
3
10:46
www.sueddeutsche.de
Süddeutsche.de
21.02.2014
Rubriken
Krise in der Ukraine
Regierung verkündet Durchbr
Opposition schweigt
4
Bilder
+++ Bei den Gesprächen zwischen Präsident Janukowitsch, Opposition und Vermittlern der EU und Russlands soll eine Einigung erzielt worden sein +++ Die Opposition und EU-Diplomaten
10:47
+++ Bei den Gesprächen zwischen Präsident Janukowitsch, Opposition und Vermittlern der EU und Russlands soll eine Einigung erzielt worden sein +++ Die Opposition und EU-Diplomaten bestätigen dies noch nicht +++ Polizei meldet Schusswechsel mit Regierungsgegnern +++ Ministerium berichtet von mehr als 70 Toten seit Dienstag +++
5
6

Webseiten finden und aufrufen

Ich habe mal gelesen, dass Firmen in Japan keine Webadressen mehr auf Ihren Anzeigen abdrucken. Sie schreiben einfach: Suchen Sie nach »Toyota«. Der Browser bei Android hat deshalb ein kombiniertes Such- und Adressfeld. Wenn Sie Chrome am Computer kennen, wissen Sie schon ungefähr, wie gut das funktioniert.

❶ Öffnen Sie den Browser, und tippen Sie in das Eingabefeld. Starten Sie die Eingabe. Ich suche die Seiten der Süddeutschen Zeitung.

❷ Der Browser sucht zuerst in den Lesezeichen, dann im Verlauf und dann im Web. Tippen Sie auf ein passendes Ergebnis, um die Seite aufzurufen.

❸ Tippen Sie Los auf der Tastatur, um eine Google-Suche zu starten.

❹ Die Sueddeutsche.de hat, wie fast alle Zeitungen, eine mobile Website. Tippen Sie auf einen Link, um einen Artikel zu lesen. (Übrigens: Während die Seite lädt, zeigt ein kleiner, kaum sichtbarer Balken unter der Adressleiste an, wie lange Sie noch warten müssen.)

❺ Streichen Sie mit dem Finger auf dem Display nach oben, um die Seite zu bewegen. Das Suchfeld verschwindet und macht Platz für den Inhalt.

❻ Tippen Sie auf Zurück, um zur vorherigen Seite zurückzukehren. Mehr brauchen Sie erst einmal nicht.

Tippen, streichen und zwicken

Falls Sie Ihr Wissen zur Fingersteuerung auffrischen möchten: In Kapitel 2 finden Sie alle Gesten für Android in der Übersicht.

10:56
www.freitag.de
MEHR SPAREN.
der Freitag
Das Meinungsmedium
1
GESCHLECHTER
Das andere Geschlecht
Youtube-Hit Der Mann als Opfer
SOZIALDEMOKRATIE
„Verstehe einer die SPD“
ÜBERNACHTUNGEN
Das üppige Salär
DIE AFFÄRE EDATHY
Die Plauderer

Einloggen
Registrieren
Jetzt mitschreiben!
GESCHLECHTER
Das andere Geschlecht
Identität Bei Facebook kann man seit kurzem zwischen 58 Geschlechtern wählen. Ein freies Feld wäre besser gewesen, aber ein Fortschritt ist es trotzdem
MARTIN SCHLAK
Youtube-Hit Der Mann als Opfer
SOZIALDEMOKRATIE
2
Das üppige Salär

www.freitag.de
Einloggen
Registrieren
Jetzt mitschreiben!
THEATER 100° BERLIN FESTIVAL
Mit über einhundert Vorstellungen aus Theater, Tanz und Performance lädt das Off-Theater-Festival vom 20. bis 23. Februar zu einem Bühnenmarathon ein
LEAKING CYBERSPIONAGE
3
DEBATTE GELD UND GLÜCK
Ist ein anderes Wachstum möglich? Eine Kooperation mit dem Fortschrittsforum
Hier können Sie sich zu unserem

10:58
4
GESCHLECHTER
Das andere Geschlecht
SOZIALDEMOKRATIE
„Verstehe einer die SPD“
ÜBERNACHTUNGEN
Das üppige Salär

Große Webseiten mit dem Browser nutzen

Nicht alle Websites haben speziell angepasste mobile Seiten. Der Freitag beispielsweise hat keine. Trotzdem lese ich die Zeitung immer wieder online auf dem Smartphone. Warum? Weil sich mit dem Browser prima navigieren lässt.

❶ **Senkrecht mehr sehen**: Beim Aufrufen der Startseite zeigt der Browser die Homepage verkleinert an. Das ist praktisch. So viel wie hier sehen Sie nicht mal am großen Computerbildschirm.

❷ **Zoomen ohne Tasten**: Ziehen Sie einfach die Inhalte mit den Fingern auf. Holen Sie den Bereich näher heran, der Sie interessiert. Kneifen Sie die Finger zusammen, um wieder das Ganze zu sehen.

❸ **Details per Doppeltipp**: Der Browser erkennt bestimmte Seitenabschnitte. Ein Doppeltipp auf die Randspalte holt diese bildschirmfüllend heran. Ein weiterer Doppeltipp bringt Sie zurück.

❹ **90-Grad-Drehung für mehr Breite**: Drehen Sie Ihr Smartphone auf die Seite, um den Inhalt in einem breiteren Fenster zu sehen. Besonders praktisch ist diese Ansicht bei Fotos, denn diese sind im Web meist im Querformat.

Lieber groß als klein

Das gibt es auch: Ein Nachrichtenportal hat eine mobile Site, Sie möchten aber lieber die Vollansicht sehen. Tippen Sie im Menü → Desktop-Version.

www.freitag.de
1
MEHR SPAREN.
der Freitag
Das Meinungsmedium
Das andere Geschlecht
„Versteht einer die SPD"
Das üppige Salär
Die Plauderer

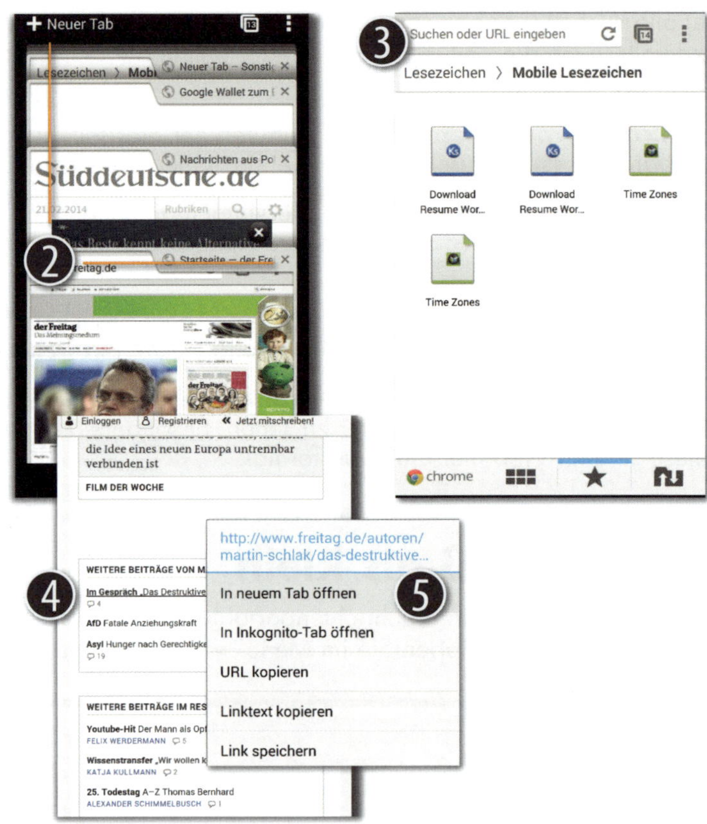
Neuer Tab
Neuer Tab – Sonstig
Google Wallet zum
Nachrichten aus Po
Süddeutsche.de
2
Startseite – der Fre
3
Suchen oder URL eingeben
Lesezeichen
Mobile Lesezeichen
Download Resume Wor...
Download Resume Wor...
Time Zones
Time Zones
chrome
Einloggen
Registrieren
Jetzt mitschreiben!
die Idee eines neuen Europa untrennbar verbunden ist
FILM DER WOCHE
WEITERE BEITRÄGE VON M
4
Im Gespräch „Das Destruktive
AfD Fatale Anziehungskraft
Asyl Hunger nach Gerechtigke
WEITERE BEITRÄGE IM RES
Youtube-Hit Der Mann als Opf
FELIX WERDERMANN
Wissenstransfer „Wir wollen k
KATJA KULLMANN
25. Todestag A–Z Thomas Bernhard
ALEXANDER SCHIMMELBUSCH
http://www.freitag.de/autoren/martin-schlak/das-destruktive...
In neuem Tab öffnen
5
In Inkognito-Tab öffnen
URL kopieren
Linktext kopieren
Link speichern

Bequemer surfen mit mehreren Fenstern

Schauen Sie mal am Ende eines Arbeitstages oder nach einer ausgedehnten Surfsitzung am Computer nach, wie viele Fenster oder Tabs Sie im Browser geöffnet haben. Sicher mehr als eines, oder? Manche Seite möchte man eben offen halten, während man auf einer anderen etwas überprüft; und manchen Link öffnet man zwischendurch in einem neuen Fenster, damit man ihn nicht vergisst. Gut, dass auch der Android-Browser mehrere Fenster gleichzeitig öffnen kann.

❶ Tippen Sie am oberen Rand auf die Tabverwaltung. Eine bebilderte Liste aller aktuell geöffneten Webseiten öffnet sich.

❷ Tippen Sie auf eine Seite, um sie anzuzeigen, und tippen Sie auf das x am Rand, um den Tab zu schließen. Tippen Sie das +-Zeichen am oberen Rand, um ein neues Tab zu erstellen.

❸ Ein neues Fenster mit der voreingestellten Startseite öffnet sich (bei mir sind das die meistbesuchten Websites, die sich durch Tipp aufrufen lassen). Geben Sie eine Adresse oder einen Suchbegriff in das Suchfeld ein.

❹ Öffnen Sie Links im Hintergrund in einem neuen Fenster: Wenn Sie einem oder mehreren Links auf einer Seite folgen möchten, die aktuelle Seite aber nicht verlassen möchten, drücken Sie lange auf den Link, bis das Auswahlmenü erscheint.

❺ Tippen Sie dann im Menü In neuem Tab öffnen. Die verlinkte Seite wird jetzt angezeigt. Die vorherige Seite finden Sie wieder über die Tabverwaltung.

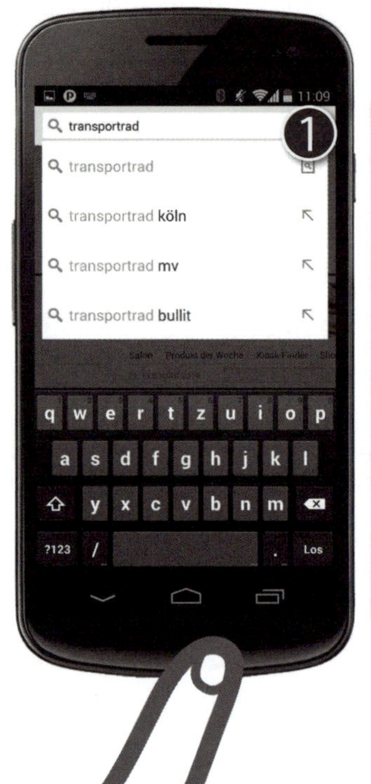
transportrad
1
transportrad
transportrad köln
transportrad mv
transportrad bullit

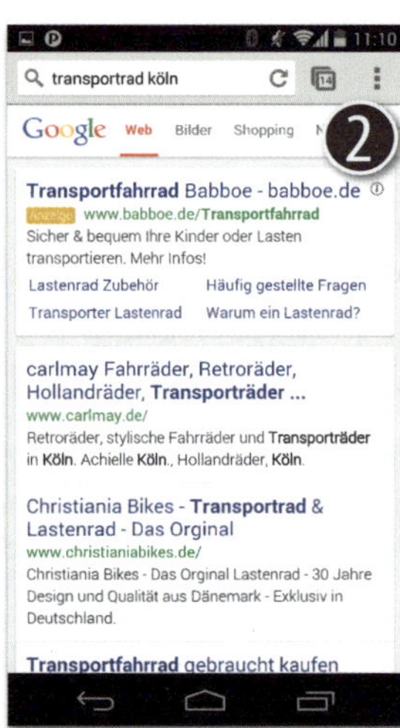
transportrad köln
Google Web Bilder Shopping
2
Transportfahrrad Babboe - babboe.de
www.babboe.de/Transportfahrrad
Sicher & bequem Ihre Kinder oder Lasten transportieren. Mehr Infos!
Lastenrad Zubehör
Häufig gestellte Fragen
Transporter Lastenrad
Warum ein Lastenrad?
carlmay Fahrräder, Retroräder, Hollandräder, Transporträder ...
www.carlmay.de/
Retroräder, stylische Fahrräder und Transporträder in Köln. Achielle Köln., Hollandräder, Köln.
Christiania Bikes - Transportrad & Lastenrad - Das Orginal
www.christianiabikes.de/
Christiania Bikes - Das Orginal Lastenrad - 30 Jahre Design und Qualität aus Dänemark - Exklusiv in Deutschland.
Transportfahrrad gebraucht kaufen

transportrad köln
Google Web Bilder Shopping Maps
3

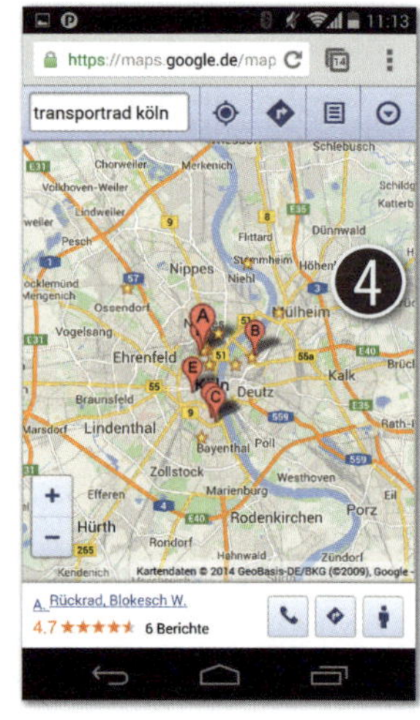
https://maps.google.de/map
transportrad köln
4
Nippes
Ehrenfeld
Lindenthal
Deutz
Kalk
Mülheim
Hürth
Rodenkirchen
Porz
A. Rückrad, Blokesch W.
4.7 ★★★★★ 6 Berichte

Überall suchen und alles finden mit der Google-Suche

Was auch immer Sie suchen, mit Ihrem Smartphone spüren Sie es auf. Bei Android ist die Suche fester Bestandteil des Systems und perfekt an die Bedürfnisse unterwegs angepasst – was Sie nicht davon abhalten muss, sie auch zu Hause auf dem Sofa zu verwenden.

❶ Tippen Sie in das Suchfeld, und geben Sie einen Begriff ein. Ich suche nach einem Transportrad in Köln. Während des Tippens werden meist schon passende Suchbegriffe vorgeschlagen. Tippen Sie auf einen Vorschlag, um ihn für die Suche zu übernehmen. Bei mir erkennt Google, was ich suchen möchte.

❷ Die Suchergebnisse erscheinen ähnlich, wie Sie es vom Computer kennen. Tippen Sie am oberen Rand auf Bilder, Shopping oder News, um unterschiedliche Ergebnisse zu bekommen.

❸ Die Ergebnisse der Bildersuche sehen Sie übersichtlich als Raster. Ein Tipp auf ein Bild öffnet es auf der zugehörigen Webseite.

❹ Tippen Sie auf Maps, wenn Sie, wie in diesem Fall, nach einem Laden oder einem Hersteller für Transporträder suchen. Google zeigt alle Fundstellen auf einer Karte an (Google nutzt eigene Daten und die anderer Branchenbücher). Wenn Sie möchten, können Sie ab hier auch in der Google Maps-App weitermachen.

Andere Suchmaschinen? Wenn es sein muss ...

Öffnen Sie im Browser Menü → Erweitert und tippen Sie auf den Eintrag Suchmaschine festlegen. Dort können Sie statt Google die Angebote von Bing (Microsoft) oder Yahoo auswählen. Aber, ganz ehrlich: An Google kommen die anderen noch nicht ran.

m.spiegel.de/wissenschaft/natu
Neuer Tab
Neuer Inkognito-Tab
Lesezeichen
Andere Geräte
Verlauf
Teilen...
Drucken...
Suchen auf der Seite
1
21.02.2014
Seit Tausenden Jahren sind Hunde ein fester

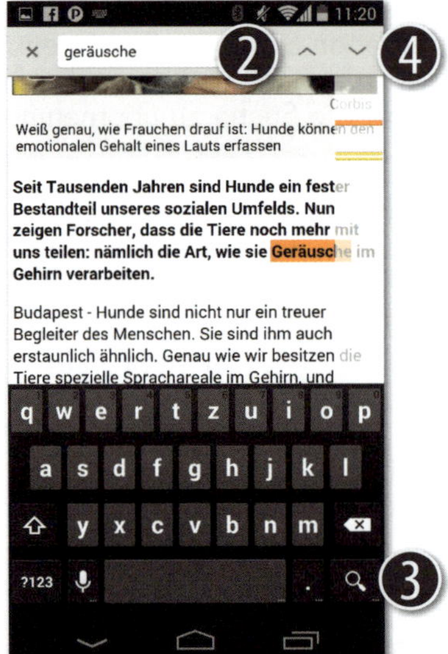
geräusche
2
4
3
Weiß genau, wie Frauchen drauf ist: Hunde können den emotionalen Gehalt eines Lauts erfassen
Seit Tausenden Jahren sind Hunde ein fester Bestandteil unseres sozialen Umfelds. Nun zeigen Forscher, dass die Tiere noch mehr mit uns teilen: nämlich die Art, wie sie Geräusche im Gehirn verarbeiten.
Budapest - Hunde sind nicht nur ein treuer Begleiter des Menschen. Sie sind ihm auch erstaunlich ähnlich. Genau wie wir besitzen die

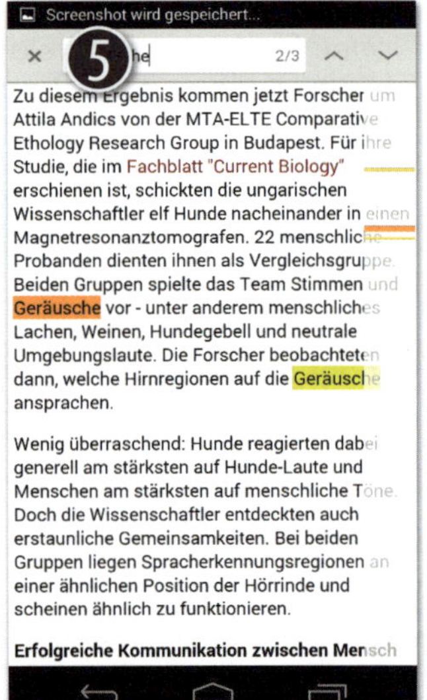
Screenshot wird gespeichert...
5
2/3
Zu diesem Ergebnis kommen jetzt Forscher um Attila Andics von der MTA-ELTE Comparative Ethology Research Group in Budapest. Für ihre Studie, die im Fachblatt "Current Biology" erschienen ist, schickten die ungarischen Wissenschaftler elf Hunde nacheinander in einen Magnetresonanztomografen. 22 menschliche Probanden dienten ihnen als Vergleichsgruppe. Beiden Gruppen spielte das Team Stimmen und Geräusche vor - unter anderem menschliches Lachen, Weinen, Hundegebell und neutrale Umgebungslaute. Die Forscher beobachteten dann, welche Hirnregionen auf die Geräusche ansprachen.
Wenig überraschend: Hunde reagierten dabei generell am stärksten auf Hunde-Laute und Menschen am stärksten auf menschliche Töne. Doch die Wissenschaftler entdeckten auch erstaunliche Gemeinsamkeiten. Bei beiden Gruppen liegen Spracherkennungsregionen an einer ähnlichen Position der Hörrinde und scheinen ähnlich zu funktionieren.
Erfolgreiche Kommunikation zwischen Mensch

Text auf der Webseite suchen

Auf dem Smartphone können Sie durchaus auch sehr lange Texte lesen. Wenn Sie in einem solchen Text nach bestimmten Stichworten suchen möchten, hilft Ihnen die Suchfunktion des Browsers bei der Recherche. Sie ist allerdings nicht über die Suchtaste zu erreichen.

1. Öffnen Sie eine Seite im Browser. Tippen Sie auf Menü → Suchen auf der Seite.
2. Geben Sie den Begriff, den Sie suchen, in das Suchfeld ein. Während Sie tippen, erscheinen schon die Ergebnisse hervorgehoben auf der Seite.
3. Tippen Sie auf die Lupe auf der Tastatur, um diese auszublenden. So können Sie die Ergebnisse besser sehen.
4. Mit den Pfeiltasten neben dem Suchfeld springen Sie zur nächsten Fundstelle oder wieder zurück.
5. Die x-Taste oben links beendet die Suche und bringt Sie zur regulären Webansicht zurück.

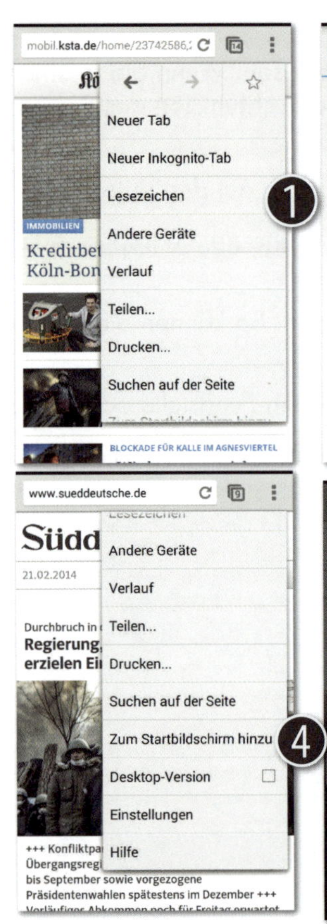

mobil.ksta.de/home/23742586,
Neuer Tab
Neuer Inkognito-Tab
Lesezeichen
1
Andere Geräte
Verlauf
Teilen...
Drucken...
Suchen auf der Seite
IMMOBILIEN
BLOCKADE FÜR KALLE IM AGNESVIERTEL
www.sueddeutsche.de
Andere Geräte
Verlauf
Teilen...
Drucken...
Suchen auf der Seite
Zum Startbildschirm hinzu
4
Desktop-Version
Einstellungen
Hilfe
21.02.2014
Regierung,
bis September sowie vorgezogene
Präsidentenwahlen spätestens im Dezember +++

Lesezeichen hinzufügen
Name
KSTA.de
2
URL
http://mobil.ksta.de/home/23742586,
Ordner
Mobile Lesezeichen
Abbruch
Speichern
Zum Startbildschirm hinzu
Titel
aft und Sport - Süddeutsche.de
Abbruch
Hinzufügen
5
Fertig

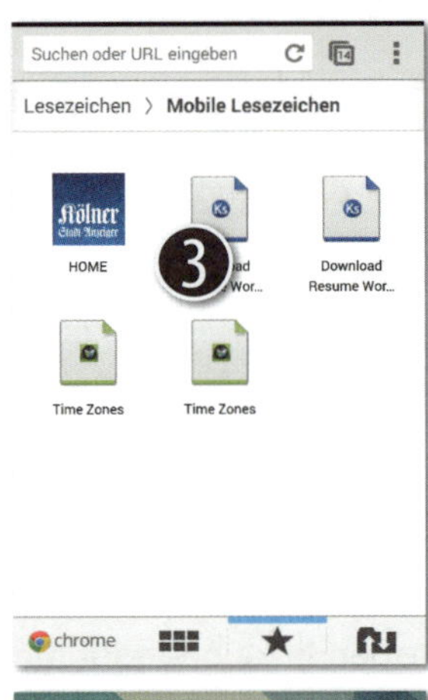

Suchen oder URL eingeben
Lesezeichen
Mobile Lesezeichen
HOME
3
Download
Resume Wor...
Time Zones
Time Zones
chrome

Google
6
SZ.de

Lesezeichen für Seiten, die Sie häufig benutzen

Seiten, die Sie häufig nutzen, speichern Sie möglicherweise auf Ihrem Computer als Lesezeichen ab. Das können Sie auch am Smartphone tun. Damit kommen Sie schneller an Ihre Lieblingsseiten.

1. Surfen Sie zu einer Seite, die Sie häufig aufrufen. Ich schaue jeden Morgen in die Rubrik Köln des Kölner Stadtanzeigers. Tippen Sie Menü → Als Lesezeichen speichern.
2. Die Speicheroptionen werden angezeigt. Ändern Sie den Namen, wenn Sie möchten, wählen Sie unter Hinzufügen zu die Option Lesezeichen aus, und tippen Sie dann auf OK.
3. Ihr Lesezeichen erscheint bei den anderen. Sie finden es über Menü → Lesezeichen.
4. Noch besser: Legen Sie das Lesezeichen auf dem Startbildschirm ab. Dann sparen Sie den Umweg über die Lesezeichenliste. Tippen Sie dazu Menü → Zum Startbildschirm hinzufügen.
5. Ändern Sie bei Bedarf den Namen der Verknüpfung und wählen Sie Hinzufügen.
6. Drücken Sie die Home-Taste. Auf dem Startbildschirm finden Sie eine hübsche neue Verknüpfung. Ein Tipp darauf öffnet ab jetzt Ihre Lieblingsseite. Dieses Lesezeichen können Sie auf dem Startbildschirm verschieben, in Ordner legen oder auch wieder löschen. (Ich sammle übrigens die Lesezeichen meiner Lieblingsnachrichtenseiten in einem Ordner namens Lesen News. Mehr dazu finden Sie in Kapitel 8.)

Lesezeichen vom Computer auf's Smartphone

Ganz ehrlich: Ich nutze Lesezeichen kaum noch. Nur Seiten, die ich wirklich häufig oder regelmäßig nutze, speichere ich als Lesezeichen. Mit Chrome, Googles coolem Browser für den Computer, können Sie alle Ihre Lesezeichen einfach mit dem Smartphone abgleichen.

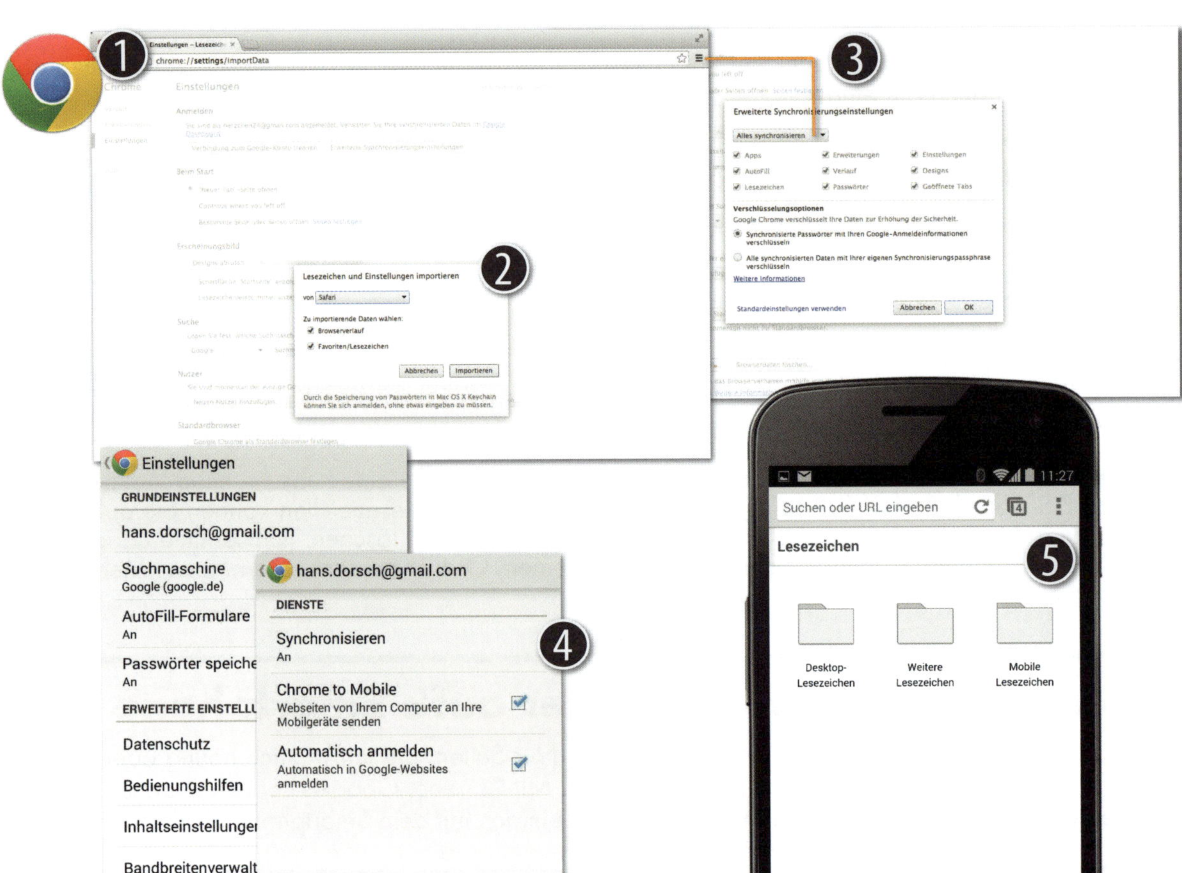

1
chrome://settings/importData
Einstellungen
2
Lesezeichen und Einstellungen importieren
von Safari
Zu importierende Daten wählen:
Browserverlauf
Favoriten/Lesezeichen
Abbrechen
Importieren
Durch die Speicherung von Passwörtern in Mac OS X Keychain können Sie sich anmelden, ohne etwas eingeben zu müssen.
3
Erweiterte Synchronisierungseinstellungen
Alles synchronisieren
Apps
Erweiterungen
Einstellungen
AutoFill
Verlauf
Designs
Lesezeichen
Passwörter
Geöffnete Tabs
Verschlüsselungsoptionen
Google Chrome verschlüsselt Ihre Daten zur Erhöhung der Sicherheit.
Synchronisierte Passwörter mit Ihren Google-Anmeldeinformationen verschlüsseln
Alle synchronisierten Daten mit Ihrer eigenen Synchronisierungspassphrase verschlüsseln
Weitere Informationen
Standardeinstellungen verwenden
Abbrechen
OK
Einstellungen
GRUNDEINSTELLUNGEN
hans.dorsch@gmail.com
Suchmaschine
Google (google.de)
AutoFill-Formulare
An
Passwörter speiche
An
ERWEITERTE EINSTELLU
Datenschutz
Bedienungshilfen
Inhaltseinstellunger
Bandbreitenverwalt
hans.dorsch@gmail.com
DIENSTE
4
Synchronisieren
An
Chrome to Mobile
Webseiten von Ihrem Computer an Ihre Mobilgeräte senden
Automatisch anmelden
Automatisch in Google-Websites anmelden
11:27
Suchen oder URL eingeben
Lesezeichen
5
Desktop-Lesezeichen
Weitere Lesezeichen
Mobile Lesezeichen

Lesezeichen vom Computer aufs Smartphone

Ja, es ist möglich, die Lesezeichen Ihres Browsers mit denen Ihres Smartphones zu synchronisieren. Und es ist ganz einfach – mit Ihrem Google-Konto und Googles Browser Chrome. So stellt sich schon nach wenigen Sekunden ein echtes Zuhause-Gefühl ein.

1. Starten Sie den Browser Chrome auf Ihrem Computer. Falls Sie ihn noch nicht installiert haben, finden Sie ihn unter www.google.com/chrome/ (für Windows, Mac und Linux).
2. Falls Sie einen anderen Browser verwenden, kann Chrome Ihre Bookmarks (Lesezeichen) Importieren. Klicken Sie auf die drei Striche im Fenster oben rechts und wählen Sie Lesezeichen → Lesezeichen und Einstellungen importieren.
3. Klicken Sie in Chrome am Computer auf die Striche und wählen Sie Einstellungen. Melden Sie sich dort mit Ihrem Google-Konto an. Klicken Sie auf Erweiterte Synchronisierungseinstellungen, um festzulegen, welche Daten abgeglichen werden sollen. Ich habe Alles synchronisiereren ausgewählt.
4. Wechseln Sie jetzt zu Ihrem Smartphone und öffnen Sie dort Einstellungen. Wählen Sie Ihr Google-Konto aus und schalten Sie die Synchronisation an.
5. Wenn Sie jetzt den Browser öffnen, sind Ihre Lesezeichen wahrscheinlich schon aktualisiert. Das geht wirklich beeindruckend schnell. Und zwar in beide Richtungen. Die Seiten, die Sie am Smartphone speichern, finden sich nur wenige Augenblicke später auch am Computer.

Für einmal oder für immer, ganz wie Sie wollen

Wenn Sie am Computer einen anderen Browser als Chrome nutzen wollen oder müssen (auch andere Mütter haben schöne Töchter), können Sie die Synchronisation nach der ersten Übertragung einfach wieder abschalten. Dann haben Sie einen einfachen Import durchgeführt.

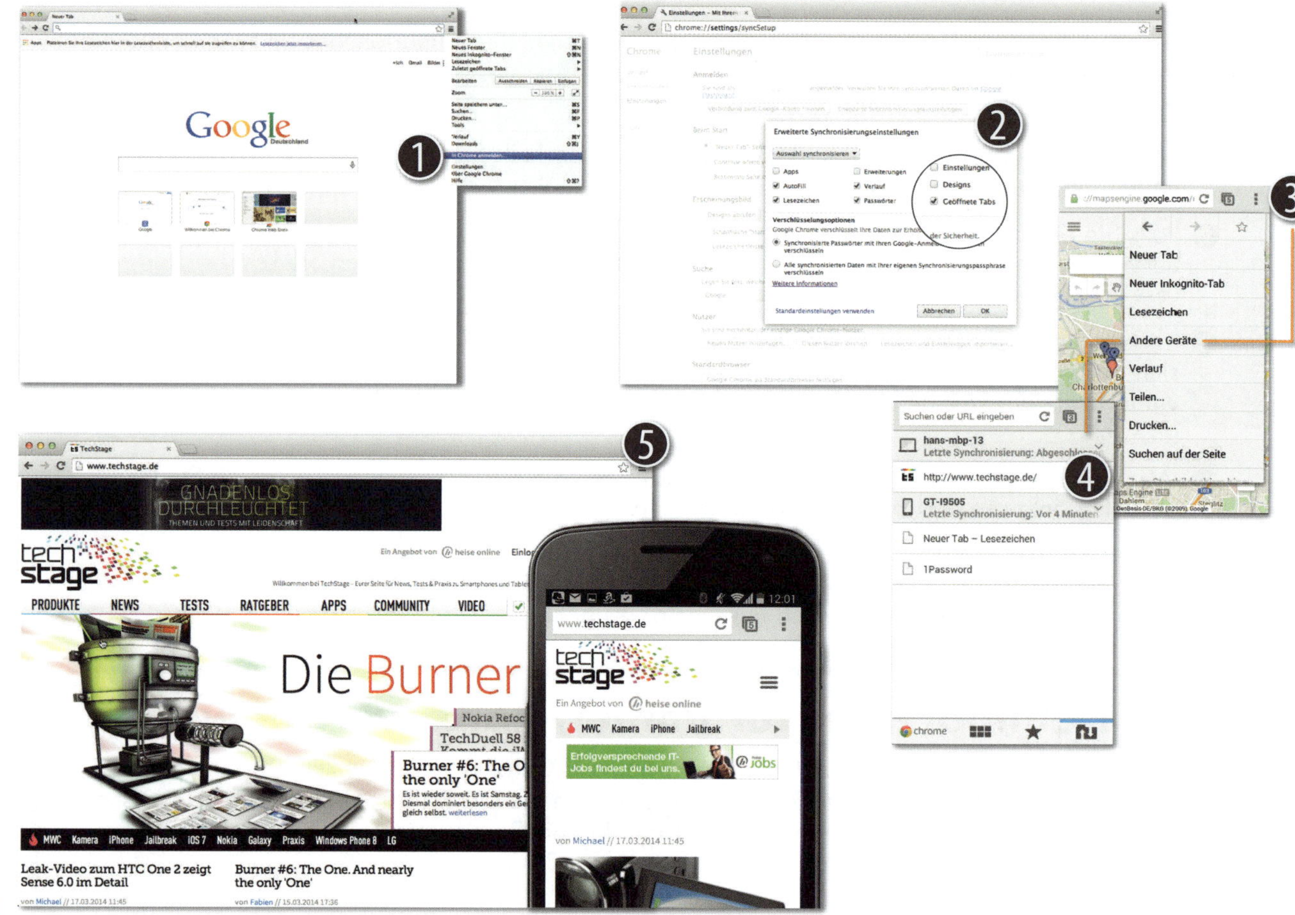
1
2
3
4
5
Erweiterte Synchronisierungseinstellungen
Auswahl synchronisieren
Apps
AutoFill
Lesezeichen
Erweiterungen
Verlauf
Passwörter
Einstellungen
Designs
Geöffnete Tabs
Verschlüsselungsoptionen
Weitere Informationen
Standardeinstellungen verwenden
Abbrechen
OK
Neuer Tab
Neuer Inkognito-Tab
Lesezeichen
Andere Geräte
Verlauf
Teilen...
Drucken...
Suchen auf der Seite
Suchen oder URL eingeben
hans-mbp-13
http://www.techstage.de/
GT-I9505
Letzte Synchronisierung: Vor 4 Minuten
Neuer Tab – Lesezeichen
1Password
www.techstage.de
PRODUKTE
NEWS
TESTS
RATGEBER
APPS
COMMUNITY
VIDEO
Die Burner
Leak-Video zum HTC One 2 zeigt Sense 6.0 im Detail
Burner #6: The One. And nearly the only 'One'

Geöffnete Seiten auf mehreren Geräten ansehen

Angenommen, Sie lesen im Büro einen spannenden Artikel am Computer, müssen die Lektüre aber unterbrechen, um Ihren Zug nicht zu verpassen: Nicht schlimm, denn Sie können den Artikel genauso einfach mitnehmen wie eine Zeitung und unterwegs auf Ihrem Smartphone weiterlesen. Denn Google synchronisiert alle geöffneten Tabs auf allen Geräten.

1. Starten Sie den Browser Chrome auf Ihrem Computer und rufen Sie eine Seite auf. Oder mehrere. Ist der Browser bei Ihnen noch nicht installiert, finden Sie ihn unter www.google.com/chrome (für Windows, Mac und Linux). Wählen Sie aus dem Menü Einstellungen → In Chrome anmelden. Melden Sie sich mit dem Google-Konto an, das Sie auch auf Ihrem Smartphone verwenden.

2. Wählen Sie in den Einstellungen unter Anmelden die Erweiterten Synchronisierungseinstellungen. Machen Sie ein Häkchen bei Geöffnete Tabs.

3. Öffnen Sie Chrome auf Ihrem Smartphone und melden Sie sich dort mit Ihrem Google-Konto an, falls noch nicht geschehen. Öffnen Sie das Optionsmenü. Tippen Sie unten auf Andere Geräte.

4. Sie sehen alle Seiten, die gerade auf anderen synchronisierten Geräten geöffnet sind. Hier ist es auf meinem Mac die Seite von Techstage.

5. Stöbern Sie später weiter auf dem Smartphone. Das alles funktioniert auch in andere Richtungen, z. B. vom Tablet zum Computer oder zum Smartphone.

Für Liebhaber anderer Browser

Für Firefox gibt es Fox To Phone (www.foxtophone.com), während Internet Explorer und Apples Safari zurzeit noch nicht unterstützt werden.

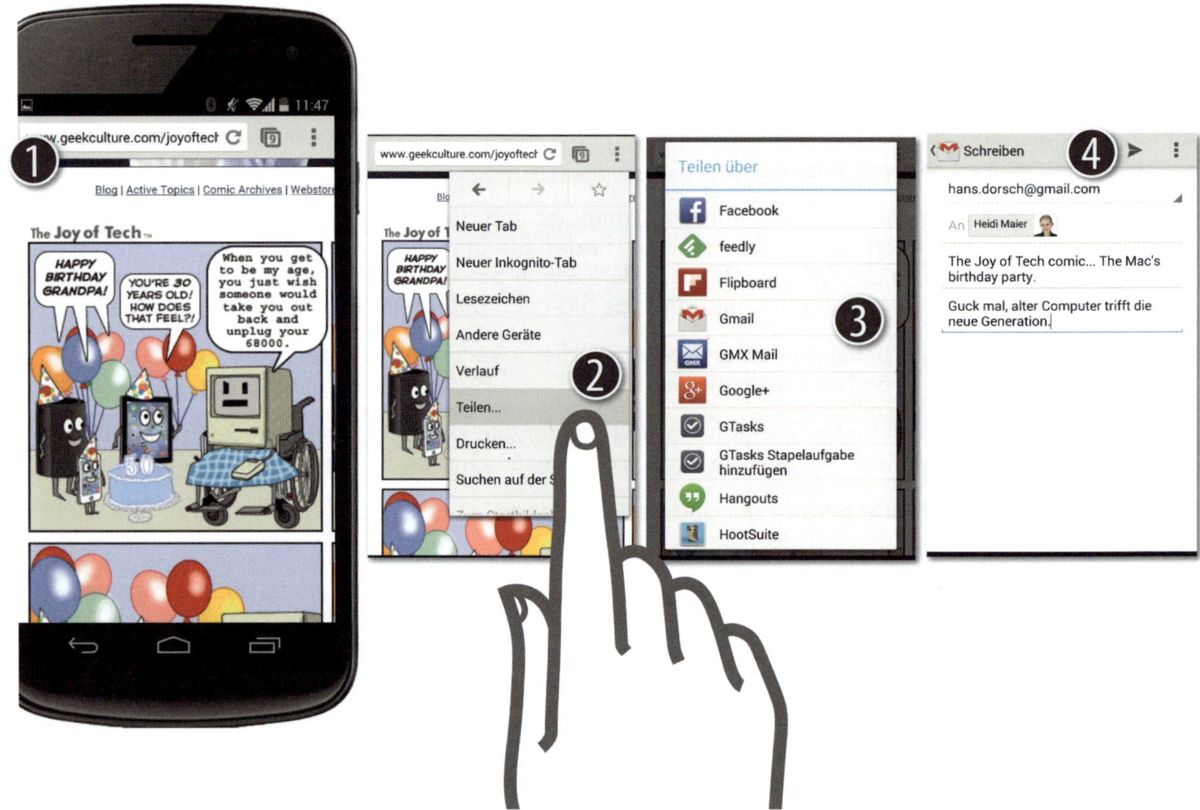
11:47
www.geekculture.com/joyoftech
1
Blog | Active Topics | Comic Archives | Webstore
The Joy of Tech
HAPPY BIRTHDAY GRANDPA!
YOU'RE 30 YEARS OLD! HOW DOES THAT FEEL?!
When you get to be my age, you just wish someone would take you out back and unplug your 68000.
Neuer Tab
Neuer Inkognito-Tab
Lesezeichen
Andere Geräte
Verlauf
2
Teilen...
Drucken...
Teilen über
Facebook
feedly
Flipboard
Gmail
3
GMX Mail
Google+
GTasks
GTasks Stapelaufgabe hinzufügen
Hangouts
HootSuite
Schreiben
4
hans.dorsch@gmail.com
An Heidi Maier
The Joy of Tech comic... The Mac's birthday party.
Guck mal, alter Computer trifft die neue Generation.

Webseiten per E-Mail weiterleiten

Das Web ist frei – oder sollte es zumindest sein. Sie können jede Seite, die Ihnen gefällt, für sich selbst als Lesezeichen speichern oder an Freunde weitergeben – per E-Mail oder auf ganz viele andere Arten. Zu diesem Zweck gibt es bei Android ein einzigartiges Menü: Es heißt Teilen.

1. Rufen Sie eine Seite im Web auf, zum Beispiel die fabelhaften Comics von The Joy of Tech.
2. Tippen Sie auf Menü und wählen Sie dann Seitenlink teilen.
3. Im folgenden Menü können Sie auswählen, auf welchem Weg Sie den Link (URL) weitergeben möchten. Wählen Sie Google Mail, um eine E-Mail-Nachricht zu erstellen.
4. Android erstellt eine Mail mit dem Seitentitel im Betreff und dem Link zur Seite im Nachrichtentext. Sie müssen nur noch einen Empfänger einsetzen und die Nachricht abschicken. Vielleicht fügen Sie noch eine kleine Anmerkung hinzu.

Grundprinzip Teilen

Das Teilen-Menü ist voller Möglichkeiten: Viele Apps installieren zusätzliche Dienste, mit denen sich die Fähigkeiten dieses Menüs erweitern. Damit schicken Sie den Link an Facebook, Ihren Notizblock oder sogar an Googles Übersetzungsdienst. In Kapitel 8 erfahren Sie noch mehr dazu.

13:11
Videoanruf

Kapitel 7 | E-Mail und SMS, Twitter, Facebook und Google+ – Kommunikation auf allen Kanälen

Vielleicht haben Sie Ihr Smartphone angeschafft, um endlich Ihre E-Mails unterwegs lesen und beantworten zu können. Oder weil Sie sich mit Ihren Freunden und Kollegen über Facebook oder Twitter austauschen möchten – auch dann, wenn gerade kein großer Bildschirm in der Nähe ist. Vielleicht wollen Sie das aber gar nicht, und es genügt Ihnen, SMSe schneller tippen zu können als auf der 10er-Tastatur. In jedem Fall sind Sie richtig bei Android, dem Freund der digitalen Vernetzung.

- Rufen Sie E-Mails von beliebigen Konten ab: Gmail, MS Exchange und allen anderen.
- Schreiben und lesen Sie SMS und MMS schnell und komfortabel.
- Kommunizieren Sie billiger und besser mit Internet-Nachrichtendiensten.
- Verbinden Sie sich beruflich oder privat mit Google+ Hangouts.
- Bleiben Sie über Facebook und Twitter in Kontakt mit Ihrer Community.

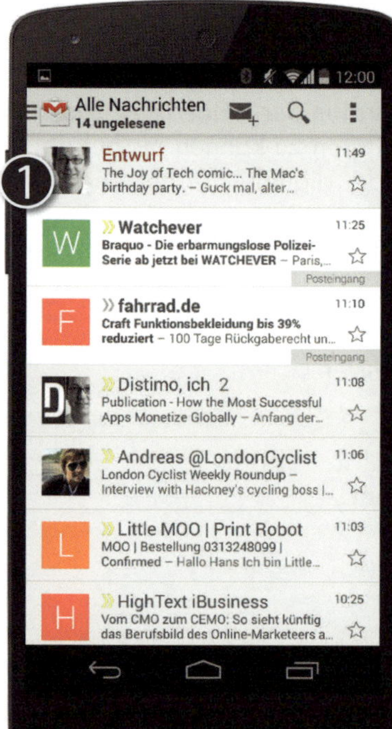

12:00
Alle Nachrichten
14 ungelesene
1
Entwurf
11:49
The Joy of Tech comic... The Mac's birthday party. – Guck mal, alter...
Watchever
11:25
Braquo - Die erbarmungslose Polizei-Serie ab jetzt bei WATCHEVER – Paris,...
Posteingang
fahrrad.de
11:10
Craft Funktionsbekleidung bis 39% reduziert – 100 Tage Rückgaberecht un...
Posteingang
Distimo, ich 2
11:08
Publication - How the Most Successful Apps Monetize Globally – Anfang der...
Andreas @LondonCyclist
11:06
London Cyclist Weekly Roundup – Interview with Hackney's cycling boss |...
Little MOO | Print Robot
11:03
MOO | Bestellung 0313248099 | Confirmed – Hallo Hans Ich bin Little...
HighText iBusiness
10:25
Vom CMO zum CEMO: So sieht künftig das Berufsbild des Online-Marketeers a...

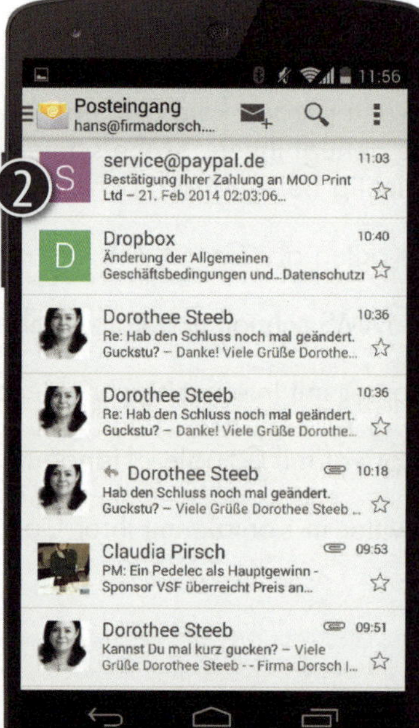

11:56
Posteingang
hans@firmadorsch....
2
service@paypal.de
11:03
Bestätigung Ihrer Zahlung an MOO Print Ltd – 21. Feb 2014 02:03:06...
Dropbox
10:40
Änderung der Allgemeinen Geschäftsbedingungen und...Datenschutzı
Dorothee Steeb
10:36
Re: Hab den Schluss noch mal geändert. Guckstu? – Danke! Viele Grüße Dorothe...
Dorothee Steeb
10:36
Re: Hab den Schluss noch mal geändert. Guckstu? – Danke! Viele Grüße Dorothe...
Dorothee Steeb
10:18
Hab den Schluss noch mal geändert. Guckstu? – Viele Grüße Dorothee Steeb ...
Claudia Pirsch
09:53
PM: Ein Pedelec als Hauptgewinn - Sponsor VSF überreicht Preis an...
Dorothee Steeb
09:51
Kannst Du mal kurz gucken? – Viele Grüße Dorothee Steeb -- Firma Dorsch |...

Heidi Maier: Bin wieder da
3
Posteingang
1
4 23.05.2012
Postausgang
Gesendet
Entwurf
6:14 23.05.2012
Papierkorb
4
bearbeiten

E-Mail ganz wie Sie sie möchten

Ihr Android-Smartphone besitzt von Haus aus zwei E-Mail-Apps, die je nach Anbieter unterschiedliche Bezeichnungen haben können. Weil es aber immer Bedürfnisse gibt, die beide nicht erfüllen können, gibt es viele hervorragende Alternativen zum Download. Zwei davon stelle ich Ihnen ebenfalls vor.

❶ **Gmail** arbeitet perfekt mit Googles Mail-Angebot zusammen und unterstützt dort mehrere Adressen. Wenn Sie Ihr Konto bei Googles E-Mail-Dienst schon ausgiebig nutzen oder Ihre bisherige E-Mail-Adresse durch eine von Google ersetzen wollen, ist dies die beste App, die Sie nutzen können.

❷ **E-Mail** ist das Programm, mit dem Sie alle anderen E-Mail-Konten abfragen können. Wenn Sie eines oder mehrere Konten bei einem anderen Provider haben und Ihre Mails über POP3, IMAP oder Microsoft Exchange empfangen, bietet dieses Programm, genau wie Gmail, die wichtigsten Grundfunktionen ansprechend verpackt.

❸ **GMX** und **Web.de** gibt's auch für Android: Die großen deutschen E-Mail-Dienste machen es sich und Ihnen leicht. Sie bieten eigene Apps für ihre Dienste. Mehr dazu folgt später in diesem Kapitel.

1
2
Allgemein
hans.dorsch@gmail.com
hans.dorsch@gmail.com
POSTEINGANG
Allgemein
Soziale Netzwerke
Werbung
Benachrichtigungen
ALLE LABELS
Markiert
Wichtig
Chats
Gesendet
Allgemein
hans.dorsch@gmail...
1
Benjamin Franke
10:52
Einladung zur 2. eMobilen Runde Aachen, 1.4.2014 – Sehr geehrter Herr Dorsch, ...
3
Heidi Maier
10:33
Kennst du Nomadness? – Hallo Hans, Steven K. Roberts hat einen neuen...
4
fablab-request
06:00
Fablab Nachrichtensammlung, Band 20, Eintrag 15 – Um E-Mails an die Liste...
Stack Exchange
18. Mär.
Bicycles Weekly Newsletter - Tuesday, March 18, 2014 – [image: Bicycles...
5
Labels ändern
Archiv Dorsch.com
berbeiten
Abbrechen
OK
Markiert
3 ungelesene
Heidi Maier
10:33
Kennst du Nomadness? – Hallo Hans, Steven K. Roberts hat einen neuen...
Posteingang
BahnCard-Service
18. Mär.
Jetzt einen Freund mitreißen und gemeinsam reisen! – Die Bahn Jetzt...
11. Mär.
Re: Snagit Mac
6. Mär.
24. Feb.
Kennst du Nomadness?
Posteingang
Heidi Maier
heidimaier10@google...
Heute um 10:33
An: ich
Hallo Hans,
Steven K. Roberts hat einen neuen Newsletter. Vielleicht interessiert der dich ja.
Hier ist der Link zur Website:
http://nomandess.com/nomandess-report-subscriptions
Viele Grüße
Heidi

Gmail: E-Mail-Nachrichten anzeigen und organisieren

Nutzer von Gmail sagen, es sei der beste E-Mail-Dienst, den es gibt. Tatsächlich hat Google es geschafft, die Nutzung dieser immer noch am weitesten verbreiteten Kommunikationsform im Internet so einfach und effizient wie möglich zu machen: Die Nutzung von Gmail geht richtig flüssig von der Hand.

❶ Öffnen Sie die App Gmail. Der Posteingang Ihres Hauptkontos öffnet sich. Oben links sehen Sie das aktuelle Label, hier den Posteingang.

❷ Mit einem Tipp wechseln Sie das Konto (Sie können mehrere Gmail-Konten auf einem Gerät nutzen) oder das Label. Mit diesen Labels (Etiketten) können Sie in Gmail Ihre E-Mails verwalten. Im Unterschied zum klassischen Ordner kann eine Mail verschiedene Labels haben.

❸ Neue Nachrichten werden fett angezeigt. Wie am Computer sehen Sie die wichtigsten Daten auf einen Blick: Betreff, Absender (oder Absenderin) und die Information, ob die Mail Anhänge hat. Tippen Sie auf eine Nachricht, um sie zu öffnen.

❹ Markieren Sie eine oder mehrere Nachrichten, indem Sie lange auf eine Mail tippen, um sie gleich im Posteingang zu verarbeiten.

❺ Wählen Sie in der Aktionsleiste am oberen Rand aus den Optionen: Im Archiv können Sie die Nachricht archivieren (ein Gmail-Konto bietet eine Menge Speicherplatz, da müssen Sie nicht sparsam sein), Papierkorb entfernt die Mail endgültig. Der Umschlag markiert die Mail als gelesen/ungelesen. Wählen Sie Labels über das Optionenmenü, um Nachrichten mit Etiketten zu versehen. Ich nehme Archiv Dorsch, weil ich den Link aufbewahren möchte. Der Stern neben einer Mail ist für interessante Nachrichten gedacht, Sie finden diese später unter dem Label Markiert.

In Kapitel 9 zeige ich Ihnen, wie Sie mit E-Mail-Labels oder -Ordnern Ihre E-Mail richtig in den Griff bekommen.

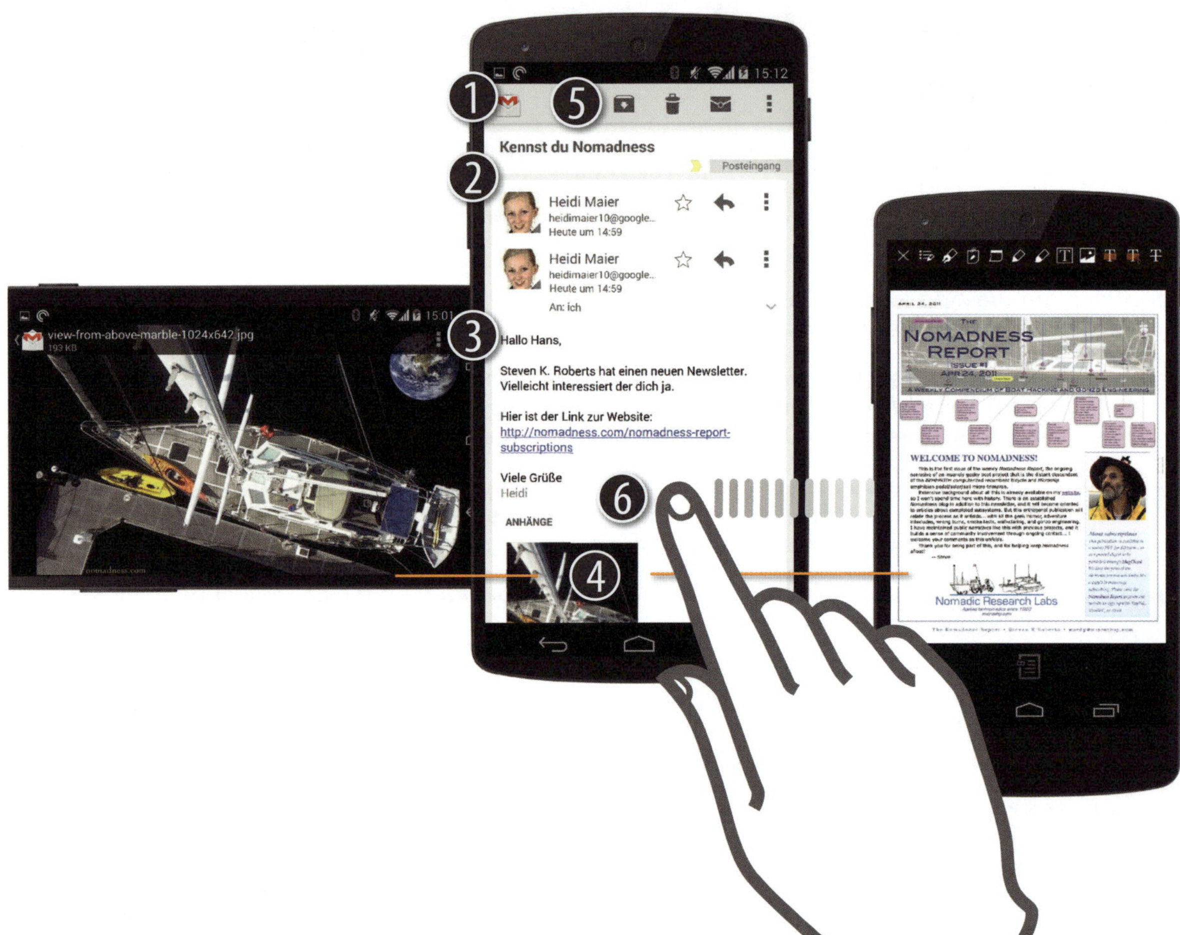

15:12
1
5
Kennst du Nomadness
Posteingang
2
Heidi Maier
heidimaier10@google...
Heute um 14:59
Heidi Maier
heidimaier10@google...
Heute um 14:59
An: ich
3
Hallo Hans,
Steven K. Roberts hat einen neuen Newsletter. Vielleicht interessiert der dich ja.
Hier ist der Link zur Website:
http://nomadness.com/nomadness-report-subscriptions
Viele Grüße
Heidi
ANHÄNGE
4
6
view-from-above-marble-1024x642.jpg
193 KB
15:01
The Nomadness Report
WELCOME TO NOMADNESS!
Nomadic Research Labs

Gmail: Nachrichten lesen und beantworten

Gmail organisiert Mails in Konversationen oder Threads. Wenn Sie auf eine E-Mail antworten, sehen Sie deshalb immer die komplette Unterhaltung – schön aufgeräumt natürlich.

❶ Die Navigationszeile enthält den Betreff der Mail. Das Appsymbol mit dem Pfeil bringt Sie zur vorherigen Liste – den Posteingang oder die Liste eines Labels. (Die Zurück-Taste funktioniert auch.) Die Labels der Mail sehen Sie direkt unterhalb.

❷ Die Kopfzeile zeigt die wichtigsten Infos: Name und E-Mail-Adresse. Der Stern zeigt markierte Nachrichten an. Tippen Sie auf die Zeitangabe, um weitere Details anzuzeigen, zum Beispiel eine Liste aller Empfänger. Tippen Sie auf die Pfeiltaste, um auf die Mail zu antworten oder sie weiterzuleiten.

❸ Android zeigt alle Mails an, egal, ob im HTML- oder im Textformat (bei HTML-Mails wählen Sie Bilder anzeigen). Webadressen werden zu Links. Ein Tipp öffnet sie im Browser.

❹ Sobald Sie auf einen Anhang tippen, wird er heruntergeladen und angezeigt.

❺ Mit den Tasten in der Aktionsleiste am oberen Rand erledigen Sie die gängigsten E-Mail-Aufgaben: Archivieren, Löschen und Als (un)gelesen markieren. Die Menü-Taste führt zu Labels ändern und den Einstellungen.

❻ Ein Wisch nach links oder rechts zeigt ältere und neuere Nachrichten in der Liste an.

15:34
Posteingang
en neuen Newsletter.
dich ja.
omadness-report-
1

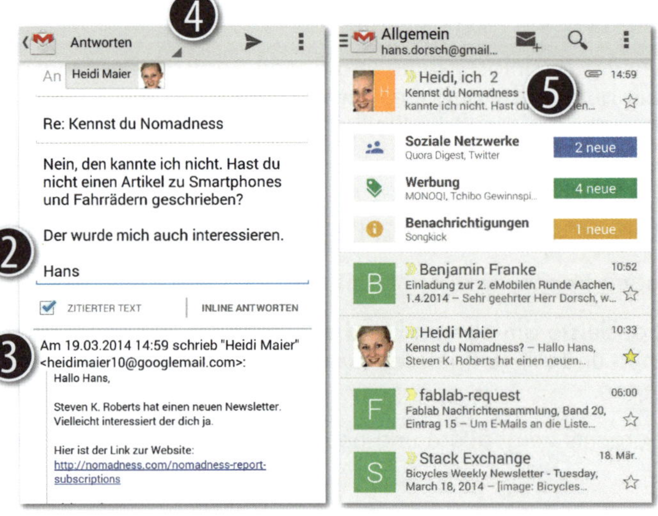
Antworten
4
An Heidi Maier
Re: Kennst du Nomadness
Nein, den kannte ich nicht. Hast du nicht einen Artikel zu Smartphones und Fahrrädern geschrieben?
Der wurde mich auch interessieren.
Hans
2
ZITIERTER TEXT
INLINE ANTWORTEN
3
Am 19.03.2014 14:59 schrieb "Heidi Maier" <heidimaier10@googlemail.com>:
Hallo Hans,
Steven K. Roberts hat einen neuen Newsletter. Vielleicht interessiert der dich ja.
Hier ist der Link zur Website:
http://nomadness.com/nomadness-report-subscriptions
Allgemein
hans.dorsch@gmail...
Heidi, ich 2
14:59
Kennst du Nomadness
kannte ich nicht. Hast du
5
Soziale Netzwerke
Quora Digest, Twitter
2 neue
Werbung
MONOQI, Tchibo Gewinnspi...
4 neue
Benachrichtigungen
Songkick
1 neue
Benjamin Franke
10:52
Einladung zur 2. eMobilen Runde Aachen, 1.4.2014 – Sehr geehrter Herr Dorsch, w...
Heidi Maier
10:33
Kennst du Nomadness? – Hallo Hans, Steven K. Roberts hat einen neuen...
fablab-request
06:00
Fablab Nachrichtensammlung, Band 20, Eintrag 15 – Um E-Mails an die Liste...
Stack Exchange
18. Mär.
Bicycles Weekly Newsletter - Tuesday, March 18, 2014 – [image: Bicycles...

Kennst du Nomadness
Posteingang
Heidi Maier
Hallo Hans, Steven K. Roberts hat einen Newsletter. Vielleicht interess...
6
Hans Dorsch | Fi...
hans.dorsch@gmail.co...
Heute um 15:36
An: Heidi
Nein, den kannte ich nicht. Hast du nicht einen Artikel zu Smartphones und Fahrrädern geschrieben?
Der wurde mich auch interessieren.
Hans
Am 19.03.2014 14:59 schrieb "Heidi Maier" <heidimaier10@googlemail.com>:
Zitierten Text anzeigen

Gmail: Nachricht beantworten und Konversation anzeigen

Mit den aufgeräumten Konversationen (Threads) verlieren Sie auch bei langen E-Mail-Briefwechseln nicht den Überblick. Sie sehen immer, an welcher Stelle der Unterhaltung Sie sich befinden.

❶ Tippen Sie in einer Mail auf den Pfeil Antworten.

❷ Eine neue Nachricht wird erstellt. Geben Sie Ihre Antwort in das Textfeld ein.

❸ Entfernen Sie den Haken bei Text anzeigen, wenn Sie die ursprüngliche Antwort nicht anzeigen möchten. Möchten Sie in Ihrer Antwort direkt auf einzelne Stellen der Mail Ihres Partners Bezug nehmen, wählen Sie Inline antworten.

❹ Tippen Sie auf das Menü, um auszuwählen, ob Sie Antworten möchten oder die Mail weiterleiten. Tippen Sie auf das kleine Papierflugzeug (Sendetaste), um die Mail abzuschicken.

❺ Erhalten Sie auf Ihre Mail eine Antwort, zeigt Gmail die vorherigen Nachrichten unter dem gleichen Betreff an. Die Zahl hinter dem Absender (hier 6) zeigt die Anzahl an. Tippen Sie darauf, um sie anzuzeigen.

❻ Alle Nachrichten werden als Liste angezeigt, inklusive der ersten Zeile. Tippen Sie auf einen Eintrag, zum Beispiel auf den Namen, um eine Nachricht vollständig anzuzeigen. Tippen Sie noch einmal darauf, um sie wieder zusammenzuklappen.

Neuer Betreff, neue Konversation

Gmail fasst alle Nachrichten mit dem gleichen Betreff zusammen. Wenn Sie in einer Antwort den Betreff ändern, startet Gmail eine neue Konversation.

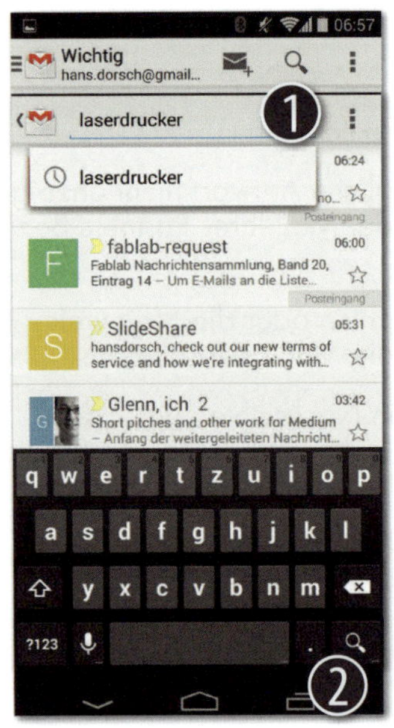

06:57
Wichtig
hans.dorsch@gmail...
laserdrucker
1
laserdrucker
06:24
Posteingang
fablab-request
06:00
Fablab Nachrichtensammlung, Band 20, Eintrag 14 – Um E-Mails an die Liste...
Posteingang
SlideShare
05:31
hansdorsch, check out our new terms of service and how we're integrating with...
Glenn, ich 2
03:42
Short pitches and other work for Medium – Anfang der weitergeleiteten Nachricht...
?123
2

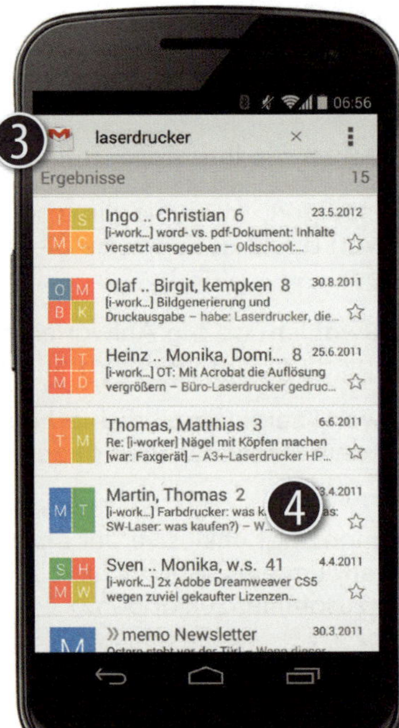

06:56
3
laserdrucker
Ergebnisse
15
Ingo .. Christian 6
23.5.2012
[i-work...] word- vs. pdf-Dokument: Inhalte versetzt ausgegeben – Oldschool:...
Olaf .. Birgit, kempken 8
30.8.2011
[i-work...] Bildgenerierung und Druckausgabe – habe: Laserdrucker, die...
Heinz .. Monika, Domi... 8
25.6.2011
[i-work...] OT: Mit Acrobat die Auflösung vergrößern – Büro-Laserdrucker gedruc...
Thomas, Matthias 3
6.6.2011
Re: [i-worker] Nägel mit Köpfen machen [war: Faxgerät] – A3+-Laserdrucker HP...
Martin, Thomas 2
4
[i-work...] Farbdrucker: was k...
SW-Laser: was kaufen?) – W...
Sven .. Monika, w.s. 41
4.4.2011
[i-work...] 2x Adobe Dreamweaver CS5 wegen zuviel gekaufter Lizenzen...
memo Newsletter
30.3.2011

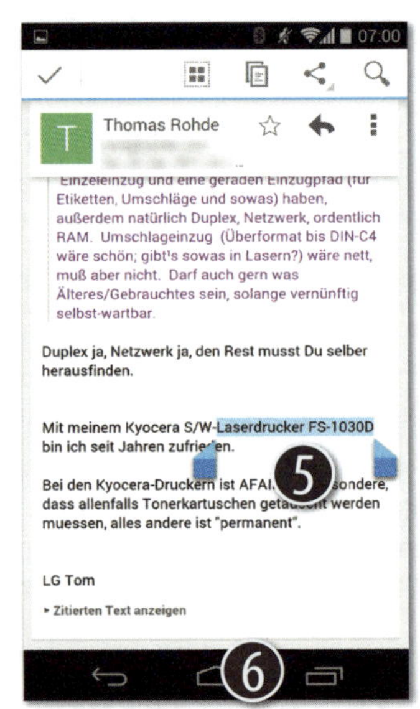

07:00
Thomas Rohde
Etiketten, Umschläge und sowas) haben, außerdem natürlich Duplex, Netzwerk, ordentlich RAM. Umschlageinzug (Überformat bis DIN-C4 wäre schön; gibt's sowas in Lasern?) wäre nett, muß aber nicht. Darf auch gern was Älteres/Gebrauchtes sein, solange vernünftig selbst-wartbar.
Duplex ja, Netzwerk ja, den Rest musst Du selber herausfinden.
Mit meinem Kyocera S/W-Laserdrucker FS-1030D bin ich seit Jahren zufrieden.
5
Bei den Kyocera-Druckern ist AFAI... sondere, dass allenfalls Tonerkartuschen get... werden muessen, alles andere ist "permanent".
LG Tom
Zitierten Text anzeigen
6

Mails durchsuchen und andere Kleinigkeiten

Ich bin Mitglied einer E-Mail-Liste für selbstständige Webarbeiter. Dort ist ziemlich was los, weshalb ich alle Nachrichten der Liste automatisch mit einem Label versehe und aus dem Posteingang verschwinden lasse (das können Sie über die Web-Oberfläche einstellen). Wenn ich aber eine Frage zu einem bestimmten Thema habe, suche ich dort – und in allen meinen anderen Mails – mit der Lupe.

❶ Tippen Sie auf die Suchtaste in der Aktionsleiste (oder wählen Sie Menü → Suche). Geben Sie Ihren Suchbegriff ein, oder tippen Sie auf einen der Begriffe im Suchverlauf.

❷ Tippen Sie auf die Lupe, um die Suche zu starten.

❸ Gmail sucht in allen Ordnern, auf dem Gerät und online. Das Ergebnis sehen Sie in der Liste (Sie sehen schon, das sind etwas ältere Mails). Der aktuelle Suchbegriff steht ganz oben.

❹ Tippen Sie auf eine Nachricht, um sie zu lesen. Ist sie noch nicht auf dem Gerät, wird sie jetzt geladen. Tippen Sie auf das Sternchen, um sie für später zu markieren.

❺ Lesen Sie die Mail. Möchten Sie einen Textteil gleich herauskopieren? Tippen Sie lange auf ein Wort (oder eine Zeichenkombination) im Text. Das Wort wird ausgewählt. Ziehen Sie dann an den Anfassern, um den gewünschten Textabschnitt auszuwählen. Ein Tipp auf die Taste Kopieren ❻ befördert ihn in die Zwischenablage.

1
2
3
4
5
6
Schreiben
hans.dorsch@gmail.com
An
Sebastian Rot
heidi
Heidi Kühn
service@collmex.de
Heidi Maier
heidimaier10@gmail.com
heidimaier10@googlemail.c...
heidimaier1@freenet.de
Datei anhängen
Cc/Bcc hinzufügen
Entwurf speichern
Löschen
Einstellungen
Feedback geben
Hilfe
Öffnen von
Letzte
Bilder
Videos
Audio
Downloads
Galerie
Fotos
Dropbox
ASTRO-Dateimanager
Katze
Schaut mal, was unsere Katze so macht, wenn ihr langweilig ist.
Viele Grüße
Hans
IMG_201401...
1,8 MB Bild

Gmail: E-Mails schreiben und versenden

Auf dem Android-Smartphone eine E-Mail zu schreiben, funktioniert zwar grundsätzlich genauso wie am Computer. Ein paar Einzelheiten lohnen dennoch eine kurze Beschreibung:

❶ Wechseln Sie in den Posteingang, und tippen Sie die Taste E-Mail schreiben.

❷ Das aktuelle E-Mail-Konto ist ausgewählt. Aus dem Menü können Sie auch ein anderes Absenderkonto wählen.

❸ Tippen Sie den Namen des Empfängers in das Feld An. Android sucht in Ihren Kontakten und zeigt passende E-Mail-Adressen. Tippen Sie auf den Eintrag in der Liste, um ihn einzusetzen. Sie können natürlich mehrere Empfänger eingeben.

❹ Kopien (CC) und Blindkopien (Bcc) fügen Sie über die Menü-Taste ein.

❺ Tippen Sie ebenfalls im Menü auf Datei anhängen. Wählen Sie dann über die Menü-Taste den Ort, an dem sich Ihr Anhang befindet – zum Beispiel von der zuletzt genutzten, oder, wie in diesem Fall, ein Bild aus der Galerie.

❻ Überprüfen Sie die Mail, und tippen Sie auf die Sendetaste am oberen Bildrand. Wollen Sie die Mail später fertigstellen, tippen Sie einfach Zurück. Die begonnene Nachricht geht nicht verloren. Sie ist gespeichert. Sie finden sie unter dem Label Entwürfe. Dort können Sie sie öffnen und weiterbearbeiten – nicht nur am Smartphone, sondern auch am Computer mit Gmail im Browser unter mail.google.com.

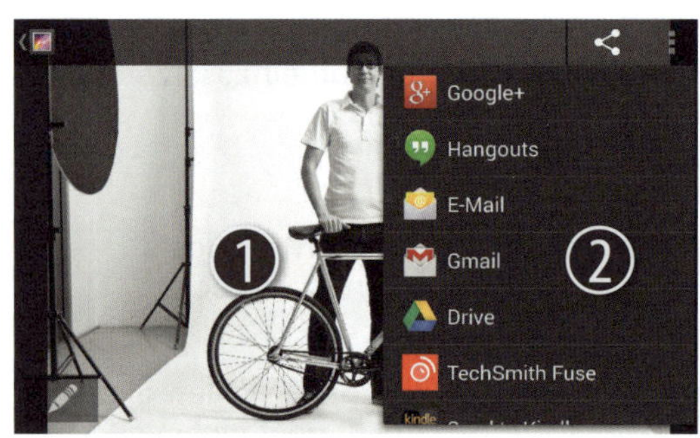
Google+
Hangouts
E-Mail
Gmail
Drive
TechSmith Fuse
1
2

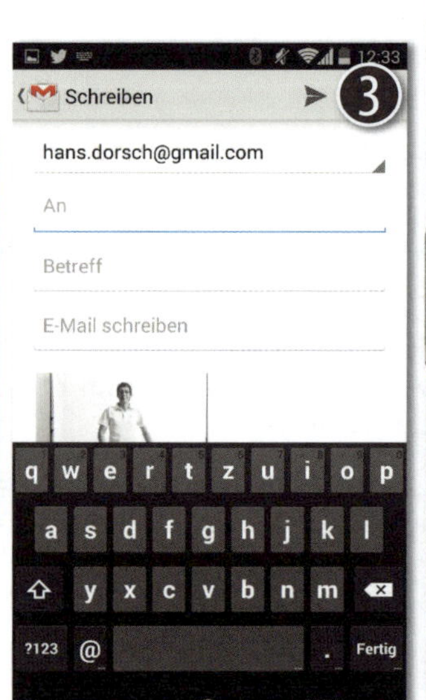
Schreiben
3
hans.dorsch@gmail.com
An
Betreff
E-Mail schreiben
Fertig

4 ausgewählt
4
5
6

Alles Mögliche per Mail verschicken

Wenn Sie Fotos, Videos oder Dateien per Mail verschicken möchten, tun Sie das am besten von dem Ort aus, an dem diese zu finden sind. Eigene Fotos oder Videos versenden Sie zum Beispiel aus der Galerie:

1. Öffnen Sie die Galerie, und rufen Sie ein Bild auf, das Sie verschicken möchten. Tippen Sie auf das Bild, um die Aktionen einzublenden.
2. Tippen Sie auf die Teilen-Taste und wählen Sie Gmail aus der Liste.
3. Eine neue Mail mit dem Foto als Anhang wird erstellt. Jetzt fehlen nur noch der Empfänger, ein Betreff und eine Nachricht.
4. Um mehrere Bilder zu verschicken, öffnen Sie ein Album in der Galerie. Tippen Sie dann lange auf ein Foto, bis es markiert ist.
5. In der Aktionsleiste oben sehen Sie, wie viele Bilder gerade ausgewählt sind. Tippen Sie auf die Häkchentaste, um die Auswahl zurückzusetzen.
6. Tippen Sie auch hier Teilen, oder direkt das Gmail-Symbol. Denn das letzte Ziel finden Sie immer direkt in der Leiste.

Dateianhang zu groß? Nehmen Sie YouTube

Selbst bei kurzen Videos sagt Ihr Android schnell mal »Dateianhang zu groß«. Kein Wunder: Schließlich nehmen aktuelle Smartphones Videos in HD-Qualität auf. Da sind die 25 MB, die Gmail für Anhänge zulässt, schnell überschritten. Mein Tipp: Schicken Sie diese Videos doch einfach zu YouTube, und teilen Sie Ihren Freunden danach den Link mit. Wie das geht, lesen Sie in Kapitel 12.

Telekom/T-Online	Um Ihre Mail auf dem Smartphone abzurufen benötigen Sie ein eigenes E-Mail-Passwort. Informationen dazu finden hier: www.bit.ly/imap-telekom.
GMX	IMAP ist bei GMX erst mit einem ProMail-Account nutzbar. Identifizierung mit Benutzername, das ist die E-Mail-Adresse. Alternative: GMX-App
WEB.DE	IMAP als Standard
FREENET	IMAP ist Standard. Identifizierung mit dem Benutzernamen (E-Mail-Adresse).
ARCOR	Identifizierung mit Benutzername, das ist der E-Mail-Accountname (vor dem @) Informationen zur Einrichtung von IMAP mit Arcor http://bit.ly/imaparcor
Hotmail/Outlook.com	IMAP ist Standard.

E-Mail überall auf dem gleichen Stand mit IMAP

Mobile E-Mail macht erst richtig Spaß, wenn sie nahtlos mit der Mail auf dem Computer zusammenarbeitet: Nachrichten, die Sie am Computer gelesen haben, sollen auch auf dem Smartphone als gelesen markiert sein, Entwürfe, die Sie auf dem Smartphone gesichert haben, möchten Sie auf dem Computer weiterbearbeiten und versenden. Und wenn Sie in einer Mußestunde unterwegs Ihren Posteingang am Smartphone aufräumen (E-Mails löschen und verschieben), wollen Sie das natürlich auch am Computer sehen. Nutzen Sie deshalb E-Mail per IMAP.

Bei IMAP (Internet Message Access Protocol) werden E-Mails immer auf dem Server gespeichert, und zwar mit den gesamten Einstellungen. Auf dem Smartphone liegt nur ein Abbild der angezeigten Mail. Alles, was Sie mit einer Mail auf dem Smartphone tun, geschieht auch auf dem Server. So sind alle Geräte immer auf dem gleichen Stand.

Stellen Sie auf IMAP um

Wenn Sie auf Ihrem Computer Ihre E-Mail noch mit dem alten POP-Standard abfragen, sollten Sie Ihre Einstellungen dort unbedingt ändern. Denn POP und IMAP vertragen sich nicht besonders gut.Wenn Sie Ihre Mails bei einem Freemailer über das Web abfragen, müssen Sie dort nichts ändern. IMAP ist bei den meisten verfügbar (teilweise gegen Aufpreis, siehe Punkt ❶ in der Abbildung). Alle bekannten Webhoster bieten IMAP inzwischen auch bei den Einsteigerpaketen an (Strato, 1&1 oder Domainfactory).

Wenn es sein muss: POP3 richtig abrufen

Falls Sie doch ein E-Mail-Konto mit dem veralteten POP3-Protokoll abrufen wollen oder müssen, achten Sie darauf, dass Ihre Mails beim Abruf nicht vom Server gelöscht werden. Denn sonst sind sie für alle anderen Clients (z.B. Outlook auf dem Computer) verloren. Wählen Sie dazu beim Einrichten in E-Mail unter Einstellungen für Eingangsserver bei der Option »E-Mail von Server löschen« Nie ❷.

Einstellungen
KONTO HINZUFÜGEN
1
Allgemein
hansdorsch@firmadorsch.eu
hansdorsch@firmadorsch.eu

Kontoeinrichtung
Sie können die E-Mail-Funktion für die meisten Konten in wenigen Schritten einrichten.
hans@firmadorsch.com
2
Manuell einrichten
Weiter
Fertig

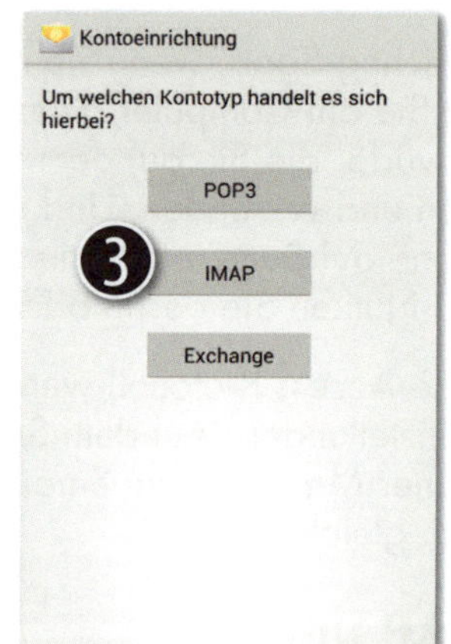
Kontoeinrichtung
Um welchen Kontotyp handelt es sich hierbei?
POP3
3
IMAP
Exchange

Kontoeinrichtung
Nutzername
hans@firmadorsch.com
Passwort
IMAP-Server
imap.firmadorsch.com
Port
143
Sicherheitstyp
4
Keine
IMAP-Pfadpräfix
Optional
5
Zurück
Weiter

Ausgehende Nach...
KONTO HINZUFÜGEN
SMTP-Server
smtp.firmadorsch.com
Port
587
Sicherheitstyp
Keine
Anmeldung erforderlich
Nutzername
hans@firmadorsch.com
Passwort
Zurück
Weiter
6

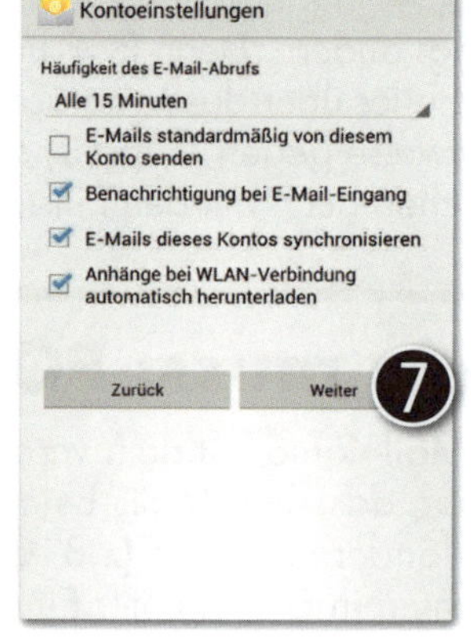
Kontoeinstellungen
Häufigkeit des E-Mail-Abrufs
Alle 15 Minuten
E-Mails standardmäßig von diesem Konto senden
Benachrichtigung bei E-Mail-Eingang
E-Mails dieses Kontos synchronisieren
Anhänge bei WLAN-Verbindung automatisch herunterladen
Zurück
Weiter
7

Einstellungen
KONTO HINZUFÜGEN
Allgemein
8
hans@firmadorsch.com
hansdorsch@firmadorsch.eu
hansdorsch@firmadorsch.eu

E-Mail: IMAP-Konto einrichten

Für alle E-Mail-Konten, die nicht von Google oder einem Exchange-Server kommen, empfiehlt sich das IMAP-Protokoll. Halten Sie Ihre Zugangsdaten bereit. Ein IMAP-Konto ist bei Android schnell eingerichtet:

1. Öffnen Sie die App E-Mail, und wählen Sie Menü → Einstellungen. Tippen Sie dann Konto hinzufügen.
2. Geben Sie Ihre E-Mail-Adresse und Ihr Passwort ein, und tippen Sie auf Weiter.
3. Wählen Sie als Kontotyp IMAP.
4. Geben Sie im nächsten Schritt die Daten für den E-Mail-Zugriff an. Wenn Ihr Anbieter verschlüsselte E-Mail über SSL anbietet, sollten Sie diese nutzen. Dann können Ihre Nachrichten auch in unsicheren Netzwerken, zum Beispiel öffentlichen Hotspots, nicht mitgelesen werden. Alle Daten erfahren Sie bei Ihrem Anbieter oder beim Systemadministrator.
5. Bei vielen Konten müssen Sie hier noch ein Pfadpräfix für den Stammordner eingeben. Meist heißt dieses IMAP. Sichern Sie die Einstellungen mit Weiter.
6. Jetzt müssen Sie noch die Einstellungen für den Serverausgang eingeben. Auch hier geht es Weiter.
7. Tragen Sie noch ein, wie oft das Konto abgefragt werden soll. Schließen Sie das Prozedere mit Weiter ab.
8. Das Konto ist eingerichtet. Es taucht jetzt in der Liste Ihrer Konten bei E-Mail auf.

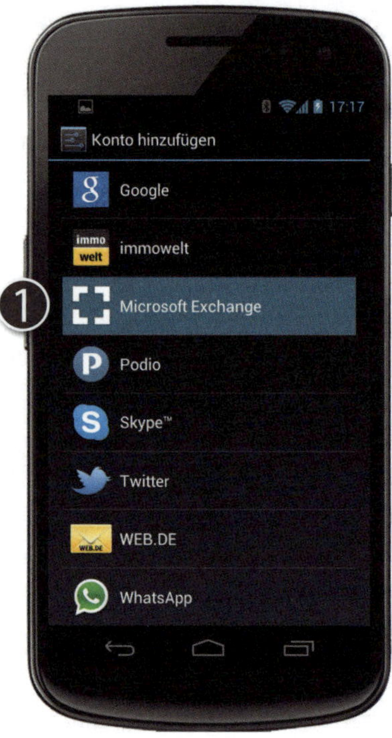
17:17
Konto hinzufügen
Google
immo welt
immowelt
Microsoft Exchange
Podio
Skype™
Twitter
WEB.DE
WhatsApp
1

17:19
Einstellungen
KONTO HINZUFÜGEN
Allgemein
hans@firmadorsch.com
hans@firmadorsch.com
HD Exchange
hansdorsch@firmadorsch.eu
2

E-Mail mit Exchange nutzen

Wenn Sie mich fragen, ist Microsoft Exchange das beste Produkt des Konzerns aus Redmond. Sie können damit nicht nur E-Mails verwalten, sondern auch Kalender und Adressbücher unternehmensweit verfügbar machen. Und so können Sie Ihr Exchange-Konto einmal anlegen und in allen Anwendungen nutzen, die es unterstützen – zum Beispiel in E-Mail:

❶ Richten Sie ein Exchange-Konto ein. Wie das geht, lesen Sie in Kapitel 3, Exchange-Konto verbinden. (Tipp: Es ist kinderleicht.)

❷ Ist Ihr Konto eingerichtet, öffnen Sie E-Mail, um es zu nutzen.

Die Konten bei Android oder »Es gibt keinen Schritt 3«

Android verwaltet Zugangskonten zentral, in den Einstellungen für Konten & Synchronisierung. Apps, die sich mit einem Dienst verbinden, müssen die nötigen Zugangsdaten nicht separat speichern, sondern holen sie einfach aus dieser Zentrale. Ist der Zugang noch nicht eingerichtet, legen Sie ihn zentral ab, so dass andere Apps wieder darauf zugreifen können. Eine feine Sache.

Posteingang
hansdorsch@outlook.com
hans@firmadorsch.com
exchange@ersatztext.de
hansdorsch@outlook....
Kombinierte Ansicht
POSTEINGANG
Posteingang
ALLE ORDNER
Markiert
Ungelesen
Entwürfe
Posteingang
1 ungelesene
Heidi Maier
Fwd: Bilder vom Ausflug – Hallo,hier sind ein paar schöne Bilder aus Holland!Viele...
Heidi Maier
Re: Exchange von. MS – Hallo2014-03-19 16:07 GMT+01:00 Hans Dorsch...

Posteingang
1 ungelesene
Heidi Maier
Fwd: Bilder vom Ausflug – Hallo,hi ein paar schöne Bilder aus Holland
Heidi Maier
Re: Exchange von. MS – Hallo2014-03-19 16:07 GMT+01:00 Hans Dorsch...
Mail Delivery System
Mail delivery failed: returning message to sender – This message was created...
Bosch eBike Systems
Presse-Info: Sparkassen Mountainbike Festival 2014 bietet MTB-Szene Plattfor...
basta!media - Web
Brand Day Cologne und Joomla! Handbücher – Wenn der Newsletter...
Karen Greiderer
VELOBerlin Presseinformation: Trendthema Sicherheit + Sonderschaue...
Pinterest
Erste Schritte - 6. Mache deine Pins nützlicher. – für Unternehmen Hallo...
Heidi Maier
+49 221/677707200
GESCHÄFTLICH

Fwd: Bilder vom Ausflug
Heidi Maier
heidimaier10@google...
Heute um 17:10
An: Hans
Hallo,
hier sind ein paar schöne Bilder aus Holland!
Viele Grüße
Heidi
ANHÄNGE

E-Mail: Nachrichten vom Exchange- oder IMAP-Konto abrufen

E-Mail ist ein komfortables Programm zum Abrufen von Mails aller Google-fremden Konten. Es zeigt alle unter der gleichen Oberfläche übersichtlich an. Hier sind zwei Konten eingerichtet: eines mit IMAP und eines mit Microsoft Exchange.

❶ E-Mail startet im Normalfall mit dem Posteingang des zuletzt verwendeten Kontos mit allen Nachrichten. Der Name des aktuellen Ordners, wird, wie die Labels in Gmail, oben links angezeigt. Darunter steht, wie viele Nachrichten Sie noch nicht gelesen haben.

❷ Über die Aktionsleiste am oberen Rand schreiben Sie neue Mails, suchen nach Nachrichten und verschieben ausgewählte Nachrichten (lange drücken) in andere Ordner.

❸ Links oben öffnen Sie das Menü. Hier wechseln Sie die Konten oder rufen die Kombinierte Ansicht auf. Dort sind die Mails mit den Farben der einzelnen Konten gekennzeichnet, So können Sie zum Beispiel zwischen privaten und beruflichen Mails unterscheiden. Hat ein Kontakt kein Foto in Ihren Kontakten, wird sein Nach- oder Firmenname auf farbenfrohem Hintergrund dargestellt.

❹ Tippen Sie eine Nachricht, um sie anzuzeigen.

❺ Ebenfalls über das Menü können Sie in alle Ordner wechseln, die bei IMAP oder Exchange auf dem Server angelegt sind. Das geht sehr flüssig von der Hand.

❻ Die Mail-Ansicht ist der von Gmail sehr ähnlich:

- Antworten Sie über die Antworttaste (kleiner Pfeil)
- Tippen Sie auf das Kontaktsymbol oder Bild, um das Quickconnect-Fenster zu öffnen – um die Absenderin der Nachricht direkt anzurufen, oder mit ihr zu chatten.
- Der Stern markiert die Nachricht zur Nachverfolgung. Sie sehen ihn auch am Computer.
- Ein Tipp auf das E-Mail-Symbol mit dem Pfeil führt zurück zur Liste.

❼ Mit den Tasten in der Aktionsleiste am oberen Rand können Sie Nachrichten Löschen und Als ungelesen markieren. Über die Menü-Taste können Sie die Einstellungen aufrufen.

Schreiben
hans@firmado
An Heidi Maier
Mein Exchang
E-Mail schreib
Bild anhängen
Video anhängen
Cc/Bcc hinzufügen
Entwurf speichern
Löschen
Einstellungen
Feedback geben
Kurzantwort einfügen
1
2
3
4

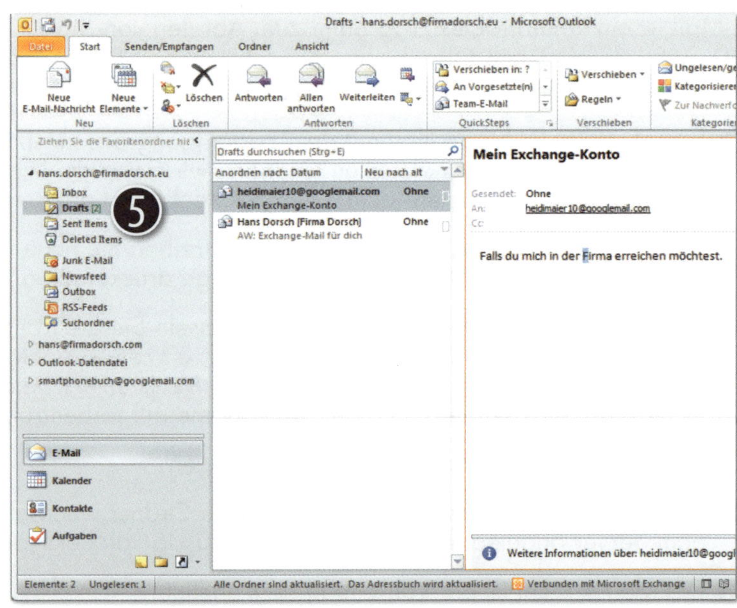
Drafts - hans.dorsch@firmadorsch.eu - Microsoft Outlook
Datei
Start
Senden/Empfangen
Ordner
Ansicht
Neue E-Mail-Nachricht
Neue Elemente
Löschen
Antworten
Allen antworten
Weiterleiten
Verschieben in: ?
An Vorgesetzte(n)
Team-E-Mail
Verschieben
Regeln
hans.dorsch@firmadorsch.eu
Inbox
Drafts [2]
Sent Items
Deleted Items
Junk E-Mail
Newsfeed
Outbox
RSS-Feeds
Suchordner
hans@firmadorsch.com
Outlook-Datendatei
smartphonebuch@googlemail.com
E-Mail
Kalender
Kontakte
Aufgaben
Drafts durchsuchen (Strg+E)
Anordnen nach: Datum
Neu nach alt
heidimaier10@googlemail.com
Mein Exchange-Konto
Hans Dorsch [Firma Dorsch]
AW: Exchange-Mail für dich
Mein Exchange-Konto
Gesendet: Ohne
An: heidimaier10@googlemail.com
Falls du mich in der Firma erreichen möchtest.
Elemente: 2 Ungelesen: 1
Alle Ordner sind aktualisiert. Das Adressbuch wird aktualisiert.
Verbunden mit Microsoft Exchange
5

E-Mail: Nachrichten über das Exchange- oder IMAP-Konto senden

Die App E-Mail ist für den Mailverkehr über alle Konten zuständig, die nicht von Google sind. Um eine Mail über Ihr Exchange- oder IMAP-Konto zu versenden, starten Sie also hier – und fahren Sie an jedem beliebigen Gerät mit dem gleichen Mail-Zugang fort.

1. Wechseln Sie in den Posteingang, tippen Sie auf die Taste Schreiben unten in der Aktionsleiste. Wenn Sie im kombinierten Posteingang starten, wird Ihr Standardkonto verwendet. Die Adresse des verwendeten E-Mail-Kontos sehen Sie immer oben rechts. (Um ein anderes Absendekonto zu wählen, wechseln Sie in diesen Posteingang und wählen dort Schreiben.)

2. Tippen Sie den Namen des Empfängers in das Feld An. Android sucht in Ihren Kontakten und zeigt passende E-Mail-Adressen. Tippen Sie auf den Eintrag in der Liste, um ihn einzusetzen.

3. Kopien (CC) und Blindkopien (Bcc) fügen Sie über die Menü-Taste ein. Über das Menü können Sie auch eine Datei anhängen.

4. Überprüfen Sie die Mail, und tippen Sie auf die Sendetaste (die mit dem Papierflieger).

5. Wollen Sie die Mail später fertigstellen, tippen Sie einfach Zurück. Die begonnene Nachricht geht nicht verloren. Sie wird im Ordner Entwürfe gespeichert – auf dem Smartphone und in Outlook auf dem Computer. Dort heißt er Drafts.

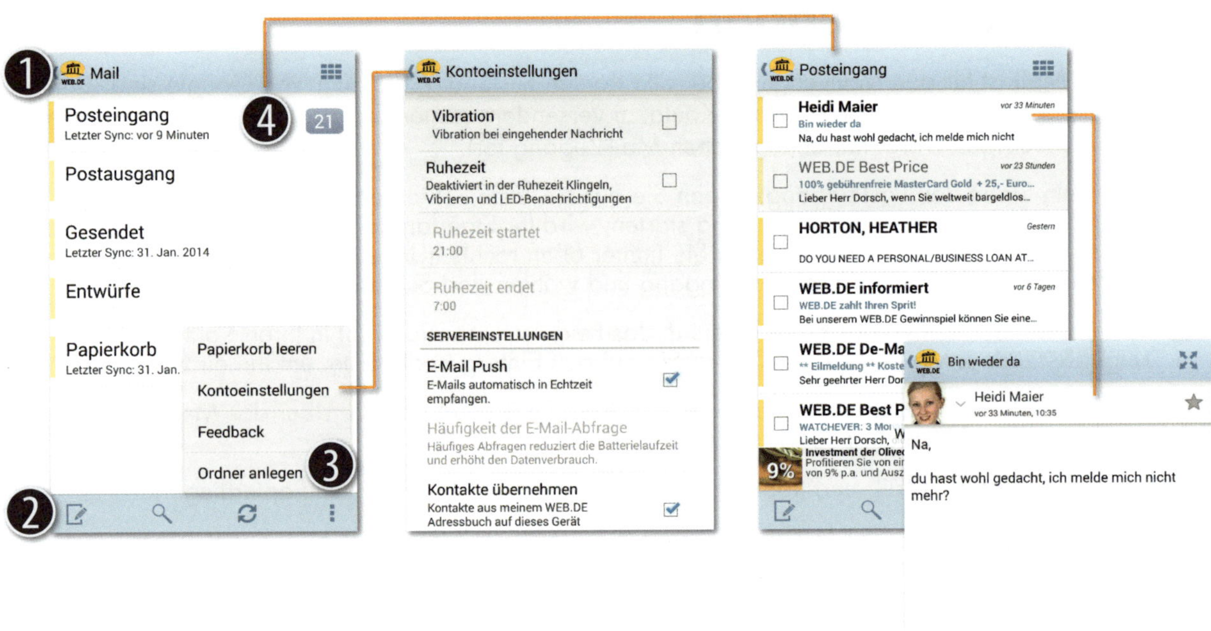

1
Mail
Posteingang
Letzter Sync: vor 9 Minuten
4
21
Postausgang
Gesendet
Letzter Sync: 31. Jan. 2014
Entwürfe
Papierkorb
Letzter Sync: 31. Jan.
Papierkorb leeren
Kontoeinstellungen
Feedback
Ordner anlegen
3
2
Kontoeinstellungen
Vibration
Vibration bei eingehender Nachricht
Ruhezeit
Deaktiviert in der Ruhezeit Klingeln, Vibrieren und LED-Benachrichtigungen
Ruhezeit startet
21:00
Ruhezeit endet
7:00
SERVEREINSTELLUNGEN
E-Mail Push
E-Mails automatisch in Echtzeit empfangen.
Häufigkeit der E-Mail-Abfrage
Häufiges Abfragen reduziert die Batterielaufzeit und erhöht den Datenverbrauch.
Kontakte übernehmen
Kontakte aus meinem WEB.DE Adressbuch auf dieses Gerät
Posteingang
Heidi Maier
vor 33 Minuten
Bin wieder da
Na, du hast wohl gedacht, ich melde mich nicht
WEB.DE Best Price
vor 23 Stunden
100% gebührenfreie MasterCard Gold + 25,- Euro...
Lieber Herr Dorsch, wenn Sie weltweit bargeldlos...
HORTON, HEATHER
Gestern
DO YOU NEED A PERSONAL/BUSINESS LOAN AT...
WEB.DE informiert
vor 6 Tagen
WEB.DE zahlt Ihren Sprit!
Bei unserem WEB.DE Gewinnspiel können Sie eine...
Bin wieder da
Heidi Maier
vor 33 Minuten, 10:35
Na,
du hast wohl gedacht, ich melde mich nicht mehr?
5

E-Mail von GMX und Web.de nutzen

Nutzen Sie E-Mail von GMX oder Web.de? Dann laden Sie sich doch deren App aus dem Market. Die zwei beliebtesten Freemailer Deutschlands gehören zur gleichen Firma, united internet, und für beide bietet die Firma überraschend gute E-Mail-Apps an, die den Vergleich mit Android-E-Mail locker aufnehmen können. Da beide Apps bis auf Name und Farbe praktisch gleich sind, beschreibe ich hier exemplarisch die von Web.de.

1. Installieren Sie die App Mail von Web.de über Google Play, und starten Sie diese. Nachdem Sie Ihre Zugangsdaten eingegeben haben, landen Sie in der Ordnerliste Ihres Kontos (Über Menü → Einstellungen können Sie weitere Konten anlegen). Die Liste zeigt alle Ordner mit der Anzahl ungelesener Nachrichten an. Das Mail-Symbol bringt Sie immer zur Übersicht, das kleine Raster führt zur Übersicht der Web.de-Dienste.

2. Mit den Tasten in der Aktionleiste schreiben Sie neue Nachrichten, starten die Suche oder rufen neue Nachrichten ab.

3. Über das Menü können Sie neue Ordner anlegen und wirklich praktische Kontoeinstellungen vornehmen: Stellen Sie Ruhezeiten ein, in denen Sie keine Mails erhalten möchten, und aktivieren Sie die Automatische E-Mail-Abfrage (Push), um neue Mails sofort zu laden.

4. Ach so: Tippen Sie auf Posteingang, um zur Liste Ihrer Nachrichten zu gelangen – und dann auf die Nachricht, die Sie lesen wollen.

5. Mit den Tasten in der Aktionsleiste können Sie Nachrichten löschen, beantworten und zur nächsten Nachricht wechseln. Im Menü finden Sie weitere praktische Funktionen.

IMAP für Premium-Kunden auch ohne App

Möchten Sie Mails von GMX mit Androids E-Mail-App verwalten? Das geht auch, allerdings nur mit dem veralteten POP3-Protokoll. Oder Sie leisten sich ein Premium-Konto. Dann ist IMAP dabei.

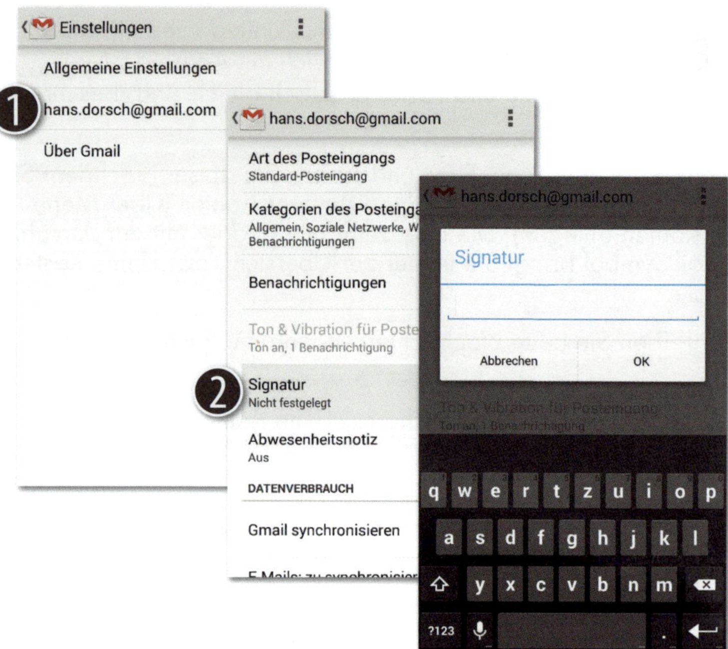
Einstellungen
Allgemeine Einstellungen
1
hans.dorsch@gmail.com
Über Gmail
hans.dorsch@gmail.com
Art des Posteingangs
Standard-Posteingang
Benachrichtigungen
Ton & Vibration für Poste
Ton an, 1 Benachrichtigung
2
Signatur
Nicht festgelegt
Abwesenheitsnotiz
Aus
DATENVERBRAUCH
Gmail synchronisieren
hans.dorsch@gmail.com
Signatur
Abbrechen
OK

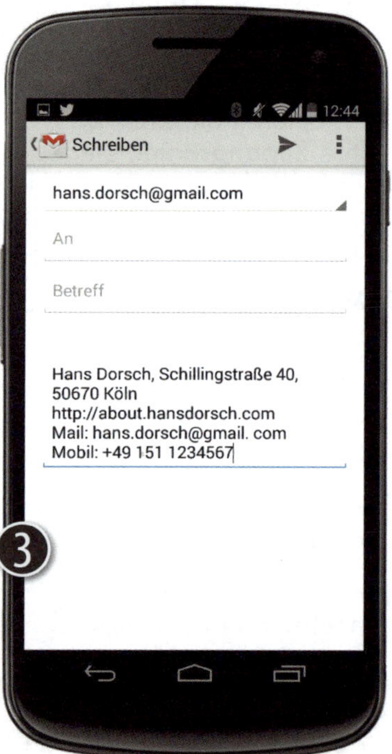
12:44
Schreiben
hans.dorsch@gmail.com
An
Betreff
Hans Dorsch, Schillingstraße 40,
50670 Köln
http://about.hansdorsch.com
Mail: hans.dorsch@gmail. com
Mobil: +49 151 1234567
3

Alles drin in der Signatur

Eine Signatur ist etwas Praktisches: Anstatt Ihren Mailkontakten Ihre Kontaktdaten über das Telefon durchzugeben, sagen Sie einfach: »Meine Kontaktdaten stehen in meiner Signatur«. Am besten schreiben Sie die Signatur an einer beliebigen Stelle und kopieren sie dann in die entsprechenden Felder der E-Mail-Programme. Oder Sie schreiben sie am Computer und schicken sie per Mail. So ähnlich könnte Ihre Signatur aussehen:

> Hans Dorsch, Schillingstraße 40, 50670 Koeln
> http://about.hansdorsch.com
> Mail: hans.dorsch@gmail.com
> Mobil: +49 151 1234567

1. Gmail und E-Mail: Öffnen Sie den Posteingang des gewünschten E-Mail-Kontos. Wählen Sie Menü → Einstellungen. Wählen Sie das Konto aus, für das Sie die Signatur festlegen möchten.
2. Tippen Sie in den Kontoeinstellungen auf Signatur. Geben Sie Ihren Text ein und tippen Sie auf OK.
3. Ihr Empfänger kann jetzt Links direkt aufrufen und Telefonnummern aus dem Text in die Telefon-App kopieren (Android erkennt leider keine Telefonnummern).

Alternative: kurze Signatur über Kurzbefehl

Im Android-Wörterbuch können Sie Wortersetzungen anlegen. Ich tippe ssig, und meine Tastatur setzt den vollständigen Text ein. Mehr dazu im nächsten Kapitel.

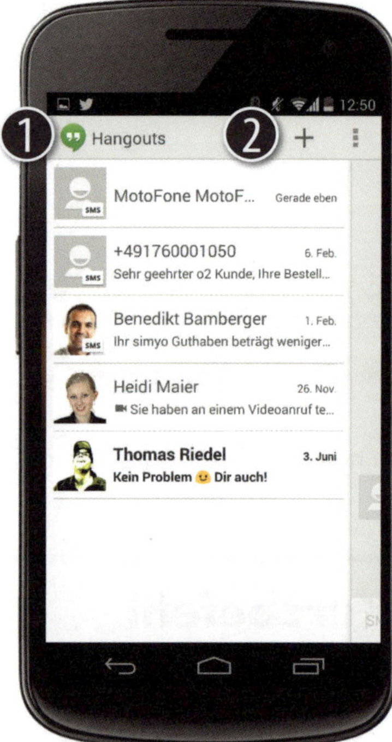
12:50
1
Hangouts
2
MotoFone MotoF...
Gerade eben
+491760001050
6. Feb.
Sehr geehrter o2 Kunde, Ihre Bestell...
Benedikt Bamberger
1. Feb.
Ihr simyo Guthaben beträgt weniger...
Heidi Maier
26. Nov.
Sie haben an einem Videoanruf te...
Thomas Riedel
3. Juni
Kein Problem Dir auch!

12:52
Heidi Maier
3
Hey
26. Nov. 13:59
Sie waren in einem Videoanruf mit Heidi Maier.
26. Nov. 14:29
Bist du fit? Ich gehe gleich Lau
Kommst du mit?
4
5

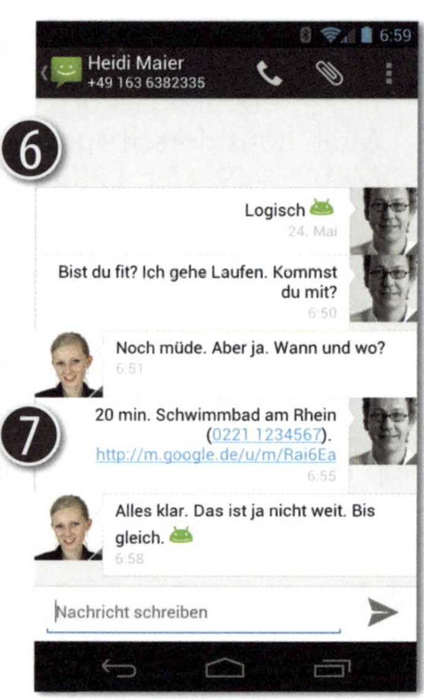
6:59
Heidi Maier
+49 163 6382335
6
Logisch
24. Mai
Bist du fit? Ich gehe Laufen. Kommst du mit?
6:50
Noch müde. Aber ja. Wann und wo?
6:51
7
20 min. Schwimmbad am Rhein (0221 1234567).
http://m.google.de/u/m/Rai6Ea
6:55
Alles klar. Das ist ja nicht weit. Bis gleich.
6:58
Nachricht schreiben

SMS mit Hangouts – das essenzielle Kommunikationswerkzeug für unterwegs

Früher (und vielleicht heute auch noch) hieß Ihre App zum Senden und Empfangen von SMS oder MMS entweder SMS oder Nachrichten oder so ähnlich. Die App zum Senden und Empfangen von SMS- und MMS-Nachrichten heißt bei Android seit KitKat offiziell Hangouts. Klingt komisch, funktioniert aber prima. Mit SMS erreichen Sie praktisch jeden, der ein Mobiltelefon besitzt. Die Funktion unterstützt sogar das Uralt-Handy, das Sie vor Jahren an Ihre kleine Schwester oder Tochter weitergegeben haben.

❶ Öffnen Sie die App Hangouts (kann auch Nachrichten oder anders heißen). Die Liste zeigt alle Nachrichten als Threads (Unterhaltungen) gegliedert, genau wie Sie es von Mails in Gmail kennen. Das erleichtert die Übersicht enorm. Ungelesene Nachrichten sind hervorgehoben (hier fett).

❷ Tippen Sie auf Neue Nachricht, um eine SMS oder MMS zu schreiben. Welches Format Sie benötigen, entscheidet Android, während Sie schreiben.

❸ Den Empfänger (auch mehrere) holen Sie aus den Kontakten. Natürlich können Sie auch Telefonnummern eingeben. Trennen Sie dabei mehrere Einträge mit einem Komma.

❹ Tippen Sie dann in das Textfeld, und schreiben Sie Ihre Nachricht. Das Eingabefeld wächst nach unten, während Sie schreiben. 10 Zeichen vor Ende der 160-Zeichen-Grenze zeigt Android die verbleibenden Zeichen an. Längere Texte verteilt Android auf mehrere Nachrichten. Empfänger mit Smartphone erhalten diese als zusammenhängende Nachricht, andere (mit Uralt-Handys) sehen einzelne Nachrichten im SMS-Eingang. Mit der Sendetaste schicken Sie Ihre Nachricht ab.

❺ Smileys setzen Sie ganz schnell mit der speziellen Smiley-Taste ein. Dort finden Sie die wichtigsten Emoticons.

❻ So sieht Ihre vollständige Unterhaltung aus.

❼ Android erkennt Telefonnummern und Weblinks. Tippen Sie auf die Nachricht, um die Nummer zum Telefon zu schicken oder den Link zu öffnen (der Link hier zeigt den Ort in Google Maps).

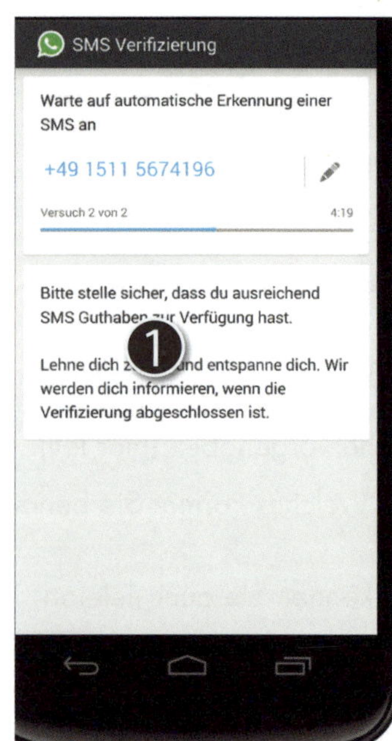
SMS Verifizierung
Warte auf automatische Erkennung einer SMS an
+49 1511 5674196
Versuch 2 von 2
4:19
Bitte stelle sicher, dass du ausreichend SMS Guthaben zur Verfügung hast.
Lehne dich zurück und entspanne dich. Wir werden dich informieren, wenn die Verifizierung abgeschlossen ist.
1

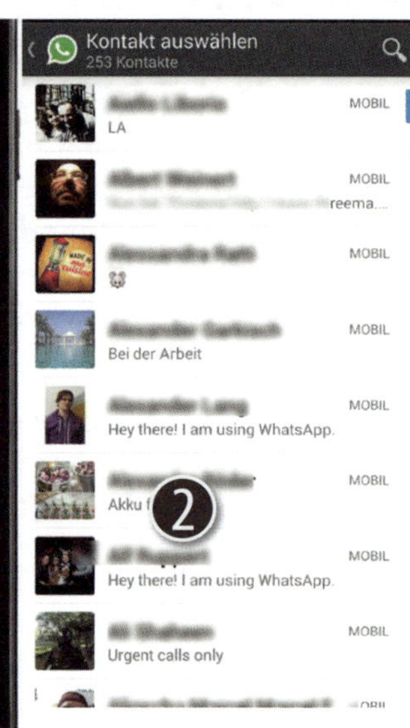
Kontakt auswählen
253 Kontakte
MOBIL
LA
Bei der Arbeit
Hey there! I am using WhatsApp.
Urgent calls only
2

Jennifer Garic
online
4
Galerie
Foto
Video
Audio
Standort
Kontakt
3
5
Bringst du noch was Süßes mit?
19. MÄRZ 2014
Bist du unterwegs? 15:01
Ja, bin schon am Bahnhof 15:01
Bringst du noch was Süßes mit? 15:06
Okay! 15:08
6

WhatsApp Messenger – die kostenlose Alternative zu SMS und MMS

Eine SMS kostet nicht die Welt (9 Cent), eine MMS ist da schon teurer (39 Cent). Wenn Sie viele Nachrichten verschicken und Freunde außerhalb Deutschlands haben, sollten Sie sich überlegen, auf einen Internet-Nachrichtendienst umzusteigen. WhatsApp ist wahrscheinlich zurzeit der populärste Dienst. Kein Wunder: Nachrichten mit WhatsApp sind kostenlos. Egal, ob Text, Bild oder Video, weltweit, sogar mit mehreren Leuten im Gruppenchat – Sie zahlen nur für die Datenübertragung. Aber eine Internet-Flat haben Sie ja schon.

❶ Starten Sie WhatsApp, und melden Sie sich mit Ihrer Telefonnummer an. WhatsApp identifiziert Sie damit auf dem Server, so wie alle anderen Nutzer.

❷ Die App sucht jetzt in Ihren Kontakten nach Telefonnummern und findet alle WhatsApp-Nutzer. Wird die Liste nicht angezeigt, wählen Sie Menü → Aktualisieren.

❸ Schreiben Sie jetzt Ihre Nachricht. Die Textlänge ist nicht beschränkt. Setzen Sie unbedingt auch einmal die hübschen Emojis ein (so wie das sonnige Gesicht hier). Ein Tipp auf das Smiley öffnet ein Füllhorn kitschiger Grafiken.

❹ Mit einem Tipp auf die Büroklammer hängen Sie Dateien an: Fotos, Videos, Ton (die drei können Sie auch direkt aufnehmen), Kontakte (als vcf-Datei) oder Ortsinformationen.

❺ Mit Senden schicken Sie Ihre Nachricht ab.

❻ Die Antwort sehen Sie in einer hübschen Sprechblase unter Ihrer Nachricht. WhatsApp meldet neue Nachrichten auch mit Ton, Vibration und im Benachrichtigungsfenster.

Datenübertragung in Öffentliche Hotspots werden heute schon von Schuljungen belauscht. WhatsApp gleicht die Telefonnummern Ihrer Kontakt bei der Installation über eine verschlüsselte Verbindung mit dem eigenen Server ab. Die Nachrichten hingegen werden unverschlüsselt übertragen. Nutzen Sie deshalb WhatsApp am besten über die Mobilfunkverbindung oder über Ihren eigenen geschützten WLAN-Hotspot.

heidimaier10@googlemail.co...
Hans, Sebastian
Sebastian: Habt ihr die Liste gefunde...
Hans Dorsch
Vor 46 Min.
Ich: Ich hole Sebastian mal mit rein.
Sebastian Rot
Vor 51 Min.
Melde mich gleich.

Hans Dorsch
Hans Dorsch
Noch jemand?
Videoanruf unbeantwortet
Vor 44 Min.
Sag mal, wo hast du denn die Todo - Liste versteckt?
Vor 24 Min.
Ich weiß nicht. Frag doch mal Sebastian.
Vor 22 Min.
Videoanruf unbeantwortet
Vor 4 Min.
...ch hole Sebastian mal mit rein.
Nachricht senden

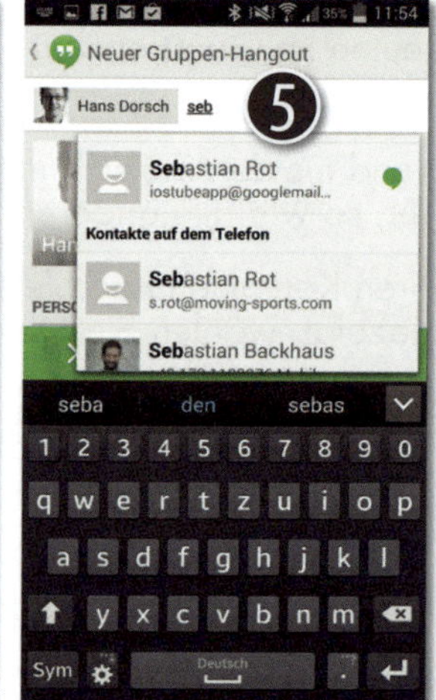

Neuer Gruppen-Hangout
Hans Dorsch
seb
Sebastian Rot
iostubeapp@googlemail...
Kontakte auf dem Telefon
Sebastian Rot
s.rot@moving-sports.com
Sebastian Backhaus

Hans, Sebastian
So. An alle. Wo ist die Liste? Ihr wisst schon.
Vor 12 Min.
Die ist jetzt bei Google Drive ich schick euch einen Link
Sebastian Rot
Einladung ist raus. meldet euch einfach dort an dann seht ihr es sofort
Sebastian Rot · Vor 4 Min.
Ach, hab sie gefunden. Danke.
Vor 2 Min.
Habt ihr die Liste gefunden?
Sebastian Rot · Vor 1 Min.
Nachricht senden

Unterwegs unterhalten mit Hangouts

Ihr Smartphone ist permanent mit dem Internet verbunden. Damit können Sie für Ihre Kollegen und Freunde ganz einfach immer erreichbar sein. Manchmal ist das vielleicht lästig, aber häufig ist es sehr praktisch: Mit Google+ (Teil Ihres Google-Kontos) und Hangouts können Sie in Kontakt bleiben, egal, wo Sie sind. Neben (halb)öffentlichen Nachrichten, wie bei Twitter oder Facebook, bietet Hangouts auch direkten Chat. Zu zweit oder in Gruppen.

1. Starten Sie Google Hangouts auf Ihrem Smartphone (installieren Sie es, wenn nötig, von Google Play). Das Konto, mit dem Sie angemeldet sind, sehen Sie oben in der Aktionsleiste. Darunter sehen Sie die letzten Nachrichten über unterschiedliche Kanäle.
2. Tippen Sie auf das +-Zeichen oben rechts in der Aktionsleiste für eine Neue Unterhaltung.
3. Ihr Kontakt (hier bin ich das) sieht Ihre Antwort sofort. Er muss nur sein Smartphone dabei haben (oder am Computer bei Gmail angemeldet sein) und kann sofort antworten.
4. Gruppenchat: Die Unterhaltung ist nicht auf zwei Personen beschränkt. Starten Sie einen neuen Chat. Gehen Sie zurück und tippen Sie erneut +.
5. Geben Sie jetzt alle Kontakte ein, mit denen Sie chatten wollen (ich glaube, bei 100 ist Schluss).
6. Sie chatten jetzt zu dritt. Alle Teilnehmer (außer Ihnen) sind in der Kopfzeile zu sehen. Das macht manche Absprachen einfacher. (Noch persönlicher geht's aber mit Bild und Ton. Tippen Sie auf die Kamera, um einen Video-Hangout zu starten, siehe nächste Seite).

Google+ Hangouts statt Google Talk

Lange Zeit war Google Talk erste Wahl für Nachrichten zwischen Google-Freunden. Aber Google bindet langsam alle Angebote in sein **Google+**-Angebot ein. Das war anfangs etwas durcheinander, wird jetzt jedoch klar und übersichtlich.

Hans, Sebastian
alle. Wo ist die Liste? Ihr wisst
Die ist jetzt bei Google Drive ich schick euch einen Link
Einladung ist raus. meldet euch einfach dort an dann seht ihr es sofort
Ach, hab sie gefunden. Danke.
Habt ihr die Liste gefunden?
Lass uns Video einschalten.
Neuer Gruppen-Hangout
Hans Dorsch
seb
Sebastian Rot
iostubeapp@googlemail...
Kontakte auf dem Telefon
Sebastian Rot
s.rot@moving-sports.com
Sebastian Backhaus
Videoanruf von
Heidi Maier
Ablehnen
Annehmen
Einladung ist raus. meldet euch einfach dort an dann seht ihr es sofort
Ach, hab sie gefunden. Danke.
Habt ihr die Liste gefunden?
Lass uns Video einschalten.
Nachricht senden
Videoanruf
1
2
3
4
5
6
7
WLAN
GPS
Vibrieren
Bildschirm drehen
Bluetooth
Auto
Benachrichtigungen
Videoanruf aktiv
Durch Berühren kehren Sie zum Videoanruf
Beenden

Videochat mit Hangouts

Tippen und lesen ist ja gut und schön. Aber manche Fragen und Probleme lassen sich von Angesicht zu Angesicht einfach besser besprechen. Den genialen Hangout können Sie direkt starten oder aus einer Unterhaltung aufrufen (vorherige Seite). Das funktioniert natürlich auch über 3G und LTE.

1. Fragen Sie Ihre Freunde, ob Sie sich über Video verbinden wollen. Tippen Sie dann auf die Video-Taste in der Aktionsleiste oben rechts.

2. Ihre Freunde erhalten eine Nachricht, »Videoanruf von Heidi Maier«. Mit einem Tipp nehmen Sie an der Videounterhaltung teil. (Dies ist übrigens die iPhone-Version, bei Google+ muss niemand draußen bleiben.)

3. Sobald Ihre Kontakte dem Chat beigetreten sind, können Sie miteinander sprechen. Das geht ganz einfach. Mit einer Einschränkung: Im Hangout sehen Sie immer den Teilnehmer, der gerade spricht. Wenn Ihnen das zu zappelig wird, tippen Sie auf das Bild eines Teilnehmers und wählen Sie Video anheften.

4. Ihr eigenes Bild sehen Sie ebenfalls immer klein am unteren Rand.

5. Mit den Werkzeugen in der unteren Aktionsleiste können Sie Ihren Ton abschalten (Räuspern), oder Ihr Bild (Frisur richten), oder die Kamera wechseln, um Ihre Umgebung zu zeigen.

6. Mit dem roten Hörer beenden Sie die Videounterhaltung, mit der kleinen Sprechblase wechseln Sie zum Chat – der Video-Hangout läuft dann weiter.

7. Den Hangout können Sie auch offen lassen, wenn Sie etwas ganz anderes tun. Ein Symbol in der Statusleiste und ein Eintrag im Benachrichtigungsfeld helfen Ihnen, zur Unterhaltung zurückzufinden.

Hangout auch am Computer

Der Hangout funktioniert auch mit Teilnehmern am Computer. Diese können sich über den Browser einwählen. Lautsprecher und Mikro sollten sie jedoch haben.

12:29
1
2
Suchen
Hans Dorsch
FAVORITEN
Neuigkeiten
Nachrichten
In der Nähe
Veranstaltungen
Freunde
Lieblinge
Enge Freunde
3
Status
Foto
Wo bist du?
5
Very excited to announce that Brompton Bicycle won the Innovation, Enterprise and Industry category at the The British Inspiration Awards last night: http://britishinspirationawards.co.uk/
British Inspiration Awards
britishinspirationawards.co.uk
Gefällt mir
77
Kommentieren
3
Wibke Ladwig
vor 2 Stunden
Tätschelt heute mal liebevoll euer Handtuch und führt es spazieren. Man kann ja nie wissen, wozu man es mal braucht. Happy towel day!
4
Benachrichtigungen
Thomas Dorsch und Bernd Deuber haben Thomas Dorschs Foto ebenfalls kommentiert.
Gestern um 21:07
Ekki Maas hat einen Link geteilt: „Friedemann Weise -- Grüße aus Baku": „unser mann in baku."
Gestern um 19:47
Thomas Dorsch hat 2 neue Fotos hinzugefügt.
Gestern um 18:50
Andreas Kuhn hat etwas in Ausstellung »urban patterns« | lo-fi
Enge Freunde
Thomas Dorsch hat 2 neue Fotos hinzugefügt.
Gestern um 18:48
13:15
Status aktualisieren
7
Posten
Nur kurz auf einen Kaffee — Cafe Bar
In der N
cafe bar
Café Bar
6
q w e r t z u i o p

Facebook mit dem Smartphone nutzen

Wer sich heute online mit Freunden vernetzen will, kommt um Facebook nicht herum. Wahrscheinlich haben Sie auch schon ein Konto dort. Das Android-Smartphone ist wie gemacht für die Verbindung mit Ihren Freunden. Viele Geräte integrieren den Dienst auf die eine oder andere Weise. Aber soll ich Ihnen etwas verraten? Das Original ist immer noch am besten. Ich empfehle daher dringend, die Facebook-App zu installieren. Damit macht mobiles Facebook am meisten Spaß.

❶ Installieren und starten Sie Facebook. Melden Sie sich dann mit Ihren Daten an. Die erste Ansicht führt Sie zur wichtigsten Seite: Ihren Neuigkeiten. Tippen Sie auf die Menütaste, um in andere Bereiche zu wechseln.

❷ Praktisch, das Menü. Viel übersichtlicher als die Version am Computer. Die Suche ist nützlich, um schnell nach Freunden, Seiten und Gruppen zu suchen.

❸ Die Favoriten können Sie leider nur am Computer festlegen, dafür sind sie mobil umso hilfreicher. Die Liste aller Freunde ist immer drin. Ich habe noch eine kleine Liste meiner Engen Freunde hinzugefügt. So habe ich die Nachrichten meiner wichtigsten Freunde schnell auf dem Schirm.

❹ Die Aktionsleiste oben zeigt neue Freundschaftsanfragen, Direktnachrichten und Benachrichtigungen. Tippen Sie darauf, um sie direkt in einem kleinen Fenster zu sehen.

❺ Tippen Sie auf Status, um eine neue Nachricht zu erstellen. Schreiben Sie, was Sie gerade tun. So halten Sie Ihre Freunde auf dem Laufenden.

❻ Mit den Tasten am unteren Rand fügen Sie Freunde hinzu, die bei Ihnen sind (ich bin alleine), den Ort, an dem Sie sich befinden (die Café Bar ist schon als Ort angelegt, ich tippe darauf) und noch ein Foto vielleicht (Kaffeetasse, wie originell). Mit dem Menü rechts wählen Sie aus, wer die Nachricht sehen soll. Ich wähle meine Engen Freunde.

❼ Tippen Sie Posten, um Ihre Facebook-Seite zu aktualisieren.

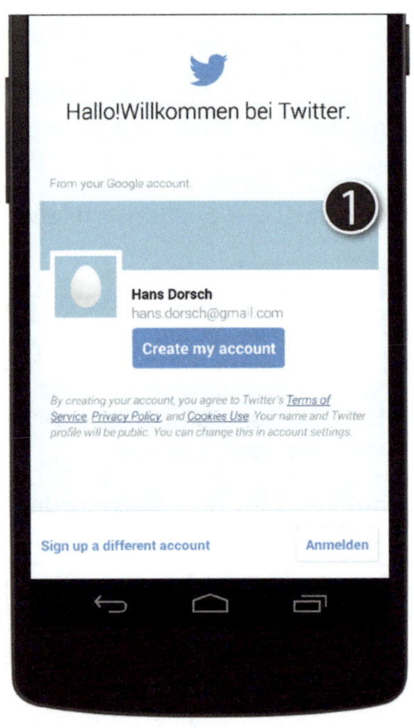
Hallo!Willkommen bei Twitter.
From your Google account
1
Hans Dorsch
hans.dorsch@gmail.com
Create my account
By creating your account, you agree to Twitter's Terms of Service, Privacy Policy, and Cookies Use. Your name and Twitter profile will be public. You can change this in account settings.
Sign up a different account
Anmelden

4
2
Startseite
Entdecken
Aktivität
HowSweetBlog @HowSweetBlog 0 sek
real green for st patrick's day! (spinach, kale, coconut milk, frozen banana, avocado, pineapple,...
instagram.com/p/lpRHCcDyz8/
Peter Glaser @peterglaser 31 sek
• Heute in der Glaserei: Der Zweite von rechts. Wahnsinn verstehen. Ein Heckflossenentwurf. Und: Bewegtes London! bit.ly/1gF0UXU
Sascha Lobo @saschalobo 5 min
3
27
35
Was gibt's Neues?
5

TWITTERN
Hans Dorsch
@hansdorsch
So, Freitag. Freue mich auf Urlauber,die unser Heim als Durchreisehotel nutzen. #familienbande @svevobikes
Bist Du in Köln, Köln?
6

Twittern mit der Twitter-App

Ich mag Twitter, weil dieser Dienst so schön einfach und unaufdringlich ist: Was man zu sagen hat, fasst man in 140 Zeichen, und man folgt Leuten, die interessante Dinge sagen, ohne dass diese gleich zu Freunden werden müssen. Kaum zu glauben, wie sich dieser kleine sympathische Dienst seit seinem Start vor ein paar Jahren entwickelt hat. Wenn Sie noch nicht dabei sind, melden Sie sich an, lesen und schreiben Sie mit, am besten mit der Twitter-App.

❶ Laden Sie Twitter von Google Play und starten Sie die App. Tippen Sie auf Anmelden und geben Sie Ihre Zugangsdaten ein. Sollten Sie noch keinen Zugang haben, bietet Twitter Ihnen die Möglichkeit, direkt einen Account mit Ihrer Gmail-Adresse anzulegen. Wenn Sie eine andere Mail-Adresse nutzen wollen, wählen Sie Sign up a different account. Dabei will Twitter gar nicht viel wissen: Name und E-Mail-Adresse genügen. Benutzername und Passwort suchen Sie aus.

❷ **Lesen Sie Nachrichten**: Die Startseite (oder Timeline), zeigt die Nachrichten aller Leute, denen Sie folgen. Die weiteren Menüpunkte zeigen die aktuellen Trends, interessante Leute (Entdecken) und das, was die Leute machen, denen Sie folgen (Aktivitäten). Das Menü erscheint immer, wenn Sie in Ihrer Timeline etwas hoch oder runter scrollen.

❸ Die Timeline zeigt die vollständigen Nachrichten. Wollen Sie gleich antworten, retweeten (weiterleiten) oder den Tweet zu ihren Favoriten hinzufügen, benutzen Sie die Tasten unter dem Tweet.

❹ In der oberen Menüleiste haben Sie weitere Optionen: Die Glocke zeigt Ihnen, wer Sie in einem Tweet erwähnt hat, wer Tweets von Ihnen favorisiert und wer Ihnen neuerdings folgt. Unter dem Briefumschlag finden Sie alle Direktnachrichten an Sie. Von hier aus können Sie auch eine neue Nachricht verfassen. Die Person mit dem Plus schlägt Ihnen vor, wem Sie folgen könnten und zeigt Twitter-Accounts sortiert nach Kategorien (Beliebt). Mit der Lupe können Sie auf Twitter nach Personen, Tweets und Hashtags suchen.

❺ **Schreiben Sie selbst**: Am unteren Bildschirmrand finden Sie immer das Eingabefeld für Ihre Nachrichten (Was gibt's Neues?). Tippen Sie hinein, um Ihre Neuigkeiten zu verfassen.

❻ Twitter vervollständigt automatisch die Benutzernamen von Leuten, denen Sie folgen. Tippen Sie einfach @, und schreiben Sie los. Mit den Tasten unter dem Textfeld hängen Sie ein Foto an und geben Ihre Ortsdaten frei. Die Taste Twittern schickt Ihre Nachricht los.

06:59
mobile.theverge.com/2012/6/5/
LOGIN
THE VERGE
sparhandy
Samsung
GALAXY S5
€ 1,-
MOBILE
Pre to pos
nside story
of the death of Palm and webOS
By Chris Ziegler
31
Thirty-one.
1

2
07:00
Zum Beamen berühren
3

06:59
mobile.theverge.com/2012/6/5/
LOGIN
THE VERGE
sparhandy
Samsung
GALAXY S5
€ 1,-
MOBILE
Pre to postmor
he inside story
of the death of Palm and webOS
By Chris Ziegler
31
Thirty-one.
4

Android Beam: Teilen per Telefonkontakt

Bei mir ist das so: Sonntags wird nach dem Frühstück in der Küche nicht mehr in Ruhe in der Zeitung geblättert, sondern es werden Nachrichten und Geschichten auf Smartphone und Tablet gelesen. Wenn meine Frau und ich interessante Geschichten finden, tauschen wir keine Papierbögen mehr aus, sondern Links – einfach durch Berührung unserer Smartphones – mit Android Beam:

1. Mit Android Beam können Sie fast alles, was auf dem Bildschirm zu sehen ist, teilen: Google Maps, Kontakte, YouTube-Videos oder Inhalte im Browser. Rufen Sie eine Webseite auf.
2. Halten Sie jetzt beide Smartphones mit den Rückseiten aneinander, bis ein Ton erklingt.
3. Ihr Smartphone zeigt an »Zum Beamen berühren«. Tun Sie das. Tippen Sie auf den verkleinerten Bildschirminhalt.
4. Der Browser des zweiten Smartphones öffnet sich und die gebeamte Website wird angezeigt. Genial.

NFC-Chip ist Voraussetzung

Für Android Beam benötigen Sie einen NFC-Chip (Near Field Communication oder Nahfeld-Kommunikation) und Android 4. Ziemlich viele aktuelle Smartphones haben so einen Chip integriert, dazu gehören: Google Nexus, viele Samsung Galaxy-Geräte, Sonys Xperia und die meisten Modelle von HTC. Schauen Sie mal in Einstellungen → Drahtlos & Netzwerke. Ist die Option NFC vorhanden, können Sie Android Beam nutzen.

11:18
Google
4°C
1°C / 12°C
Köln
Google
RunKeeper
SPIEGEL ONLINE
Lesen

Kapitel 8 | So wird Ihr Smartphone persönlicher, vernetzter und sicherer

Das Smartphone heißt nicht Smartphone, weil es selbst so schlau ist, sondern weil es Sie dabei unterstützt, schlaue Sachen zu tun. Viele dieser schlauen Sachen werden Sie häufiger tun, und deswegen werden Sie Ihr Smartphone immer dabei haben. Wie Sie Ihr persönliches Android anpassen und mit welchen schlauen Abkürzungen und Tricks Sie es virtuos nutzen können, lesen Sie auf den nächsten Seiten.

- Nutzen Sie Widgets statt Apps.
- Organisieren Sie Ihren Startbildschirm mit Ordnern.
- Passen Sie Ihr Smartphone Ihren eigenen Vorstellungen und Vorlieben an.
- Teilen Sie interessante Dinge mit anderen.
- Speichern Sie Daten im Netz, auf dem Computer und auf dem Smartphone – alles gleichzeitig.

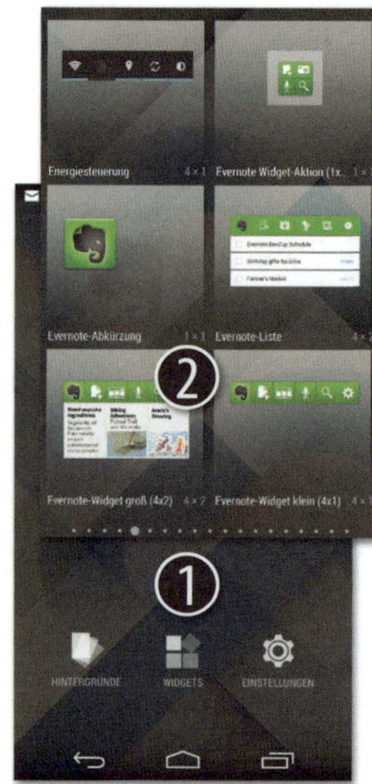
Energiesteuerung
Evernote Widget-Aktion (1x…
Evernote-Abkürzung
Evernote-Liste
2
Evernote-Widget groß (4x2)
Evernote-Widget klein (4x1)
1
HINTERGRÜNDE
WIDGETS
EINSTELLUNGEN

App-Info
3
Widget anpassen
LEISTENSTIL
4
NOTIZSTIL
A
Abcd
A
Abcd
LEISTENSCHALTFLÄCHEN
NOTIZLISTE
Zuletzt angezeigt
Fertig

14:54
Google
WhatsApp
5
Der erste Schritt zum Lernen ist
Notiz von Audible Abo kündigen
Notiz von Vanni übernachtet
Zuletzt angezeigt

Alles im Blick mit Widgets

Das Armaturenbrett im Auto ist dem Startbildschirm Ihres Smartphones nicht unähnlich: Die wichtigsten Anzeigen und Instrumente müssen dort immer sichtbar und ohne Umwege erreichbar sein, denn während der Fahrt kann man nicht lange suchen. Bis auf die Hupe habe ich alle digitalen Hilfsmittel auf meinem Startbildschirm, die ich zur täglichen Fahrt durchs Leben brauche. Widgets heißen bei Android kleine Programme oder Steuerelemente, die Ihren Startbildschirm zum Cockpit machen. Als kleiner Gedankenrucksack dient mir Evernote. Dieser Notizblock bringt schlaue Widgets mit, von denen eines auf meinem Dashboard liegt:

1. Tippen Sie lange auf den Startbildschirm. Wählen Sie dann Widgets. Hier finden Sie eine Vorschau aller verfügbaren Programme für den Startbildschirm.
2. Suchen Sie im nächsten Schritt in der Liste nach Evernote. Tippen und halten Sie den Eintrag, bis das Anwendungsmenü verschwindet.
3. Der aktuelle Startbildschirm erscheint und eine Vorschau des Widgets. Bewegen Sie es an einen freien Platz und lassen Sie es los. Kein Platz? Ziehen Sie nach links oder rechts, um es auf einem anderen Startbildschirm abzulegen.
4. Viele Widgets lassen sich anpassen. Wählen Sie in den Einstellungen, wie Ihr Notizenwidget aussehen soll. Evernote bietet beinahe zu viele Möglichkeiten.
5. Ihre aktuellen Notizen werden jetzt auf dem Startbildschirm angezeigt. Tippen Sie auf das Widget, um die App zu öffnen, drücken Sie lang, um es zu verschieben oder zu löschen.

Kann anders aussehen

Viele Apps bieten Widgets. Schauen Sie unbedingt ab und zu mal nach, ob etwas cleveres neues dabei ist. Meine Lieblings-Wetter-App etwa zeigt mir immer die richtigen Temperaturen zum Termin an. Heute lohnt es sich, das Haus zu verlassen.

12:58
Google
1
Lesen
Fotos
Galerie
Nachrichten au...
Google
Runkeeper
Kamera
Podio

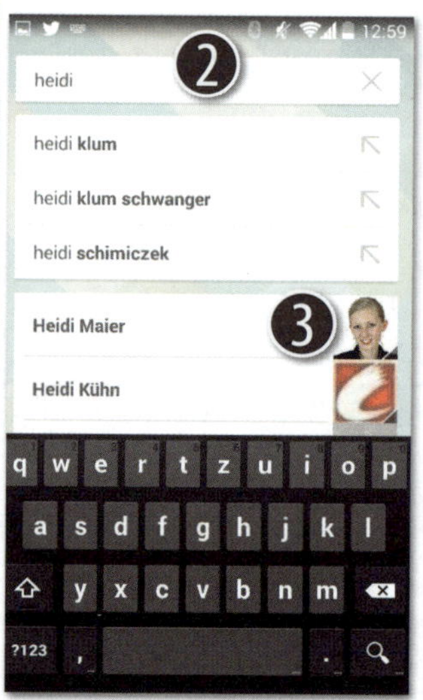
12:59
heidi
2
heidi klum
heidi klum schwanger
heidi schimiczek
Heidi Maier
3
Heidi Kühn

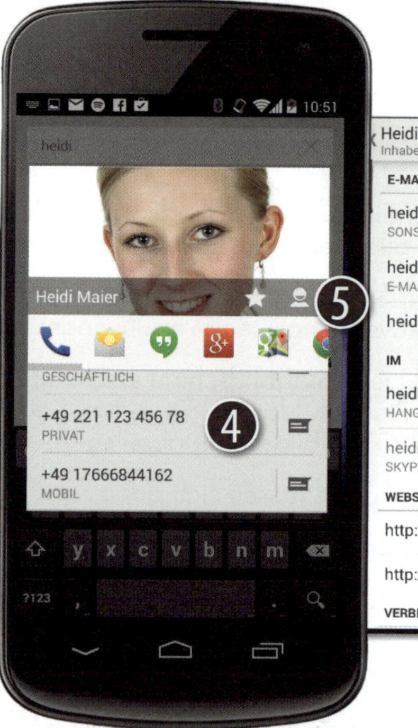
10:51
heidi
Heidi Maier
5
GESCHÄFTLICH
+49 221 123 456 78
PRIVAT
4
+49 17666844162
MOBIL

Heidi Maier
Inhaberin, Freie Journalis
E-MAIL
heidimaier10@goo
SONSTIGE
heidimaier1@freen
E-MAIL
heidimaier10@gma
IM
heidimaier10@goo
HANGOUTS
heidimaier10
SKYPE
WEBSITE
http://www.facebo
http://delhotel.com
VERBINDUNGEN

Kontakte suchen und direkt anrufen

Ihr Android hat eine ziemlich geniale universale Suche eingebaut, mit der Sie beinahe alle Inhalte auf Ihrem Smartphone finden können. Ab Version 4 ist sie eigentlich Bestandteil des Starbildschirms. Wenn nicht, können Sie sie als Widget (Google Suche) nachrüsten.

❶ Tippen Sie in das Suchfeld, um die Suche zu öffnen.

❷ Geben Sie einen Namen aus Ihren Kontakten ein. Ich nehme Heidi.

❸ Die ersten drei Ergebnisse kommen von der Google-Suche. Im Anschluss folgen die auf Ihrem Gerät. Ist Ihr Kontakt dabei, tippen Sie auf das Bild rechts, um die wichtigsten Infos anzuzeigen.

❹ Tippen Sie auf eine Telefonnummer, um anzurufen, oder auf die kleine Sprechblase, um eine Nachricht zu schicken – per SMS/MMS oder über andere Apps.

❺ Alle anderen Kanäle finden Sie auch hier. Tippen Sie einfach auf die weiteren Symbole neben dem Telefon. Tippen Sie auf den kleinen Kopf, um die Person in den Kontakten anzuzeigen.

Kann ich auch das Mikrofon verwenden?

Aber sicher! Die Spracherkennung bei Android funktioniert richtig gut. Tippen Sie auf das Mikrofon und sagen Sie: »Heidi anrufen, mobil.« Den Rest erledigt Android.

Google
1

Galerie
Gerätemanager
Gmail
Google
Google Einstell...
Google+
Granny Smith
GTasks
Halbtagsblog
Hangouts
herbaro
Hintergründe
HootSuite
Instapaper
JVASoundboard
K-9 Mail
Kalender
Kamera
Keep
Kingsoft Office
2

App-Info
3

Google
4

Entfernen
5

Entfernen
6

Mit Verknüpfungen schnell zur richtigen App

Jeder Mensch ist anders, und genauso hat jeder andere Apps, die er am häufigsten benutzt. Damit diese schnell zur Hand sind, können Sie Verknüpfungen auf dem Startbildschirm erstellen. Für mich muss zuerst die Kamera auf den Startbildschirm:

1. Öffnen Sie das Anwendungsmenü mit den installierten Apps. Tippen Sie dazu auf das Symbol in der Favoritenleiste.
2. Suchen Sie die Kamera-App. Drücken Sie dann lange auf das Symbol, bis der Startbildschirm wieder sichtbar wird.
3. Das Symbol der App schwebt jetzt unter Ihrem Finger über dem Startbildschirm. Ziehen Sie es an die Stelle, an der Sie es haben möchten. Lassen Sie dann los.
4. Das Symbol liegt jetzt auf dem Startbildschirm, bereit zur Verwendung.

Genauso einfach wie das Erstellen ist auch das Verschieben oder Löschen von Verknüpfungen:

5. Drücken Sie lange auf das Symbol, bis es ausgewählt ist und am oberen Bildschirmrand Entfernen erscheint. Verschieben Sie das Symbol an eine andere Stelle, und lassen Sie es dort los. Ziehen Sie es an den linken oder rechten Rand des Bildschirms, um es auf einem anderen Startbildschirm abzulegen.
6. Ziehen Sie das Symbol auf Entfernen, um es zu löschen.

Weitere Verknüpfungen

Nicht nur Apps lassen sich als Verknüpfung auf den Startbildschirm legen, auch Kontakte, Notizblöcke und Lesezeichen können Sie an einer Stelle sammeln. Mehr dazu folgt auf der nächsten Seite.

1
HINTERGRÜNDE
WIDGETS
EINSTELLUNGEN

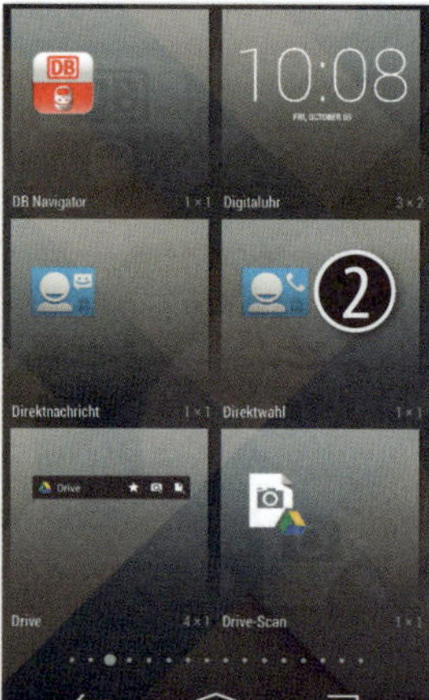
10:08
DB Navigator 1 × 1
Digitaluhr 3 × 2
2
Direktnachricht 1 × 1
Direktwahl 1 × 1
Drive 4 × 1
Drive-Scan 1 × 1

sebastian rot
ALLE KONTAKTE
Sebastian Rot
Mobil +171 5458936
Mobil 0163 6382335
3
Geschäftlich +49 711 12345678

Google
4
Mobil

Alle Notizen 3778
FEBRUAR 2014 37
Daimler gibt „Gelbe Engel" zurück
10.02.2014 Die Manipulationsvorwürfe bei der Vergabe des ADAC Mobilitätspreises „Gelber Engel" wurden mit den Untersuchungsergebnissen des vom
Apples Anwälte: „Patenttrolle ruinieren App-Entwickler"
6
10.02.2014 Apple musste sich in den vergangenen Jahren mit 92 Gerichtsverfahren zum Thema Patente auseinander setzen. Nun ist ein Schreiben
European Green Capital
10.02.2014
Adam Cheyer Der Siri-Erfinder erklärt, wie er gleichzeitig drei...
10.02.2014
Neue Notiz

Google
7
Mobil

Mit Widgets direkt zu Ihren wichtigen Daten

Nicht nur Apps lassen sich auf dem Startbildschirm ablegen. Mit speziellen Widgets sind auch Ihre E-Mail-Postfächer, Notizen oder Telefonnummern nur noch einen Tipp entfernt. So speichern Sie die Telefonnummer Ihres besten Freundes auf dem Startbildschirm:

❶ Tippen Sie lange auf den Startbildschirm, bis eine Auswahl erscheint. Wählen Sie Widgets, und suchen Sie die Anwendung Direktwahl.

❷ Ziehen Sie das Widget auf den Startbildschirm und lassen Sie los.

❸ Suchen Sie Ihren Freund in den Kontakten, und tippen Sie auf die Telefonnummer, die Sie wählen möchten.

❹ Ihr Freund landet mit Kontaktfoto auf dem Startbildschirm. Tippen Sie auf das Symbol, um ihn sofort anzurufen.

Verknüpfungen können auch kurzfristig sein. Wenn Sie die App Evernote installiert haben und gerade Stichpunkte zu einem bestimmten Thema sammeln (siehe Kapitel 9), legen Sie sich diese Notiz doch direkt auf den Bildschirm:

❺ Tippen Sie wieder lang auf den Starbildschirm. Wählen Sie jetzt Evernote Note Verknüpfung.

❻ Suchen Sie Ihre Notiz, und tippen Sie darauf. Ich wähle die Notiz zu dem Artikel Apples Anwälte.

❼ Die Verknüpfung liegt jetzt auf dem Startbildschirm. Ein Tipp öffnet sie in der App.

Mehr Apps – mehr Widgets

Viele Apps enthalten eigene Widgets, so wie hier Evernote oder Dropbox. Suchen Sie einfach mal danach.

1
Mobil
Google
Fotos
Lesen
RunKeeper

2
Lesen
Fotos
Google
RunKeeper

Google
3
Lesen
Fotos
Google
RunKeeper

Google
Mobil
Apples Anwäl..
Sebastian Rot
Seminar

Google
Mobil
Apples Anwäl..
Sebastian Rot
Podio
4
Tirol | Herz d..
Notizen
Seminar
Lesen
Fotos
Galerie
Kamera
Google
RunKeeper

5
Seminar
Dienstprogram..
Google
Lesen
Fotos
Galerie
Kamera
RunKeeper

1Password
Dropbox
Gerätemanag..
Auto-Rotate..
TechSmith Fu..
Dienstprogramme
Kamera
6

Ordner für alles, was zusammengehört

Eines der wichtigsten Organisationselemente der Neuzeit ist der Ordner, egal ob aus Pappe im Aktenschrank oder digital auf dem Computer. Zum Glück gibt es ihn auch auf dem Smartphone, und anders als beim Original sind Sie dabei nicht auf flache Papierblätter beschränkt.

❶ Ordner erstellen Sie mit einer Geste: Drücken Sie auf eine Verknüpfung, bis sie aktiviert ist. Ziehen Sie diese dann auf eine andere.

❷ Beide Verknüpfungen liegen jetzt in einem Ordner auf Ihrem Startbildschirm. Tippen Sie darauf, um ihn zu öffnen.

❸ Tippen Sie unten in das Ordnerfenster, und geben Sie einen Namen ein. Das ist zwar nicht nötig, hilft aber bei der Übersicht.

❹ Füllen Sie Ihren Ordner mit weiteren Verknüpfungen. Erstellen Sie zuerst die Verknüpfung auf dem Startbildschirm, und ziehen Sie diese dann auf den Ordner. Ich lege einen Ordner für einen Vortrag in Berlin an. Dazu gehört eine App, mit der ich das organisiere, eine Direktwahltaste für einen Projektkontakt, eine Notiz in Evernote sowie das Lesezeichen einer interessanten Website.

❺ Gruppieren Sie Apps und Verknüpfungen nach Aufgaben. Auf meinem ersten Startbildschirm liegen »Lesen« (Weblinks und Nachrichten-Apps) und »Google« (Gmail, Google+, Maps etc.). Auf anderen Bildschirmen habe ich mir Ordner zum »Hören« (Musik), »Sehen« (Video), und »Spielen« angelegt.

❻ Zwei Ordner, die ich wirklich dauernd nutze, habe ich mir sogar in die Favoritenleiste gelegt: »Dienstprogramme« (mit Einstellungen und Werkzeugen) und »Teilen« (E-Mail, SMS, Twitter etc.).

Eine Verknüpfung, mehrere Orte

Sie können Verknüpfungen so oft verwenden, wie Sie wollen. Denn es sind ja nur Verweise auf das Original. Legen Sie deshalb ruhig Ihre Mail-App in die Ordner Teilen und Arbeit. Das ist kein Problem.

HINTERGRÜNDE
WIDGETS
EINSTELLUNGEN

Bild auswählen

Google
Fotos
Galerie
Kamera
Lesen
RunKeeper

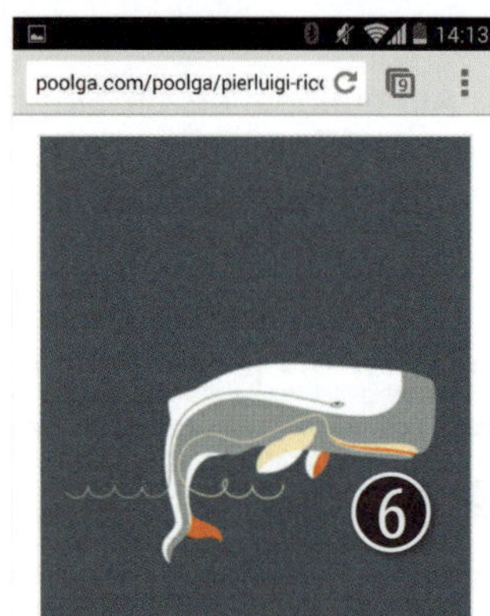
14:13
poolga.com/poolga/pierluigi-ric

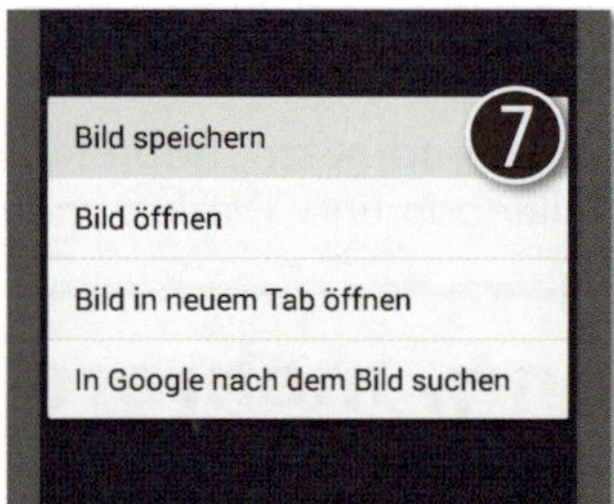
Bild speichern
Bild öffnen
Bild in neuem Tab öffnen
In Google nach dem Bild suchen

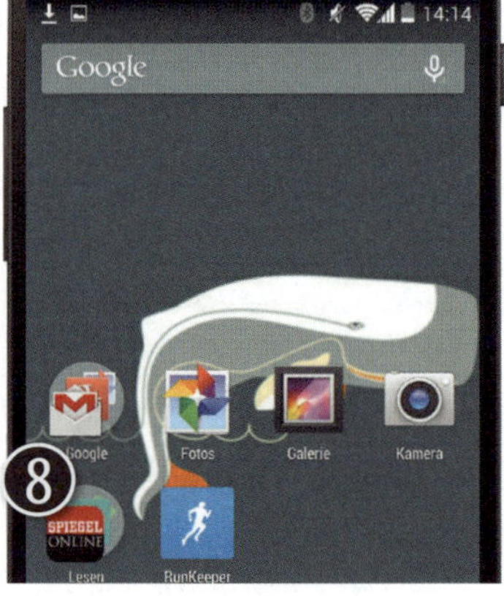
14:14
Google
Google
Fotos
Galerie
Kamera
Lesen
RunKeeper

Der Startbildschirm mit eigenem Hintergrund

Ihr Smartphone ist Ihr Smartphone. Am Gehäuse können Sie wenig ändern, aber den Hintergrund Ihres Startbildschirms können Sie selbst auswählen, ganz nach Stimmung oder modischem Trend:

❶ Drücken Sie lange auf eine leere Fläche, bis das Menü Hintergrund auswählen erscheint.

❷ Tippen Sie auf Bild auswählen, um ein eigenes Hintergrundbild aus Ihrer Sammlung auszuwählen, eigene Fotos oder Downloads aus dem Web.

❸ Die Hintergrundbilder stammen vom Hersteller Ihres Smartphones. Da sind manchmal echte Perlen dabei. Schauen Sie sich mal an.

❹ Live-Hintergründe sind animierte oder interaktive Hintergründe. Sie reichen von zart im Wind wehenden Grashalmen bis zu Google-Maps-Karten, die Ihren Akku in kurzer Zeit leersaugen und den Bildschirminhalt unlesbar machen.

❺ Ich wähle einen sommerlichen Hintergrund aus den vorgegebenen Hintergründen.

Stolpern Sie im Web über ein schönes Bild, können Sie es ebenfalls als Hintergrund festlegen:

❻ Rufen Sie eine Seite mit schönen Bildern auf, zum Beispiel www.poolga.com. Drücken Sie auf das Bild, bis ein Menü erscheint.

❼ Wählen Sie dann Bild speichern und gehen Sie wieder auf die Hintergrundauswahl. Dort können Sie ihr Bild nun in der Galerie auswählen und als Hintergrundbild festlegen.

❽ Das war's. Das gespeicherte Bild schmückt jetzt Ihren Startbildschirm.

Ruhig gewinnt: Wenn Sie Ihren Startbildschirm mit Widgets, Verknüpfungen und Ordnern strukturieren, können Sie nichts weniger gebrauchen als einen unruhigen, bunten Hintergrund. Entscheiden Sie sich deshalb für ein dezentes, vielleicht sogar einfarbiges Motiv. Dann können Sie alle Elemente auf dem Bildschirm bestens erkennen.

1
www.sueddeutsche.de/wirtschaft/onlinehandel-fuer-lebensmittel-ei
14:41
Wer den Einkauf online bestellt, spart sich den Weg zum Supermarkt. Doch das Konzept überzeugt noch wenig Deutsche. (Foto: dpa-tmn)
Zweifel an der Qualität und ein Aufpreis für die Lieferung: Bislang ist es den Deutschen suspekt, Lebensmittel online einzukaufen. Doch die Branche rüstet sich - kommt es zum prognostizierten Durchbruch, wollen alle dabei sein.
Von Stefan Weber

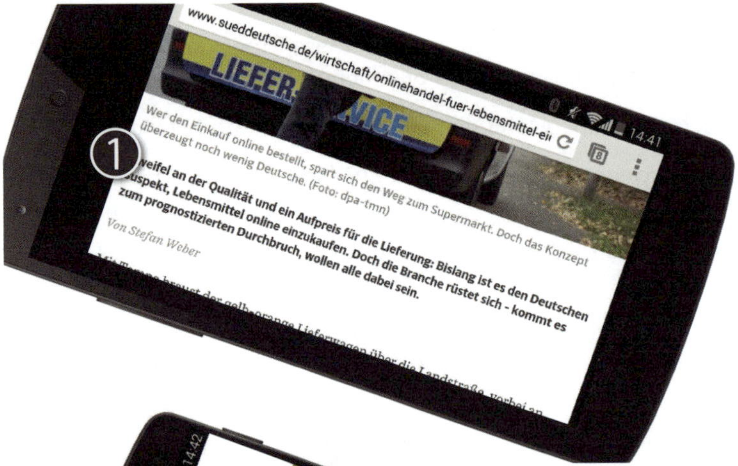

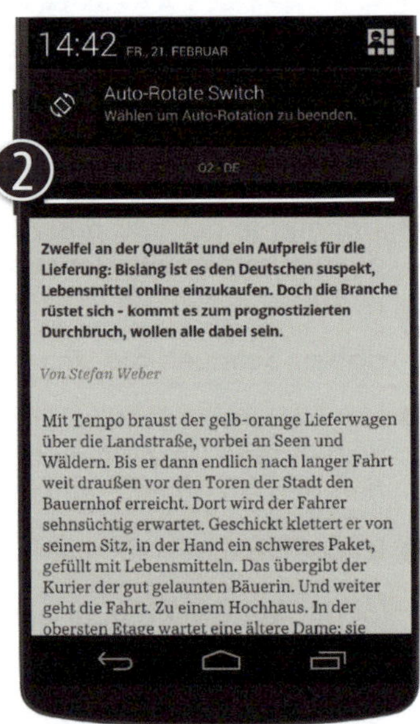

14:42 FR., 21. FEBRUAR
Auto-Rotate Switch
Wählen um Auto-Rotation zu beenden.
2
O2 - DE
Zweifel an der Qualität und ein Aufpreis für die Lieferung: Bislang ist es den Deutschen suspekt, Lebensmittel online einzukaufen. Doch die Branche rüstet sich - kommt es zum prognostizierten Durchbruch, wollen alle dabei sein.
Von Stefan Weber
Mit Tempo braust der gelb-orange Lieferwagen über die Landstraße, vorbei an Seen und Wäldern. Bis er dann endlich nach langer Fahrt weit draußen vor den Toren der Stadt den Bauernhof erreicht. Dort wird der Fahrer sehnsüchtig erwartet. Geschickt klettert er von seinem Sitz, in der Hand ein schweres Paket, gefüllt mit Lebensmitteln. Das übergibt der Kurier der gut gelaunten Bäuerin. Und weiter geht die Fahrt. Zu einem Hochhaus. In der

14:42
Onlinehandel für Lebensmittel
3
Wer den Einkauf online bestellt, spart sich den Weg zum Supermarkt. Doch das Konzept überzeugt noch wenig Deutsche. (Foto: dpa-tmn)
Zweifel an der Qualität und ein Aufpreis für die Lieferung: Bislang ist es den Deutschen suspekt, Lebensmittel online einzukaufen. Doch die Branche rüstet sich - kommt es zum prognostizierten Durchbruch, wollen alle dabei sein.

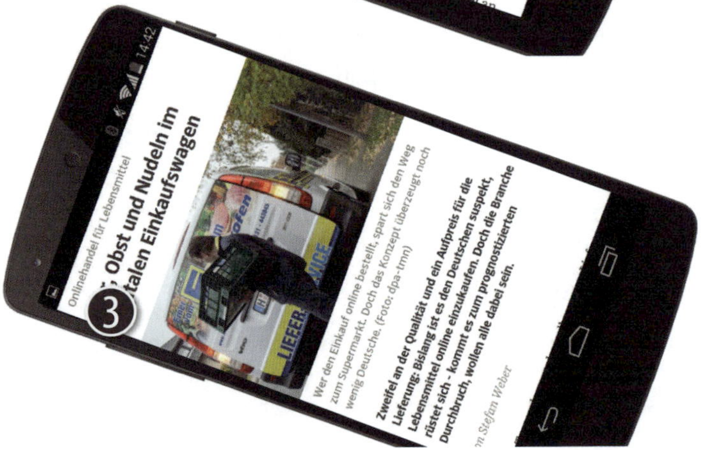

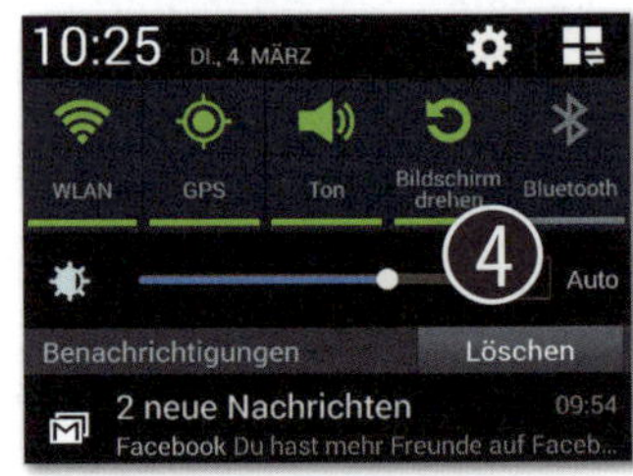

10:25 DI., 4. MÄRZ
WLAN
GPS
Ton
Bildschirm drehen
Bluetooth
4
Auto
Benachrichtigungen
Löschen
2 neue Nachrichten
09:54
Facebook Du hast mehr Freunde auf Faceb...

Bildschirmdrehung ein- und ausschalten

Android-Smartphones passen die Bildschirmdarstellung automatisch der Lage des Telefons an. Das ist schön, denn so drehen Sie Ihr Smartphone einfach auf die Seite, um Fotos oder Filme im Querformat anzusehen. Wenn Sie aber auf dem Sofa mit einem Kissen gemütlich auf der Seite liegen und einen langen Artikel im Webbrowser lesen wollen, nervt diese tolle Funktion sehr schnell. Ihr Text legt sich dann nämlich nicht, wie ein Buch, mit Ihnen auf die Seite, sondern dreht sich in die Senkrechte. Wie gut, dass man diese Auto-Rotation abschalten kann – entweder mit Bordmitteln oder mit einer App aus dem Market:

1. Rufen Sie eine Browserseite auf, und drehen Sie das Display zur Seite. Im Normalfall dreht sich ab zirka 45 Grad der Displayinhalt.
2. Öffnen Sie die Benachrichtigungen (streichen Sie vom oberen Displayrand nach unten), und tippen Sie dort auf den Auto-Rotate Switch.
3. Drehen Sie jetzt Ihr Smartphone auf die Seite, und lesen Sie bequem Ihren Artikel weiter.
4. Smartphones von Samsung und HTC haben die Funktion schon ab Werk eingebaut, ebenfalls im Benachrichtigungsfeld. Tippen Sie hier beim Samsung Galaxy auf Automatisch Ausrichten.

Auto-Rotation Switch bei Google Play

Die App Auto-Rotation Switch finden Sie kostenlos bei Google Play. Sie ist sofort nach der Installation einsatzbereit.

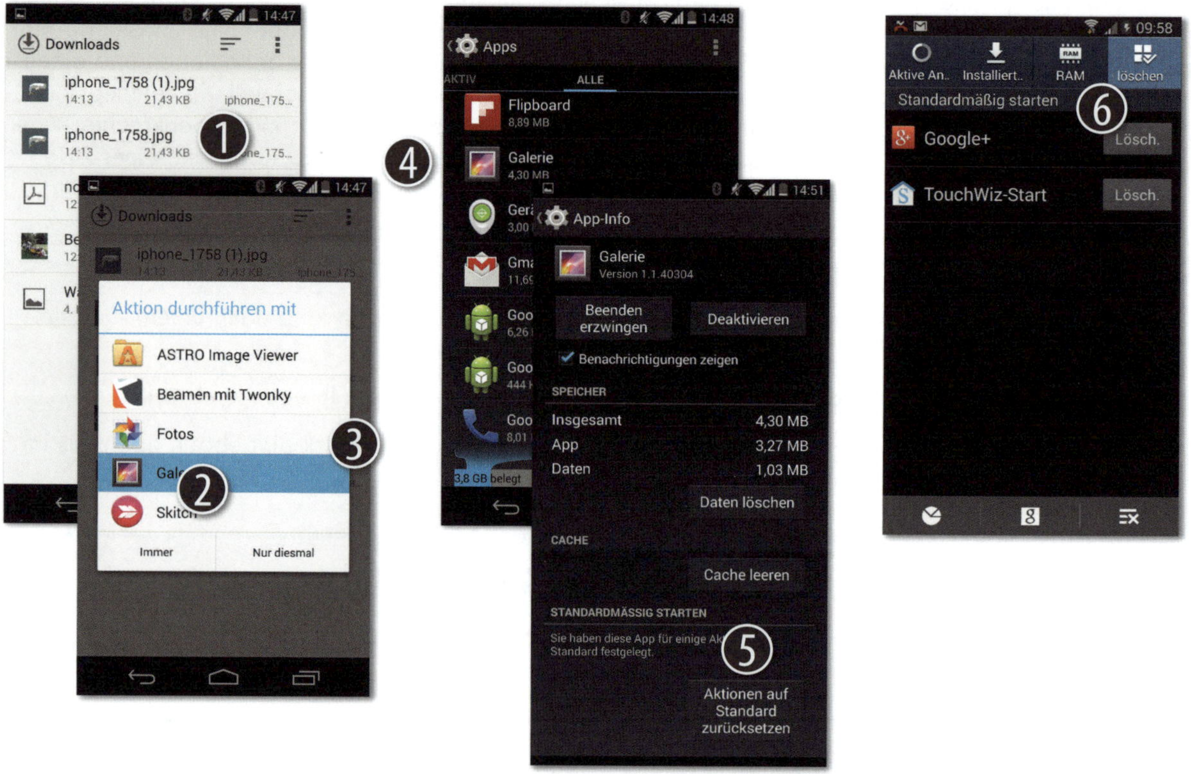

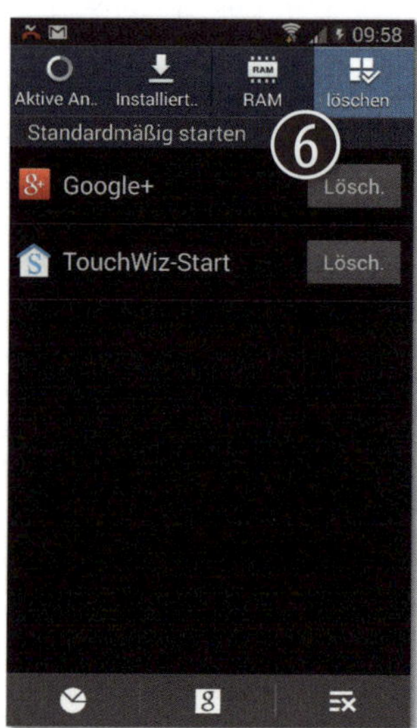
09:58
Aktive An..
Installiert..
RAM
löschen
Standardmäßig starten
6
Google+
Lösch.
TouchWiz-Start
Lösch.

Standardanwendungen festlegen – wie am PC

Wenn auf Ihrem Smartphone mehrere Apps installiert sind, die Fotos anzeigen oder bearbeiten können, fragt Android nach, welche App Sie benutzen möchten. Das ist praktisch. Wenn Sie aber Ihre Lieblingsapp gefunden haben, können Sie Android bitten, Sie nicht mehr zu fragen. Das ist noch besser.

1. Öffnen Sie eine Bilddatei, zum Beispiel in der Downloads-App. Ich habe hier einen Bildschirmhintergrund im JPG-Format geladen. Tippen Sie auf die Datei.
2. Android öffnet ein Menü und fragt, welche App verwendet werden soll. Wählen Sie die gewünschte App aus und bestätigen Sie mit Immer.
3. Tippen Sie danach auf die App, die in Zukunft alle JPG-Dateien öffnen soll. Ich wähle die Galerie.
4. Möchten Sie die Einstellung wieder ändern, öffnen Sie Einstellungen → Apps (oder Anwendungsmanager). Suchen Sie dort nach der App, und tippen Sie darauf.
5. Suchen Sie auf der Detailseite nach dem Punkt Standardmäßig starten, und tippen Sie auf die Taste Aktionen auf Standard zurücksetzen. Beim nächsten Öffnen einer JPG-Datei wird Android wieder nachfragen.
6. Einfacher mit Samsung-Geräten: Drücken Sie lang auf die Hometaste, anschließend links auf das kleine Tortendiagram (Speicher). Wählen Sie dann im Reiter Standardwerte löschen (oben rechts), die App deren Zuordnung Sie zurücksetzen möchten.

Warum tauchen die Apps eigentlich auf?

Kann eine App mit bestimmten Dateiformaten oder Protokollen umgehen, teilt sie das bei der Installation Android mit. Android speichert diese Informationen in einer unsichtbaren Tabelle und hat sie so immer parat. So kann das System Bildformate zuordnen, so wie hier, oder Office-Dateien und PDFs. Haben Sie einen alternativen Browser installiert, wird Android diesen anbieten, wenn Sie auf einen Weblink klicken.

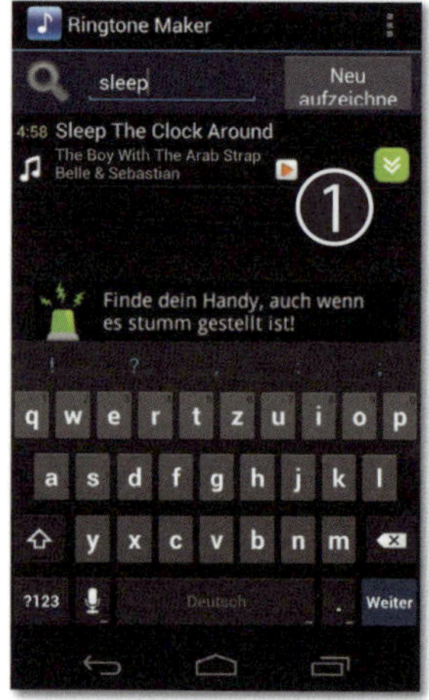
Ringtone Maker
sleep
Neu aufzeichne
4:58 Sleep The Clock Around
The Boy With The Arab Strap
Belle & Sebastian
1
Finde dein Handy, auch wenn es stumm gestellt ist!
Weiter

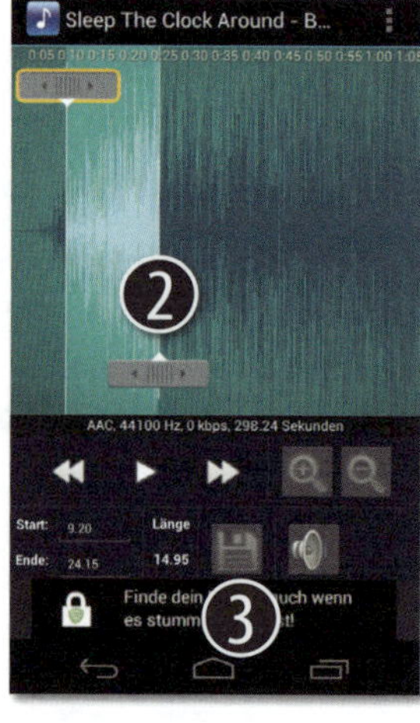
Sleep The Clock Around - B...
2
AAC, 44100 Hz, 0 kbps, 298.24 Sekunden
Start: 9.20
Länge
Ende: 24.15
14.95
3

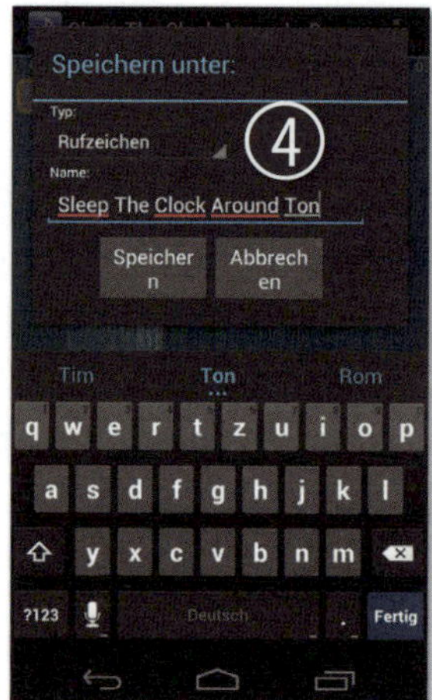
Speichern unter:
Typ:
Rufzeichen
4
Name:
Sleep The Clock Around Ton
Speicher n
Abbrech en
Tim
Ton
Rom
Fertig

Sleep The Clock Around Ton...
Erfolg
Gespeichert! Dieses Rufzeichen zum Standardrufzeichen machen oder einem Kontakt zuweisen?
5
Zum Standard machen
Einem Kontakt zuweisen
Per E-Mail
Schließen

Erstellen Sie sich Ihren persönlichen Klingelton

Die große Zeit der Klingeltöne ist vorbei. Viele Menschen haben ihr Telefon die meiste Zeit auf Lautlos gestellt, nicht nur, um ihre Mitmenschen nicht zu belästigen, sondern weil ihnen die mitgelieferten Klingeltöne nicht gefallen. Geht es Ihnen ähnlich? Dann machen Sie sich doch Ihren eigenen, mit dem Ringtone Maker:

1. Installieren und starten Sie die App Ringtone Maker. Starten Sie dann den Ringtone Editor. Wählen Sie aus der Musiksammlung auf Ihrem Smartphone einen Titel aus. Über das Suchfeld finden Sie schnell einen Titel aus der Musiksammlung auf Ihrem Smartphone. Tippen Sie darauf, um ihn anzuhören. Tippen Sie auf den grünen Pfeil, um ihn zu bearbeiten.
2. Der Editor öffnet sich. Mit den Anfassern können Sie jetzt einen Schnipsel aus dem Titel auswählen, den Sie gerne als Klingelton hätten. 15 Sekunden sind eine ganz gute Länge.
3. Tippen Sie auf das Diskettensymbol, um den Ton abzuspeichern.
4. Entscheiden Sie noch, ob Sie das Stück als Musik, Wecker, Benachrichtigung oder als Klingelton, also als Rufzeichen sichern möchten. Tippen Sie dann auf Speichern.
5. Im letzten Schritt legen Sie den Ton als Standard für alle Anrufe oder als Klingelton für einen bestimmten Kontakt fest.

Den Ton können Sie natürlich jederzeit ändern. Wählen Sie dazu Einstellungen → Töne → Klingelton.

Zugriff auf die Kontakte muss sein

Der Ringtone Maker kann auf alle Ihre Kontaktdaten zugreifen. Auch wenn sich im Play Store Benutzer darüber beschweren, anders kann die App Klingeltöne nicht bestimmten Kontakten zuweisen.

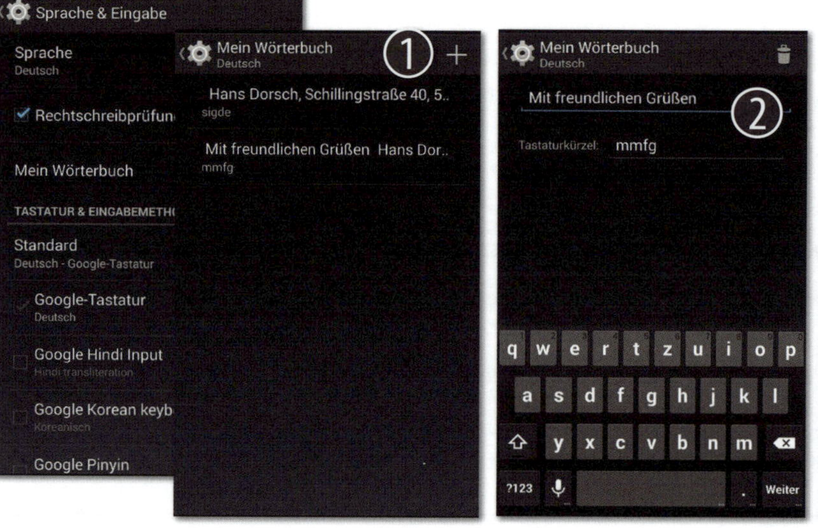
Sprache & Eingabe
Sprache
Deutsch
Rechtschreibprüfun
Mein Wörterbuch
TASTATUR & EINGABEMETH
Standard
Deutsch - Google-Tastatur
Google-Tastatur
Deutsch
Google Hindi Input
Google Korean keyb
Google Pinyin
Mein Wörterbuch
Deutsch
1
Hans Dorsch, Schillingstraße 40, 5..
sigde
Mit freundlichen Grüßen Hans Dor..
mmfg
Mein Wörterbuch
Deutsch
Mit freundlichen Grüßen
2
Tastaturkürzel:
mmfg
Weiter

17:19
Schreiben
Liebe Nachbarn,
Mmfg
Mit freundlichen Grüßen
Hans Dorsch
3
Mit freu...Dorsch
Mmfg
MmHg

Smart schreiben mit Textbausteinen im Wörterbuch

Blackberrys können es, Palms können es, Word kann es: häufig verwendete Texte mit eindeutigen Kürzeln versehen und automatisch einsetzen. Anstatt immer wieder Mit freundlichen Grüßen zu tippen, schreiben Sie einfach mmfg. Das klingt praktisch? Mit ein paar Einträgen im Wörterbuch kann Ihr Android das auch:

❶ Öffnen Sie Einstellungen → Sprache & Eingabe → Mein Wörterbuch. Tippen Sie auf das +-Zeichen oben rechts.

❷ Erstellen Sie Ihren Textbaustein:

- Geben Sie den Text ein, den Sie häufiger verwenden. Ich schreibe:
  Mit freundlichen Grüßen
  Hans Dorsch
- Geben Sie das Kürzel ein, das Sie verwenden möchten. Ich schreibe mmfg.

❸ Tippen Sie oben auf den Pfeil, um zurückzukehren. Ihr Textbaustein ist gespeichert.

❹ Schreiben Sie jetzt Text an beliebiger Stelle, in einer E-Mail zum Beispiel. Geben Sie Ihr Kürzel ein: mmfg. In der Wortvorschlagsliste der Tastatur erscheint Ihr gespeicherter Text. Tippen Sie darauf, um ihn einzusetzen.

Doppelt zu einzigartigen Abkürzungen

Kürzel sollten leicht zu merken und gleichzeitig eindeutig sein. Ich nutze deshalb häufig doppelte Anfangsbuchstaben: ssigde = Signatur deutsch, hhd = Hans Dorsch, mmob = meine Mobilnummer.

Tethering oder Hotspot aktiv
Tethering & mobiler Hotspot
USB-Tethering
Keine USB-Verbindung
Mobiler WLAN-Hotspot
Mobiler Hotspot AndroidAP aktiv
WLAN-Hotspot konfigurieren
Bluetooth-Tethering
Internetverbindung dieses Telefons nicht freigegeben
Hilfe
1
20:15
Tethering & mobiler Hotspot
2
Netzwerk-SSID
AndroidAP
Sicherheit
WPA2 PSK
Passwort
creme21rules
Das Passwort muss mindestens 8 Zeichen lang sein.
Passwort anzeigen
Abbrechen
Speichern

fünf nach elf
AirPort: Aktiviert
AirPort deaktivieren
✓airlan
AndroidAP
3
EasyBox-05FC64
EasyBox-443117

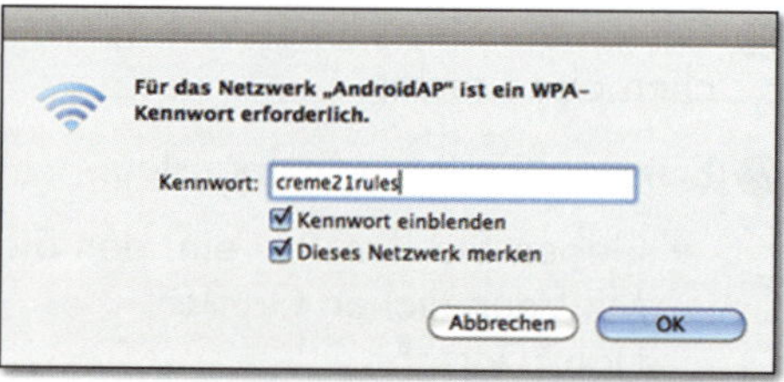
Für das Netzwerk „AndroidAP" ist ein WPA-Kennwort erforderlich.
Kennwort: creme21rules
Kennwort einblenden
Dieses Netzwerk merken
Abbrechen
OK

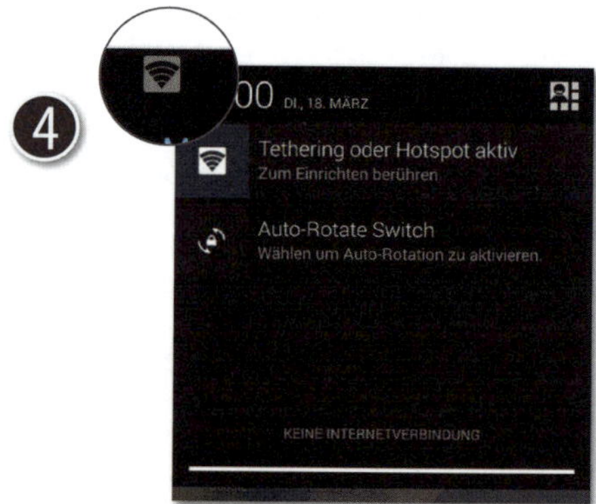
4
DI., 18. MÄRZ
Tethering oder Hotspot aktiv
Zum Einrichten berühren
Auto-Rotate Switch
Wählen um Auto-Rotation zu aktivieren.
KEINE INTERNETVERBINDUNG

Mobiler Hotspot – Internetverbindung mit anderen Geräten nutzen

Haben Sie auch so einen USB-Stick, um Ihr Notebook unterwegs mit dem Internet zu verbinden? Überlegen Sie schon mal, wem Sie das kleine Ding schenken werden, denn Sie brauchen es jetzt nicht mehr. Ab jetzt nutzen Sie nämlich die Internetverbindung Ihres Android-Phones – wenn Sie wollen, sogar zusammen mit mehreren Freunden.

1. Öffnen Sie Einstellungen → Drahtlos und Netzwerke → Mehr … → Tethering & mobiler Hotspot. Aktivieren Sie das Feld Mobiler WLAN-Hotspot mit einem Haken.

2. Tippen Sie auf WLAN-Hotspot-Einstellungen und dann auf WLAN-Hotspot konfigurieren (oder einrichten). Ändern Sie den Namen Ihres Hotspots, wenn Sie mögen, und geben Sie ein Passwort für Ihren Hotspot ein (am besten eines, das Sie aussprechen können).

3. Rufen Sie jetzt die WLAN-Einstellungen Ihres Computers auf. Am Mac klicken Sie dazu einfach auf das Symbol in der Menüleiste. Wählen Sie den neuen Hotspot aus, und geben Sie das Kennwort ein. Sie sind jetzt verbunden.

4. Ob der Zugang aktiv ist oder nicht, sehen Sie am kleinen Symbol in der Menüleiste und im Benachrichtigungsfeld.

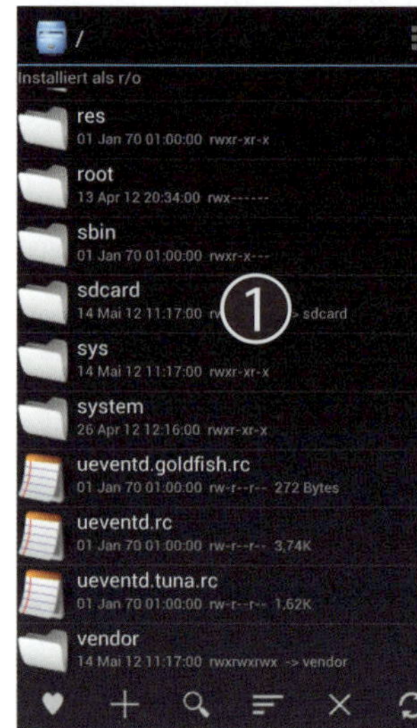
/
Installiert als r/o
res
01 Jan 70 01:00:00 rwxr-xr-x
root
13 Apr 12 20:34:00 rwx------
sbin
01 Jan 70 01:00:00 rwxr-x---
sdcard
14 Mai 12 11:17:00
-> sdcard
1
sys
14 Mai 12 11:17:00 rwxr-xr-x
system
26 Apr 12 12:16:00 rwxr-xr-x
ueventd.goldfish.rc
01 Jan 70 01:00:00 rw-r--r-- 272 Bytes
ueventd.rc
01 Jan 70 01:00:00 rw-r--r-- 3,74K
ueventd.tuna.rc
01 Jan 70 01:00:00 rw-r--r-- 1,62K
vendor
14 Mai 12 11:17:00 rwxrwxrwx -> vendor

/sdcard
1,00GB benutzt, 11,00GB frei, r/w
Cut the Rope
19 Apr 12 15:10:00 rwxrwxr-x
DCIM
11 Apr 12 14:33:00 rwxrwxr-x
2
Download
31 Mai 12 14:55:00 rwxrwxr-x
dropbox
12 Apr 12 17:38:00 rwxrwxr-x
Evernote
01 Jun 12 06:02:00 rwxrwxr-x
Facebook
25 Mai 12 13:15:00 rwxrwxr-x
hansdorsch
01 Jun 12 16:07:00 rwxrwxr-x
3
LazyList
31 Mai 12 14:55:00 rwxrwxr-x
media
13 Apr 12 15:04:00 rwxrwxr-x
Movies
19 Mär 12 04:56:00 rwxrwxr-x

/sdcard/hansdorsch/Videos
Installiert als r/o
..
Übergeordneter Ordner
._1 Kindertanz iPhoto.mp4
08 Jun 11 13:45:00 ---rwxr-x 4,00K
._1 StoryOfStuff.mp4
08 Jun 11 13:46:00 ---rwxr-x 4,00K
._Johannes auf dem Balkon
08 Jun 11 13:46:00 ---rwxr-x 4,00K
1 Kindertanz iPhoto.mp4
09 Jul 08 01:46:00 ---rwxr-x 2,00MB
1 StoryOfStuff.mp4
16 Mär 08 07:45:00 ---rwxr-x
4
Johannes auf dem Balkon
27 Jan 08 16:02:00 ---rwxr-x 8,19MB
VID_20110522_094158.3g
22 Mai 11 07:42:00 ---rwxr-x 21,38MB
VID_20110522_114224.3g
22 Mai 11 09:42:00 ---rwxr-x 25,36MB
7
Optionen
Öffnen mit
Löschen
Umbenennen
Kopieren
Verschieben
5
Eigenschaften
Lesezeichen hinzufügen
6
Senden
Als Text anzeigen
Öffnen im Text Editor

Explorer – Dateien auf der SD-Karte verwalten

Android funktioniert ähnlich wie ein Computer, und der Speicher funktioniert ähnlich wie Ihre Festplatte im Computer. Mit einem Dateimanager können Sie, wie am Computer, Dateien ansehen, öffnen, kopieren oder verschieben. Mein Favorit heißt Explorer (von Speed Software). So finde ich schnell die Dateien, die ich vom Computer auf die SD-Karte meines Smartphones kopiert habe:

❶ Installieren und starten Sie den Explorer (oder Root Explorer, wenn Ihr Smartphone schon einen Dateimanager mitbringt, probieren Sie diesen vorher aus). Suchen Sie den Eintrag sdcard, und tippen Sie darauf, um den Inhalt anzuzeigen.

❷ Auf der SD-Karte (sdcard) speichern Apps Einstellungen und Dateien. Die Ordner heißen meist ähnlich wie die zugehörige App. So finden Sie heruntergeladene Dateien im Ordner Download. Fotos und Filme, die Sie mit der Kamera machen, finden sich allerdings im Ordner DCIM (Digital Camera Images), denn so heißen die Fotoverzeichnisse aller Digitalkameras.

❸ Tippen Sie auf einen Ordner, um den Inhalt zu sehen. Ich habe zum Austausch mit dem Computer einen eigenen Ordner angelegt, er heißt hansdorsch.

❹ Öffnen Sie Dateien direkt aus dem Ordner. Hier sind es Filme. Tippen Sie einfach darauf.

❺ Drücken Sie lange auf eine Datei, um sie zu verschieben, zu kopieren, umzubenennen oder zu löschen.

❻ Erstellen Sie ein Lesezeichen, um schnell zu Ihren Lieblingsordnern oder -dateien zu gelangen.

❼ Tippen Sie auf das kleine Herz unten links, um alle Bookmarks anzuzeigen.

Vorsicht – Systemdateien

Genau wie andere Computer auch braucht Android bestimmte Dateien, um zu funktionieren. Wenn Sie nicht wissen, wozu ein Ordner gehört, verändern Sie besser nichts daran – es könnte sich um einen Systemordner handeln.

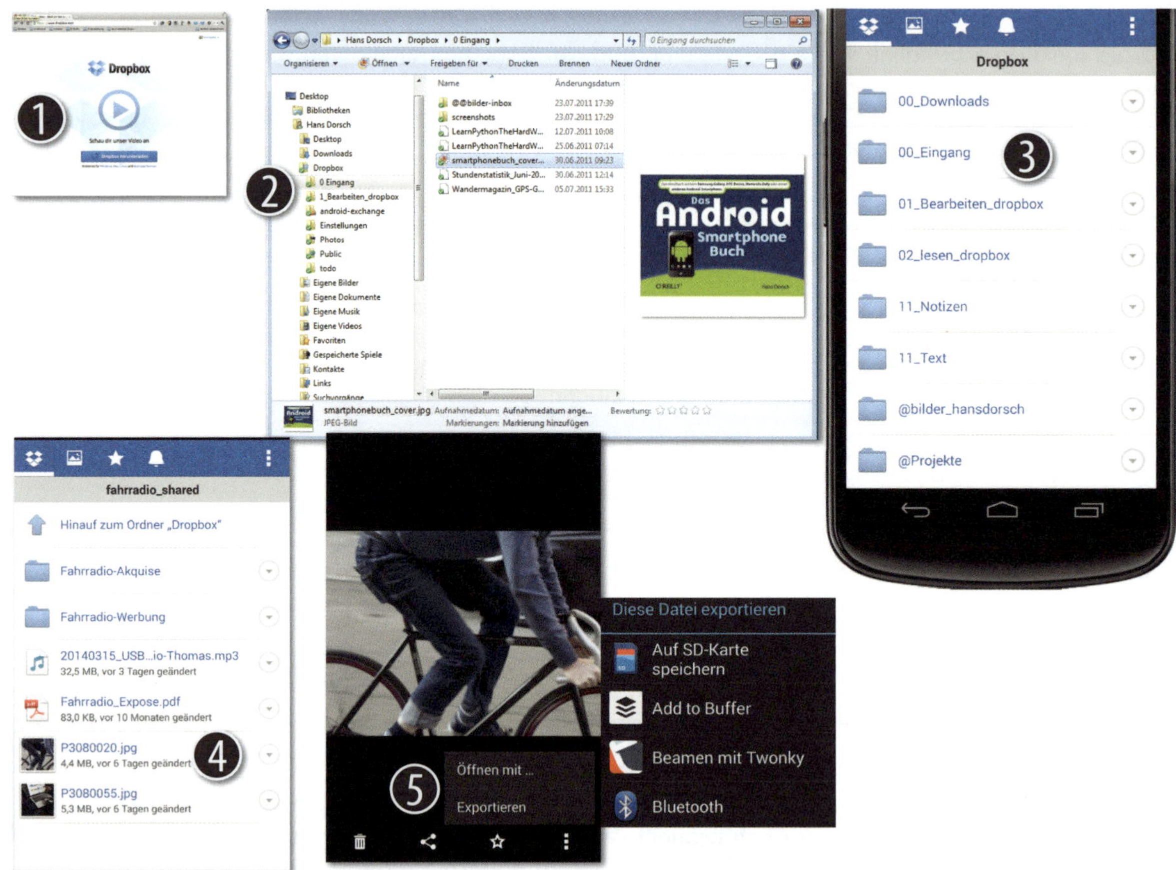
1
Dropbox
2
Hans Dorsch ▸ Dropbox ▸ 0 Eingang
Organisieren
Öffnen
Freigeben für
Drucken
Brennen
Neuer Ordner
Desktop
Bibliotheken
Hans Dorsch
Downloads
Dropbox
0 Eingang
1_Bearbeiten_dropbox
android-exchange
Einstellungen
Photos
Public
todo
Eigene Bilder
Eigene Dokumente
Eigene Musik
Eigene Videos
Favoriten
Gespeicherte Spiele
Kontakte
Links
Name
Änderungsdatum
@@bilder-inbox
screenshots
smartphonebuch_cover.jpg
Das Android Smartphone Buch
3
Dropbox
00_Downloads
00_Eingang
01_Bearbeiten_dropbox
02_lesen_dropbox
11_Notizen
11_Text
@bilder_hansdorsch
@Projekte
fahrradio_shared
Hinauf zum Ordner „Dropbox"
Fahrradio-Akquise
Fahrradio-Werbung
20140315_USB...io-Thomas.mp3
32,5 MB, vor 3 Tagen geändert
Fahrradio_Expose.pdf
83,0 KB, vor 10 Monaten geändert
P3080020.jpg
4,4 MB, vor 6 Tagen geändert
4
P3080055.jpg
5,3 MB, vor 6 Tagen geändert
5
Öffnen mit ...
Exportieren
Diese Datei exportieren
Auf SD-Karte speichern
Add to Buffer
Beamen mit Twonky
Bluetooth

Dropbox – Online-Speicher mit Smartphone-Anschluss

Die Dropbox ist ein Ordner für digitale Daten im Internet, auf den Sie mit allen Ihren digitalen Geräten zugreifen können. Falls Sie jetzt sagen, das sei Ihnen viel zu umständlich, unzuverlässig und außerdem nicht mit allen Geräten zu nutzen, dann sollten Sie sie sich erst einmal anschauen. Bis zu 2 GB Online-Speicher können Sie kostenlos nutzen. Ich zeige Ihnen mal, wie sie funktioniert:

1. Installieren Sie die Dropbox auf Ihrem Computer. Gehen Sie zur www.dropbox.com, klicken Sie auf Dropbox herunterladen, folgen Sie den Angaben, und legen Sie ein Konto mit einem sicheren Passwort an. Das Ganze dauert knapp zwei Minuten.

2. Öffnen Sie dann den Ordner Dropbox auf Ihrem Computer. Legen Sie die Dokumente, an denen Sie arbeiten oder die Sie auf allen Geräten dabeihaben wollen, in die Dropbox. Ich habe die Ordner Eingang und Bearbeiten als Basis meiner verlässlichen Organisation angelegt. Alle Dateien, die Sie in die Dropbox legen, gleicht die Software sofort ab, ohne dass Sie etwas davon merken.

3. Auf vielen Geräten ist Dropbox schon installiert, wenn nicht, bekommen Sie die App kostenlos bei Google Play. Starten Sie die App, und melden Sie sich mit Ihren Benutzerdaten an. Nach dem Öffnen sehen Sie den Inhalt des Dropbox-Ordners, wie er auf Ihrem Computer zu sehen ist. Tippen Sie auf einen Ordner, um den Inhalt zu sehen.

4. Tippen Sie auf eine Datei, um sie anzuzeigen. Alle Formate, die Ihr Smartphone darstellen kann, können Sie auch in der Dropbox öffnen. Das sind Bilder, Musik, Filme, Text und meist auch PDF-Dateien.

5. In der Dateiansicht können Sie auch Dateien teilen, löschen oder – über das Menü – exportieren. Wählen Sie Auf SD-Karte speichern und legen Sie die Datei etwa im Ordner Download ab.

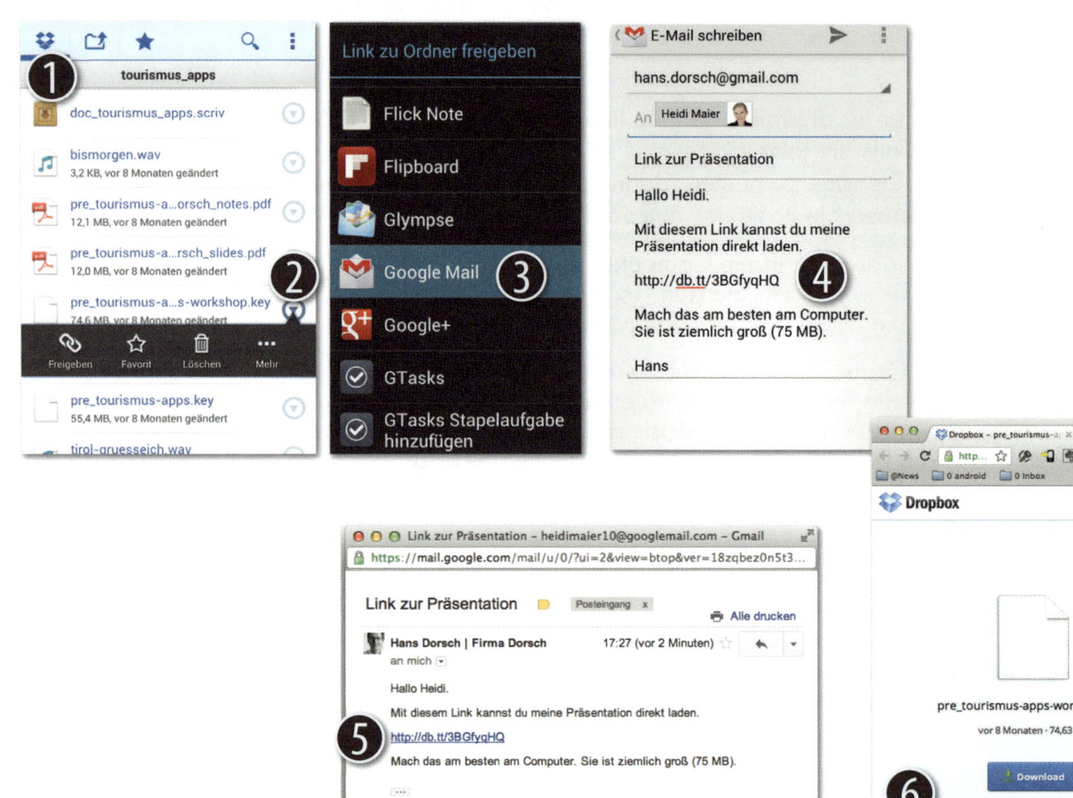

tourismus_apps
doc_tourismus_apps.scriv
bismorgen.wav
3,2 KB, vor 8 Monaten geändert
pre_tourismus-a...orsch_notes.pdf
12,1 MB, vor 8 Monaten geändert
pre_tourismus-a...rsch_slides.pdf
12,0 MB, vor 8 Monaten geändert
pre_tourismus-a...s-workshop.key
Freigeben
Favorit
Löschen
Mehr
pre_tourismus-apps.key
55,4 MB, vor 8 Monaten geändert
Link zu Ordner freigeben
Flick Note
Flipboard
Glympse
Google Mail
Google+
GTasks
GTasks Stapelaufgabe hinzufügen
E-Mail schreiben
hans.dorsch@gmail.com
An Heidi Maier
Link zur Präsentation
Hallo Heidi.
Mit diesem Link kannst du meine Präsentation direkt laden.
http://db.tt/3BGfyqHQ
Mach das am besten am Computer. Sie ist ziemlich groß (75 MB).
Hans
Link zur Präsentation – heidimaier10@googlemail.com – Gmail
https://mail.google.com/mail/u/0/?ui=2&view=btop&ver=18zqbez0n5t3...
Link zur Präsentation
Posteingang
Alle drucken
Hans Dorsch | Firma Dorsch
17:27 (vor 2 Minuten)
an mich
Hallo Heidi.
Mit diesem Link kannst du meine Präsentation direkt laden.
http://db.tt/3BGfyqHQ
Mach das am besten am Computer. Sie ist ziemlich groß (75 MB).
Zum Antworten, Allen antworten oder Weiterleiten hier klicken
Dropbox
pre_tourismus-apps-workshop.key
vor 8 Monaten · 74,63 MB
Download
Zu meiner Dropbox hinzufügen
1
2
3
4
5
6

Dropbox – große Dateien mit anderen teilen

Manchmal halte ich Vorträge oder leite Workshops. Häufig kommt es vor, dass mich Leute fragen, ob ich Ihnen nicht die Unterlagen schicken kann, damit sie sie auf ihrem Computer ansehen oder selbst weiterbearbeiten können. Das kann ich, denn sie liegen in meiner Dropbox, und ich kann auch darauf zugreifen, wenn ich am Freitag Nachmittag gemütlich den Tag in der Café Bar ausklingen lasse.

❶ Öffnen Sie die Dropbox, und navigieren Sie zu dem Ordner, in dem sich Ihre Dateien befinden. Bei mir heißt er tourismus_apps. Hier liegt eine Keynote-Präsentation (pre_tourismus[...].key) mit fast 75 MB Größe. Diese gebe ich zum direkten Download frei.

❷ Tippen Sie auf den Pfeil neben einer Datei oder einem Ordner. Tippen Sie im Aktionsmenü, das erscheint, Freigeben.

❸ Wählen Sie in der folgenden Auswahl Google Mail, um den Link per E-Mail zu verschicken.

❹ Android erstellt eine E-Mail-Nachricht mit einem Download-Link. Schreiben Sie noch ein paar Worte dazu, vielleicht einen Hinweis zur Dateigröße, und schicken Sie die Nachricht ab.

❺ Ihr Empfänger erhält die Nachricht mit einem Link zur Datei bei Dropbox.

❻ Ein Klick öffnet die Download-Seite bei Dropbox. Ihr Empfänger kann die Datei auf seinen Computer laden oder, wenn er oder sie ein Dropbox-Konto besitzt, in die eigene Dropbox laden (das ist noch praktischer).

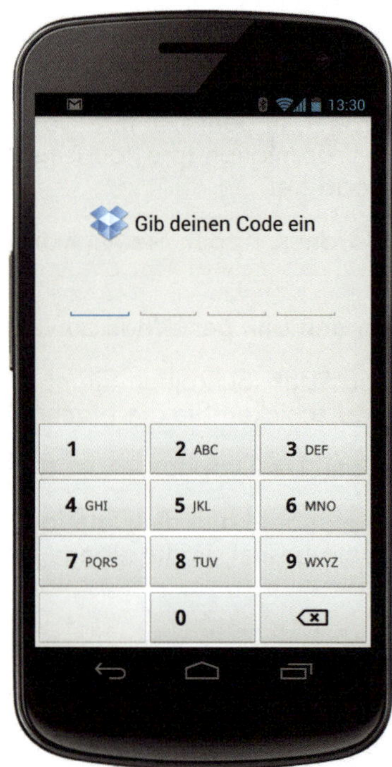
13:30
Gib deinen Code ein
1
2 ABC
3 DEF
4 GHI
5 JKL
6 MNO
7 PQRS
8 TUV
9 WXYZ
0

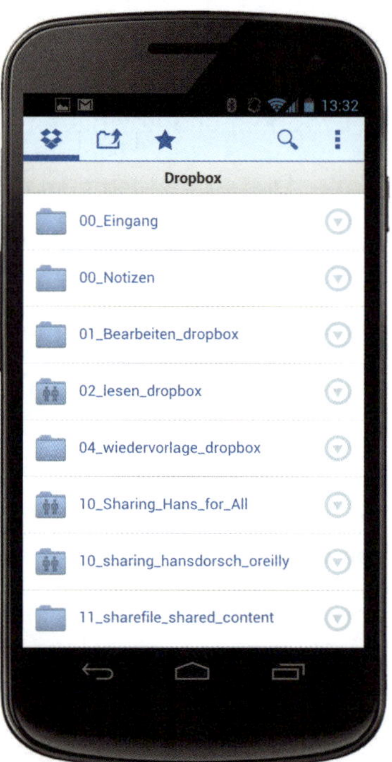
13:32
Dropbox
00_Eingang
00_Notizen
01_Bearbeiten_dropbox
02_lesen_dropbox
04_wiedervorlage_dropbox
10_Sharing_Hans_for_All
10_sharing_hansdorsch_oreilly
11_sharefile_shared_content

Die Dropbox und die Sicherheit

Die Dropbox zu benutzen ist einfach wunderbar. Egal, ob Sie alleine mit mehreren Computern oder Mobilgeräten arbeiten oder Ordner mit Freunden oder Kollegen teilen: Der früher so komplizierte Abgleich von Daten läuft hier ganz einfach im Hintergrund. Dennoch sollten Sie sich darüber im Klaren sein, dass sich alle Daten, die sich im Dropbox-Ordner Ihres Computers befinden, immer auch in der Cloud, also irgendwo im Internet befinden. Wie sicher diese dort sind, hängt auch von Ihnen ab.

- Die Übertragung der Daten zwischen Ihren Geräten und der Dropbox erfolgt verschlüsselt. Das gilt für Zugangsdaten und für Dateien.
- Alle Dateien sind privat und nur für Sie zugänglich. Andere Nutzer können nur auf Ordner oder Dateien zugreifen, die Sie für sie freigeben.
- Ihre Daten werden verschlüsselt auf Servern von amazon gespeichert.
- Dropbox-Angestellte dürfen nur auf Metadaten zugreifen (Dateinamen und Speicherorte). Dropbox-Mitarbeiter dürfen Ihre Dateien in Ihrem Dropbox-Ordner nicht sehen.
- Sie können Ordner auf Ihrem Mac oder PC selbst verschlüsseln (z.B. als »Disk Image« (virtuelle Festplatte) mit 256-Bit-AES) oder mit Werkzeugen wie Truecrypt in die Dropbox legen und dort nutzen. So sind Sie völlig unabhängig von den Sicherheitsmaßnahmen, die Dropbox nutzt.
- Leider lassen sich verschlüsselte Ordner zurzeit noch nicht mit Android öffnen. Es gibt allerdings Apps, die Daten verschlüsselt speichern und die Dropbox zur Ablage nutzen. 1Password gehört zu dieser Gattung (siehe weiter hinten).

Mehr Sicherheitstipps

Lesen Sie auf der nächsten Seite weiter. Dort finden Sie Hinweise zur Online-Sicherheit. Den Dropbox-Sicherheitsüberblick finden Sie online unter www.dropbox.com/privacy#security.

13:52
Geben Sie Ihre PIN ein.
1
2
3
4
5
6
7
8
9
Abbrechen
0

13:54
Di., 19. Juni
T-Mobile D
Notruf

Der smarte Umgang mit privaten Daten

Ein Smartphone ohne Internet-Zugang ist wie ein Auto, bei dem nur der erste Gang funktioniert. Sie können ein bisschen damit fahren, aber außerhalb des Parkplatzes merken Sie, dass etwas fehlt. Schalten Sie dann die restlichen Gänge frei, fängt der Spaß richtig an – es wird aber auch gefährlicher. Deshalb habe ich ein paar Hinweise zusammengestellt, wie Sie Apps wie Dropbox oder Evernote (siehe Kapitel 9) praktisch nutzen und trotzdem nicht die Kontrolle über Ihre privaten und vertraulichen Daten verlieren.

Sichern Sie Ihre Zugänge

- Verwenden Sie für jedes Online-Konto ein einmaliges, sicheres Passwort. Mehr dazu finden Sie auf der nächsten Seite.
- Aktivieren Sie die Zugangssperren an Ihrem Computer und Ihrem Smartphone. (Richten Sie auf Ihrem Computer ein Benutzerkonto ein, falls Sie noch keines haben.)
- Sichern Sie vertrauliche Office-Dateien mit Kennwörtern (MS Office lässt sich zum Beispiel mit Documents to go oder Quick Office öffnen).

Setzen Sie Ihren Verstand ein

Zwischen Ihren Online-Daten und den neugierigen Augen anderer stehen nur Ihr Username und Ihr Passwort. Sollten Sie also einmal Opfer eines Phishing-Angriffs oder eines Passwort-Diebstahls werden, kann Ihr Online-Speicher zur Quelle aller Ihrer persönlichen Daten werden.

- Speichern Sie deshalb persönliche Daten nicht unverschlüsselt – weder offline noch online. Nutzen Sie Apps wie 1Password.
- Wählen Sie aus, welche Daten Sie anzeigen möchten, und speichern Sie nur diese in der Dropbox oder in anderen Online-Werkzeugen.

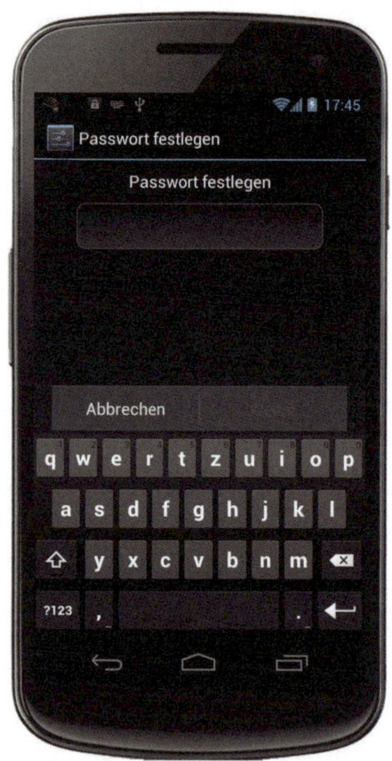
17:45
Passwort festlegen
Passwort festlegen
Abbrechen
q w e r t z u i o p
a s d f g h j k l
y x c v b n m
?123

17:51
Google
22
Fr. (25)
Heute 17:30 - 18:30 anderScore GmbH,
[E] Goldschmiede - Kodieren auf (mi...
19:00 - 22:00 Dingfabrik - Gasmotorenfabrik 3,
[E] Dingfabrik Bastelnachmittag
Morgen MediaPark, 50670 Köln
Medienfest.NRW
Kalender
Lesen News
Arbeiten
Tourismus
Kontakte
Maps
Galerie
Kamera

Der smarte Weg zum sicheren Passwort

Hacker, die die Zugangsdaten von Mitgliedern eines großen Online-Dienstes gesammelt haben, kamen zur erschreckenden Erkenntnis, dass der Großteil der Nutzer Passwörter verwendet, die komplett unsicher sind. Dabei ist es gar nicht schwer, sicher online zu gehen. Mit diesen Tipps widerstehen Sie sogar Angriffen mit roher Rechengewalt:

- Ein Passwort sollte unterschiedliche Zeichen, Buchstaben, Zahlen und Sonderzeichen enthalten.
- Verwenden Sie keine einfachen Namen. Diese lassen sich rasend schnell mit einem sogenannten Wörterbuchangriff aushebeln.
- Sehr gut geeignet sind Sätze. Folgende Zeile aus einem Lied von Jan Delay habe ich schon als Passwort verwendet: »**U**nd **g**enau **d**arum, **m**öchte **i**ch **n**icht, **d**ass **i**hr **m**eine **L**ieder **s**ingt**!**«. Mein Passwort lautet dann: »**Ugdmindim1s!**« (Das L habe ich noch durch eine 1 ersetzt.)
- Lassen Sie Passwörter automatisch erzeugen. Ich verwende dazu die App 1Passwort auf allen meinen Computern. Mehr dazu finden Sie auf der nächsten Seite.
- Verwenden Sie für jeden Dienst ein eigenes Passwort. So vermeiden Sie, dass Hacker Ihr Passwort an einer Stelle klauen und sich an anderer Stelle damit einloggen.
- Ach ja: Behalten Sie Ihre Passwörter für sich. Verraten Sie sie weder Ihrem Ehepartner noch Ihren Freunden oder Ihren Kindern. Nicht, weil Sie etwas zu verbergen hätten, sondern einfach, weil niemand sonst sie wissen muss.
- Ändern Sie Ihre Passwörter regelmäßig.

1
2
3
4
5
DB BAHN
Startseite | Angebotsberatung | Fahrplan & Buchung | Services | BahnCard | Urlaub
Login
1Password Trial - 1Password
File Edit Backup View Help
Lock Preferences Login Wallet Item Account Software Secure Note Identity New Folder Auto-Type Find
Accounts (7)
Software (119)
Secure Notes (64)
Identities (6)
bahn.de hansdorsch
drop an attachment here
Favorites
Categories
Folders
Settings
All Items
Backtype hansdorsch
register.hans@dorsch.com
Bagcheck
bagcheck.com (Hans Dorsch,Col...
hans.dorsch@gmail.com
bahn mobile services
hansdorsch
bahn.de (hansdorsch)
hansdorsch
bahn.de (steeb dorothee)
steeb dorothee
Bahncard
Bahn
Bank X
X 4
Barcampruhr3
hansdorsch
bahn.de (hansdorsch)
Login
Username
hansdorsch
Password
URL
Copy
Reveal
Konflikte
lieferadressetyp
postfach
View Note
Show web form details

1Password – der mobile Safe für persönliche Daten

Das beste Passwort ist eines, das Sie sich selbst nicht merken können. Klingt paradox? Wenn das einzige Passwort, das Sie zurzeit verwenden, aber Michaela oder 1234 heißt, sollten Sie vielleicht über Ihre Sicherheitsstrategie nachdenken.

Diese Strategie könnte so aussehen: Speichern Sie alle Ihre PINs, Mitgliedsnummern, Kundennummern, Bankkonten und Logins für Websites, auf die Sie mit dem Browser zugreifen, in einer Datenbank auf dem Computer, und sichern Sie diese mit einem Passwort ab.

Eine der bekanntesten Datenbanken heißt 1Password. Die App gibt es für Mac, Windows, iOS und Android. Zum Abgleich mit Ihrem Gerät speichert 1Password die Datenbank sicher nach dem AES–128–Standard verschlüsselt in Ihrer Dropbox (siehe vorherige Seiten). So kommt niemand an Ihre Daten, selbst wenn er Zugriff auf Ihren Speicher im Netz bekommt. Darauf können Sie sich verlassen.

❶ Installieren Sie 1Password auf Ihrem Computer (Mac oder Windows). Melden Sie sich dann an einer Website an, z.B. bei Bahn.de.

❷ 1Password kann sichere Passwörter erzeugen, speichern und automatisch einfügen.

❸ Im Programmfenster, das sich nur mit Ihrem Masterpassword öffnen lässt, können Sie Logins und weitere Daten finden und verwalten. Diese werden verschlüsselt auf Ihrer Dropbox gespeichert.

❹ Öffnen Sie 1Password am Smartphone, und suchen Sie in der Liste nach dem Login. Über die Taste oben links gelangen Sie zum Menü. Wählen Sie Categories → All, um alle Einträge anzuzeigen. Blättern Sie in den Einträgen, oder tippen Sie auf die Lupe (oben), um zu suchen. Tippen Sie dann auf den gewünschten Eintrag.

❺ Auf der Detailseite sehen Sie alle Einzelheiten zum Eintrag. Ein Tipp auf den Link ruft die Website im Browser auf und füllt die Login-Felder mit Ihren Daten aus. Brauchen Sie die Anmeldedaten für eine App, z.B. den DB Navigator, kopieren Sie einfach die Anmeldedaten. Tippen Sie dazu auf das kleine Menü bei Password und wählen Sie Copy. 1Passwort kopiert das Passwort in die Zwischenablage, aus der Sie es überall einsetzen können.

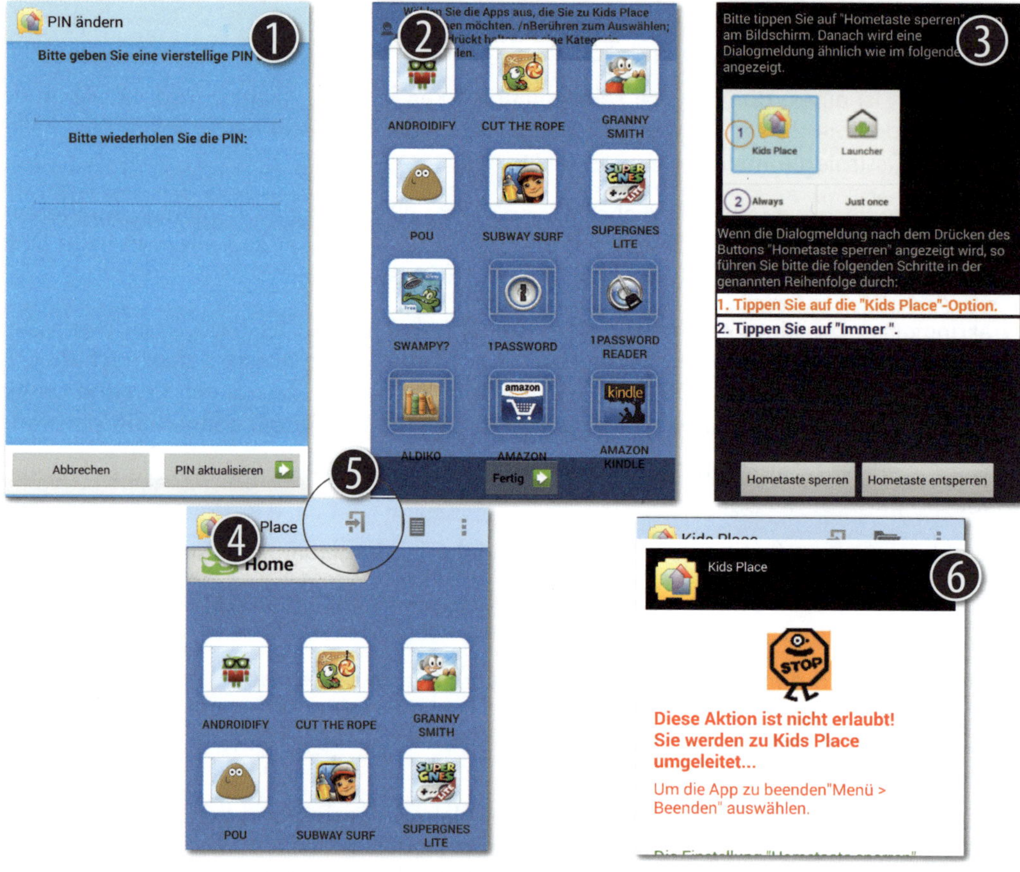
PIN ändern
Bitte geben Sie eine vierstellige PIN
Bitte wiederholen Sie die PIN:
Abbrechen
PIN aktualisieren
ANDROIDIFY
CUT THE ROPE
GRANNY SMITH
POU
SUBWAY SURF
SUPERGNES LITE
SWAMPY?
1PASSWORD
1PASSWORD READER
ALDIKO
AMAZON
AMAZON KINDLE
Fertig
Bitte tippen Sie auf "Hometaste sperren"
am Bildschirm. Danach wird eine
Dialogmeldung ähnlich wie im folgende
angezeigt.
Kids Place
Launcher
Always
Just once
Wenn die Dialogmeldung nach dem Drücken des Buttons "Hometaste sperren" angezeigt wird, so führen Sie bitte die folgenden Schritte in der genannten Reihenfolge durch:
1. Tippen Sie auf die "Kids Place"-Option.
2. Tippen Sie auf "Immer ".
Hometaste sperren
Hometaste entsperren
Place
Home
ANDROIDIFY
CUT THE ROPE
GRANNY SMITH
POU
SUBWAY SURF
SUPERGNES LITE
Kids Place
STOP
Diese Aktion ist nicht erlaubt! Sie werden zu Kids Place umgeleitet...
Um die App zu beenden"Menü > Beenden" auswählen.

Kids Place – das Smartphone kindersicher machen

Lange Auto- oder Zugfahrten werden für Kinder irgendwann langweilig. Wenn Kühe suchen oder Nummernschilder erraten (auch für Kennzeichen gibt es eine App) langweilig wird, müssen Spiele her. Davon gibt es für Android so viele, dass eine eigene Spielkonsole überflüssig ist. Gleichzeitig sollen die Kleinen aber auch nicht die geschäftlichen E-Mails lesen, Schmuddelkram im Internet suchen oder aus Versehen im Play Store einkaufen. Schaffen Sie einen eigenen Ort für Ihre Kinder – den Kids Place:

❶ Installieren die kostenlose App Kids Place auf Ihrem Smartphone. Starten Sie die App und geben Sie eine vierstellige PIN ein. Im Anschluss können Sie eine E-Mail-Adresse angeben, über die Sie die PIN wiederherstellen können. Sie können aber auch ohne fortfahren.

❷ **Wählen Sie** dann die **Anwendungen** für Ihre Kinder aus. Das kann auch eine Kamera-App sein oder ein Browser für Kinder (siehe nächste Seite). Bestätigen Sie Ihre Auswahl mit Fertig.

❸ **Sperren Sie die Home-Taste**. Damit machen Sie Kids Place kurzfristig zum Standard-Launcher, und Ihr Kind landet beim Tipp darauf im Kids Place (auch die Zurück- und Letzte Apps-Tasten werden gesperrt – so soll es sein!)

❹ So sieht der Kids Place aus. Schön, oder? Ihr Kind kann jetzt nach Herzenslust spielen, Musik hören und virtuelle Tiere füttern.

❺ Mit Beenden verlassen Sie die Kinderumgebung – wenn Sie die PIN wissen.

❻ Versucht ihr Kind auf eine von Ihnen nicht autorisierte App zuzugreifen oder drückt es die Home-Taste, sieht es diesen Bildschirm.

SAMSUNG
16:09
Willkommen!
Gerät personalisieren
Weitere Bildschirme für Apps und Ordner erstellen
OK
1

16:14
Google
2
KK Apps
KK Einstellung
KK Widget
iOS7 ScreenLock

16:09
Vorgang abschließen mit
KK Launcher
Nova Launcher
TouchWiz Easy Startseite
TouchWiz-Start
Immer
Nur einmal
3

Launcher – die Startoberfläche anpassen

Es gibt ja mittlerweile eine Menge Hersteller von Android-Smartphones. Einige greifen mächtig in die Wundertüte und erweitern das Android-System um eigene Funktionen. Auf den ersten Blick sieht man das häufig am Home-Bildschirm und an den Symbolen. Das gefällt vielen Nutzern, vielen aber auch nicht. Gut, dass Sie die Darstellung ganz einfach ändern können: Mit einem neuen Startbildschirm, genannt Launcher. Mein Favorit heißt KK Launcher. Damit verpassen Sie jedem Smartphone ganz schnell den KitKat-Look.

❶ Installieren Sie KK Launcher kostenlos aus dem Play Store und starten Sie die App. Eine kurze Einführung erwartet Sie. Mit OK geht's weiter.

❷ Jetzt ist KK Launcher aktiv. Sie finden eine Verknüpfung zu den Einstellungen und einigen Zusatzapps auf dem Home- Bildschirm.

- Wechseln Sie noch den Hintergrund aus: Das funktioniert mit einem langen Druck auf den Bildschirm.
- Sie können Ihren neuen Home-Bildschirm jetzt einrichten, wie Sie möchten. Mit Verknüpfungen, Ordnern und Widgets. Viel Spaß.

❸ Wenn Sie jetzt auf die Home-Taste tippen, werden Sie gefragt, mit welcher App Sie den Vorgang abschließen möchten. Tippen Sie auf KK Launcher und dann auf Immer. Jetzt ist KK Launcher die Standardanwendung für die Home-Taste. (Wie Sie das wieder rückgängig machen, lesen Sie weiter vorne beim Thema Standardanwendungen.)

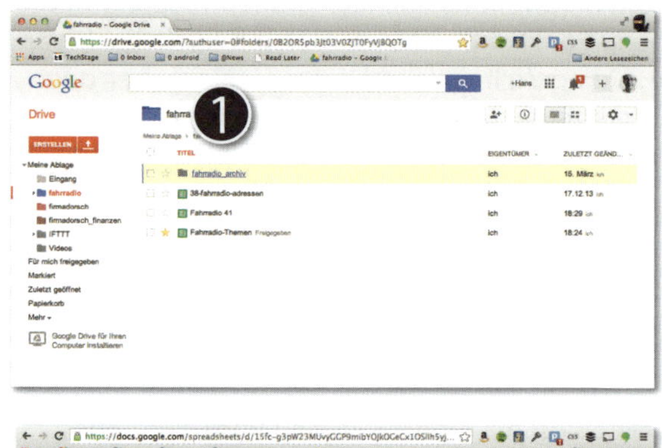

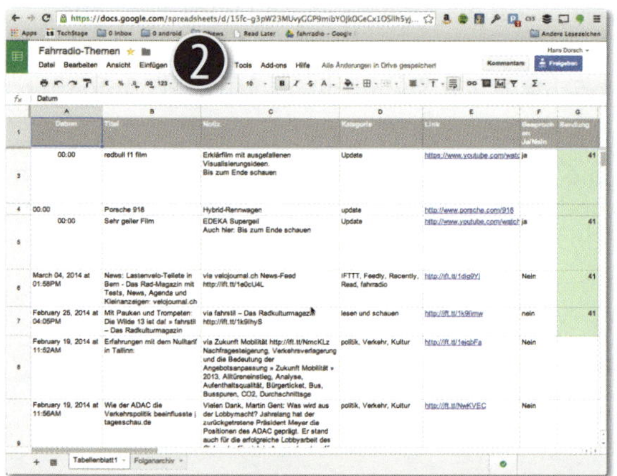

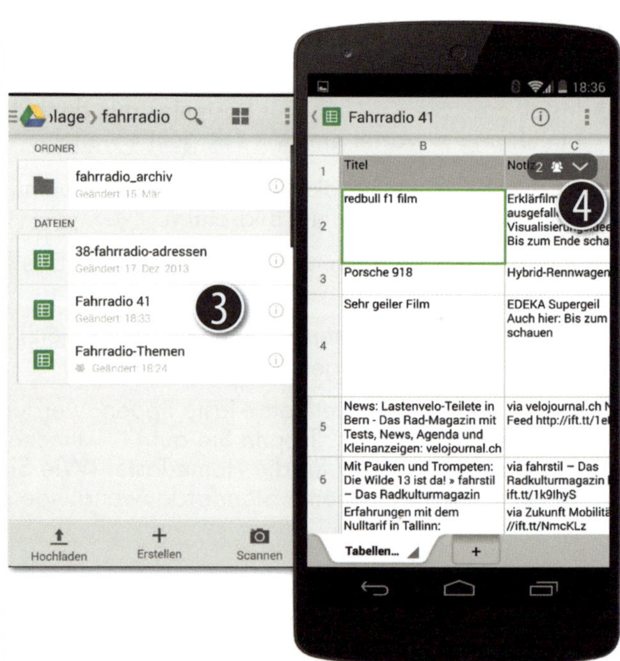

Dokumente in der Cloud nutzen mit Google Drive

Die gute alte Tabellenkalkulation ist nicht totzukriegen. Und Google hat sie mit dem Google Drive (vorher Google Docs) internetfähig gemacht. Ich nutze sie, um den Ablauf meiner Radiosendung mit den anderen Teilnehmern zu planen und während der Sendung zu verfolgen. Am Computer und am Smartphone.

❶ So sieht Google Drive im Browser am Computer aus. Am Schreibtisch sind der große Monitor und die Tastatur einfach praktisch. Wählen Sie www.drive.google.com und melden Sie sich mit Ihrem Google-Konto an.

❷ Verwalten und Bearbeiten Sie Textdokumente, Präsentationen oder Tabellen im Browser. Ich aktualisiere meine Sendungsplanung (Sendung Nr. 41) mit Themen und Links am Computer.

❸ Öffnen Sie Google Drive am Smartphone. Wenn es noch nicht installiert ist, laden Sie es aus dem Play Store. Sie sehen alle eigenen Dokumente und auch die, die für Sie freigegeben sind. Ich tippe auf die Sendung Nr. 41.

❹ Die Tabelle lässt sich ansehen und bearbeiten. Hier haben noch zwei weitere Bearbeiter die Tabelle geöffnet. Anhand der Farben können Sie sehen, wer gerade was bearbeitet. So soll Zusammenarbeit aussehen.

Nicht nur Office-Dokumente

Google Drive speichert übrigens alles, was Sie hineinlegen, also nicht nur Dokumente, die Sie dort erstellen. Also genau wie die Dropbox. Sie haben 15 GB Platz, das ist eine ganze Menge.

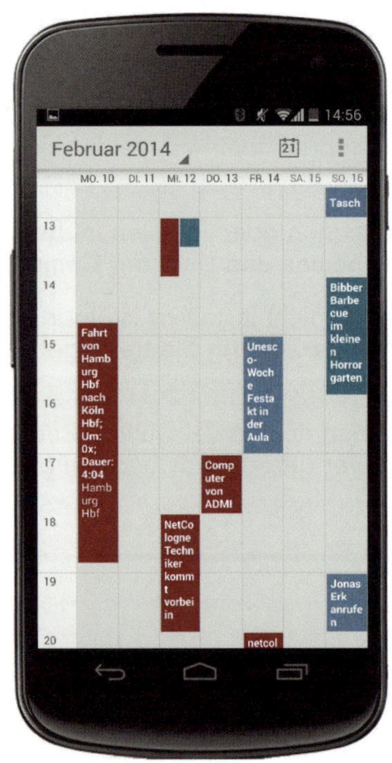
14:56
Februar 2014
21
MO. 10
DI. 11
MI. 12
DO. 13
FR. 14
SA. 15
SO. 16
Tasch
13
14
15
16
17
18
19
20
Fahrt von Hamb urg Hbf nach Köln Hbf; Um: 0x; Dauer: 4:04 Hamb urg Hbf
Unesc o-Woch e Festa kt in der Aula
Bibber Barbe cue im kleine n Horror garten
Comp uter von ADMI
NetCo logne Techn iker komm t vorbei in
Jonas Erk anrufe n
netcol

Kapitel 9 | Termine, Aufgaben und alles andere geregelt kriegen

Es gibt Leute, die behaupten, wir wären nur Getriebene unserer Termine und sklavisch dem Kalender unterworfen. Das mag bei manchem so sein. Es kommt allerdings darauf an, wie man seine Werkzeuge nutzt: Mir gibt der Kalender Sicherheit. Auf dem Smartphone sehe ich, was heute ansteht. Was nicht darin steht, findet auch nicht statt. Aufgaben, die ich erledigen muss, stehen in meiner Aufgabenliste – immer. So behalte ich einen klaren Kopf. In der japanischen Zen-Lehre heißt das:

Mizu no kokoro – Der Geist ruhig wie das Wasser

Wenn mir zu Hause oder unterwegs etwas einfällt, ein Termin, eine Erledigung oder eine Idee, notiere ich sie immer sofort – auf dem Smartphone. Und regelmäßig nehme ich mir ein wenig Zeit, um die Einträge anzuschauen, zu bearbeiten und zu löschen.

Das Smartphone und der damit verbundene Speicher im Internet sind ein sicherer Ort, auf den Sie sich verlassen können. Alles, was Sie brauchen, sind ein Kalender, eine Aufgabenliste und ein Notizblock.

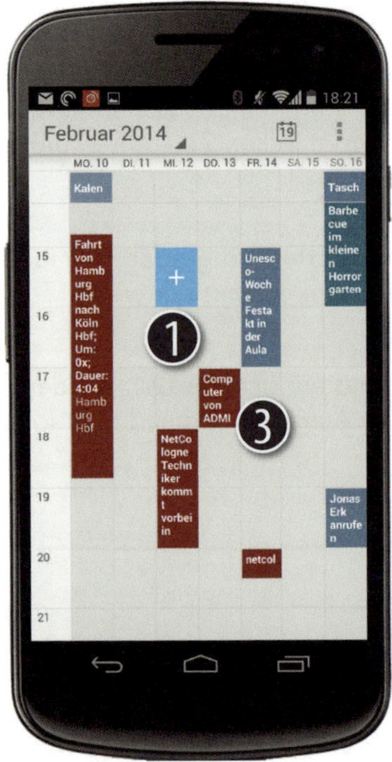
18.21
Februar 2014
MO. 10
DI. 11
MI. 12
DO. 13
FR. 14
SA. 15
SO. 16
Kalen
Tasch
Fahrt von Hamburg Hbf nach Köln Hbf; Um: 0x; Dauer: 4:04 Hamburg Hbf
Unesco-Woche Festakt in der Aula
Barbecue im kleinen Horrorgarten
Computer von ADMI
NetCologne Techniker kommt vorbei in
Jonas Erk anrufen
netcol
1
3

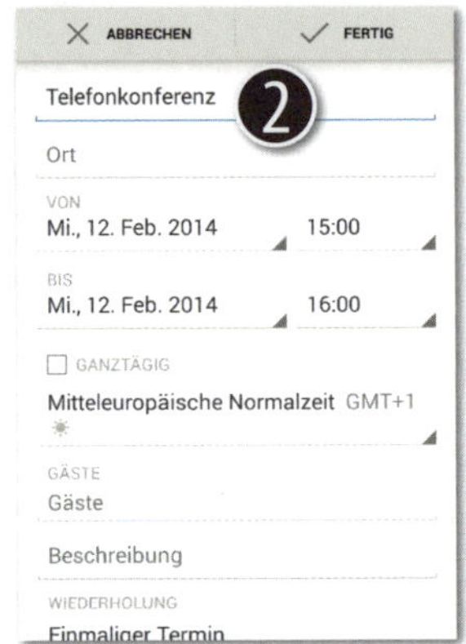
ABBRECHEN
FERTIG
Telefonkonferenz
2
Ort
VON
Mi., 12. Feb. 2014
15:00
BIS
Mi., 12. Feb. 2014
16:00
GANZTÄGIG
Mitteleuropäische Normalzeit GMT+1
GÄSTE
Gäste
Beschreibung
WIEDERHOLUNG
Einmaliger Termin

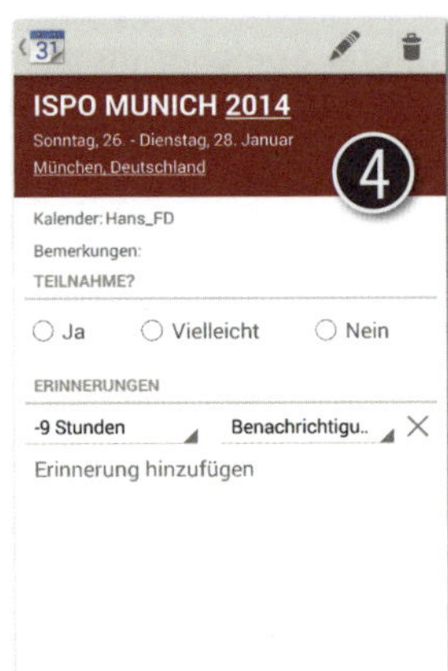
ISPO MUNICH 2014
Sonntag, 26. - Dienstag, 28. Januar
München, Deutschland
4
Kalender: Hans_FD
Bemerkungen:
TEILNAHME?
Ja
Vielleicht
Nein
ERINNERUNGEN
-9 Stunden
Benachrichtigu..
Erinnerung hinzufügen

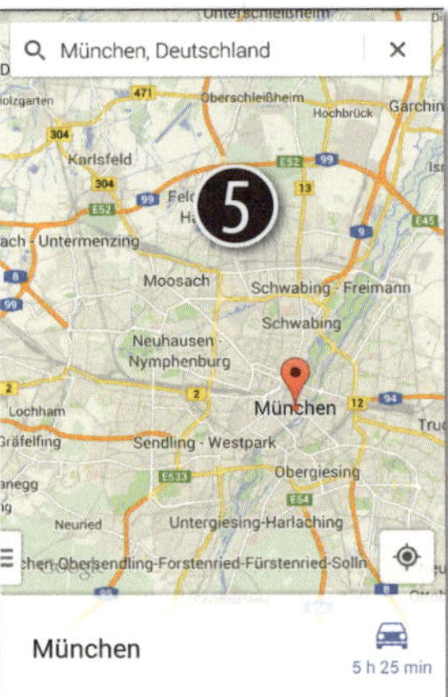
München, Deutschland
5
Karlsfeld
Moosach
Schwabing - Freimann
Schwabing
Neuhausen - Nymphenburg
München
Sendling - Westpark
Obergiesing
Untergiesing-Harlaching
München
5 h 25 min

Kalender mit Google benutzen

Der Android-Kalender ist grundsätzlich vernetzt. Was Sie auf dem Computer eintragen, steht Sekunden später auf dem Smartphone und umgekehrt. Alles lässt sich per Fingertipp erledigen.

❶ Öffnen Sie den Kalender. Er startet meist in der Wochenansicht und zeigt die Kalender aller mit Ihrem Smartphone verbundenen Google-Konten. (Hier sind mehrere Kalender angezeigt. Mehr dazu lesen Sie auf der nächsten Seite.) Tippen Sie auf einen freien Bereich, um einen neuen Termin einzutragen. Tippen Sie noch einmal darauf, um die Details zum Termin zu bearbeiten.

❷ Tag und Uhrzeit sind schon voreingestellt. Geben Sie die Titel ein, und tippen Sie auf Fertig, um den Termin zu speichern. (Mehr zum Anlegen von Terminen finden Sie weiter hinten in diesem Kapitel.)

❸ Tippen Sie auf Einträge, um Details dazu anzusehen.

❹ Zu diesem Eintrag wurde ein Ort eingetragen. Dieser ist verlinkt. Tippen Sie auf den Eintrag, um die Adresse in Google Maps zu öffnen.

❺ Orte und Firmenadressen werden ziemlich sicher gefunden. So haben Sie auf dem Weg zum Termin schon die Karte dabei. Tippen Sie auf die Zurück-Taste, um zum Termin zurückzukehren.

Kein Kalender auf dem Smartphone

Heißt Ihr Kalender auf dem Smartphone anders? Sieht er anders aus? Kein Problem, den Original-Google-Kalender finden Sie im Play Store: Suchen Sie danach.

HEUTE, MITTWOCH
19. März 2014
Tag 22. März
Woche 17.-23. Mär.
Monat März
Terminübersicht 22. März
1

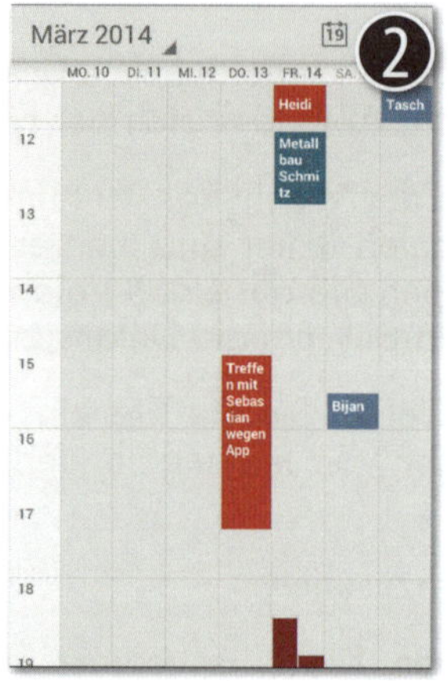
März 2014
MO. 10
DI. 11
MI. 12
DO. 13
FR. 14
Heidi
Tasch
Metall bau Schmi tz
Treffe n mit Sebas tian wegen App
Bijan
2

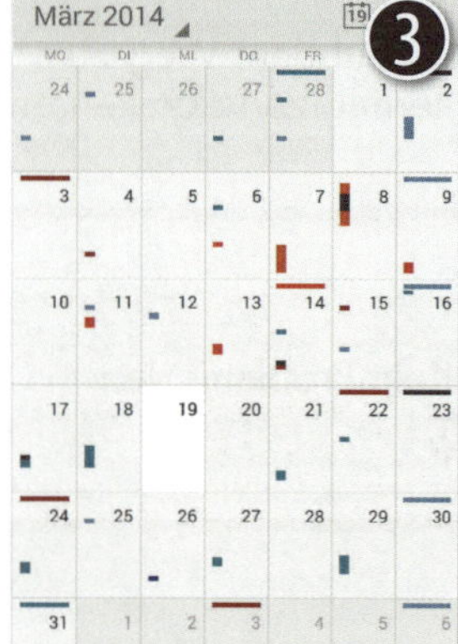
März 2014
3

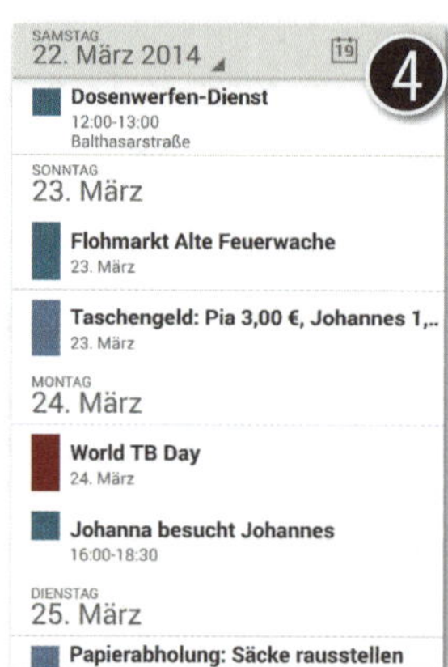
SAMSTAG
22. März 2014
Dosenwerfen-Dienst
12:00-13:00
Balthasarstraße
SONNTAG
23. März
Flohmarkt Alte Feuerwache
23. März
Taschengeld: Pia 3,00 €, Johannes 1,..
23. März
MONTAG
24. März
World TB Day
24. März
Johanna besucht Johannes
16:00-18:30
DIENSTAG
25. März
Papierabholung: Säcke rausstellen
4

11:23
Google
MI.
19. Mär.
FR., 21. MÄR.
Mit Bachmann/ Engel zu Mangal
19:00-22:00
SA., 22. MÄR.
Schulfest Bal
Dosenwerfen-Dienst
12:00-13:00
Balthasarstraße
SO., 23. MÄR.
Taschengeld: Pia 3,00..
Lockito
WhatsApp
Call a Bike
mytaxi
Fake Location
5

Kalender anzeigen

Je nachdem, wie und was Sie planen, ist es praktisch, die Termine unterschiedlich darzustellen. Da ist ein elektronischer Kalender der Papiervariante klar überlegen.

❶ Öffnen Sie den Kalender. Hier erscheint die Anzeige, die Sie das letzte Mal verwendet haben. Bei mir ist es der aktuelle Tag. Ganztägige Ereignisse sind am oberen Rand immer sichtbar. Streichen Sie nach oben und unten, um alle Termine des Tages anzuzeigen. Über das Pop-up-Menü am Datum wechseln Sie zwischen den Ansichten.

❷ Die Wochenansicht ist wunderbar, um die aktuelle Auslastung zu sehen. Die Farben helfen dabei, zu sehen, ob Sie etwas tun müssen (Arbeit) oder dürfen (Familie).

❸ In der Monatsansicht sehen Sie, an welchen Tagen Termine eingetragen sind. Das ist gut für die längerfristige Planung.

❹ Mir gefällt am besten die Terminübersicht, eine Liste aller Tage mit meinen Terminen. Streichen Sie nach oben und unten, um schnell die nächsten Ereignisse zu sehen. Auch hier sind die Kalendereinträge farbig markiert.

❺ Android kann den Kalender auch auf dem Startbildschirm darstellen, und zwar mit unterschiedlichen Widgets. So sehen Sie Ihre Tagesplanung, wenn Sie Ihr Smartphone starten. Wie Sie Widgets für den Kalender und andere Apps einstellen, lesen Sie in Kapitel 8.

Neuer Termin schnell erstellt

In allen Ansichten lassen sich neue Termine erstellen – entweder durch langes Drücken auf einen Tag oder eine Zeitspanne oder über Menü → Neuer Termin. Das Datum richtet sich dabei nach der gerade angezeigten Zeitspanne.

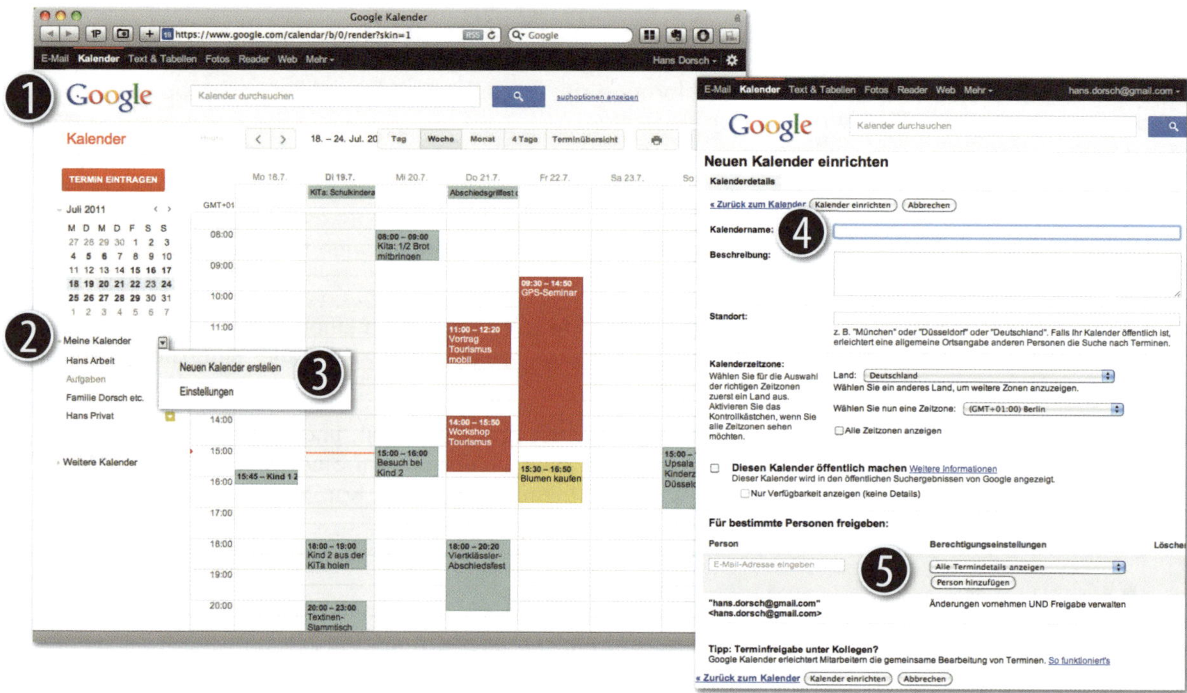

Google Kalender
https://www.google.com/calendar/b/0/render?skin=1
E-Mail
Kalender
Text & Tabellen
Fotos
Reader
Web
Mehr
Hans Dorsch
1
Google
Kalender durchsuchen
Suchoptionen anzeigen
Kalender
TERMIN EINTRAGEN
18. – 24. Jul. 20
Tag
Woche
Monat
4 Tage
Terminübersicht
Juli 2011
2
Meine Kalender
Hans Arbeit
Aufgaben
Familie Dorsch etc.
Hans Privat
Weitere Kalender
Neuen Kalender erstellen
Einstellungen
3
Mo 18.7.
Di 19.7.
Mi 20.7.
Do 21.7.
Fr 22.7.
Sa 23.7.
08:00 – 09:00 Kita: 1/2 Brot mitbringen
09:30 – 14:50 GPS-Seminar
11:00 – 12:20 Vortrag Tourismus mobil
14:00 – 15:50 Workshop Tourismus
15:00 – 16:00 Besuch bei Kind 2
15:30 – 16:50 Blumen kaufen
18:00 – 19:00 Kind 2 aus der KiTa holen
18:00 – 20:20 Viertklässler-Abschiedsfest
20:00 – 23:00 Textinen-Stammtisch
hans.dorsch@gmail.com
Neuen Kalender einrichten
Kalenderdetails
« Zurück zum Kalender
Kalender einrichten
Abbrechen
Kalendername:
4
Beschreibung:
Standort:
z. B. "München" oder "Düsseldorf" oder "Deutschland". Falls Ihr Kalender öffentlich ist, erleichtert eine allgemeine Ortsangabe anderen Personen die Suche nach Terminen.
Kalenderzeitzone:
Wählen Sie für die Auswahl der richtigen Zeitzonen zuerst ein Land aus. Aktivieren Sie das Kontrollkästchen, wenn Sie alle Zeitzonen sehen möchten.
Land: Deutschland
Wählen Sie ein anderes Land, um weitere Zonen anzuzeigen.
Wählen Sie nun eine Zeitzone: (GMT+01:00) Berlin
Alle Zeitzonen anzeigen
Diesen Kalender öffentlich machen Weitere Informationen
Dieser Kalender wird in den öffentlichen Suchergebnissen von Google angezeigt.
Nur Verfügbarkeit anzeigen (keine Details)
Für bestimmte Personen freigeben:
Person
Berechtigungseinstellungen
E-Mail-Adresse eingeben
5
Alle Termindetails anzeigen
Person hinzufügen
"hans.dorsch@gmail.com" <hans.dorsch@gmail.com>
Änderungen vornehmen UND Freigabe verwalten
Tipp: Terminfreigabe unter Kollegen?
Google Kalender erleichtert Mitarbeitern die gemeinsame Bearbeitung von Terminen. So funktioniert's
« Zurück zum Kalender
Kalender einrichten
Abbrechen

Google Kalender online verwalten

Wie gesagt: Der Android-Kalender ist grundsätzlich vernetzt. Was Sie auf dem Smartphone eintragen, steht Sekunden später auf dem Computer und umgekehrt. Sie können darauf zugreifen, wo und wie Sie wollen – und andere auch, wenn Sie es erlauben. Richten Sie am besten mehrere Kalender ein, so können Sie Berufliches, Privates und Öffentliches ganz einfach trennen und teilen. Das erledigen Sie am Computer im Webbrowser:

❶ Rufen Sie den Google Kalender im Web unter www.google.com/calendar auf. Melden Sie sich mit Ihrem Google-Konto an.

❷ In der linken Spalte sehen Sie den Abschnitt Meine Kalender. Ich habe drei Kalender angelegt:

- **Hans Arbeit**: Diesen Kalender können meine Mitarbeiter und meine Frau sehen und bearbeiten. Dazu habe ich ihn für sie freigegeben. Dieser erste Kalender ist der Hauptkalender. Er kann nicht gelöscht werden. Wenn Sie sich neu anmelden, trägt er Ihren Namen; meiner hieß also Hans Dorsch. (Dieser Hauptkalender ist übrigens der einzige, den Google Calendar Sync mit Outlook anzeigen und abgleichen kann, siehe dazu Kapitel 3.)
- **Familie Dorsch etc.**: Hier kommen Termine für die ganze Familie hinein. Alle Familienmitglieder können Termine sehen, eintragen und bearbeiten.
- **Hans Privat**: Dieser Kalender ist ganz alleine für mich da. Er ist nicht freigegeben, und nur ich kann sehen, was darin steht. Man muss schließlich auch einen Ort für Geheimnisse haben.

❸ Klicken Sie auf das Pfeilchen neben Meine Kalender, und wählen Sie aus dem Menü Neuen Kalender erstellen.

❹ Geben Sie einen Namen für den Kalender und vielleicht eine Beschreibung ein.

❺ Stellen Sie hier ein, ob Ihr Kalender öffentlich einsehbar sein soll und ob bestimmte Personen ihn sehen oder auch bearbeiten können sollen. Geben Sie dazu deren E-Mail-Adresse ein. (Ihr eigener Name ist immer freigegeben.) Klicken Sie auf Kalender einrichten, wenn Sie fertig sind.

11:30
März 2014
MO. 24
DI. 25
Neuer Termin
Aktualisieren
Suche
1
Anzuzeigende Kalender
Feedback geben
4
Einstellungen
Hilfe
Johan nes Schne ehase
Karne valsfe ier bis 11:11
Johan nes im Cinde

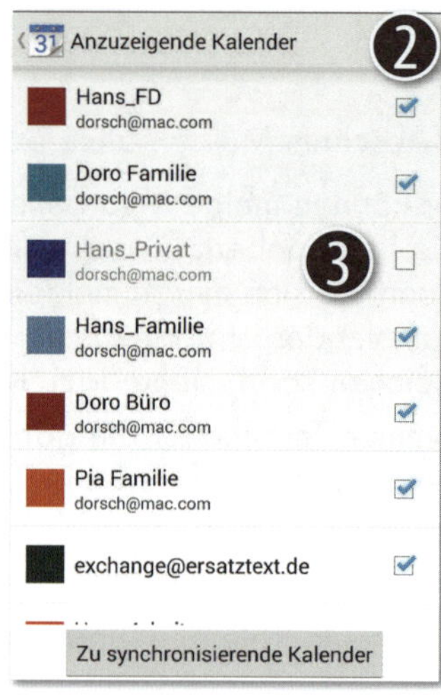
Anzuzeigende Kalender
2
Hans_FD
dorsch@mac.com
Doro Familie
dorsch@mac.com
Hans_Privat
dorsch@mac.com
3
Hans_Familie
dorsch@mac.com
Doro Büro
dorsch@mac.com
Pia Familie
dorsch@mac.com
exchange@ersatztext.de
Zu synchronisierende Kalender

SONNTAG
2. März 2014
5
Scholl und veedelszoch
12:00-16:30
MONTAG
3. März
Rechnung und Kostenauswertung an..
3. März
DIENSTAG
4. März
Stadtbibliothek Ausweis verlängern l..
18:00-19:00
6
DONNERSTAG
6. März
Elektro Frens kommt wg. Klingel und..
08:15-09:15
Berufung zum Social Media Manager
16:00-16:30
FREITAG
7. März

Kalender auf dem Smartphone auswählen und anzeigen

Für mich sind alle Termine gleich wichtig. Die Renovierung der Küche behandle ich genauso als Projekt wie ein neues Buch oder die Sportveranstaltungen der Kinder. Und alle diese Projekte und Kalender will ich auf meinem Smartphone sehen. Gut, dass Android alle Kalender anzeigen kann, die in Google Kalender angelegt sind.

❶ Öffnen Sie den Kalender auf Ihrem Smartphone, und wählen Sie Menü → Anzuzeigende Kalender.

❷ Die Liste zeigt alle Kalender, die zur Verfügung stehen, hier etwa die Termine meiner Frau und Tochter.

❸ Schalten Sie beliebig viele Kalender ein und aus. Auch Kalender, die Sie im Google Kalender abonniert haben, zeigt Android an. Mehr dazu auf der nächsten Seite. Kalender, die Sie gerade nicht interessieren, blenden Sie einfach aus.

❹ In den Einstellungen sehen Sie alle Konten und deren Kalender, die mit Ihrem Smartphone verbunden sind. Hier sind es ein Exchange-Konto und ein paar Google-Konten, die mit dem Gerät verbunden sind. Tippen Sie auf die Einträge, um die Inhalte anzuzeigen.

❺ Bei Google Kalendern übernimmt Android übrigens die Farben, die Sie im Browser eingestellt haben. Die Exchange-Kontofarbe wird dagegen automatisch erstellt. So können Sie an der Farbe sehen, zu welchem Kalender welcher Eintrag gehört, zum Beispiel hier in der Listenansicht ❻.

05:38
März 2014
MO. 10
DI. 11
MI. 12
DO. 13
FR. 14
SA. 15
SO. 16
Kalen
Heidi
Tasch
Treffen mit Sebastian wegen App
Bijan

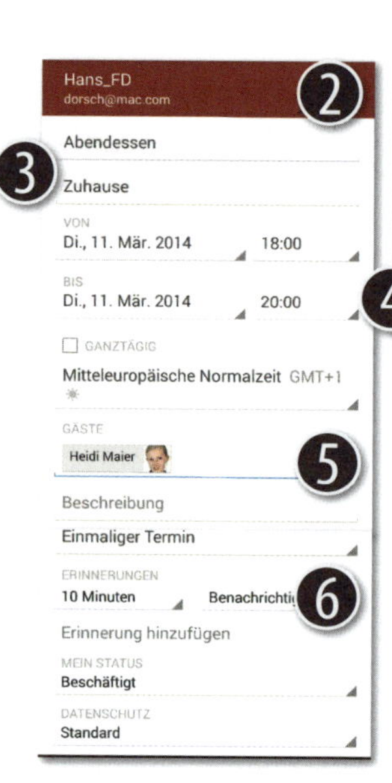
Hans_FD
dorsch@mac.com
Abendessen
Zuhause
VON
Di., 11. Mär. 2014
18:00
BIS
Di., 11. Mär. 2014
20:00
GANZTÄGIG
Mitteleuropäische Normalzeit GMT+1
GÄSTE
Heidi Maier
Beschreibung
Einmaliger Termin
ERINNERUNGEN
10 Minuten
Erinnerung hinzufügen
MEIN STATUS
Beschäftigt
DATENSCHUTZ
Standard
18:00
Fertig

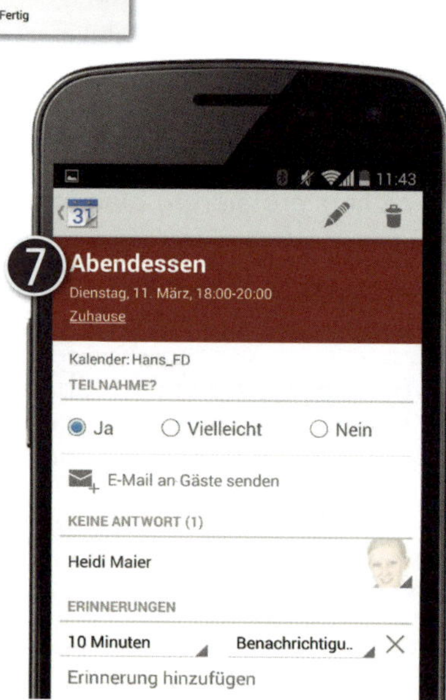
11:43
Abendessen
Dienstag, 11. März, 18:00-20:00
Zuhause
Kalender: Hans_FD
TEILNAHME?
Ja
Vielleicht
Nein
E-Mail an Gäste senden
KEINE ANTWORT (1)
Heidi Maier
ERINNERUNGEN
10 Minuten
Benachrichtigu..
Erinnerung hinzufügen

Kalendereinträge unterwegs erstellen

Da trifft man eine alte Freundin auf der Straße und sagt: »Ja, wir sollten uns echt mal wieder treffen. Zum Abendessen oder so.« Dann sagen alle »Ja« und dann wird doch nichts draus. Also, raus mit dem Smartphone und einen Termin eintragen. Ist doch besser, oder?

❶ Öffnen Sie den Kalender, zum Beispiel in der Wochenansicht (Pop-up-Menü → Woche). Suchen Sie einen Tag und eine Zeit, und tippen Sie darauf. Ich wähle Mittwoch, den 18. Juli um 18 Uhr. Wählen Sie aus dem Menü Neuer Termin.

❷ Wählen Sie aus dem Menü, in welchem Kalender der Termin gespeichert werden soll. Hier ist es ein privater Termin, den alle Familienmitglieder sehen sollen.

❸ Geben Sie dann die Details für den Termin ein. Titel und Zeit genügen, das Datum haben Sie ja schon gewählt.

❹ Stellen Sie noch die Endzeit ein. Das geht bequem über eine Uhr.

❺ Laden Sie Gäste zum Termin ein. Die Gäste erhalten die Einladung per E-Mail oder direkt im Kalender.

❻ Lassen Sie sich an den Termin erinnern. Ändern Sie die Standardzeit, oder fügen Sie weitere Erinnerungen hinzu, zum Beispiel am Tag vorher. Tippen Sie oben am Display Fertig, um den Termin einzutragen.

❼ So sieht Ihr Termin im Detail aus. Hier sehen Sie auch, wer zugesagt hat und wer nicht.

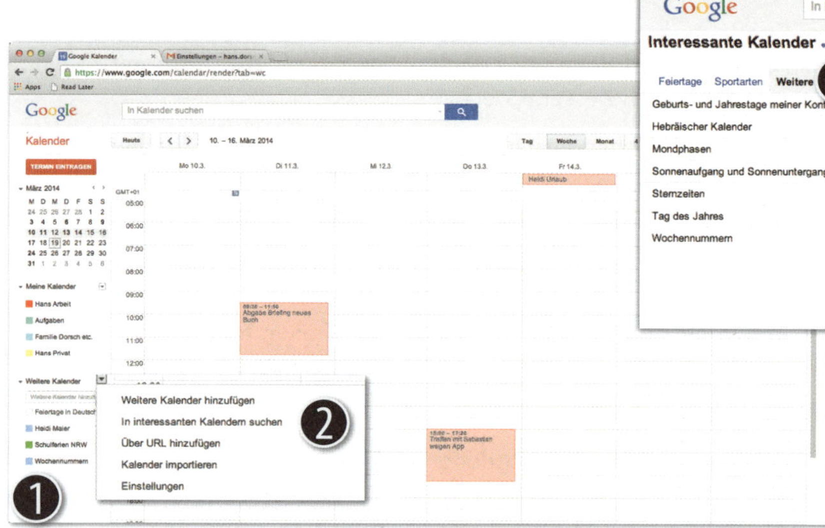
Google
In Kalender suchen
Kalender
Heute
10. – 16. März 2014
Tag
Woche
Monat
TERMIN EINTRAGEN
März 2014
Meine Kalender
Hans Arbeit
Aufgaben
Familie Dorsch etc.
Hans Privat
Weitere Kalender
Feiertage in Deutsch
Heidi Maier
Schulferien NRW
Wochennummern
Heidi Urlaub
Weitere Kalender hinzufügen
In interessanten Kalendern suchen
Über URL hinzufügen
Kalender importieren
Einstellungen
1
2
Google
In Kalender suchen
+Hans
Interessante Kalender « Zurück zum Kalender
Feiertage
Sportarten
Weitere
3
Geburts- und Jahrestage meiner Kontakte Vorschau Kalender kündigen
Hebräischer Kalender Vorschau Abonnieren
Mondphasen Vorschau Abonnieren
Sonnenaufgang und Sonnenuntergang in Köln Vorschau Abonnieren
Sternzeiten Vorschau Abonnieren
Tag des Jahres Vorschau Abonnieren
Wochennummern Vorschau Abonnieren
4
Weitere Tools
Weitere Kalender hinzufüg
Über URL hinzufügen
Kalender importieren
Kalender erstellen »
Kalender verwalten »

14:30
MONTAG
17. März 2014
Heidi Urlaub
Kalenderwoche 12 2014
5
00
01
02
03

Den Kalender zum Informationstool erweitern

Der Google Kalender, den Sie mit Android nutzen, kann nicht nur Ihre eigenen Termine anzeigen, er ist auch offen für Termine von außen. Es macht so richtig Spaß, ihn mit Informationen anzureichern. Und wenn Sie sich als Outlook-Nutzer fragen, wo denn hier die Kalenderwochen sind, dann schauen Sie mal, wie einfach sie sich hineinzaubern lassen:

1. Öffnen Sie Ihren Google Kalender am Computer im Webbrowser www.google.com/calendar. In der linken Spalte sehen Sie Weitere Kalender. Ich habe hier bereits ein paar angelegt: den Google Kalender meiner Kollegin Heidi und die Schulferien in NRW und, nicht zu vergessen, die Kalenderwochen (oder Wochennummern). Mehr zu den unterschiedlichen Kalendern lesen Sie auf der nächsten Seite.

2. Fügen Sie jetzt die Wochennummern hinzu: Klicken Sie auf den kleinen Pfeil neben Weitere Kalender, und wählen Sie In interessanten Kalendern suchen.

3. Wählen Sie auf der folgenden Seite Weitere für eine Liste praktischer Kalender.

4. Klicken Sie Abonnieren neben dem Eintrag Wochennummern. Ab jetzt wird immer am Montag ein ganztägiges Ereignis mit der aktuellen Wochennummer angezeigt.

5. Schauen Sie jetzt auf dem Smartphone in den Kalender. Ihre abonnierten Kalender werden angezeigt. Hier sehen Sie die ganztägigen Ereignisse für den Tag.

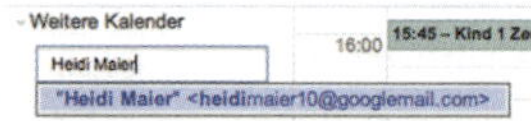

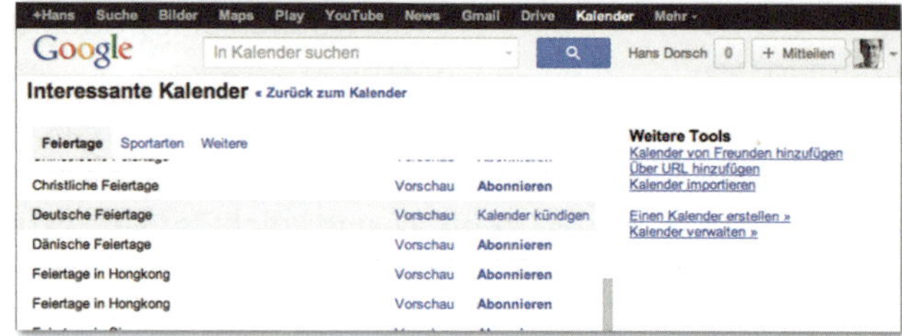

3

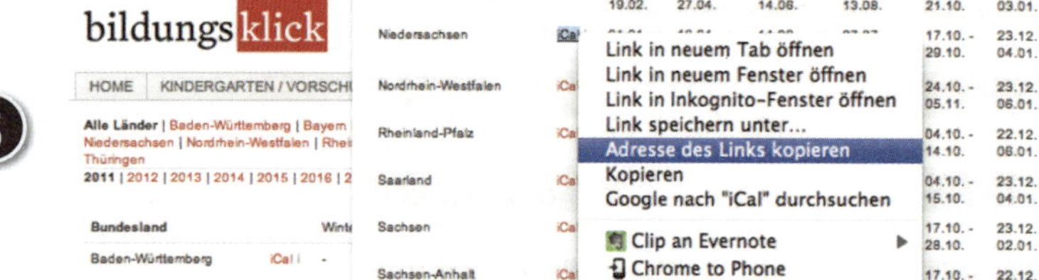

Über URL hinzufügen

URL:

Wenn Ihnen die Adresse für einen Kalender bekannt ist, können Sie diese im iCal-Format hier eingeben.

Den Kalender öffentlich machen?

Kalender hinzufügen | Abbrechen

Kalender importieren

Datei: Datei auswählen | Keine ausgewählt

Wählen Sie die Datei aus, die Ihre Termine enthält. Google Kalender kann Termininformationen im iCal-Format oder im CSV-Format (MS Outlook) importieren. Weitere Informationen

Kalender: Hans Arbeit

Wählen Sie den Kalender aus, in dem diese Termine gespeichert werden sollen.

Importieren | Abbrechen

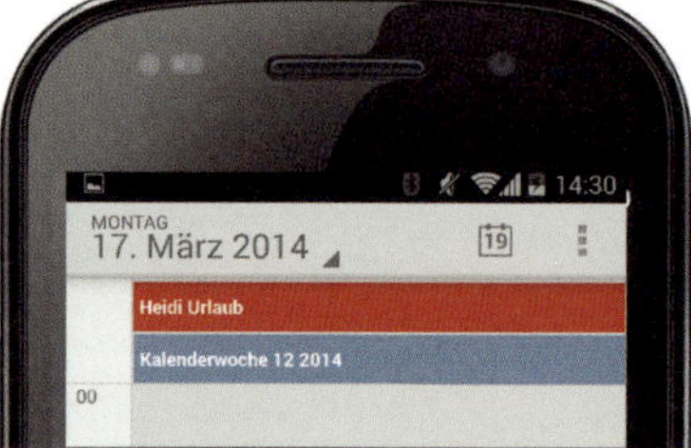

Vier Möglichkeiten, den Google Kalender zu erweitern

Es gibt vier Möglichkeiten, Kalender hinzuzufügen. So kommen nicht nur Wochennummern, sondern ungleich mehr Informationen hinzu, wenn Sie wollen. Diese Möglichkeiten finden Sie, wenn Sie den Kalender im Browser am Computer aufrufen:

❶ Kalender von Freunden hinzufügen: Geben Sie die E-Mail-Adresse eines Freundes oder Mitarbeiters in das Eingabefeld ein. Hat er einen Kalender für Sie freigegeben, erscheint dieser in Ihrer Liste. Heidi hat Ihren Kalender für mich freigegeben. Er taucht automatisch in der Liste auf.

❷ Interessante Kalender durchsuchen: Google stellt eine große Sammlung praktischer Kalendererweiterungen bereit. Die folgenden drei sollten in keinem Kalender fehlen:

- Deutsche Feiertage
- Geburts- und Jahrestage (aus den Google-Kontakten, bei Google Mail oder Google Kontakte)
- Wochennummern

❸ Über URL hinzufügen: Sie können beliebige Kalender aus dem Netz über deren Adresse (URL) in Ihren eigenen Kalender einfügen. Neue Termine werden dann automatisch hinzugefügt. Suchen Sie nach Kalendern im iCal-Format (.ics). Kopieren Sie die URL, und fügen Sie diese ein.

- Schulferien für Deutschland finden Sie bei www.bildungsklick.de/schulferien. Suchen Sie im Netz nach weiteren Angeboten.
- Online-Kalender zu bestimmten Themen. Viele Schulen und Unis bieten Kalender zum Abonnieren öffentlich an. Viele davon werden mit dem Google Kalender erstellt. (Suchen Sie mal nach der Carl-Orff-Realschule.)

❹ Kalender importieren: Fügen Sie Ereignisse im iCal- oder CSV-Format (z.B. von Outlook) in Ihren Kalender ein. Wählen Sie dazu eine Datei von Ihrem Computer aus.

Alle eigenen und weiteren Kalender können Sie auf Ihrem Android anzeigen und (wenn freigegeben) bearbeiten ❺.

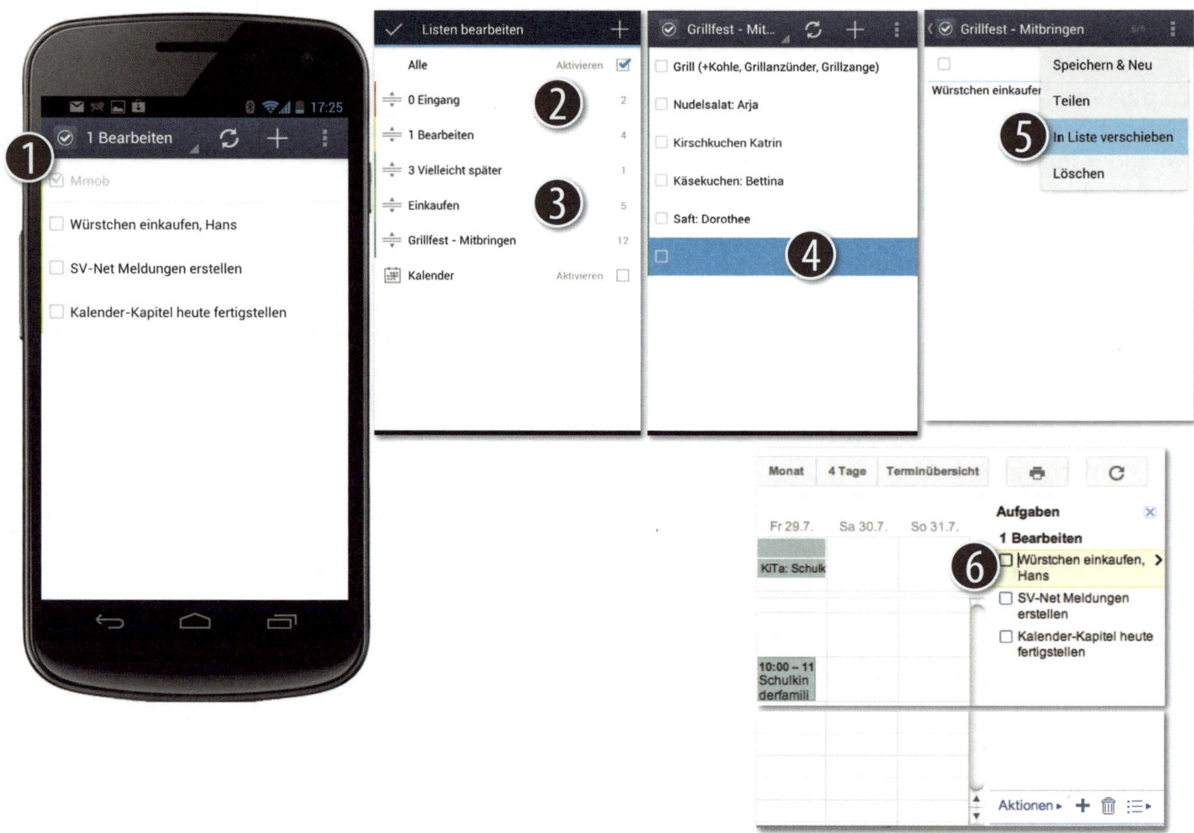
17:25
1 Bearbeiten
Mmob
Würstchen einkaufen, Hans
SV-Net Meldungen erstellen
Kalender-Kapitel heute fertigstellen
Listen bearbeiten
Alle
Aktivieren
0 Eingang
2
1 Bearbeiten
4
3 Vielleicht später
1
Einkaufen
5
Grillfest - Mitbringen
12
Kalender
Aktivieren
Grillfest - Mit...
Grill (+Kohle, Grillanzünder, Grillzange)
Nudelsalat: Arja
Kirschkuchen Katrin
Käsekuchen: Bettina
Saft: Dorothee
Grillfest - Mitbringen
Würstchen einkaufen
Speichern & Neu
Teilen
In Liste verschieben
Löschen
Monat
4 Tage
Terminübersicht
Fr 29.7.
Sa 30.7.
So 31.7.
KiTa: Schulk
10:00 – 11
Schulkin
derfamili
Aufgaben
1 Bearbeiten
Würstchen einkaufen, Hans
SV-Net Meldungen erstellen
Kalender-Kapitel heute fertigstellen
Aktionen
1
2
3
4
5
6

Aufgaben und Listen verwalten mit GTasks

Ein Smartphone ohne Aufgabenlisten kann ich mir nicht vorstellen. Manche Smartphones bringen auch welche mit. Die kostenlose App GTasks hat allerdings einen riesigen Vorteil: Sie verbindet sich mit der Aufgabenliste Ihres Google Kalenders. So können Sie die Listen auch am Computer bearbeiten.

❶ Installieren Sie GTasks aus dem Google Play Store, und starten Sie die App. Melden Sie sich gleich mit Ihrem Google-Konto an. Richten Sie dann Listen ein, und füllen Sie diese mit Inhalten. Tippen Sie dazu oben links auf das Listensymbol.

❷ Erstellen Sie drei übergreifende Listen:

- **Eingang**: Sammeln Sie hier Aufgaben, die Ihnen zwischendurch einfallen, damit sie nicht verloren gehen.
- **Bearbeiten**: In diese Liste kommen Aufgaben, die Sie aktuell erledigen möchten.
- **Vielleicht/Später**: Diese Liste ist für Aufgaben oder Ideen, die Sie nicht vergessen möchten, die aber auch nicht wirklich dringend sind.

❸ Erstellen Sie dann Listen für Ihre Projekte, beruflich oder privat. Hier sind es **Einkäufe**, die unterwegs erledigt werden können, und eine Liste zur Vorbereitung eines **Grillfests**. Legen Sie so viele Listen an, wie Sie möchten. Öffnen Sie dann eine Liste.

❹ Erstellen Sie jetzt Ihre Aufgaben. Formulieren Sie möglichst aktiv und konkret. Tippen Sie dazu in die leere Zeile am Ende der Liste (oder auf die +-Taste oben rechts). Tippen Sie auf den Haken, um erledigte Aufgaben zu markieren.

❺ Tippen Sie auf eine Aufgabe, um sie zu bearbeiten. Bearbeiten Sie den Eintrag, oder verschieben Sie ihn in eine andere Liste. Tippen Sie auf Menü → In Liste verschieben. Ich wähle die Liste Bearbeiten.

❻ Alle Einträge finden Sie auch im Google Kalender im Web, rechts neben dem Kalender.

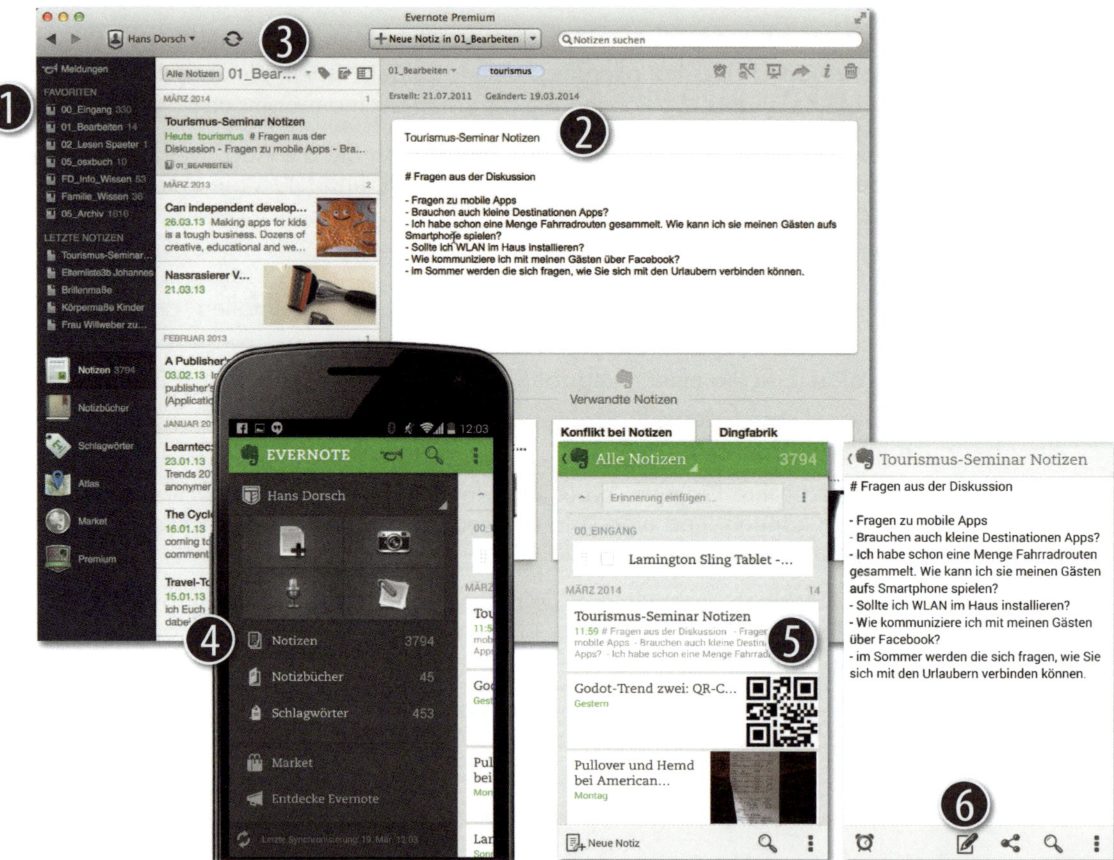

Evernote Premium
Hans Dorsch
Neue Notiz in 01_Bearbeiten
Notizen suchen
1
2
3
4
5
6
Meldungen
FAVORITEN
00_Eingang
01_Bearbeiten
02_Lesen Spaeter
05_osxbuch
FD_Info_Wissen
Familie_Wissen
05_Archiv
LETZTE NOTIZEN
Notizen
Notizbücher
Schlagwörter
Atlas
Market
Premium
Alle Notizen
MÄRZ 2014
Tourismus-Seminar Notizen
Heute tourismus # Fragen aus der Diskussion - Fragen zu mobile Apps - Bra...
MÄRZ 2013
Can independent develop...
26.03.13 Making apps for kids is a tough business. Dozens of creative, educational and we...
Nassrasierer V...
21.03.13
FEBRUAR 2013
01_Bearbeiten
tourismus
Erstellt: 21.07.2011 Geändert: 19.03.2014
Tourismus-Seminar Notizen
Fragen aus der Diskussion
- Fragen zu mobile Apps
- Brauchen auch kleine Destinationen Apps?
- Ich habe schon eine Menge Fahrradrouten gesammelt. Wie kann ich sie meinen Gästen aufs Smartphone spielen?
- Sollte ich WLAN im Haus installieren?
- Wie kommuniziere ich mit meinen Gästen über Facebook?
- im Sommer werden die sich fragen, wie Sie sich mit den Urlaubern verbinden können.
Verwandte Notizen
Konflikt bei Notizen
Dingfabrik
EVERNOTE
Hans Dorsch
Notizen 3794
Notizbücher 45
Schlagwörter 453
Market
Entdecke Evernote
Alle Notizen 3794
Erinnerung einfügen ...
00_EINGANG
Lamington Sling Tablet -...
MÄRZ 2014
Tourismus-Seminar Notizen
Godot-Trend zwei: QR-C...
Gestern
Pullover und Hemd bei American...
Montag
Neue Notiz
Tourismus-Seminar Notizen
Fragen aus der Diskussion
- Fragen zu mobile Apps
- Brauchen auch kleine Destinationen Apps?
- Ich habe schon eine Menge Fahrradrouten gesammelt. Wie kann ich sie meinen Gästen aufs Smartphone spielen?
- Sollte ich WLAN im Haus installieren?
- Wie kommuniziere ich mit meinen Gästen über Facebook?
- im Sommer werden die sich fragen, wie Sie sich mit den Urlaubern verbinden können.

Evernote – Nehmen Sie Ihr Archiv mit

Sammeln ist gut – und digitales Sammeln ist besser. Aber was nutzt das schönste Archiv, wenn es auf der Festplatte des Computers weggeschlossen ist? Und wenn man etwas auf dem Smartphone mitnimmt, wie soll man entscheiden, was mitkommt und was zu Hause bleibt? Evernote löst dieses Dilemma. Diese digitale Dateiablage ist über das Internet immer aktuell und läuft gleichzeitig schnell auf allen Ihren Computern.

❶ Installieren Sie Evernote auf Ihrem Smartphone (aus dem Market) und auf Ihrem Computer (Mac oder Windows bei www.evernote.com/downloads). Richten Sie sich dann ein kostenloses Konto ein.

❷ Verfassen Sie eine Notiz am Computer. Notizen können Text-, Bild- und PDF-Dateien enthalten. Hier sehen Sie Textnotizen aus einem Seminar.

❸ Evernote gleicht die Notizen alle 5 Minuten mit dem Server ab oder sofort, wenn Sie auf die Taste Synchronisieren klicken.

❹ Öffnen Sie Evernote auf dem Smartphone. Wählen Sie aus dem Menü (Tipp auf den Elefanten) Notizen oder ein bestimmtes Notizbuch, oder suchen Sie mit der Lupe nach einem Stichwort.

❺ Tippen Sie auf eine Notiz in der Liste, um sie zu lesen. Sie wird jetzt geladen.

❻ Tippen Sie auf den Stift in der unteren Aktionsleiste, um Änderungen an der Notiz vorzunehmen. Diese werden selbstverständlich wieder mit dem Computer abgeglichen.

Wozu ich Evernote nicht nutze

Obwohl es theoretisch geht, nutze ich Evernote nicht, um meinen Tagesablauf zu organisieren. Ich halte echte Kalender und Aufgabenlisten dafür für wesentlich besser geeignet.

1
Kontakte
Google
RunKeeper
Lesen

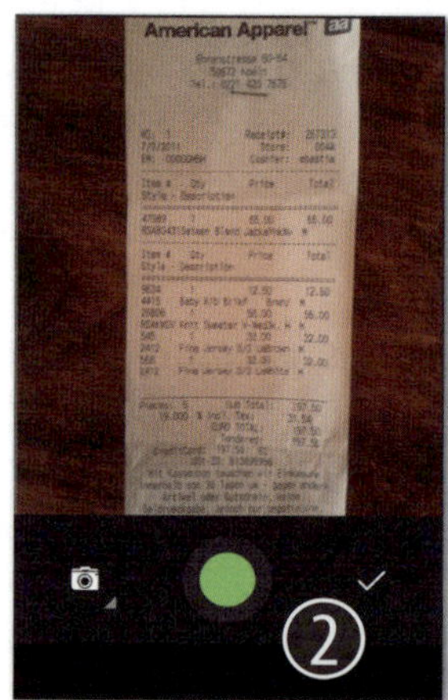
American Apparel
2

00_Eingang
3
Pullover und Hemd bei American apparel B
American Apparel

18:57
Google
12°C
4
Kontakte

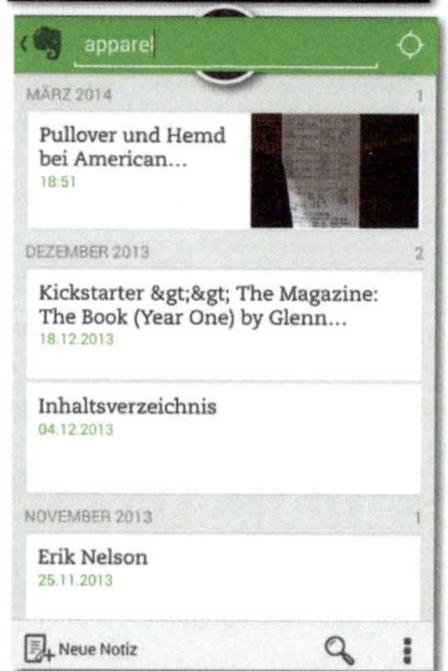
apparel
MÄRZ 2014
1
Pullover und Hemd bei American...
18:51
DEZEMBER 2013
2
Kickstarter >> The Magazine: The Book (Year One) by Glenn...
18.12.2013
Inhaltsverzeichnis
04.12.2013
NOVEMBER 2013
1
Erik Nelson
25.11.2013
Neue Notiz

Pullover und Hemd bei Ameri...
American Apparel
6

Mit Evernote Belege sichern und suchen

»Haben Sie den Beleg dabei? Ohne kann ich Ihnen den Pullover nicht umtauschen«. Wer hebt schon die Kassenzettel aller Einkäufe auf? Und wenn, in welcher Kiste liegen die dann? Meine Sammelkiste heißt Evernote. Meine Einkaufszettel liegen damit als Bilder auf dem Smartphone und auf dem Server und sind immer zur Stelle, wenn ich sie brauche. Und weil bei Evernote jedes Bild mit der Texterkennung untersucht wird, kann ich nach dem Inhalt meines Zettels suchen.

❶ Installieren Sie das Evernote-Widget auf Ihrem Startbildschirm.
Bei Tipp auf das Kamerasymbol öffnet Evernote die Kamera. Fotografieren Sie nach dem Einkauf den Kaufbeleg und bestätigen Sie mit dem Häkchen.

❷ Im Anschluss können Sie einen Titel und zusätzlichen Text hinzufügen, müssen das aber nicht tun. Tippen Sie aber unbedingt auf den Haken oben links. Die App schickt jetzt Ihre Bildnotiz an den Server, wo das Foto automatisch von der Texterkennung analysiert und durchsuchbar gemacht wird.

❸ Wenn Sie jetzt Ihren Pullover (hier Turtleneck) nach zwei Wochen doch zurückgeben wollen, müssen Sie zum Umtausch nur Ihr Smartphone mit ins Geschäft nehmen – und den Pullover natürlich.

❹ Suchen Sie das Evernote-Widget auf Ihrem Startbildschirm, und tippen Sie auf die Lupe.

❺ Suchen Sie nach einem Begriff, den Sie mit dem Einkauf verbinden, zum Beispiel den Namen des Ladens. Ich suche nach apparel.

❻ Ihr Kassenbeleg taucht in den Suchergebnissen auf. Tippen Sie auf die Notiz, und zeigen Sie sie dem Verkäufer an der Kasse. Jetzt haben Sie alles, was Sie brauchen: Datum, Artikel, alles drauf.

Zur Sicherheit

Alle Daten werden bei Evernote auf dem Server gespeichert. Dort sind sie streng gesichert. Die Anmeldung und der Datentransport geschehen über gesicherte Verbindungen. Sichern Sie dennoch Ihr Telefon ab, und beachten Sie die Sicherheitstipps in Kapitel 8.

1
12:25
DO., 13. MÄRZ
04:25
SAN FRANCISCO
07:25
NEW YORK
2
08:30
AUS
09:00
AUS
3
Spaghetti
4 07
ANHALTEN
+1'
Waschmaschine
4
0 00 00
STARTEN
5
12:31
24÷6
Löschen
7
8
9
÷
4
5
6
×
1
2
3
−
.
0
=
+

Timer, Uhr und anderes nützliches Zubehör

Es gibt die kleinen Dinge, die braucht man einfach. Ich kann es ja jetzt sagen: Bei mir auf dem Schreibtisch liegt noch ein echter Taschenrechner herum. Das hat aber eher nostalgische Gründe. Denn ich benutze ihn eigentlich nicht mehr. Genauso wenig wie einen Küchenwecker. Mein Smartphone kann das nämlich alles auch:

❶ Die **Uhr**: zeigt die lokale Zeit an. Tippen Sie auf die kleine Weltkugel, um weitere hinzuzufügen. Ich habe San Francisco und New York hinzugefügt.

❷ Den **Wecker** stellen Sie oben links: Sie können so viele einstellen, wie Sie wollen. Tippen Sie die Uhrzeit an, um sie einzustellen, und setzen Sie die Haken an den Tagen, an denen der Wecker klingeln soll. Ich habe einen für Arbeitstage und einen für's Wochenende gestellt.

❸ Um den **Timer** einzurichten, wischen Sie zweimal nach rechts, oder wählen Sie die Sanduhr. Geben Sie die Zeit ein (die Anzeige füllt sich von rechts nach links) und tippen Sie auf Start. So einfach ist das. Tippen Sie auf das Etikett, um dem Timer einen Namen zu geben. Dieser Timer ist für meine Waschmaschine. Für das Nudelwasser habe ich den Spaghetti-Timer verwendet.

❹ Und auch, wenn Sie sie nur ein Mal im Jahr beim Sackhüpfwettbewerb der Kinder brauchen – mit einer **Stoppuhr** vermeiden Sie Streit unter den Kombattanten.

❺ Den **Rechner** sollten Sie auch einfach in der Nähe haben. Ich rechne mir immer die Mehrwertsteuer aus den Preisen raus, damit sie sich niedriger anfühlen.

13:02
Suchen
Schillingstraße
Gereonswall
Konrad-Adenauer-Ufer
Ursulastraße
ALTSTADT-NORD
Burgmauer
Google

Kapitel 10 | Smart unterwegs – Ihr Smartphone kennt sich aus

Ihr Smartphone weiß immer, wo Sie sind: Es verfügt über mehr Sensoren als die meisten Autonavigationssysteme und über leistungsfähige Apps, um die Ortsdaten zu nutzen. Unterwegs wird es so zu Ihrem persönlichen Assistenten, der Ihnen hilft, Ihren Weg zu finden. Bei den unter 20-Jährigen ist das eigene Smartphone mittlerweile wichtiger als das eigene Auto. Ich kann das gut verstehen, denn das Smartphone ist nicht nur Kommunikationsmittel, sondern auch die Schnittstelle zur persönlichen Fortbewegung. Das Smartphone schafft völlig neue Möglichkeiten der Bewegung im Raum. Sie können sofort anfangen, sie zu benutzen:

- Digitale Karten immer dabei
- Bahnverbindungen finden und buchen
- Transportmittel nach Bedarf mixen

Suchen
1

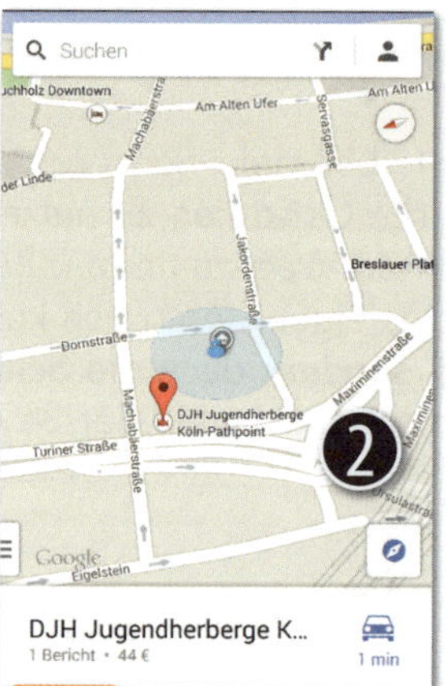
Suchen
DJH Jugendherberge Köln-Pathpoint
2
DJH Jugendherberge K...
1 Bericht • 44 €
1 min

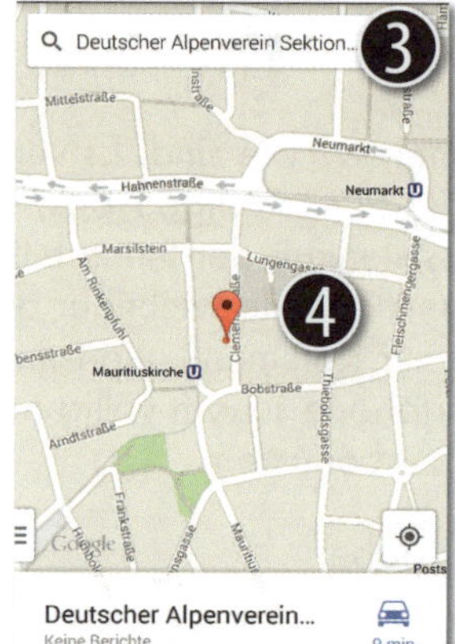
Deutscher Alpenverein Sektion...
3
4
Deutscher Alpenverein...
Keine Berichte
9 min

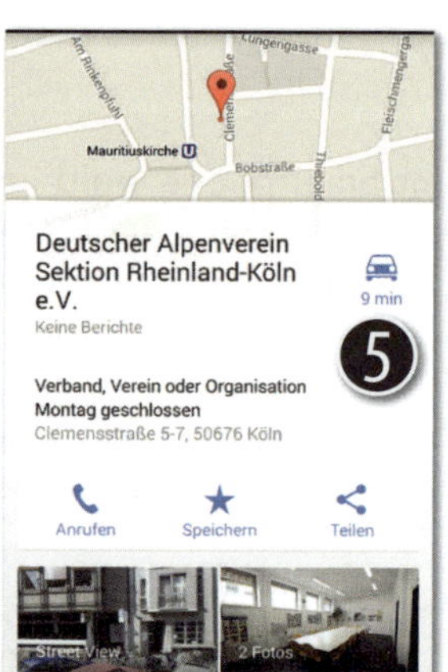
Deutscher Alpenverein Sektion Rheinland-Köln e.V.
Keine Berichte
9 min
5
Verband, Verein oder Organisation
Montag geschlossen
Clemensstraße 5-7, 50676 Köln
Anrufen
Speichern
Teilen
Street View
2 Fotos

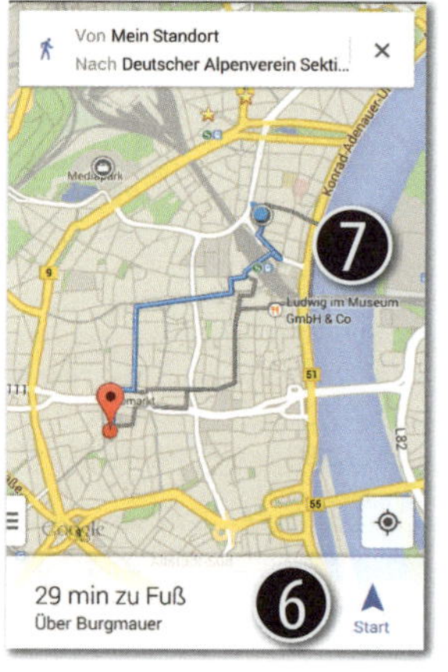
Von Mein Standort
Nach Deutscher Alpenverein Sekti...
7
29 min zu Fuß
Über Burgmauer
6
Start

Mauritiussteinweg 67
8

Maps – von Ort zu Ort mit digitaler Hilfe

Google Maps kennen Sie vielleicht vom Computer. Im Webbrowser finden Sie Orte und Routen, weltweit oder ganz in der Nähe. Diese Anwendung können Sie auch auf Ihrem Smartphone nutzen. Sie heißt Maps und macht Stadtplan, Straßenkarte und möglicherweise bald auch Reiseführer überflüssig.

❶ Maps zeigt Ihren aktuellen Standort auf der Straßenkarte. Die Darstellung wird genauer, je mehr Sensoren die App für die Ortung nutzen kann.

❷ Tippen Sie auf den Kompass unten rechts, um in die perspektivische Darstellung zu wechseln. Hier dreht sich die Bildschirmdarstellung mit Ihrem Blickwinkel. Maps zeigt auch interessante Punkte, wie Restaurants oder U-Bahn-Haltestellen, als kleine Symbole an. Tippen Sie auf ein Symbol, um Details zu sehen.

❸ Tippen Sie in das Suchfeld, um einen Ort zu suchen. Suchen Sie einen Namen aus Ihren Kontakten, einen Firmen- oder Branchennamen oder eine Adresse.

❹ Meine Suche nach Alpenverein zeigt die Geschäftsstelle in Köln auf der Karte. Tippen Sie auf die Ortsmarke (so heißen die kleinen Stecknadeln), um Informationen aufzurufen.

❺ Ein Tipp auf die Details zeigt alle Informationen, die Google zu diesem Ort vorliegen. Scrollen Sie nach unten, um die Karte wieder zu sehen. Tippen Sie auf das Auto, um den Weg zu planen. Danach können Sie auch angeben, ob sie zu Fuß, mit öffentlichen Verkehrsmitteln oder dem Fahrrad dorthin kommen wollen. Gibt es verschiedene Wege, können Sie eine Strecke auswählen.

❻ Wenn Sie auf die Routenbeschreibung tippen, können sie alle Wegpunkte sehen. Tippen Sie auf Start, um die Sprachnavigation zu starten. Laufen oder fahren Sie jetzt los.

❼ Maps zeigt die Route von Start bis Ziel. Hier ist der Fußweg zu sehen. Sie können die Route auch für das Fahrrad oder öffentliche Verkehrsmittel (nicht in allen Städten) anzeigen lassen – und natürlich für das Auto.

❽ Am Ziel angekommen, zeigt Street View, wie der Ort aussieht, den Sie suchen. Den praktischen, aber auch umstrittenen Bilderdienst finden Sie nach einem Tipp auf eine Ortsmarke. Ein Tipp auf das Männchen unten bringt Sie zur Karte zurück.

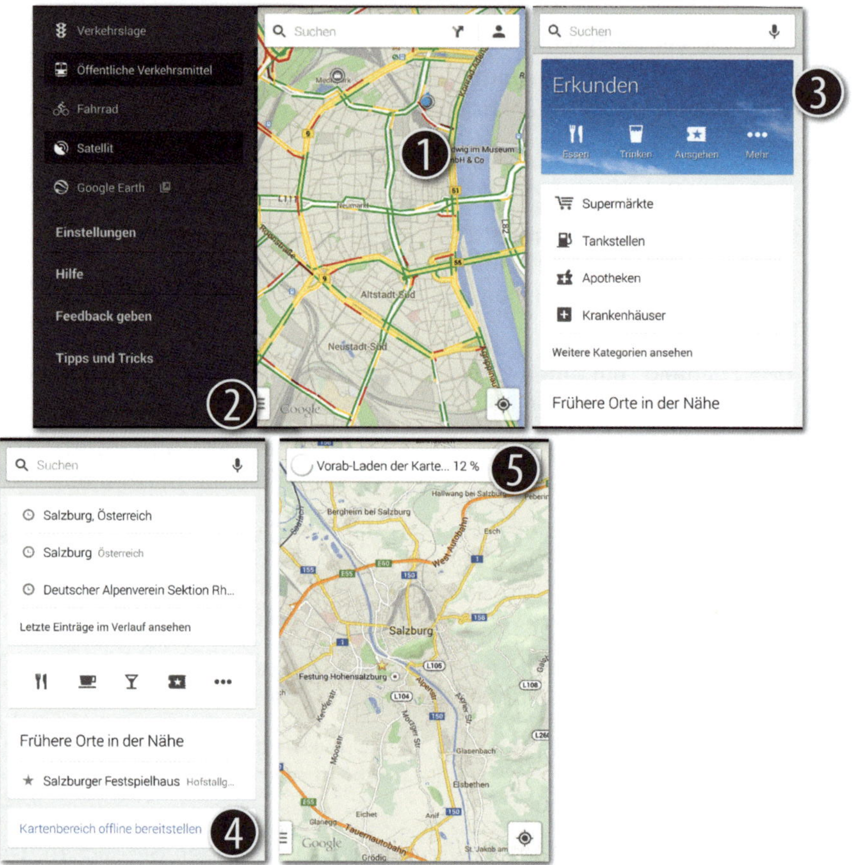

Verkehrslage
Öffentliche Verkehrsmittel
Fahrrad
Satellit
Google Earth
Einstellungen
Hilfe
Feedback geben
Tipps und Tricks
Suchen
Altstadt-Süd
Neustadt-Süd
1
2
Suchen
Erkunden
Essen
Trinken
Ausgehen
Mehr
Supermärkte
Tankstellen
Apotheken
Krankenhäuser
Weitere Kategorien ansehen
Frühere Orte in der Nähe
3
Suchen
Salzburg, Österreich
Salzburg Österreich
Deutscher Alpenverein Sektion Rh...
Letzte Einträge im Verlauf ansehen
Frühere Orte in der Nähe
Salzburger Festspielhaus Hofstallg...
Kartenbereich offline bereitstellen
4
Vorab-Laden der Karte... 12 %
5
Salzburg
Festung Hohensalzburg

Maps – mehr Informationen in Ihrer Umgebung

Die Welt ist voller Daten. Digitale Informationen liegen in unsichtbaren Schichten über Straßen und Feldern. Machen Sie diese Informationen sichtbar – mit Google Maps.

❶ **Karte oder Satellit**: Google Maps zeigt eine grafische Karte oder Luftbilder an. Diese lassen sich mit Zusatzdaten anreichern. Hier ist die Kölner Innenstadt in der Kartenansicht mit den aktuellen Staus (rot) und freien Abschnitten (grün) der Hauptverkehrsstraßen zu sehen.

❷ **Mehr anzeigen**: Öffnen Sie das (ziemlich gut versteckte) Menü, um weitere Daten einzublenden, von Buslinien bis zu Fahrradwegen. Wenn Sie noch einmal auf die Auswahl tippen, löschen Sie diese wieder von der Karte.

❸ Ein Tipp auf das Suchfeld bringt Sie zu einer gefilterten Suche namens Erkunden, einer Sammlung interessanter Orte. Noch interessanter wird's, wenn Sie bei Google+ angemeldet sind. Dann sehen Sie nämlich auch die Tipps Ihrer Freunde.

Ortsinformationen sind natürlich besonders in fremden Städten interessant, so wie hier in Salzburg. Aber das Laden über das Internet kann im Ausland schnell ins Geld gehen. Gehen Sie besser am Abend vor dem Ausflug über WLAN ins Netz, und laden Sie die Karten auf Ihr Smartphone.

❹ **Karte offline bereitstellen**: Suchen Sie sich einen interessanten Ort, den Sie besuchen möchten. Tippen Sie wieder in die Suchleiste und löschen Sie, was Sie gesucht haben (hier: Salzburg). Sie sehen jetzt wieder die Startseite der Suche. Scrollen Sie hier ganz nach unten und tippen dann auf: Kartenbereich offline bereitstellen.

❺ Die Karte wird auf Ihr Smartphone geladen; das kann ein wenig dauern.

Wissen Sie, woher die Verkehrsinformationen in Maps kommen? Von Ihnen und allen Nutzern der Google-Maps auf Smartphones. Denn Google misst die Bewegung der Geräte – wenn sich also auf einer Straße 50 Geräte sehr langsam in eine Richtung bewegen, heißt das Stau. Wenn Ihnen das unheimlich ist, schalten Sie den Standortdienst von Google unter Einstellungen → Google-Standorteinstellungen ab.

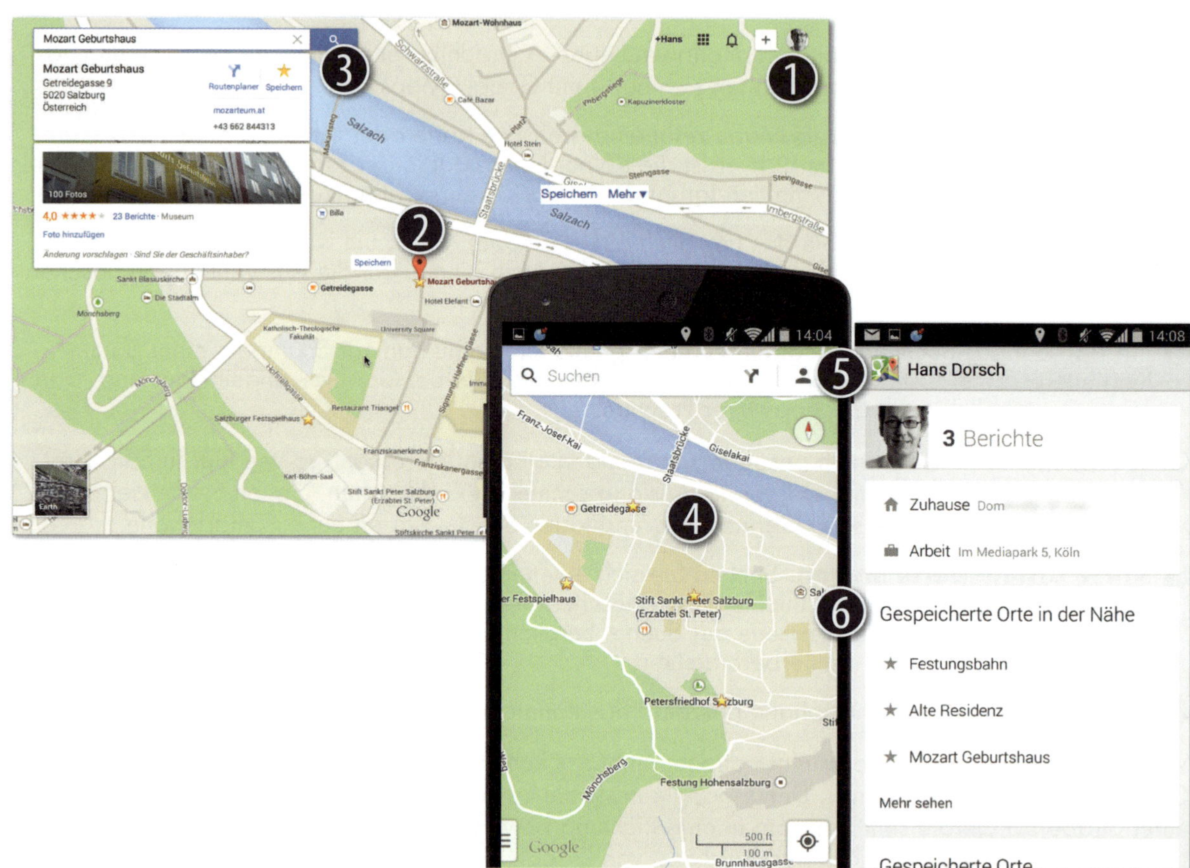
Mozart Geburtshaus
Mozart Geburtshaus
Getreidegasse 9
5020 Salzburg
Österreich
Routenplaner
Speichern
mozarteum.at
+43 662 844313
100 Fotos
4,0 ★★★★ 23 Berichte · Museum
Foto hinzufügen
Änderung vorschlagen · Sind Sie der Geschäftsinhaber?
+Hans
Speichern Mehr ▾
Salzach
Speichern
Getreidegasse
Mozart Geburtsha
Google
Suchen
Getreidegasse
Stift Sankt Peter Salzburg (Erzabtei St. Peter)
Petersfriedhof Salzburg
Festung Hohensalzburg
14:04
14:08
Hans Dorsch
3 Berichte
Zuhause
Arbeit Im Mediapark 5, Köln
Gespeicherte Orte in der Nähe
Festungsbahn
Alte Residenz
Mozart Geburtshaus
Mehr sehen
Gespeicherte Orte
1
2
3
4
5
6

Orte am Computer speichern und unterwegs nutzen

Wenn Sie eine Geschäfts- oder Urlaubsreise planen, nutzen Sie möglicherweise Google Maps am Computer. Wenn nicht, sollten Sie es mal ausprobieren. Alle interessanten Orte, die Sie dort finden, können Sie speichern und während Ihrer Reise auf dem Smartphone anzeigen. Zum Beispiel in Salzburg:

❶ **Erforschen Sie die Umgebung mit Google Maps am Computer**. Melden Sie sich mit dem Google-Konto an, das Sie auch auf dem Smartphone nutzen.

❷ Suchen Sie dann im Suchfeld nach Mozarts Geburtshaus. Klicken Sie auf den Eintrag oder eine Ortsmarke (Stecknadel), um die Informationen anzuzeigen.

❸ Die Informationen werden angezeigt. Klicken Sie auf den Stern zum Speichern. Suchen Sie weiter nach interessanten Orten und planen Sie Ihre Reise.

❹ **Öffnen Sie jetzt Maps auf dem Smartphone** (auch hier müssen Sie mit Ihrem Google-Konto angemeldet sein).

Wenn Sie in Salzburg sind, sehen Sie Ihre eigenen Einträge an den Sternchen auf der Karte. (Kartenregionen können Sie übrigens downloaden. Auf der vorherigen Seite steht, wie.)

❺ Tippen Sie auf das Benutzersymbol oben rechts neben dem Suchfeld.

❻ Die Liste Meine Orte öffnet sich. Schauen Sie mal bei Gespeicherte Orte in der Nähe. Klasse, oder?

Google wird einfacher – und komplizierter

Google Maps ist neu seit 2014. In der neuen Version kann man sich schneller und übersichtlicher bewegen. Mit der Modernisierung hat Google nämlich eine Menge alten Kram herausgeschmissen. Dazu gehören auch die eigenen Karten. Falls Sie solche Karten angelegt haben, können Sie diese immer noch nutzen. Im Browser (Chrome), leider nur online.

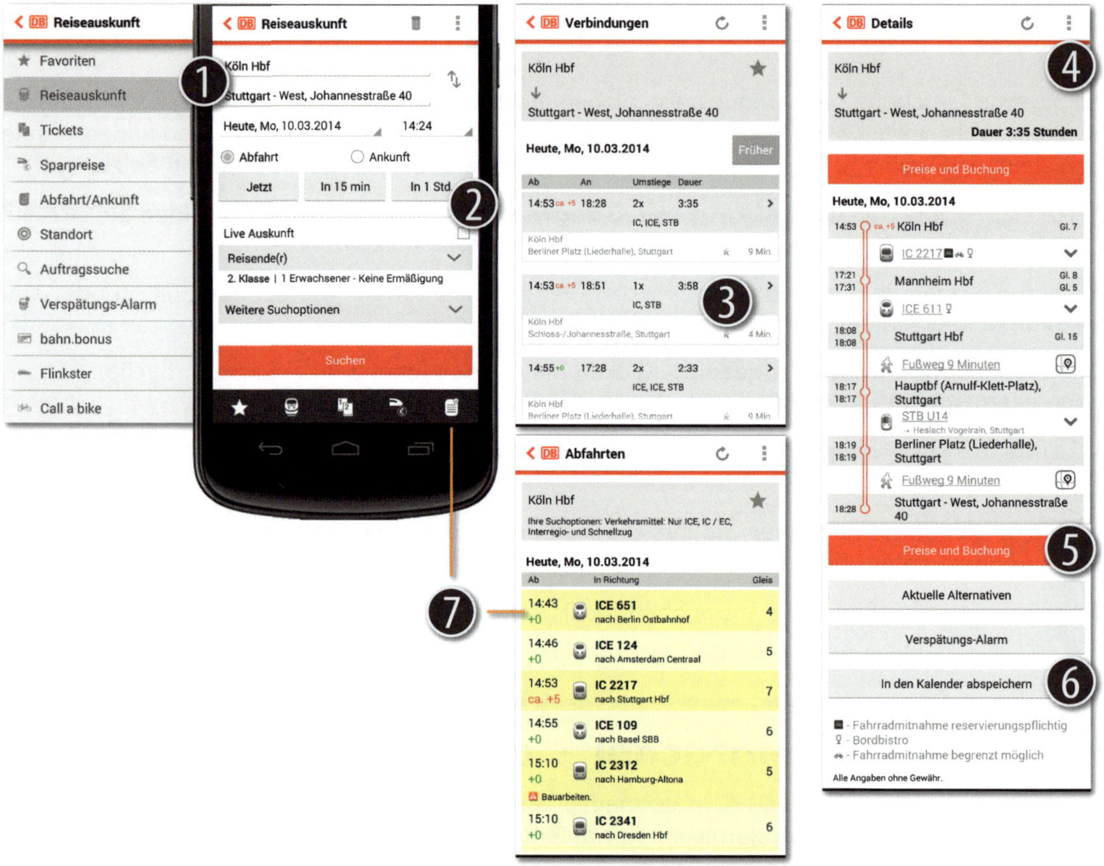

Reiseauskunft
Favoriten
Reiseauskunft
Tickets
Sparpreise
Abfahrt/Ankunft
Standort
Auftragssuche
Verspätungs-Alarm
bahn.bonus
Flinkster
Call a bike
Reiseauskunft
Köln Hbf
Stuttgart - West, Johannesstraße 40
Heute, Mo, 10.03.2014
14:24
Abfahrt
Ankunft
Jetzt
In 15 min
In 1 Std.
Live Auskunft
Reisende(r)
2. Klasse | 1 Erwachsener - Keine Ermäßigung
Weitere Suchoptionen
Suchen
1
2
Verbindungen
Köln Hbf
Stuttgart - West, Johannesstraße 40
Heute, Mo, 10.03.2014
Früher
Ab An Umstiege Dauer
14:53 ca. +5 18:28 2x 3:35
IC, ICE, STB
Köln Hbf
Berliner Platz (Liederhalle), Stuttgart 9 Min.
14:53 ca. +5 18:51 1x 3:58
IC, STB
Köln Hbf
Schloss-/Johannesstraße, Stuttgart 4 Min.
14:55 +0 17:28 2x 2:33
ICE, ICE, STB
Köln Hbf
Berliner Platz (Liederhalle), Stuttgart 9 Min.
3
Abfahrten
Köln Hbf
Ihre Suchoptionen: Verkehrsmittel: Nur ICE, IC / EC, Interregio- und Schnellzug
Heute, Mo, 10.03.2014
Ab In Richtung Gleis
14:43 +0 ICE 651 nach Berlin Ostbahnhof 4
14:46 +0 ICE 124 nach Amsterdam Centraal 5
14:53 ca. +5 IC 2217 nach Stuttgart Hbf 7
14:55 +0 ICE 109 nach Basel SBB 6
15:10 +0 IC 2312 nach Hamburg-Altona 5
Bauarbeiten.
15:10 +0 IC 2341 nach Dresden Hbf 6
7
Details
Köln Hbf
Stuttgart - West, Johannesstraße 40
Dauer 3:35 Stunden
Preise und Buchung
Heute, Mo, 10.03.2014
14:53 ca. +5 Köln Hbf Gl. 7
IC 2217
17:21 17:31 Mannheim Hbf Gl. 8 Gl. 5
ICE 611
18:08 18:08 Stuttgart Hbf Gl. 15
Fußweg 9 Minuten
18:17 18:17 Hauptbf (Arnulf-Klett-Platz), Stuttgart
STB U14
→ Heslach Vogelrain, Stuttgart
18:19 18:19 Berliner Platz (Liederhalle), Stuttgart
Fußweg 9 Minuten
18:28 Stuttgart - West, Johannesstraße 40
4
Preise und Buchung
5
Aktuelle Alternativen
Verspätungs-Alarm
In den Kalender abspeichern
6
- Fahrradmitnahme reservierungspflichtig
- Bordbistro
- Fahrradmitnahme begrenzt möglich
Alle Angaben ohne Gewähr.

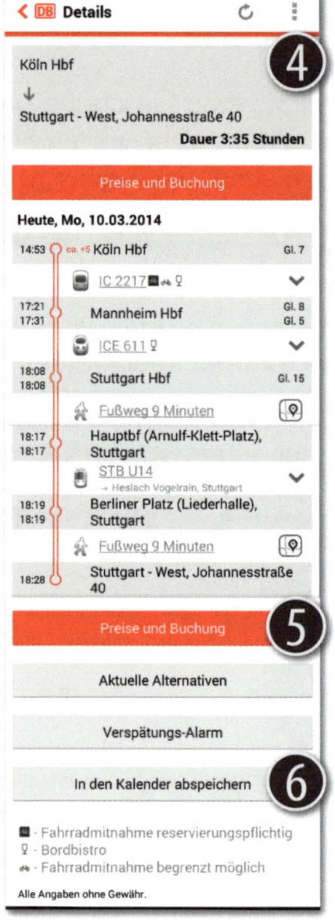

Bahnverbindungen mit dem DB Navigator finden

Der kostenlose DB Navigator gehört auf jedes Smartphone, wirklich. Mit dieser App finden Sie Zug- und Busverbindungen in ganz Europa und auch innerhalb Ihrer Stadt; vom ICE bis zum Stadtbus sind alle Linien drin. Sie glauben gar nicht, wo man überall ohne Auto hinkommen kann.

❶ Laden und öffnen Sie die App DB Navigator. Ist die Reiseauskunft nicht ausgewählt, tippen Sie oben links, um das Menü zu öffnen. Legen Sie jetzt den Start- und Zielort fest. Geben Sie entweder einen Startort ein (Bahnhof, Haltestelle oder Adresse), oder lassen Sie sich vom Gerät orten. Ich möchte vom Kölner Hauptbahnhof in den Stuttgarter Westen fahren. Wählen Sie Suchen, um die Ergebnisse anzuzeigen.

❷ Wenn Sie nicht sofort losfahren wollen (die aktuelle Zeit ist voreingestellt), geben Sie noch an, wann Sie fahren möchten. Tippen Sie dann auf Suchen.

❸ Wählen Sie eine Verbindung aus der Ergebnisliste, um die Details anzuzeigen. Ich nehme die schnellste Verbindung mit den wenigsten Umstiegen (1x).

❹ Die Detailseite enthält alle Infos, die Sie vor und während der Reise brauchen. Sie zeigt sogar live die aktuellen Verspätungen an.

❺ Tippen Sie auf Preise und Buchung, um Ihre Reise festzumachen. Die Tickets erhalten Sie (nach Anmeldung) direkt aufs Smartphone.

❻ Die ganzen Zeiten müssen Sie sich übrigens nicht merken. Tippen Sie im Menü auf Speichern in Kalender – Ihre Fahrtdaten werden im Kalender eingetragen.

❼ Ihr Freund aus München kommt um zirka 14 Uhr am Bahnhof an? Tippen Sie in der unteren Aktionsleiste auf Abfahrten (zeigt auch Ankünfte an!). Ich lasse hier mal alle Schnellzüge anzeigen, die ab 14 Uhr in Köln ankommen.

Ich möchte
jetzt
von hier
nach Zuhause
Und los!

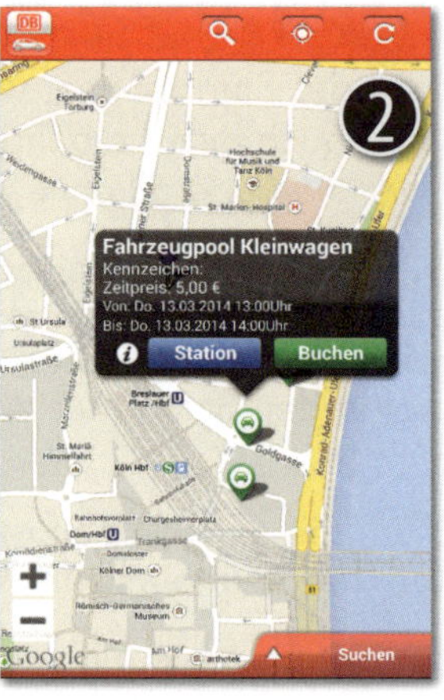

Fahrzeugpool Kleinwagen
Kennzeichen:
Zeitpreis: 5,00 €
Von: Do. 13.03.2014 13:00Uhr
Bis: Do. 13.03.2014 14:00Uhr
Station
Buchen
Suchen

fahrgemeinschaft.de
von
nach
heute
suchen
anbieten

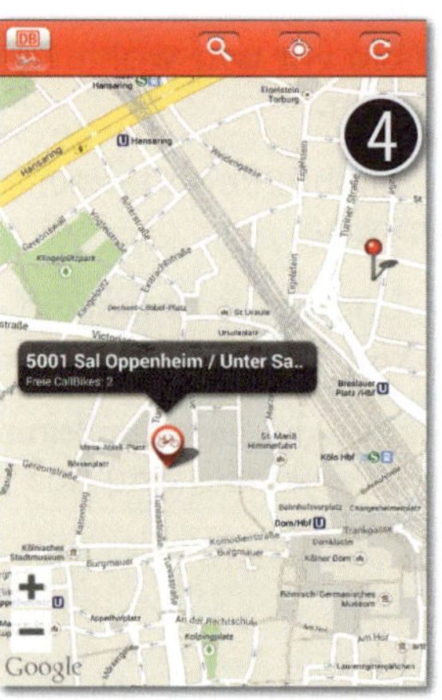

5001 Sal Oppenheim / Unter Sa..
Freie CallBikes: 2

mytaxi
Bestellen Sie Ihr Taxi im Handumdrehen.
Ein 5-Sterne-Taxi? Mit Stammfahrer? Zum Wunschtermin? Kein Problem.
Login
Registrieren

Unterwegs mit Auto, Bahn und anderen Verkehrsmitteln

Immer das richtige Verkehrsmittel nutzen, ohne eines besitzen zu müssen: Multimodal nennen Verkehrsentwickler diese Art der Fortbewegung. Und im Zentrum steht – Sie ahnen es – das Smartphone. Denn damit und mit einigen nützlichen Apps lässt sich dieses unbeschwerte Leben auf Pump hervorragend organisieren.

❶ **Bahn, Öffentliche, Auto, Taxi und Fahrrad**: Bei moovel geben Sie ein, wann Sie wohin möchten. Die App zeigt Ihnen alle Möglichkeiten nach dem Tipp. Cool.

❷ **Mietwagen** und **Carsharing**: Mit Flinkster von der Bahn und anderen Angeboten wie DriveNow buchen Sie kurzfristig ein Auto für eine halbe Stunde oder eine Woche. Sie müssen einen Führerschein besitzen und sich beim Anbieter registrieren. Bei mir ging das ganz schnell.

❸ **Fahrgemeinschaft**: Nehmen Sie Passagiere mit, und teilen Sie sich die Fahrtkosten – elektronisch unterstützt von Apps wie Fahrgemeinschaft –, oder fahren Sie selbst bei anderen mit.

❹ **Fahrrad**: Die Bahn stellt in vielen großen Städten Fahrräder bereit – und mit der Call a Bike-App leihen Sie sich schnell eines aus. (Einmal müssen Sie sich vorher registrieren.)

❺ **Taxi**: Kennen Sie die älteste Form des Carsharing? Genau, das Taxi. Das holt Sie überall ab und bringt Sie überall hin. Mit der App My Taxi rufen Sie ein Taxi per Knopfdruck und können sehen, wer Sie abholt und wo er sich gerade befindet. Wow.

Carsharing-Apps auch von anderen

Ach, die Amerikaner: Die App von Zipcar öffnet die Türen zu Ihrem Auto und – noch viel wichtiger – drückt auf die Hupe, damit Sie wissen, welches der vielen Autos auf dem Parkplatz eigentlich Ihres ist. Mein lokaler Lieblingsanbieter, cambio carsharing, hat ebenfalls eine App. Ohne Hupe, dafür mit praktischer Preisanzeige.

8:04
Google
Suchen oder "Google" sagen
Köln
11°
KLAR
8km/h
MO.
DI.
MI.
DO.
24°
27°
28°
30°
14°
16°
17°
18°
Freibad (heute ist der
Zehner dran) um 10:00
Stadion Bad, Köln

Kapitel 11 | Smart informiert

Ihr Smartphone ist überall dabei – und mit ihm der Internetanschluss und der ganze Wissens- und Neuigkeitenschatz der Internetdienste. Mit den richtigen Werkzeugen machen Sie Ihr Smartphone zur Informationszentrale, mit der Sie Informationen dann abrufen, wann immer Sie Zeit, Lust oder Bedarf haben.

- Mit Flipboard alle Nachrichten an einem Ort
- Mit Instapaper interessanten Lesestoff sammeln
- Mit Podcasts Ihr persönliches Radioprogramm zu jeder Zeit
- Mit WeatherPro das Wetter ganz genau sehen
- Mit Google Now die wichtigsten Informationen auf dem Schirm

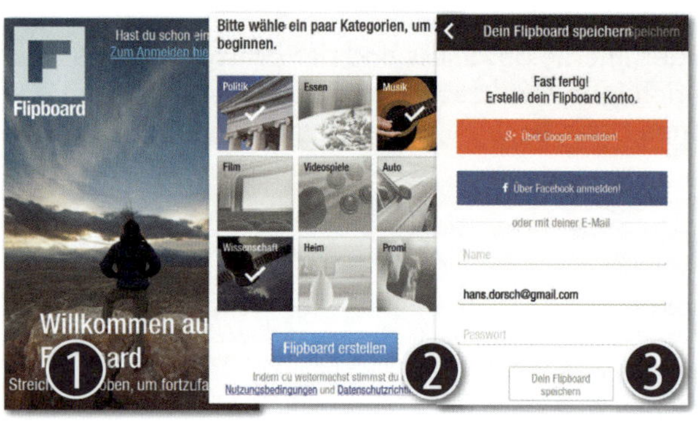
Flipboard
Willkommen au
Bitte wähle ein paar Kategorien, um
beginnen.
Politik
Essen
Musik
Film
Videospiele
Auto
Wissenschaft
Heim
Promi
Flipboard erstellen
Dein Flipboard speichern
Fast fertig!
Erstelle dein Flipboard Konto.
oder mit deiner E-Mail
hans.dorsch@gmail.com
1
2
3

Titelstories
All Timelines
Twitter
Facebook
Flickr
Loslassen zum Neuladen
4
5

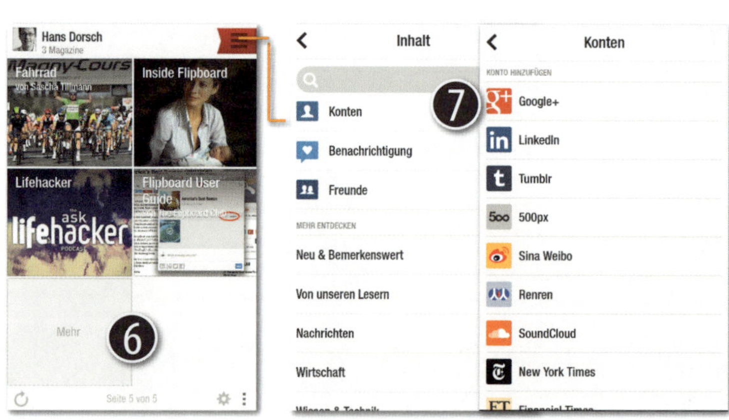
Hans Dorsch
Fahrrad
Inside Flipboard
Lifehacker
Flipboard User Guide
Mehr
6
Inhalt
Konten
Benachrichtigung
Freunde
Neu & Bemerkenswert
Von unseren Lesern
Nachrichten
Wirtschaft
7
Konten
Google+
LinkedIn
Tumblr
500px
Sina Weibo
Renren
SoundCloud
New York Times

Die Zeit
Zurück nach oben
Verfassen
Offline abrufen
Artikelanzahl
Optimiert
8
Unheilig: "Der ESC ist mein Traum"
zeit.de / ZEIT ONLINE GmbH, Hamburg, Germany • Unheilig wollen Deutschland beim Eurovision Song Contest in Kopenhagen vertreten. Der Graf spricht über sein Beitragslied, über Kitsch und Liebe, die wehtut. Ein Interview von Dani …
ZEIT ONLINE
1 Stunde
"Ich bin sehr kitschig veranlagt", sagt Der Graf. Vielleicht haben

Flipboard – Nachrichten aus allen Kanälen

Seien Sie Ihr eigener Chefredakteur – und lassen Sie sich von der großen Redaktion Internet helfen. Apps wie Flipboard kombinieren Ihre Vorlieben mit ultraschlauer Computertechnik (Algorithmen) und machen daraus Ihr ganz persönliches Magazin.

1. Laden Sie die kostenlose App Flipboard aus dem Play Store. Zum Umblättern streichen Sie von unten nach oben.
2. Wählen Sie die Themen aus, die Sie interessieren. Die zwei Rubriken Nachrichten und Digital sind schon von Deutschlands größten Online-Anbietern besetzt. Aber Sie müssen sich mit diesen Vorgaben nicht zufrieden geben. Wenn Sie alle Themen, die Sie interessieren, gewählt haben, tippen Sie auf Flipboard erstellen.
3. Sie werden nun dazu aufgefordert entweder ein Flipboard-Konto zu erstellen, oder sich mit Google+ oder Facebook anzumelden, um das Flipboard zu speichern.
4. Wenn Sie Flipboard nun öffnen, sehen Sie Ihre Startseite mit den ausgewählten Rubriken. Die Titelstorys sind eine Mischung aus den wichtigsten Meldungen aller Rubriken.
5. Zum Aktualisieren ziehen Sie auf der Startseite nach unten und lassen los.
6. Tippen Sie auf Mehr, um noch mehr Inhalte angezeigt zu bekommen. Fügen Sie mehr Konten und Inhalte hinzu. Ich könnte stundenlang in der Auswahl blättern.
7. Wenn Sie auch lesen wollen, was Ihre Freunde schreiben, tippen Sie auf das rote Lesezeichen und dann auf Konten. Tippen Sie zum Beispiel auf Google+, um Ihr Konto mit Flipboard zu verbinden. Ab jetzt lesen Sie die Nachrichten aller Leute, denen Sie dort folgen, in Flipboard. Dies geht natürlich auch mit Twitter und Facebook.
8. Den Artikel aus der Zeit können Sie gleich lesen und mit den Werkzeugen Ihrer Wahl weiterleiten oder bearbeiten. Ich habe ihn unten als Favorit bei Twitter markiert. Sie können ihn auch später lesen, indem Sie offline abrufen wählen. Flipboard speichert den Artikel dann auf dem Gerät.

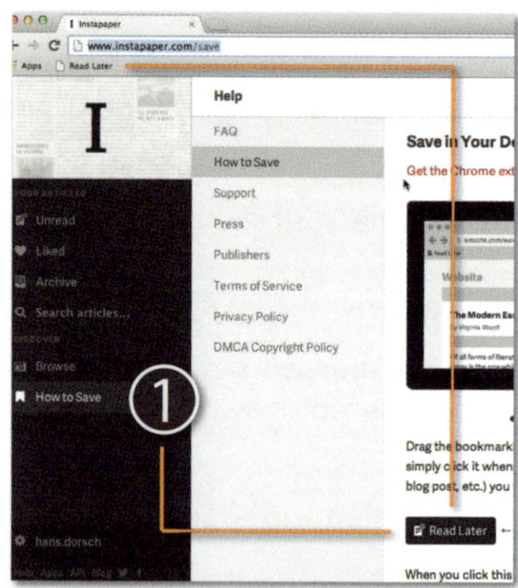
Instapaper
www.instapaper.com/save
Read Later
Help
FAQ
How to Save
Support
Press
Publishers
Terms of Service
Privacy Policy
DMCA Copyright Policy
Unread
Liked
Archive
Search articles...
Browse
How to Save
hans.dorsch
1
Read Later
When you click this

www.sueddeu
Read Later
2
Digital
Panorama
Kultur
Wirtschaft
Sport
München
Bayern
Digital
Auto
Reise
Video
mehr
Suche
Wirtschaft
Sony
Sonys Project Morpheus und Co: Alltagsflucht deluxe
Hinweis nicht mehr anzeigen
19. März 2014 10:32
Alltagsflucht deluxe
Saving...
Cancel

12:33
Instapaper
Sonys Project Morpheus und Co: Allta
sueddeutsche.de
3
Virtual-Reality-Headset von Sony Alltagsflucht deluxe Schon lange verspricht die...
Android Wear Is Just a Google Now Wat...
Gizmodo
Google just announced its first real foray into th...

12:40
Sonys Project Morpheus und Co: Alltagsflucht deluxe
sueddeutsche.de »
4
Virtual-Reality-Headset von Sony Alltagsflucht deluxe

Instapaper – Artikel im Browser merken und auf dem Smartphone lesen

Das Web ist voll von interessanten Artikeln. Aber wenn Sie gerade am Computer sitzen und auch noch arbeiten müssen, haben Sie nicht immer Zeit, sie zu lesen. Schicken Sie sich den Lesestoff aufs Smartphone. So können Sie abends in der Bahn Ihr Lesepensum aufholen oder auf dem Sofa ganz bequem die interessantesten Artikel des Tages durchlesen. Mit Instapaper und der Instapaper-App klappt das nahtlos.

1. Gehen Sie zu www.instapaper.com, und installieren Sie das Bookmarklet in der Lesezeichenleiste Ihres Browsers (hier ist es Chrome auf dem Mac). Die Anmeldung ist kostenlos und gut beschrieben.

2. Surfen Sie im Web am Computer: Haben Sie einen Artikel gefunden, der Sie interessiert, klicken Sie auf das Bookmarklet im Browser. Eine (ziemlich große) Einblendung bestätigt, dass der Artikel gespeichert wird (Saving). Dabei speichert Instapaper übrigens nicht nur die aktuelle, sondern alle Seiten des Artikels (hier sind es drei). Cool!

3. Öffnen Sie auf dem Smartphone die App Instapaper. (Sie kostet nicht ganz 2,50 EUR.) Geben Sie beim ersten Start Ihre Instapaper-Nutzerdaten ein. Wählen Sie dann die Read Later-Liste. Wählen Sie dann aus der Liste einen Artikel.

4. Instapaper zeigt die von Instapaper aufbereiteten Seiten ohne Werbung und Navigationselemente lesefreundlich an.

Mit Chrome geöffnete Tabs auf mehreren Geräten sehen

Wollen Sie genau die Seite, die Sie gerade am Computer lesen, auf Ihrem Smartphone sehen? Schauen Sie in Kapitel 6, Geöffnete Seiten auf mehreren Geräten ansehen.

12:48
www.sueddeutsche.de/digital/v
Südd
Digital
Sony
Neuer Tab
Neuer Inkognito-Tab
Lesezeichen
Andere Geräte
Verlauf
Teilen...
Drucken...
Suchen auf der Seite
Virtual-Reality-
Alltagsflu
Sonys Virtual-Reality-Headset "Project Morpheus"
(Foto: Sony)
1

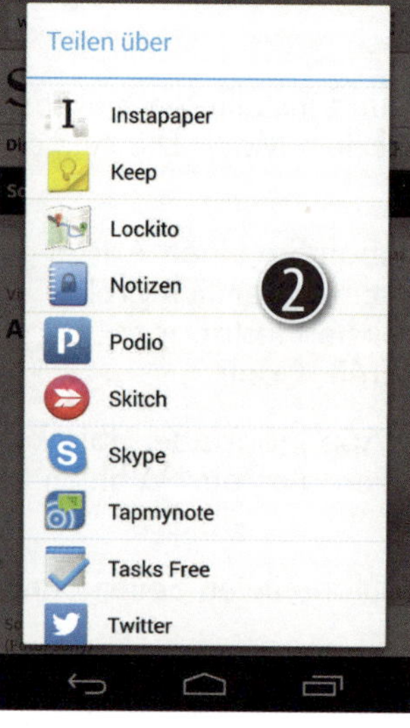
Teilen über
Instapaper
Keep
Lockito
Notizen
Podio
Skitch
Skype
Tapmynote
Tasks Free
Twitter
2

12:33
Instapaper
Sonys Project Morpheus und Co: Alltags...
sueddeutsche.de
Virtual-Reality-He... von Sony Alltagsflucht deluxe Schon lange verspricht die...
Android Wear Is Just a Google Now Wat...
Gizmodo
Google just announced its first real foray into th...
My iPad Air At Work
ipadinsight.com · by Thomas
I currently spend my days as an executive assistant, juggling my own set of deadlines, and...
ifttt.com
Nicht zum Download verfügbar.
3

Instapaper – eine Webseite auf dem Smartphone sichern

Mit Instapaper können Sie nicht nur Seiten lesen, die Sie am Computer markiert haben, die App stellt auch einen kleinen Dienst zur Verfügung, um Seiten auf dem Gerät zu speichern. Wo Sie diesen Dienst finden? Im Teilen-Menü natürlich (mehr dazu finden Sie in Kapitel 8). So speichern Sie eine Seite aus dem Browser, um sie später zu lesen:

❶ Öffnen Sie eine Seite im Browser (hier ist es schon wieder der Autoteil der Süddeutschen). Tippen Sie dann Menü → Teilen.

❷ Wählen Sie aus dem nächsten Menü Instapaper. Das war's. Instapaper importiert jetzt die Seite.

❸ Wechseln Sie zur Instapaper-App. Alle neuen Artikel finden Sie wieder im Ordner Read Later. Viel Spaß beim Lesen.

Instapaper oder Pocket?

Instapaper ist seit langem mein persönlicher Favorit. Ein ähnlicher Dienst ist Pocket, der vorher Readitlater hieß. Probieren Sie beide Dienste, wenn Sie wollen.

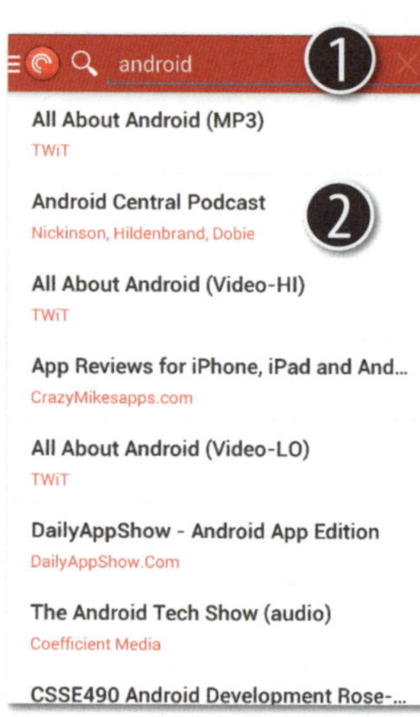

android
1
All About Android (MP3)
TWiT
Android Central Podcast
Nickinson, Hildenbrand, Dobie
2
All About Android (Video-HI)
TWiT
App Reviews for iPhone, iPad and And...
CrazyMikesapps.com
All About Android (Video-LO)
TWiT
DailyAppShow - Android App Edition
DailyAppShow.Com
The Android Tech Show (audio)
Coefficient Media
CSSE490 Android Development Rose-...

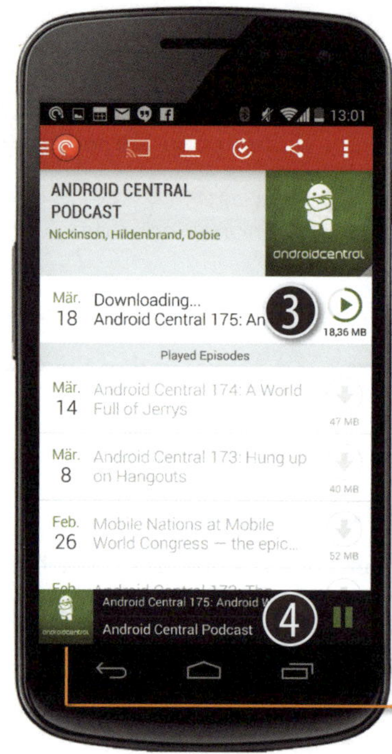

13:01
ANDROID CENTRAL PODCAST
Nickinson, Hildenbrand, Dobie
androidcentral
Mär. 18
Downloading...
Android Central 175: An
3
18,36 MB
Played Episodes
Mär. 14
Android Central 174: A World Full of Jerrys
47 MB
Mär. 8
Android Central 173: Hung up on Hangouts
40 MB
Feb. 26
Mobile Nations at Mobile World Congress — the epic...
52 MB
Android Central 175: Android W
Android Central Podcast
4

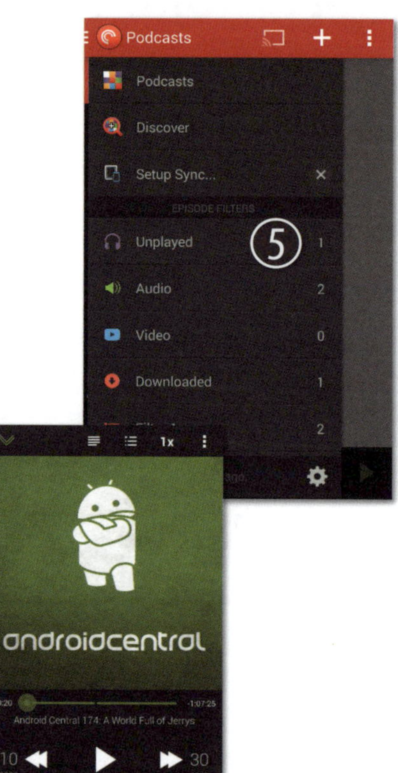

Podcasts
Podcasts
Discover
Setup Sync...
5
Unplayed 1
Audio 2
Video 0
Downloaded 1
2
1x
androidcentral
Android Central 174: A World Full of Jerrys
10
30

Nachrichten hören, statt lesen

Radio abseits vom Dudelfunk, mit Themen, die Sie wirklich interessieren, und zwar dann, wenn Sie Zeit haben. Klingt das interessant? Dann habe ich etwas für Sie: Podcasts (Details unten) aus dem Internet auf Ihrem Android. Zur Unterhaltung, Zerstreuung oder Weiterbildung, wann immer Sie Lust darauf haben. Mein App-Tipp (und ich habe alle ausprobiert) lautet PocketCast. Diese durchdachte App kostet 2,99 EUR und wäre vielen Nutzern mehr als 5 Sterne wert, wenn sie denn zu vergeben wären.

❶ Installieren und starten Sie die App PocketCast. Tippen Sie auf die Lupe-Taste oben rechts, um nach einem Thema oder einer konkreten Sendung zu suchen.

❷ Ich suche das Thema Android, um mich unterwegs auf den neuesten Stand zu bringen. Die Ergebnisliste ist ziemlich lang. Tippen Sie auf eine Sendung in der Liste und dann auf Subscribe um keine Folge des Podcasts zu verpassen. Ich wähle den Android Central Podcast.

❸ Die aktuelle Sendung steht ganz oben in der Liste; ein Tipp darauf startet den Download – oder den Stream. Sie können die Sendung entweder herunterladen und offline hören oder Streamen, wenn Sie mit einem WLAN verbunden sind. Ein Tipp auf den Pfeil startet die Wiedergabe.

❹ Der laufende Podcast wird unten angezeigt. Ein Tipp darauf öffnet die Steuerungen zum Abspielen. Wenn Sie auf das Cover des Podcasts tippen, öffnet sich die Großansicht der Steuerung.

❺ Alle Podcasts, die Sie noch nicht angehört haben, finden Sie über das Optionsmenü (oben links) unter dem Punkt Unplayed.

Woher kommen Podcasts?

Das Wort Podcast ist eine Zusammensetzung aus iPod (dem MP3-Spieler von Apple) und Broadcast (Rundfunk). Den Begriff erfand der Internetreporter Ben Hammersley. Bekannt gemacht hat ihn aber der ehemalige MTV-Moderator Adam Curry. Er hatte als einer der ersten erkannt, dass man über RSS-Feeds (siehe Google Reader) nicht nur Text übermitteln kann, sondern auch Medien. Podcasts erstellen kann jeder, das ist fast so einfach wie Bloggen.

14:33
Köln
13.03.2014 14:00
Aktuell
1
19 km/h
Gefühlte Temp.: 17°C
Taupunkt: 3°C
Rel. Feuchte: 37%
Luftdruck: 1027hPa
18°C
0 mm 1h
13:00 19:00 01:00 07:00
0mm 15°C 0mm 7°C 0mm 4°C
Do. 13.03 3°C 18°C 9h 2% 0mm
2
Fr. 14.03 3°C 17°C 9h 3% 0mm 7
Sa. 6°C 0h 35% 22
MeteoGroup
Letztes Update: 13.03.2014 14:33

14:33
Köln
13.03.2014 14:00
Aktuell
11 km/h
Max Böen:
19 km/h
Gefühlte Temp.: 17°C
Taupunkt: 3°C
Rel. Feuchte: 37%
Luftdruck: 1027hPa
18°C
0 mm 1h
13:00 19:00 01:00 07:00
0mm 15°C 0mm 7°C 0mm 4°C
Do. 13.03 3°C 18°C 9h 2% 0mm
3
Fr. 14.03 3°C 17°C 9h 3% 0mm 7
Sa. 6°C 0h 35% 22
MeteoGroup
Letztes Update: 13.03.2014 14:33
4

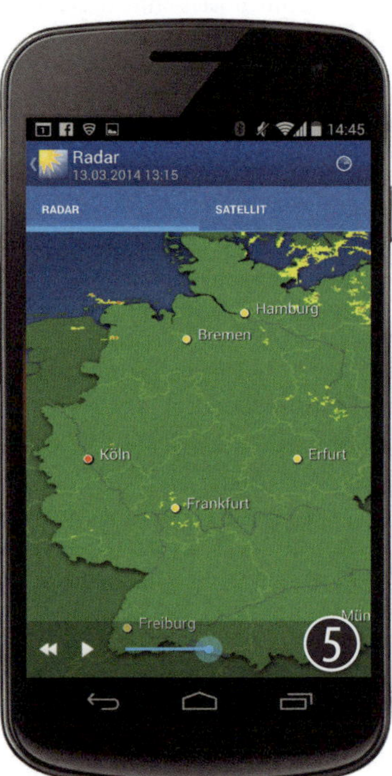
14:45
Radar
13.03.2014 13:15
RADAR
SATELLIT
Hamburg
Bremen
Köln
Erfurt
Frankfurt
Freiburg
5

WeatherPro – Wettervorhersagen ganz genau

Da müssen Sie mir jetzt vertrauen: Auch, wenn Sie schon ein Wetter-Widget oder eine Wetter-App auf Ihrem Telefon haben – WeatherPro kann alles besser. Diese App bietet die genausten Wetterdaten von mehr als zwei Millionen Orten weltweit. Und allein das Regenradar ist schon 2,99 Euro wert.

1. Öffnen Sie die App. WeatherPro zeigt automatisch das Wetter des Ortes, an dem Sie sich befinden. Sie sehen die Vorausschau der nächsten zehn Tage.

2. Tippen Sie rechts auf einen Tag (oben ist der aktuelle), um die Wettervorhersage in 3-Stunden-Abschnitten zu sehen.

3. Die Stundenanzeige ist für mich die wichtigste. Hier sehen Sie, wie das Wetter sich über den Tag verändert. Zu jedem Eintrag finden Sie die Details per Tipp.

4. Tippen Sie auf die Lupe, um einen anderen Ort zu suchen und dort das Wetter zu beobachten. Ihre Lieblingsorte können Sie hier als Favoriten speichern.

5. Das Radar (die Weltkugel) zeigt den Regenverlauf der letzten zwei Stunden. So können Sie genau sehen, wann Regen auf Sie zukommt beziehungsweise wann er wieder weg ist. Bleiben Sie dann einfach noch eine halbe Stunde im Büro, bis der Regen weg ist, oder fahren Sie eine halbe Stunde früher, um vor den Wolken zu Hause zu sein. Das klappt wirklich.

Wandern nach Stundenplan

Zu unserer letzten Wanderung in die Eifel wollten wir eigentlich um 10 Uhr starten. Weil WeatherPro für 14:00 Uhr heftigen Regen anzeigte, haben wir den Start einfach vorverlegt. Der Effekt: Wir hatten eine super Wanderung bei bestem Wetter und sind pünktlich um 14:00 Uhr im Ausflugslokal angekommen. Fünf Minuten später ging das Gewitter los – bei Kaffee und Kuchen durchaus angenehm.

Übersetzung
Hilft unterwegs mit Übersetzungen
Einstellungen
Währungsumrechnung
Einstellungen
e in einer anderen
Einstellungen
n der Nähe an
ausblenden
SAMSUNG
8:04
Google
Suchen oder "Google" sagen
Köln
KLAR
11°
MO.
DI.
MI.
DO.
24°
27°
28°
30°
14°
16°
17°
18°
Freibad (heute ist der Zehner dran) um 10:00
Stadion Bad, Köln
8:03
Freibad (heute ist der Zehner dran) um 9:00
Stadion Bad, Köln
Navigieren/37 Min. über A59
Köln
08:55
Google
6°C
Kontakte
RunKeeper
Eingang
1
2
3
4
5
6

Google Now: Alles, was Sie wissen wollen, mit einem Wisch

Die schönsten Funktionen sind die, zu denen man kaum etwas sagen muss. Genau so eine Funktion ist Google Now. Sie zeigt automatisch die Informationen an, die Sie gerade interessieren. Wenn ich es nicht besser wüsste, würde ich sagen, das ist androide Zauberei. Dabei ist es doch nur die Google Suche kombiniert mit Ihren Nutzungsgewohnheiten und Umgebungsdaten. (Also doch Zauberei?)

❶ Wischen Sie mit dem Finger auf dem (ersten) Home-Screen nach rechts. Der Google Now-Bildschirm erscheint. Bei manchen Herstellern erreichen Sie ihn auf anderem Weg.

❷ Bei Samsung drücken Sie die Home-Taste lang und tippen dann die Google-Taste.

❸ Der Google Now-Bildschirm erscheint mit Informationen, die zur aktuellen Zeit und zum aktuellen Ort passen. Hier steht das Wetter ganz oben. Ach, und weiter unten ist auch ein Termin.

❹ Möchten Sie etwas anderes wissen, sagen Sie einfach »OK, Google« und dann Ihren Wunsch (Tippen geht auch).

❺ Rückt der Termin näher, wird er weiter oben angezeigt, und, falls er an einem anderen Ort stattfindet, die Karte mit den Verkehrsdaten gleich mit. Tippen Sie, um sich von Google Maps leiten zu lassen.

❻ Je mehr Sie unterwegs sind, desto mehr kann Google Now Sie unterstützen. Es sucht im Hintergrund nach weiteren Informationen. Unterwegs: Interessante Orte in der Nähe; im Ausland: Übersetzer für die aktuelle Landessprache und Währungsrechner. Tippen Sie auf das Menü (drei Punkte) unten, um die Einstellungen im Detail festzulegen.

Google Now ist Teil der Google Suche

Google Now ist seit Android-Version 4.1 (Jelly Bean) dabei. Finden Sie es nicht auf Ihrem Gerät, laden Sie aus dem Play Store die App Google Suche.

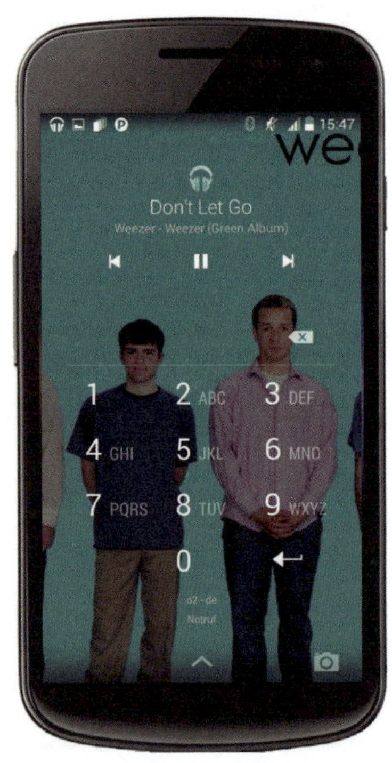
15:47
Don't Let Go
Weezer - Weezer (Green Album)
1
2 ABC
3 DEF
4 GHI
5 JKL
6 MNO
7 PQRS
8 TUV
9 WXYZ
0
o2 - de
Notruf

Kapitel 12 | Volle Unterhaltung unterwegs und zu Hause

Ich habe mir erst sehr spät einen iPod angeschafft – und ihn dann doch nur sehr sporadisch genutzt. Mir war es immer zu umständlich, mehrere Geräte mit mir herumzutragen. Aber schon auf mein erstes Smartphone (Nokia 3650, googeln Sie mal danach) überspielte ich Musik und Podcasts zum Mitnehmen.

Sie können also ab jetzt Ihren MP3-Player zu Hause lassen. Ihr Android kann so gut wie alles besser:

- Musik abspielen und verwalten
- Videos vom Computer übertragen und abspielen
- YouTube-Videos unterwegs ansehen
- Musik und Videos auf dem TV-Gerät wiedergeben

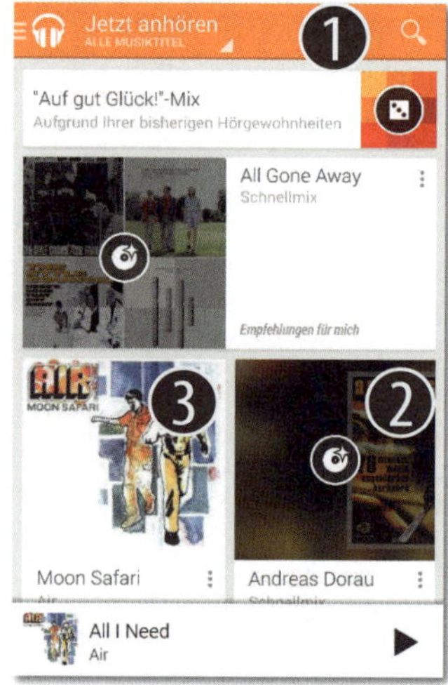
Jetzt anhören
ALLE MUSIKTITEL
1
"Auf gut Glück!"-Mix
Aufgrund Ihrer bisherigen Hörgewohnheiten
All Gone Away
Schnellmix
Empfehlungen für mich
3
2
Moon Safari
Andreas Dorau
All I Need
Air

Moon Safari
Moon Safari
Air
5
La Femme d'A
Sexy Boy
All I Need
Kelly Watch th
Talisman
Schnellmix starten
Als nächsten Titel spielen
In die Wiedergabeliste
Zu Playlist hinzufügen
Interpreten aufrufen
Löschen
Teilen
Artikel dieses Musikers
All I Nee
Air

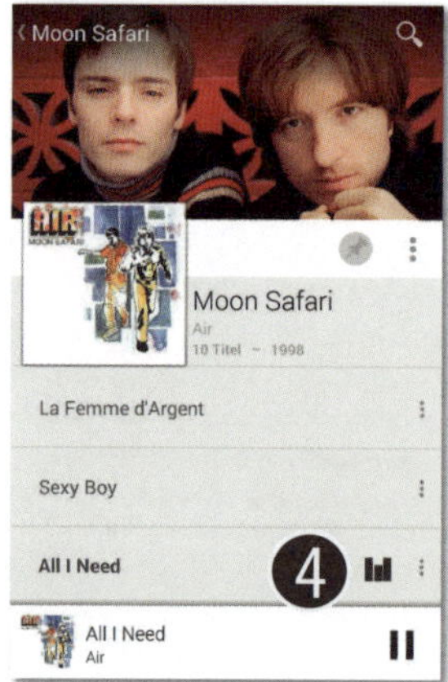
Moon Safari
Moon Safari
Air
10 Titel – 1998
La Femme d'Argent
Sexy Boy
All I Need
4
All I Need
Air

15:02
6
All I Need
Air
7
SAFARI
8
9

Musik hören

Musikdateien erkennt Android automatisch und macht sie allen Apps zugänglich. Ich empfehle die App von Google. Sie heißt Play Music, ist kostenlos und bei den meisten Smartphones vorinstalliert. Mit Play Music behalten Sie auch bei großen Musiksammlungen den Überblick und schicken mühelos Ihren persönlichen Musikmix an die Kopfhörer.

❶ Öffnen Sie die App Play Music (es ist die mit den Kopfhörern). Halten Sie Ihr Telefon dabei senkrecht.

❷ Die App startet mit einer Übersicht der Alben. Streichen Sie nach unten, bis zum Album Ihrer Wahl.

❸ Tippen Sie dann auf das Album, das Sie spielen möchten.

❹ Die nächste Liste zeigt alle Stücke aus dem Album, die Sie auf dem Smartphone dabei haben. Tippen Sie auf den Titel, den Sie hören möchten. Hier ist es All I need.

❺ Die drei Punkte neben den Einträgen öffnen ein Popup-Menü mit Optionen. Hier besonders praktisch: Schnellmix starten (sammelt Titel, die dem aktuellen ähneln) und zur Playlist hinzufügen.

❻ So sieht der Bildschirm aus, wenn Sie ein Stück abspielen. Das kleine Bild vom Album oben links bringt Sie eine Ebene höher. Hier haben sie einige Optionen:

❼ Musikinfos mit schnellen Verknüpfungen: Titel (zur Playliste hinzufügen), Musiker (Albenliste) und Album (Titelliste). (Einblenden durch Tippen auf die drei Punkte.)

❽ Position: Schieben Sie den Regler an die Stelle des Titels, den Sie hören wollen.

❾ Die Tasten am unteren Bildschirmrand steuern die Musik: Zurück/Schneller Rücklauf, Start/Pause und Vor/Schneller Vorlauf. (Ich kenne die noch aus den frühen 1980ern von Sonys Walkman.) Links und rechts davon: Die Weiche spielt alle Titel des aktuellen Albums in zufälliger Reihenfolge ab. Rechts die Wiederholungsschleife wiederholt entweder alle Titel oder nur den aktuellen Titel (einmal oder mehrfach tippen).

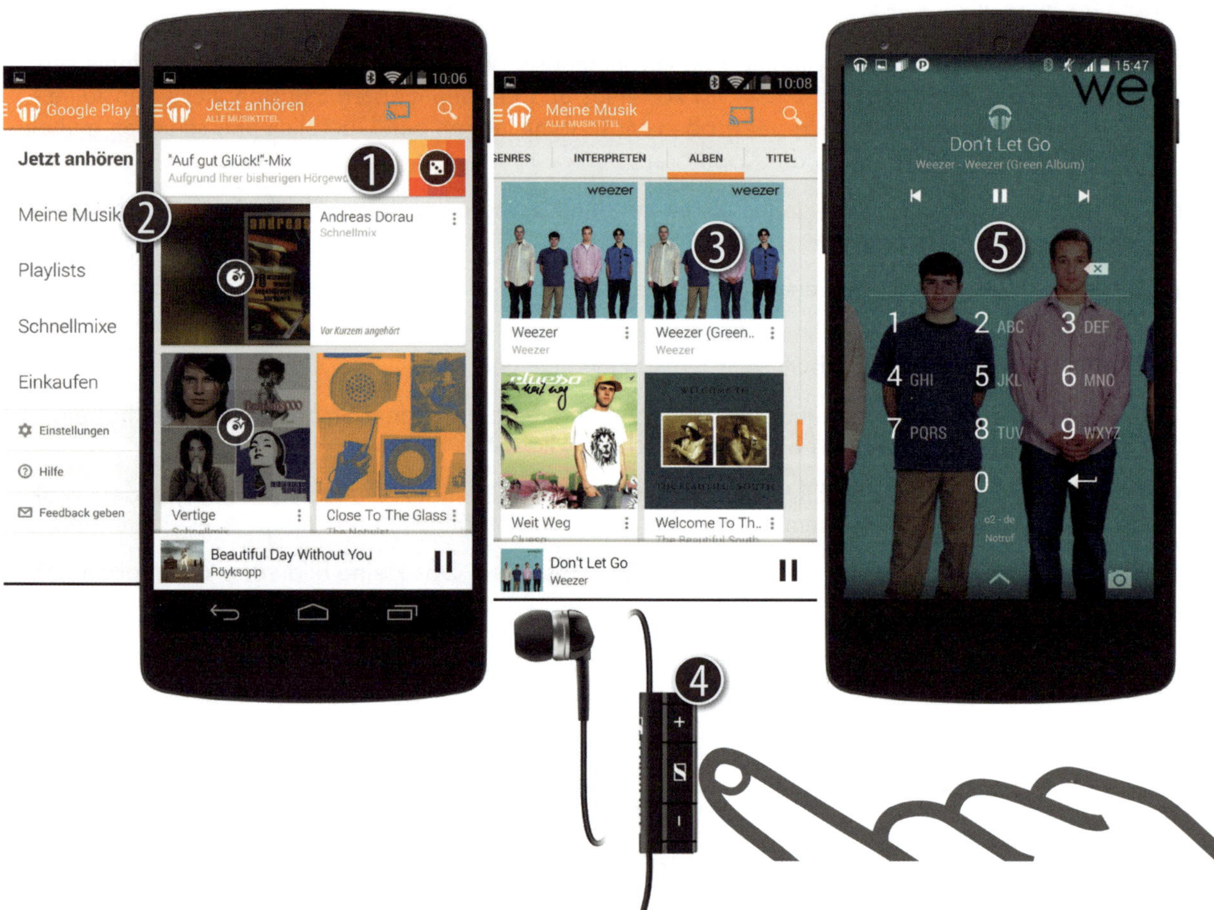
Google Play
Jetzt anhören
Meine Musik
Playlists
Schnellmixe
Einkaufen
Einstellungen
Hilfe
Feedback geben
Jetzt anhören
"Auf gut Glück!"-Mix
Andreas Dorau
Schnellmix
Vor Kurzem angehört
Vertige
Close To The Glass
Beautiful Day Without You
Röyksopp
Meine Musik
INTERPRETEN
ALBEN
TITEL
Weezer
Weezer (Green..
Weit Weg
Welcome To Th..
Don't Let Go
Weezer
Don't Let Go
Weezer - Weezer (Green Album)
1
2
3
4
5

Mehr Möglichkeiten für Ihre Musik

Play Music ist ziemlich flexibel. So machen das Hören und Entdecken von Musik noch mehr Spaß:

1. Starten Sie die App Play Music. Wollen Sie schnell Musik hören? Tippen Sie auf den Auf gut Glück!"-Mix. Der funktioniert immer besser, je öfter Sie Musik hören, denn er richtet sich nach Ihren Gewohnheiten.
2. Tippen Sie auf die drei Striche in der Titelleiste, und wählen Sie über Meine Musik eine andere Liste.
3. Wechseln Sie zu den Alben (mit schöner Coverübersicht), Interpreten (Musiker), Titel und Genres (von Akustik bis Weltmusik). Wählen Sie dann einen Titel und drücken Sie Play.
4. Steuern Sie die Musik mit der Mikrofontaste:
   - Drücken Sie einmal kurz, um die Wiedergabe zu stoppen. Drücken Sie noch einmal, um sie fortzusetzen. Das funktioniert auch, wenn der Bildschirm aus ist.
   - Drücken Sie lange, um den Player nach vorne zu holen.
5. Sie müssen Ihr Smartphone nicht entsperren, um vorzuspulen. Die Abspieltasten finden Sie auch im Sperrbildschirm.

Musik und Telefon in einem Kopfhörer

Headphones mit Mikrofon sind mittlerweile Standard und von allen einschlägigen Herstellern zu haben. Klar, denn wer will schon den Kopfhörer abnehmen, wenn das Telefon klingelt. Selbstverständlich pausiert dann die Musik. Drücken Sie kurz, um den Anruf anzunehmen, und lange, um ihn abzulehnen.

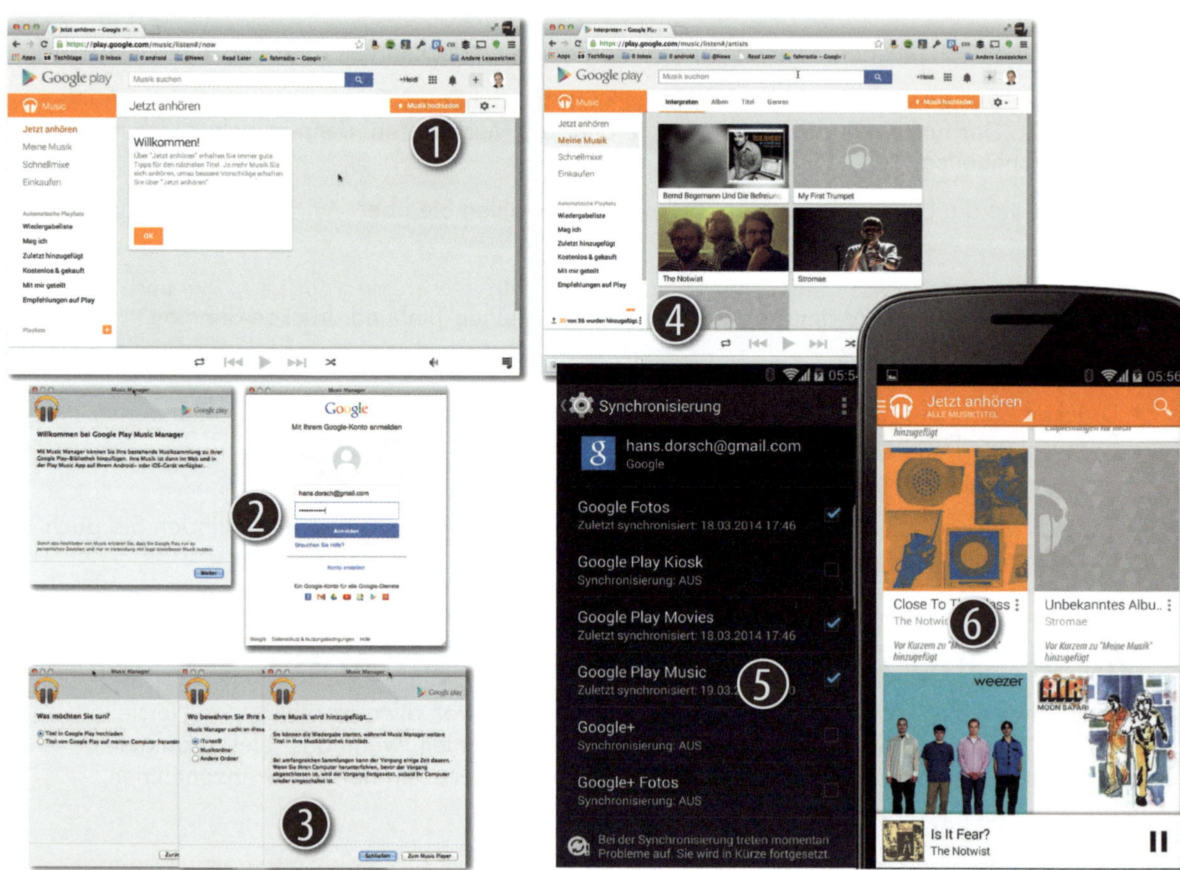

1
2
3
4
5
6
Google play
Jetzt anhören
Willkommen!
Meine Musik
Schnellmixe
Einkaufen
Interpreten
Bernd Begemann Und Die Befreiung
My First Trumpet
The Notwist
Stromae
Willkommen bei Google Play Music Manager
Mit Ihrem Google-Konto anmelden
Was möchten Sie tun?
Ihre Musik wird hinzugefügt...
Synchronisierung
hans.dorsch@gmail.com
Google
Google Fotos
Zuletzt synchronisiert: 18.03.2014 17:46
Google Play Kiosk
Synchronisierung: AUS
Google Play Movies
Zuletzt synchronisiert: 18.03.2014 17:46
Google Play Music
Google+
Synchronisierung: AUS
Google+ Fotos
Synchronisierung: AUS
Bei der Synchronisierung treten momentan Probleme auf. Sie wird in Kürze fortgesetzt.
05:56
Jetzt anhören
ALLE MUSIKTITEL
Unbekanntes Albu..
Stromae
Vor Kurzem zu "Meine Musik" hinzugefügt
weezer
Is It Fear?
The Notwist

Google Play Music – Musik auf allen Geräten

Wie kommt meine Musik vom Computer auf mein Smartphone? Über USB? Und welche Titel meiner riesigen Musiksammlung kommen eigentlich mit? Nur die aktuellsten? Die Antwort auf beide Fragen lautet Nein, wenn Sie Ihre Musik mit Google Play über das Internet austauschen. Das ist bestechend einfach, und dazu noch kostenlos. Sie sollten es nutzen.

❶ **Laden Sie den Music Manager**: Gehen Sie zu Google Play und wechseln Sie zu Musik (www.play.google.com /music).

- Klicken Sie auf die Taste Musik hochladen.
- Laden Sie den Music Manager herunter und installieren Sie ihn auf Ihrem Computer.

❷ Starten Sie den Music Manager und **melden Sie sich mit Ihrem Google-Konto an**.

❸ Der Music Manager durchsucht Ihren Computer nach Musikdateien. Folgen Sie einfach den leicht verständlichen Schritten. Wenn Sie iTunes verwenden (so wie ich), sucht das Programm dort nach Musikdaten und Playlisten. Dann startet der Abgleich mit Google Play.

❹ Sie können Ihrer Musik direkt auf dem Weg ins Netz zusehen. Rufen Sie einfach Ihre Musik im Browser auf.

❺ **Verbinden Sie Play Music** auf Ihrem Smartphone mit Ihrem Google Konto via Einstellungen → Konten → Google → Synchronisierung und setzen Sie einen Haken bei Google Play Music.

❻ Starten Sie Play Music und hören Sie Ihre ganze Musik.

Abgleich und Upload

Keine Angst. Google lädt nicht jede Ihrer MP3-Dateien auf die eigenen Server, um sie dort zu speichern. Stattdessen vergleicht der Music Manager Ihre Musikdateien mit Dateien, die bereits online verfügbar sind. Nur die Titel, die nicht gefunden werden, lädt der Manager vollständig ins Netz. Das Verfahren nennt sich Deduplizierung, falls Sie jemand fragt.

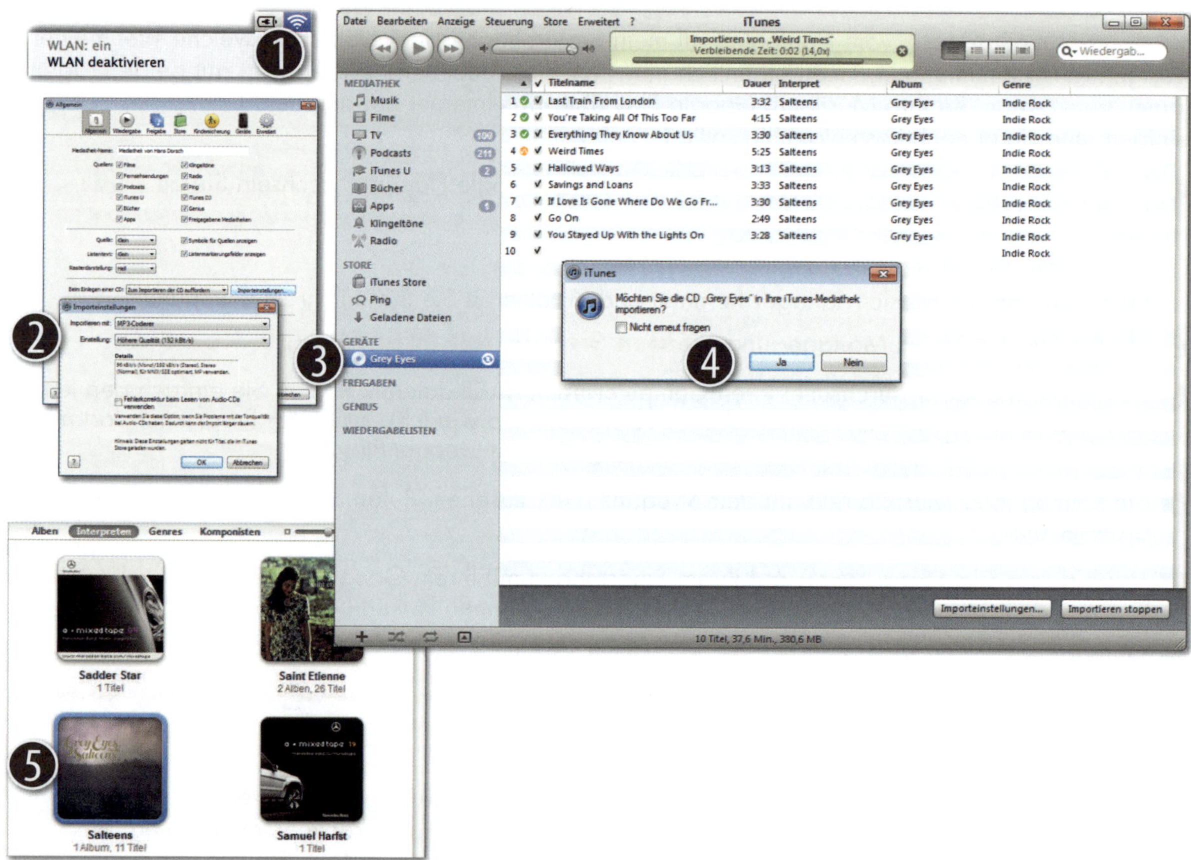
WLAN: ein
WLAN deaktivieren
1
2
3
4
5
Datei Bearbeiten Anzeige Steuerung Store Erweitert ?
iTunes
Importieren von „Weird Times"
Verbleibende Zeit: 0:02 (14,0x)
Wiedergab...
MEDIATHEK
Musik
Filme
TV
Podcasts
iTunes U
Bücher
Apps
Klingeltöne
Radio
STORE
iTunes Store
Ping
Geladene Dateien
GERÄTE
Grey Eyes
FREIGABEN
GENIUS
WIEDERGABELISTEN
Titelname
Dauer
Interpret
Album
Genre
1 Last Train From London 3:32 Salteens Grey Eyes Indie Rock
2 You're Taking All Of This Too Far 4:15 Salteens Grey Eyes Indie Rock
3 Everything They Know About Us 3:30 Salteens Grey Eyes Indie Rock
4 Weird Times 5:25 Salteens Grey Eyes Indie Rock
5 Hallowed Ways 3:13 Salteens Grey Eyes Indie Rock
6 Savings and Loans 3:33 Salteens Grey Eyes Indie Rock
7 If Love Is Gone Where Do We Go Fr... 3:30 Salteens Grey Eyes Indie Rock
8 Go On 2:49 Salteens Grey Eyes Indie Rock
9 You Stayed Up With the Lights On 3:28 Salteens Grey Eyes Indie Rock
10 Indie Rock
iTunes
Möchten Sie die CD „Grey Eyes" in Ihre iTunes-Mediathek importieren?
Nicht erneut fragen
Ja
Nein
Importeinstellungen...
Importieren stoppen
10 Titel, 37,6 Min., 380,6 MB
Importeinstellungen
OK
Abbrechen
Alben
Interpreten
Genres
Komponisten
Sadder Star
1 Titel
Saint Etienne
2 Alben, 26 Titel
Salteens
1 Album, 11 Titel
Samuel Harfst
1 Titel

Audio-CDs in MP3-Dateien umwandeln

Neue Musik kaufen Sie online und digital, aber auch die Schätze, die Sie schon auf CD besitzen, können Sie auf Ihrem Smartphone hören – nachdem Sie diese einmal in das universelle MP3-Format umgewandelt haben. Das erledigen Sie mit einem Musikspieler am Computer. Ich verwende iTunes von Apple:

1. Starten Sie iTunes am Computer. Achten Sie darauf, dass Ihr Mac oder Ihr PC mit dem Internet verbunden ist. Nur dann kann iTunes die Titel- und Albuminformationen aus dem Internet laden.
2. Überprüfen Sie die Import-Einstellungen. Wählen Sie in Einstellungen → Allgemein die Importeinstellungen zu MP3 (hohe oder höhere Qualität). Dieses Format verstehen alle digitalen Abspieler. Liegt schon eine CD im Laufwerk, können Sie die Importeinstellungen über die Taste am unteren Fensterrand öffnen.
3. Legen Sie eine Audio-CD in das CD-Laufwerk am Computer ein. iTunes erkennt die CD und zeigt sie in der Seitenleiste unter Geräte an.
4. Bestätigen Sie die Nachfrage, ob Sie die CD importieren möchten, mit Ja. iTunes kopiert jetzt die Daten von der CD auf den Computer und wandelt sie in das MP3-Format um.
5. iTunes kann auch Albumcover aus dem Netz laden und zusammen mit Ihren Musikdateien speichern. Darauf sollten Sie nicht verzichten. Wählen Sie dazu aus dem Menü Erweitert → CD-Cover laden.

MP3 können alle

Sie müssen nicht iTunes verwenden, aber ich halte das Programm für die komfortabelste Musikverwaltung. Aber auch der Windows Media Player oder Programme wie WinAmp können Ihre CDs rippen und so für Ihr Smartphone vorbereiten.

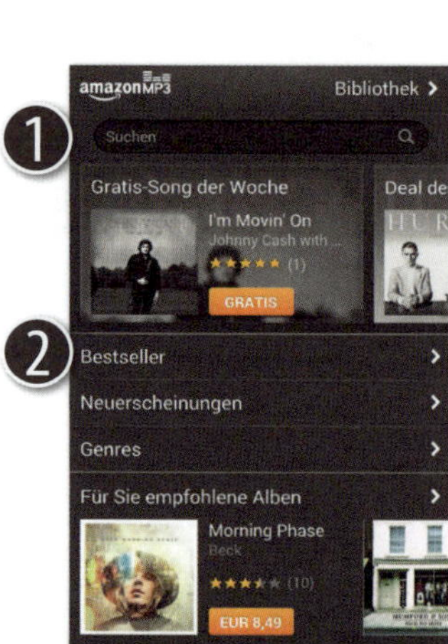

amazonMP3
Bibliothek
1
Suchen
Gratis-Song der Woche
I'm Movin' On
Johnny Cash with ...
GRATIS
Deal des
2
Bestseller
Neuerscheinungen
Genres
Für Sie empfohlene Alben
Morning Phase
Beck
(10)
EUR 8,49

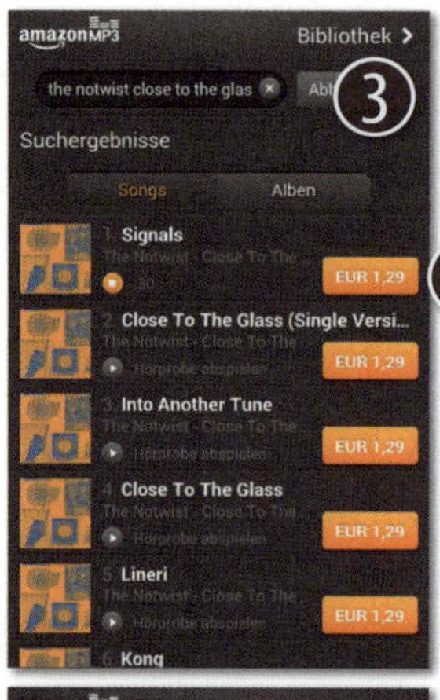

amazonMP3
Bibliothek
the notwist close to the glas
3
Suchergebnisse
Songs
Alben
1. Signals
EUR 1,29
2. Close To The Glass (Single Versi...
EUR 1,29
3. Into Another Tune
EUR 1,29
4. Close To The Glass
EUR 1,29
5. Lineri
EUR 1,29
6. Kong

amazonMP3
Bibliothek
ıe notwist close to the glass
Abbrechen
Suchergebnisse
Songs
Alben
4
1. Close To The Glass
The Notwist
EUR 9,89
2. Close To The Glass
The Notwist
EUR 1,29

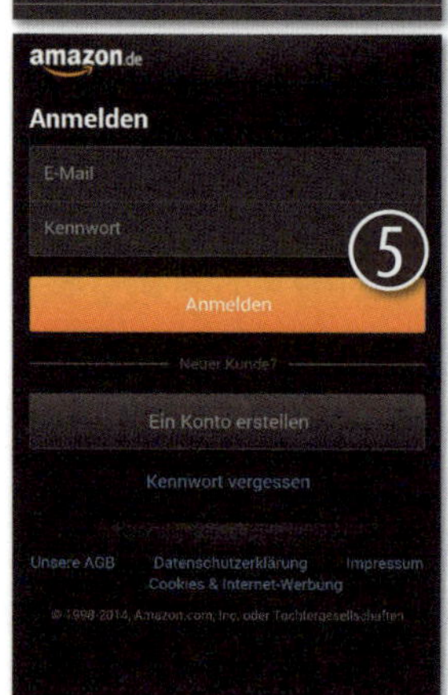

amazon.de
Anmelden
E-Mail
Kennwort
5
Anmelden
Neuer Kunde?
Ein Konto erstellen
Kennwort vergessen
Unsere AGB
Datenschutzerklärung
Impressum
Cookies & Internet-Werbung

amazonMP3
Bibliothek
Suchen
Close To The Glass
The Notwist
Bestellung abgeschlossen.
Im Amazon Cloud Player gespeichert.
Abspielen / herunterladen
6
Weiter einkaufen
Kunden, die dieses Album gekauft haben, haben auch gekauft

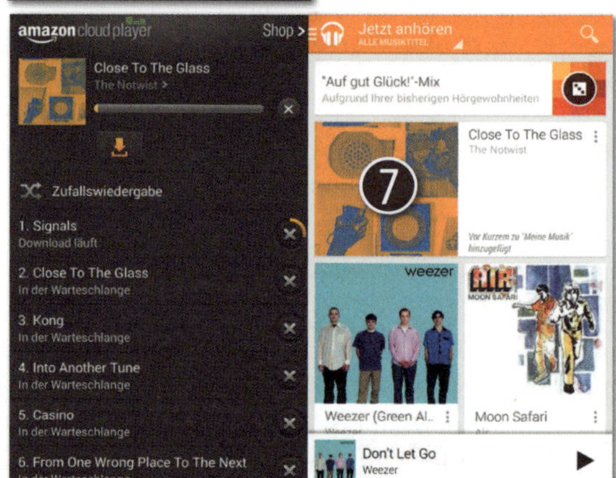

amazon cloud player
Shop
Close To The Glass
The Notwist
Zufallswiedergabe
1. Signals
Download läuft
2. Close To The Glass
In der Warteschlange
3. Kong
In der Warteschlange
4. Into Another Tune
In der Warteschlange
5. Casino
In der Warteschlange
6. From One Wrong Place To The Next
Jetzt anhören
"Auf gut Glück!"-Mix
Aufgrund Ihrer bisherigen Hörgewohnheiten
Close To The Glass
The Notwist
7
weezer
Weezer (Green Al...
Moon Safari
Don't Let Go
Weezer

Auf dem Telefon Musik bei Amazon kaufen

Amazon verkauft wirklich alles. Vom Buch bis zum Wischmopp. Und natürlich Musik. Aber ich spreche hier nicht von diesen komischen runden Dingern, die mit der Post verschickt werden (Wie heißen die noch mal? Ach ja, CDs.), nein, ich meine MP3s. Und für die hat Amazon sogar eine eigene App.

❶ Laden Sie die App Amazon MP3 bei Google Play, starten Sie sie und öffnen Sie den Shop. Suchen Sie eine Band, die Sie interessiert. Ich suche ein Album von The Notwist.

❷ Sie können auch Musik entdecken, indem Sie den Links Bestseller, Neuerscheinungen oder Genre folgen. Ganz oben finden Sie günstige oder kostenlose Angebote.

❸ Wählen Sie das Album, das Sie interessiert, aus der Ergebnisliste. Tippen Sie auf einen Titel, um reinzuhören.

❹ Tippen Sie auf den Preis, um nur einen Titel zu kaufen. Tippen Sie auf die Taste Alben, um das ganze Album zu kaufen.

❺ Melden Sie sich mit Ihren Amazon-Zugangsdaten an, und klicken Sie auf Anmelden. Ihr Download startet jetzt. (Die Dateien werden auf Ihrer SD-Karte im Ordner amazonmp3 gespeichert.)

❻ Amazon bestätigt den Kauf. Tippen Sie auf Downloads ansehen. Amazon speichert Ihre Songs zuerst im Amazon Cloud Player, herunterladen müssen Sie sie selbst.

❼ Amazon MP3 hat einen eigenen Musikplayer. Ihre Musik taucht aber nach dem Download auch in der Musik-App auf.

Achten Sie auf Ihr Datenvolumen

Ein Albumdownload im MP3-Format ist ungefähr 70 MB groß. Bei einer 300-MB-Datenflatrate ist das gut ein Viertel des monatlichen Volumens. Warten Sie vielleicht mit dem Download, bis Sie Anschluss an ein WLAN-Netz haben.

1
09:38
tunein
LIVE
FAVORITES
BROWSE
Lokales Radio
Kürzlich gehört
Tendenz steigend
2
Musik
Sport
Nachrichten
Talksendungen

nrj charts
NRJ Charts
Deutsch
3
ENERGY Nürnberg
Hit Music Only!

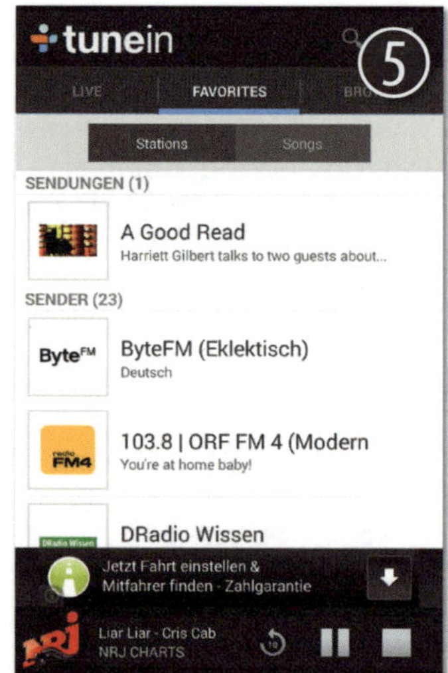

tunein
5
LIVE
FAVORITES
Stations
Songs
SENDUNGEN (1)
A Good Read
Harriett Gilbert talks to two guests about...
SENDER (23)
ByteFM (Eklektisch)
Deutsch
103.8 | ORF FM 4 (Modern
You're at home baby!
DRadio Wissen
Jetzt Fahrt einstellen &
Mitfahrer finden - Zahlgarantie
Liar Liar - Cris Cab
NRJ CHARTS

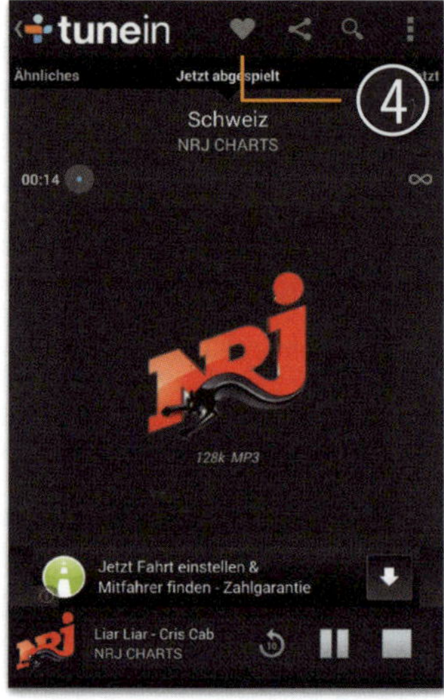

tunein
Ähnliches
Jetzt abgespielt
4
Schweiz
NRJ CHARTS
00:14
128k MP3
Jetzt Fahrt einstellen &
Mitfahrer finden - Zahlgarantie
Liar Liar - Cris Cab
NRJ CHARTS

09:52 SO., 16. MÄRZ
6
Liar Liar - Cris Cab
NRJ CHARTS
Als Mediengerät angeschlossen
Für mehr USB-Optionen berühren

TuneIn Radio – das Kofferradio des 21. Jahrhunderts

Meine Oma hatte ein Kofferradio. Ich glaube, es war von Telefunken, und es stand überall dort, wo sie gerade Musik oder Nachrichten hören wollte: beim Kochen in der Küche oder beim Ausruhen auf dem Liegestuhl im Garten. Leider liefen darauf nur die örtlichen Radiosender. Ich habe ein Smartphone, das auch überall liegt, wohin ich es mitnehme, und es spielt alle Radiosender dieser Welt – mit TuneIn Radio.

❶ Installieren Sie die App (die kostenlose Version genügt für den Anfang). TuneIn Radio startet mit der Suchansicht.

❷ Das Lokale Radio erkennt, wo Sie sich befinden und zeigt regionale Sender an. Tendenz steigend zeigt Radiosender nach Beliebtheit, Sie können aber auch auf eines der Themen tippen (Sport, Musik, Nachrichten). Stöbern Sie einfach und wählen Sie einen Sender. Ich wähle das Jugendradio NRJ.

❸ Ach nein, ich nehme doch lieber die Suche. Heute will ich mir mal die Charts anhören und suche nach Nrj Charts. Tippen Sie auf die Lupe, und geben Sie einen Sender, eine Musikrichtung oder einen Bandnamen ein. Tippen Sie in den Ergebnissen auf den Sender, um ihn abzuspielen.

❹ Ihr Radio läuft. Sie sehen den aktuellen Sender und Titel. Tippen Sie auf's Herz in der Aktionsleiste, um den Sender oder den aktuellen Titel zu Ihren Favoriten hinzuzufügen, teilen Sie den aktuellen Titel über Facebook, Twitter oder E-Mail, oder kaufen Sie ihn direkt bei Amazon. Zurück geht's über die TuneIn-Taste oben links.

❺ So sehen die Favoriten aus, alle gemerkten Sender in einer Liste. Das ist praktisch. Und die Station, die gerade läuft, sehen Sie immer unten.

❻ Und natürlich läuft das Radio auch im Hintergrund. Steuern können Sie es über das Benachrichtigungsfeld.

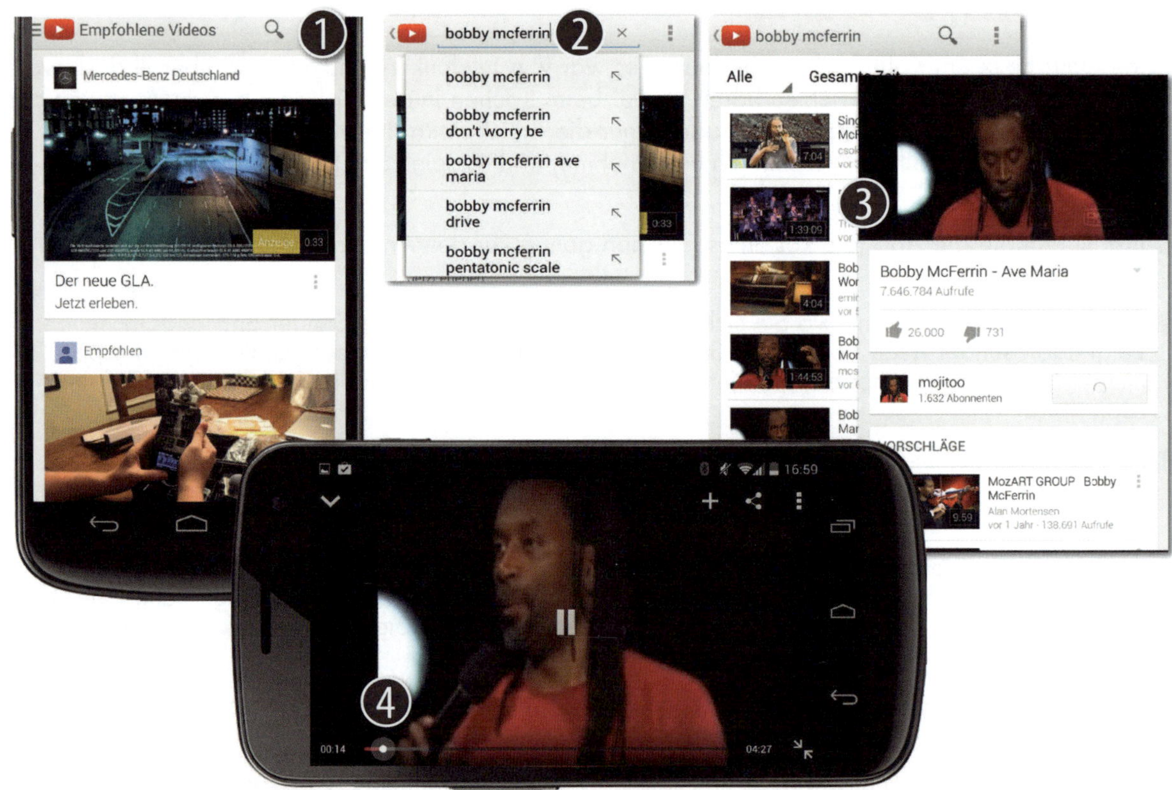

Empfohlene Videos
1
Mercedes-Benz Deutschland
Der neue GLA.
Jetzt erleben.
Empfohlen
bobby mcferrin
2
bobby mcferrin
bobby mcferrin don't worry be
bobby mcferrin ave maria
bobby mcferrin drive
bobby mcferrin pentatonic scale
bobby mcferrin
Alle
3
Bobby McFerrin - Ave Maria
7.646.784 Aufrufe
26.000
731
mojitoo
1.632 Abonnenten
VORSCHLÄGE
MozART GROUP Bobby McFerrin
Alan Mortensen
vor 1 Jahr · 138.691 Aufrufe
16:59
4
00:14
04:27

Videos bei YouTube finden und ansehen

YouTube kennen Sie, oder? Das Videoportal, auf dem es alles zu sehen gibt, von schielenden Opossums bis zu wissenschaftlichen Vorträgen. Ich sehe mir natürlich nur Letztere an – mit dem YouTube-Player für Android.

❶ Starten Sie die App YouTube auf Ihrem Android. Der Startbildschirm zeigt aktuelle Videoempfehlungen. Tippen Sie auf die Lupe, um die Suche zu öffnen.

❷ Tippen Sie den Namen eines Künstlers in das Suchfeld. Bobby McFerrin taucht schon nach wenigen Zeichen in der Ergebnisliste auf. Tippen Sie auf den Eintrag oder die Lupe, um die Suche zu starten.

❸ Tippen Sie in der Ergebnisliste auf den Film, den Sie sehen möchten. Die Info-Seite zum Film öffnet sich, und der Film startet. Hier gibt es eine Menge zu tun: Infos lesen, ähnliche Videos sehen, kommentieren oder den Daumen nach oben klicken für Mag ich. Aber schauen Sie sich den Film doch erst mal an. Drehen Sie dazu das Telefon quer.

❹ Der horizontale Bildschirm gehört ganz dem Video. Die Steuerelemente blenden sich nach kurzer Zeit aus.

- Tippen Sie auf das Display, um den Schieber für die Position einzublenden. Mit ihm kommen Sie schnell an die gewünschte Stelle im Video.
- Tippen Sie noch einmal, um den Film pausieren zu lassen.
- Wenn Sie das Optionsmenü über die drei Punkte rechts oben einblenden, sehen Sie die Aufnahmequalität. Hier ist es HQ (Hohe Qualität). Sollte der Film ruckeln, tippen Sie darauf, um auf eine niedrigere Qualität umzuschalten.

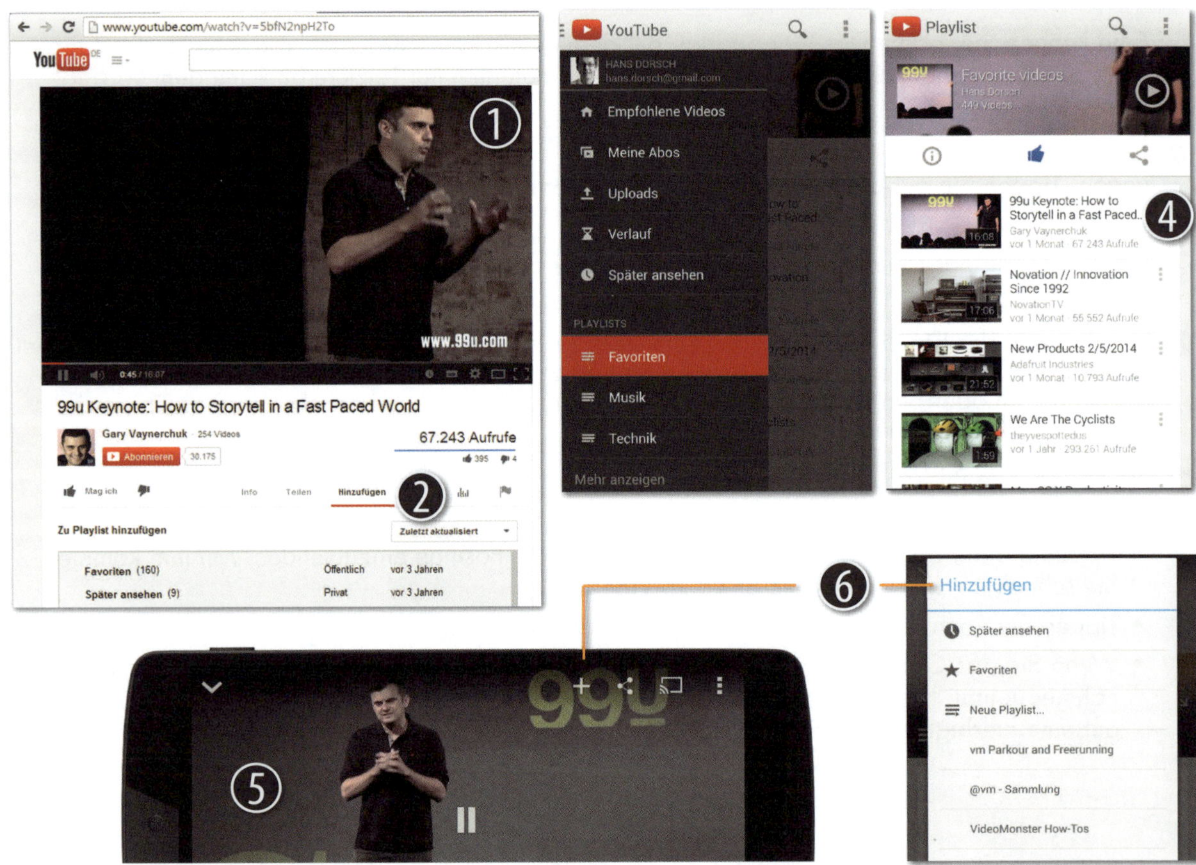

www.youtube.com/watch?v=5bfN2npH2To
1
www.99u.com
99u Keynote: How to Storytell in a Fast Paced World
Gary Vaynerchuk
67.243 Aufrufe
Abonnieren
Mag ich
Info
Teilen
Hinzufügen
2
Zu Playlist hinzufügen
Zuletzt aktualisiert
Favoriten (160) Öffentlich vor 3 Jahren
Später ansehen (9) Privat vor 3 Jahren
YouTube
Empfohlene Videos
Meine Abos
Uploads
Verlauf
Später ansehen
PLAYLISTS
Favoriten
Musik
Technik
Mehr anzeigen
Playlist
Favorite videos
99u Keynote: How to Storytell in a Fast Paced...
4
Novation // Innovation Since 1992
New Products 2/5/2014
We Are The Cyclists
5
6
Hinzufügen
Später ansehen
Favoriten
Neue Playlist...
vm Parkour and Freerunning
@vm - Sammlung
VideoMonster How-Tos

Videos bei YouTube merken und ansehen

Videos lenken von der Arbeit ab – gerade, wenn sie interessant sind. Wenn Sie also demnächst einen Link zu einem lehrreichen (wirklich!) Video in Ihrer Mail oder bei Twitter finden, speichern Sie ihn für später, und sehen Sie sich den Film in Ruhe auf Ihrem Smartphone an.

1. Rufen Sie www.youtube.com im Browser am Computer auf, und melden Sie sich mit Ihrem Google-Konto an. (Falls Sie noch nicht bei YouTube angemeldet sind, legen Sie ein neues YouTube-Konto mit der E-Mail-Adresse des Google-Kontos an, das Sie auf Ihrem Smartphone verwenden.)
2. Rufen Sie jetzt ein Video auf, das Sie interessiert. Klicken Sie auf Hinzufügen unter dem Film. Wählen Sie den Eintrag Favoriten aus der Liste. Schließen Sie dann den Browser, und fahren Sie mit der Arbeit fort.
3. Öffnen Sie (später) das Programm YouTube auf dem Smartphone. Gehen Sie über die drei Striche in das Optionsmenü und wählen Sie Favoriten aus der Liste. Beim ersten Aufruf müssen Sie sich anmelden. Wählen Sie Ihr Google-Konto, und melden Sie sich an.
4. Ihre gespeicherten Favoriten aus dem Web werden als Liste angezeigt. Tippen Sie auf den Film, den Sie sehen wollen.
5. Genießen Sie den Film.
6. Favoriten gibt es auch auf dem Smartphone: Tippen Sie links oben im Video auf das Plus. Jetzt können Sie das Video in eigenen Listen oder als Favorit speichern, Teilen oder die URL (die Webadresse) des Videos in die Zwischenablage kopieren.

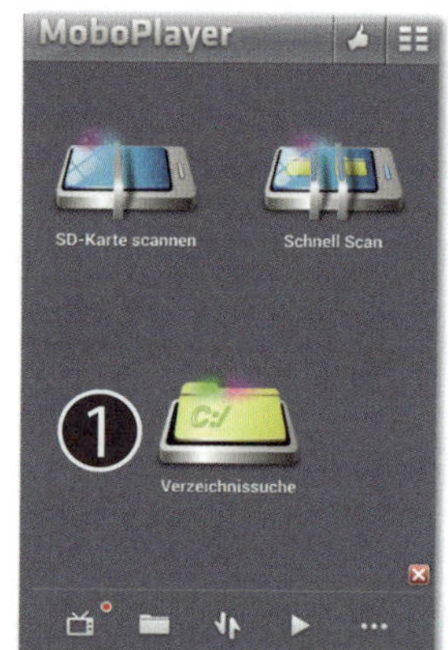
MoboPlayer
SD-Karte scannen
Schnell Scan
1
Verzeichnissuche

Verlassen
Mediaverzeichnis wählen
OK
Menge von Mediaordner wählen:0
media
Movies
2
Music
Navigon
Notifications
null
obb
OGQ

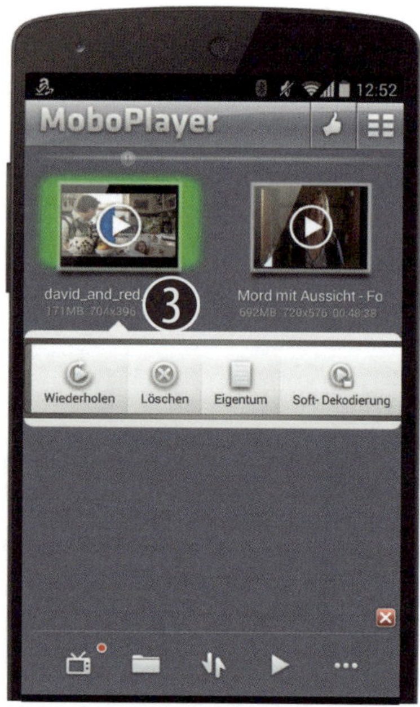
12:52
MoboPlayer
david_and_red
3
Mord mit Aussicht - Fo
Wiederholen
Löschen
Eigentum
Soft- Dekodierung

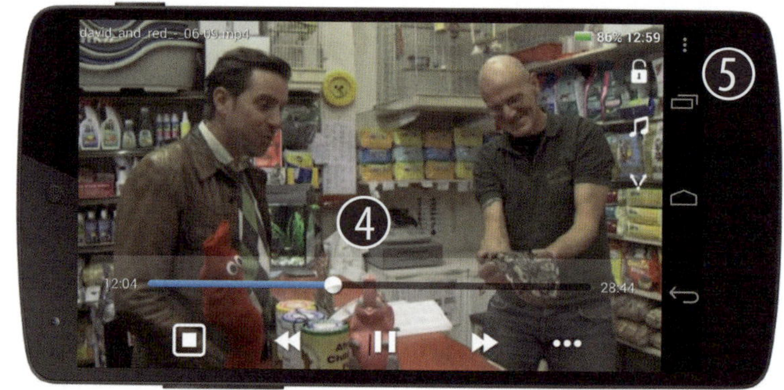
86% 12:59
5
4
12:04
28:44

Mit dem Mobo Player Videos von der SD-Karte spielen

Manche Filme möchte ich gerne dabei haben, um sie sehen zu können, wann ich will. Deshalb lade ich mir Filme auf den Computer und schaue sie mir auf dem Smartphone an. Viele der Filme sind schon im mobilfreundlichen mp4-Format gespeichert, viele aber auch als Flash-Videos mit der Endung .flv. Und dieses Format kann der mitgelieferte Player (meist Galerie) nicht abspielen. Deshalb empfehle ich den MoboPlayer aus dem Play Store.

❶ Wählen Sie die Verzeichnisse aus, in denen nach Videos gesucht werden soll, oder starten Sie einen Schnell-Scan, der automatisch nach Videos sucht, oder lassen Sie Ihre SD-Karte durchsuchen. Tippen Sie dazu auf das Ordnersymbol unten links.

❷ Ich wähle das Verzeichnis Movies (das legt Android selbst an). Setzen Sie einen Haken bei den Ordnern, deren Dateien Sie importieren wollen und tippen Sie auf OK.

❸ Tippen Sie auf ein Video, um es abzuspielen. Der Abspielpfeil zeigt durch seine Füllung an, ob und wie weit Sie einen Film schon gesehen haben. Tippen Sie lange, um den Film zu löschen oder die Dekodierung umzustellen. (Falls der Film nicht abgespielt wird, stellen Sie auf Soft Decoding um.)

❹ Tippen Sie auf das Display, um die Steuerelemente einzublenden. Einfache Gesten vereinfachen den Filmgenuss: Wischen Sie am linken Rand nach oben oder unten, um die Helligkeit einzustellen, und am rechten Rand nach oben oder unten, um die Lautstärke zu regeln.

❺ Zurück geht es mit der Zurück-Taste. Sehr praktisch ist auch: Ein Tipp auf die Menü-Taste blockiert das Display, damit Sie nicht aus Versehen den Film stoppen.

HandBrake
Source
Start
Pause
Add to Queue
Show Queue
Picture Settings
Preview Window
Activity Window
Toggle Presets
Source: _LOTTA_AUS_DER_KMS
Title: 2 - 01h11m46s
Angle: 1
Chapters
1
through
8
Duration: 01:11:46
Destination
File: /Users/hansdorsch/Desktop/_LOTTA_AUS_DER_KMS.m4v
Browse...
Output Settings: iPhone & iPod Touch
Format: MP4 file
Large file size
Web optimized
iPod 5G support
Video
Audio
Subtitles
Advanced
Chapters
Video Codec: H.264 (x264)
Framerate (FPS): Same as source
2-pass encoding
Quality:
Target size (MB): 700
Average bitrate (kbps): 960
Constant quality: RF: 20
Picture Size: Source: 720x576, Output: 480x304, Modulus: 16
Picture Cropping: Auto 48/48/10/10
Video Filters:
Apple
Universal
iPod
iPhone & iPod Touch
iPhone 4
iPad
AppleTV
AppleTV 2
Regular
Legacy
Classic
AppleTV Legacy
iPhone Legacy
iPod Legacy
USB-Verbindung (PC)
VERBINDEN ALS
Schreibtisch
1 von 6 ausgewählt, 149,41 GB verfügbar
1_Bearbeiten
_LOTTA_AUS_DER_KMS.m4v
2_lesen_dropbox
1
2
3
4
5
6
7

Spielfilme auf DVD mit Handbrake fürs Smartphone umwandeln

Wahrscheinlich haben Sie schon einige Spielfilme oder Fernsehsendungen auf DVD, die Sie gerne am Telefon ansehen möchten. Die kostenlose Software Handbrake für Mac und Windows wandelt sie schnell ins Android-kompatible Format. Laden und installieren Sie zuerst das Programm Handbrake (www.handbrake.fr). Am Mac benötigen Sie zusätzlich den VLC media player, den Sie ebenfalls kostenlos laden können.

1. Legen Sie eine DVD ein, und starten Sie Handbrake. Klicken Sie auf die Taste Source oben im Fenster, und wählen Sie im Dialog die DVD aus. Handbrake scannt die DVD und erkennt alle darauf gespeicherten Filme.
2. Wählen Sie unter Title den längsten Film aus (hier Nr. 2 – 1 Std., 11 min., 46 Sek.). Die kürzeren Filme sind Trailer, Menüs und andere Nebensächlichkeiten.
3. Wählen Sie aus der Seitenleiste das Format iPhone & iPod Touch. Diese Voreinstellung passt für die meisten Smartphones.
4. Mit den Auswahltasten wählen Sie Sprachversionen (Audio) oder Untertitel (Subtitles) aus.
5. Klicken Sie oben auf Add to Queue, dann auf Start. Ihr Film wird jetzt umgewandelt. Die Geschwindigkeit richtet sich nach dem Computer. Es kann aber gut über eine Stunde dauern.
6. Handbrake speichert den Film auf Ihrer Festplatte, z. B. auf dem Schreibtisch (hier Desktop).
7. Schließen Sie jetzt Ihr Telefon über USB an, und kopieren Sie den Film auf die Speicherkarte.

Das sollten Sie wissen

DVDs mit Kopierschutz dürfen nicht kopiert werden. Weitere Hinweise finden Sie in der Wikipedia unter den Stichworten Kopierschutz und Privatkopie.

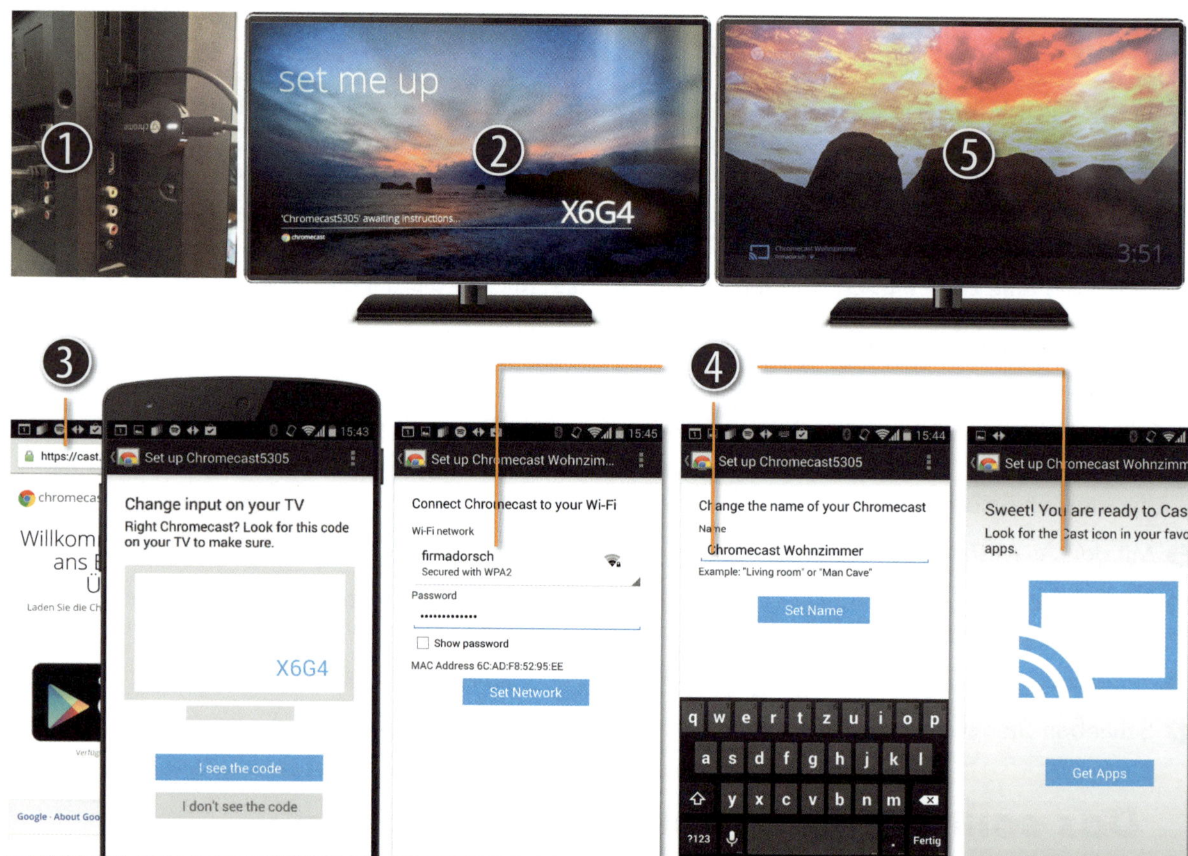

set me up
'Chromecast5305' awaiting instructions...
X6G4
Change input on your TV
Right Chromecast? Look for this code on your TV to make sure.
I see the code
I don't see the code
Connect Chromecast to your Wi-Fi
Set Network
Change the name of your Chromecast
Chromecast Wohnzimmer
Example: "Living room" or "Man Cave"
Set Name
Get Apps

Chromecast: Der einfachste Weg, Musik und Videos ans TV-Gerät zu senden

Wenn Sie Videos ansehen wollen, gilt für den Bildschirm die Regel: Größer ist immer besser. Und welches Ihrer elektronischen Geräte hat den größten Bildschirm? Wahrscheinlich der Fernseher im Wohnzimmer. Der Chromecast ist die einfachste und günstigste Art, Videos und Musik aus dem Internet zu streamen. Dabei steuern Sie die Inhalte über Ihr Android-Gerät.

Chromecast am Fernseher einrichten

Moderne LCD-Fernseher besitzen mehrere HDMI-Eingänge und USB-Buchsen für externe Geräte.

1. Stecken Sie den Chromecast-Stick in einen freien HDMI-Port, stecken Sie den USB-Stecker in einen USB-Steckplatz am Gerät. Über USB holt sich der Stick Strom. Falls Ihr Gerät keinen USB-Anschluss besitzt, liegt ein Netzteil bei.
2. Ist der Chromecast angesteckt und mit Strom versorgt, erscheint automatisch der Setup-Bildschirm. (Wirklich cool: Der Chromecast kann den Fernseher anschalten.)
3. Rufen Sie auf Ihrem Smartphone die Seite google.com/chromecast/setup auf und laden Sie die Chromecast-App aus dem Store.
4. Starten Sie die App: Das Chromecast wird von der App erkannt.
    - Geben Sie das Kennwort für Ihren WLAN-Zugang ein.
    - Ändern Sie den Namen für das Gerät.
    - Fertig.
5. Ihr Chromecast meldet sich jetzt mit Namen und WLAN-Name auf dem TV-Bildschirm.

Wie Sie Videos und Musik über Chromecast wiedergeben, sehen Sie auf der nächsten Seite.

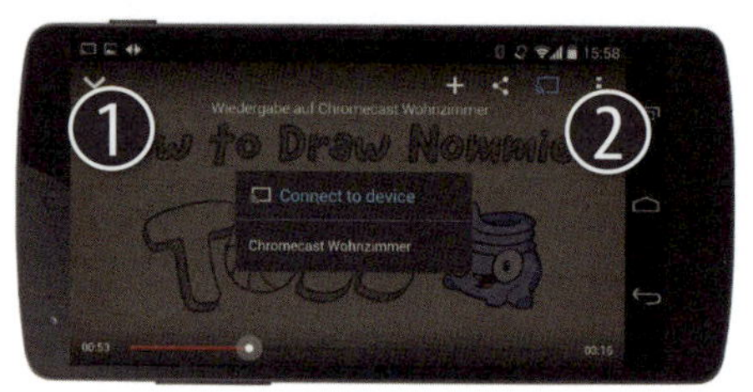
1
2
Wiedergabe auf Chromecast Wohnzimmer
Connect to device
Chromecast Wohnzimmer

3

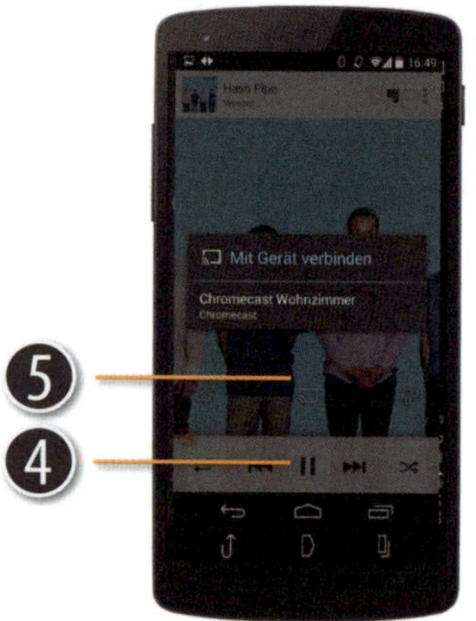
Mit Gerät verbinden
Chromecast Wohnzimmer
Chromecast
5
4

weezer
6
Google play
Island In The Sun
Weezer

Chromecast: Videos und Musik am TV

Ihr Chromecast ist immer bereit und wartet nur darauf, Medien wiederzugeben, wenn Sie es wollen.

YouTube-Film auf dem TV ansehen

❶ Öffnen Sie die Youtube-App und wählen Sie einen Film. Ich möchte Om Noms zeichnen.

❷ Tippen Sie auf das Chromecast-Symbol oben am Film und wählen Sie dann Ihr Gerät aus.

❸ Voilà. Om Noms in bester Qualität auf Ihrem HD TV.

Musik hören

Chromecast muss von Apps unterstützt werden. Klar, dass Google Play Music eine der ersten ist. Sie müssen am gleichen WLAN angemeldet sein, wie das Chromecast. Außerdem muss Ihre Musik natürlich über Google Music im Netz sein.

❹ Öffnen Sie die App Play Music. Suchen Sie einen Song aus und drücken Sie Play.

❺ Sie sehen das Zeichen für Chromecast über den Steuerelementen. Tippen Sie darauf und wählen Sie das Gerät aus, auf dem die Musik abgespielt werden soll. Hier ist es das Chromecast Wohnzimmer.

❻ Die Musik wird auf dem Fernseher abgespielt, das Cover angezeigt. Die Lautstärke lässt sich über Ihr Smartphone steuern.

Unterstützte Apps

Apps müssen Chromecast unterstützen. Zurzeit können Sie Videos abspielen über Google Play Movies, YouTube und Red Bull TV. Musik kommt über Google Play Music (oder Musikvideos über VEVO). Es kommen aber immer mehr Apps dazu. Schauen Sie nach unter www.google.com/intl/de/chrome/devices/chromecast/.

Filme
2
RIEN
STARTSEITE
BESTSELLER
NEUERS
FILMSTUDIOS
1
Neue Filme
MEHR ANSEHEN
RUSH
CAPTAIN PHILLIPS
Rush - Alles für den Sieg
Captain Phillips
Action &...
3,99 €
Captain Phillips

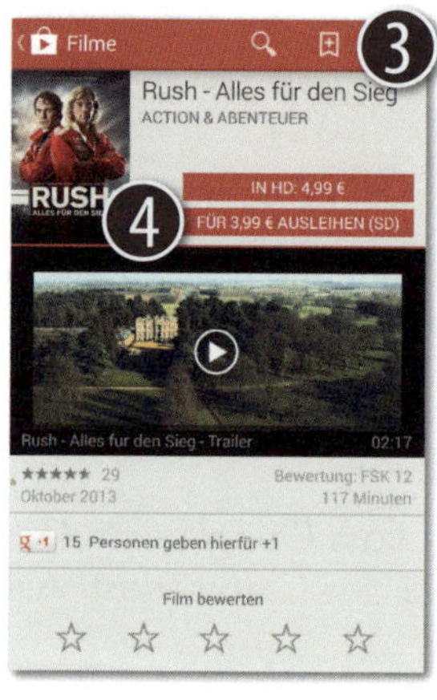
Filme
3
Rush - Alles für den Sieg
ACTION & ABENTEUER
IN HD: 4,99 €
FÜR 3,99 € AUSLEIHEN (SD)
4
Rush - Alles für den Sieg - Trailer
02:17
29
Oktober 2013
Bewertung: FSK 12
117 Minuten
15 Personen geben hierfür +1
Film bewerten

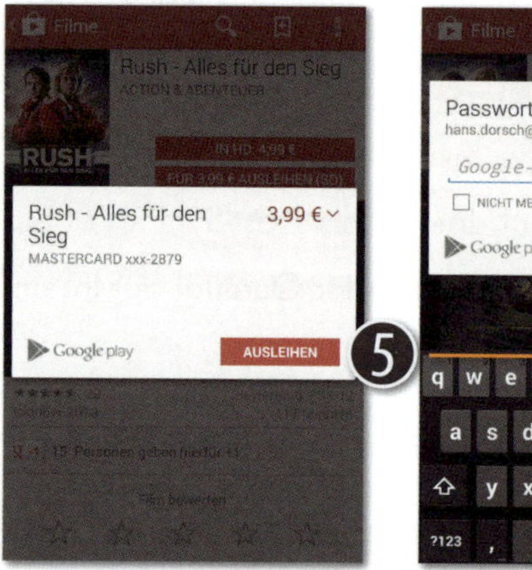
Rush - Alles für den Sieg
3,99 €
MASTERCARD xxx-2879
Google play
AUSLEIHEN
5
Passwort bestätigen
hans.dorsch@gmail.com
Google-Passwort
NICHT MEHR FRAGEN
Google play
BESTÄTIGEN
Fertig

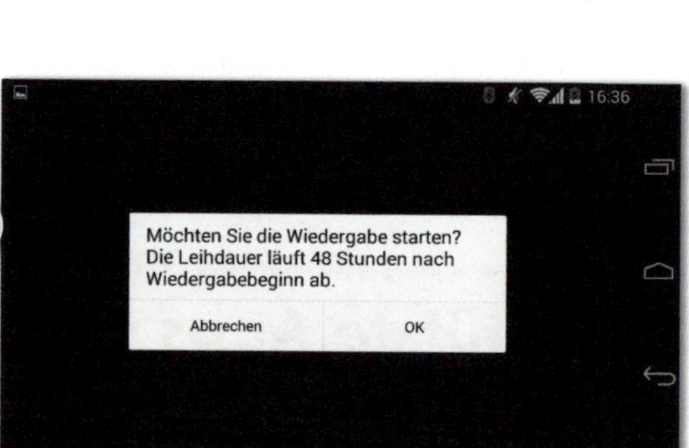
16:36
Möchten Sie die Wiedergabe starten? Die Leihdauer läuft 48 Stunden nach Wiedergabebeginn ab.
Abbrechen
OK

Google Play Movies – Filme online ausleihen

Es ist vorbei. Mir kommen keine DVDs oder Blue Rays mehr ins Haus. Weder gekauft noch geliehen. Der Player spielt nur noch die Restbestände ab, aktuelle Filme kommen direkt aufs Smartphone. Da ich gar nicht so viele Dinge besitzen will, leihe ich sie meist aus. Im Google Play Store. Mit Play Movies spiele ich sie ab.

❶ Öffnen Sie den Google Play Store und wechseln Sie zu Filme. Wischen Sie nach unten, um aktuelle Angebote zu sehen, und nach links für Bestseller und Neuerscheinungen. Wischen Sie nach rechts, um die Kategorien hervorzuholen.

❷ Oder suchen Sie nach einem bestimmten Film, mit der Lupe oben in der Aktionsleiste.

❸ Tippen Sie auf einen Film, um die Details zu sehen. Ich wähle »Rush - Alles für den Sieg«. Tippen Sie auf den Startknopf, um den Trailer zu sehen.

❹ Tippen Sie auf Film leihen, um den Film auszuleihen. Zum Leihen von Filmen benötigen Sie Ihr Google- Konto und eine Kreditkarte, genau wie zum Kauf von Apps.

❺ Tippen Sie auf Ausleihen und bestätigen Sie nochmal mit Ihrem Google-Passwort, um den Kauf- (bzw. Leih-)Vorgang abzuschließen.

❻ Tippen Sie Ansehen, um den Film anzusehen. Keine Panik: Sie werden noch gefragt »ob Sie wirklich jetzt den Film starten möchten«. Übrigens: Play Movies versteht sich auch mit Chromecast an Ihrem TV-Gerät (vorherige Seite).

30 Tage leihen, zwei Tage ansehen

So ist der Deal. Sie können jeden Film bei Google Play für 30 Tage ausleihen. Innerhalb dieser Zeit müssen Sie ihn ansehen. Nach dem Start haben Sie 48 Stunden Zeit, den Film zu Ende anzuschauen. Das ist gut, wenn Sie zum Beispiel abends dabei eingeschlafen sind oder doch lieber ein Buch lesen wollten.

Meine Filme
Meine Leihfilme
RUSH
ALLES FÜR DEN SIEG
Läuft in 30 Tagen ab
Rush - Alles für den Sieg
2013, 117 Min.
Meine Filme
ICE AGE

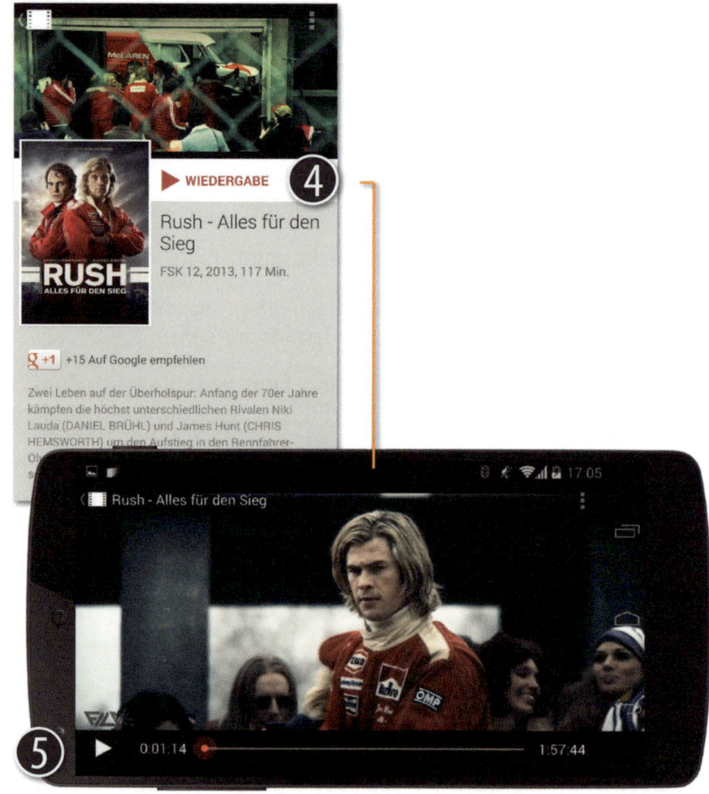
WIEDERGABE
Rush - Alles für den Sieg
FSK 12, 2013, 117 Min.
RUSH
ALLES FÜR DEN SIEG
+15 Auf Google empfehlen
Zwei Leben auf der Überholspur: Anfang der 70er Jahre kämpfen die höchst unterschiedlichen Rivalen Niki Lauda (DANIEL BRÜHL) und James Hunt (CHRIS HEMSWORTH) um den Aufstieg in den Rennfahrer-
17:05
Rush - Alles für den Sieg
0:01:14
1:57:44

Google Play Movies – Filme ansehen

Um Filme anzuzeigen, die Sie im Play Store gekauft oder geliehen haben, benötigen Sie Google Play Movies. Wahrscheinlich ist der Player auf Ihrem Gerät schon installiert. Wenn nicht, laden Sie ihn bei Google Play. Weil das Ansehen von Filmen auf dem Smartphone ganz einfach ist, fasse ich mich kurz:

1. Öffnen Sie Play Movies. Sie sehen alle bei Google geliehenen und gekauften Filme.
2. Tippen Sie auf die kleine Stecknadel, um Filme auf Ihr Smartphone zu laden. Ist die Nadel blau, können Sie den Film auch ohne Internetverbindung ansehen. Tippen Sie auf das Vorschaubild, um die Film-Startseite anzuzeigen.
3. Brauchen Sie neue Filme? Tippen Sie auf die Menü-Taste links oben und dann auf Einkaufen.
4. Starten Sie den Film. Ab jetzt läuft die Leihfrist von 48 Stunden.
5. Der Player bietet die üblichen Steuerelemente. Ich glaube, die muss ich nicht erklären. Zurück zur Übersicht geht's mit Zurück.

Formatfrage: HD oder SD

Die meisten Filme und TV-Serien bei Google Play sind in HD (720p oder 1080p). Es wird immer die Auflösung geladen, die Ihr Gerät unterstützt. Gibt es Filme mit niedriger Auflösung, können Sie bei der Ausleihe wählen, welche Sie möchten. Später nicht mehr.

Spotify
Hallo
Registriere dich, um auf deinem Handy, Tablet oder Computer kostenlos Musik zu hören.
1
Anmelden
Registrieren

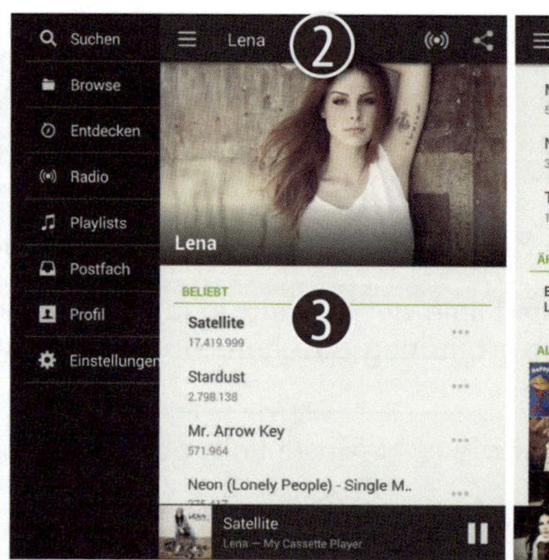

Suchen
Browse
Entdecken
Radio
Playlists
Postfach
Profil
Einstellungen
Lena
2
Lena
BELIEBT
3
Satellite
17.419.999
Stardust
2.798.138
Mr. Arrow Key
571.964
Neon (Lonely People) - Single M..
Satellite
Lena – My Cassette Player

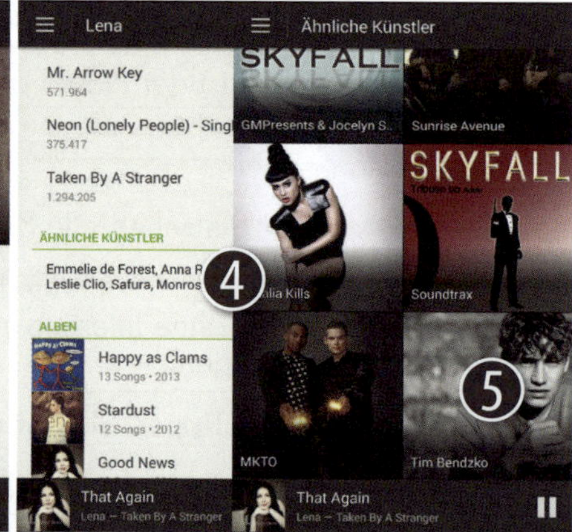

Lena
Mr. Arrow Key
571.964
Neon (Lonely People) - Sing
375.417
Taken By A Stranger
1.294.205
ÄHNLICHE KÜNSTLER
Emmelie de Forest, Anna R
Leslie Clio, Safura, Monros
4
ALBEN
Happy as Clams
13 Songs • 2013
Stardust
12 Songs • 2012
Good News
That Again
Lena – Taken By A Stranger
Ähnliche Künstler
SKYFALL
GMPresents & Jocelyn S..
Sunrise Avenue
SKYFALL
Soundtrax
MKTO
5
Tim Bendzko
That Again
Lena – Taken By A Stranger

AKTUELLER KÜNSTLER
Tim Bendzko
NUR NOCH KURZ DIE WELT RETTEN
TIM BENDZKO
6
ch kurz die Welt retten
0:17
3:12

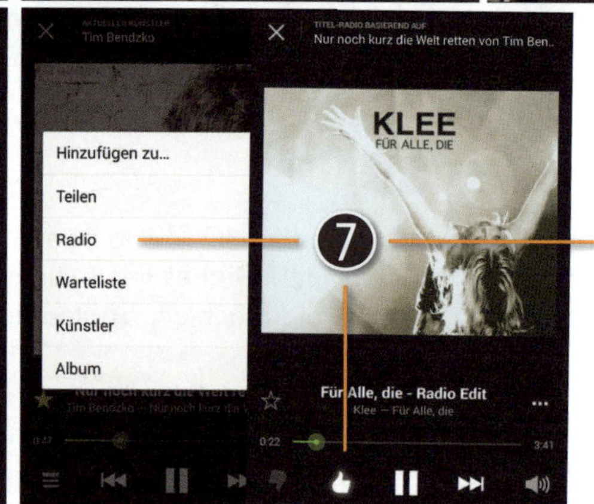

Hinzufügen zu...
Teilen
Radio
Warteliste
Künstler
Album
7
TITEL-RADIO BASIEREND AUF
Nur noch kurz die Welt retten von Tim Ben..
KLEE
FÜR ALLE, DIE
Für Alle, die - Radio Edit
Klee – Für Alle, die
0:22
3:41

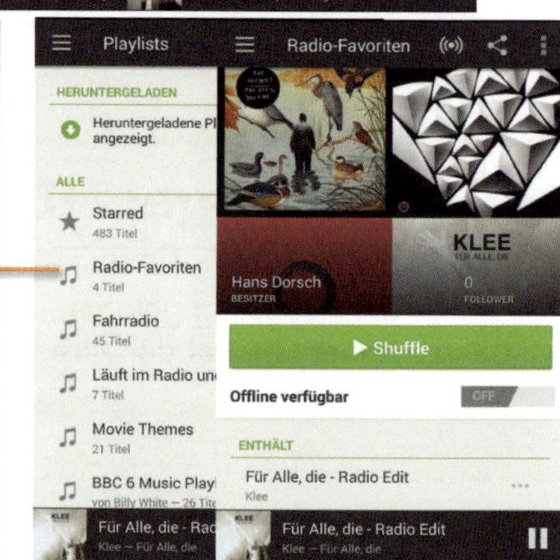

Playlists
HERUNTERGELADEN
Heruntergeladene Pl angezeigt.
ALLE
Starred
483 Titel
Radio-Favoriten
4 Titel
Fahrradio
45 Titel
Läuft im Radio un
7 Titel
Movie Themes
21 Titel
BBC 6 Music Play
Für Alle, die - Rad
Klee – Für Alle, die
Radio-Favoriten
KLEE
Hans Dorsch
BESITZER
0
FOLLOWER
Shuffle
Offline verfügbar
OFF
ENTHÄLT
Für Alle, die - Radio Edit
Klee
Für Alle, die - Radio Edit
Klee – Für Alle, die

Musik mit Spotify überall hören

In den ersten 14 Lebensjahren wird der Grundstock für den Musikgeschmack des ganzen Lebens gelegt. Bei mir war das so. Deshalb sollte man in dieser Zeit Zugriff auf so viel Musik wie möglich haben. Meine Tochter nutzt deshalb Spotify. Für 10 Euro monatlich kann sie unbegrenzt ganz neue und ganz alte Musik entdecken und lieben lernen. Aber auch Erwachsene dürfen noch dazulernen.

❶ Laden Sie die App auf Ihr Smartphone und melden Sie sich an. Sie benötigen keinen Facebook-Zugang, E-Mail-Adresse genügt. Starten Sie dann den Test.

❷ Suchen Sie nach einem Künstler. Die Funktion finden Sie hinter der Menü-Taste oben links. Meine Tochter mag Lena (ich finde die auch okay).

❸ Ein Tipp auf den Lieblingstitel startet die Wiedergabe. Den aktuell gespielten Titel sehen Sie unten.

❹ Entdecken Sie Neues: Streichen Sie nach unten zu Ähnliche Künstler und tippen Sie darauf.

❺ Dort findet sich zum Beispiel Tim Bendzko mit »Nur noch kurz die Welt retten«. Immer noch ein tolles Lied, findet sie (ich auch). Ein Tipp startet den Titel. Ein Tipp auf das Bild holt den Player groß auf den Bildschirm.

❻ Sie setzt ein Sternchen ganz links, dann landet der Titel in der Starred-Playliste. Tippen Sie auf das kleine Flyout-Menü rechts, um noch mehr mit dem Song zu machen: Zu bestimmten Playlists hinzufügen, Teilen (Twitter, Facebook, E-Mail) und ...

❼ **Radio**: Zeigt ähnliche Titel an. Ist ein Lied nicht so gut, tippen Sie die Skip-Taste. Gefällt Ihnen ein Song wirklich gut, tippen Sie den Daumen hoch. Ihr Lied landet in der Liste Radio-Favoriten.

Genügsamen genügt auch kostenlos

Wenn Sie Musik meistens am Computer hören, genügt Ihnen wahrscheinlich auch die kostenlose Version. Damit haben Sie am Computer uneingeschränkten Zugriff, wenn auch mit nerviger Werbung. Am Smartphone können Sie Playlisten hören oder nach Musikern suchen.

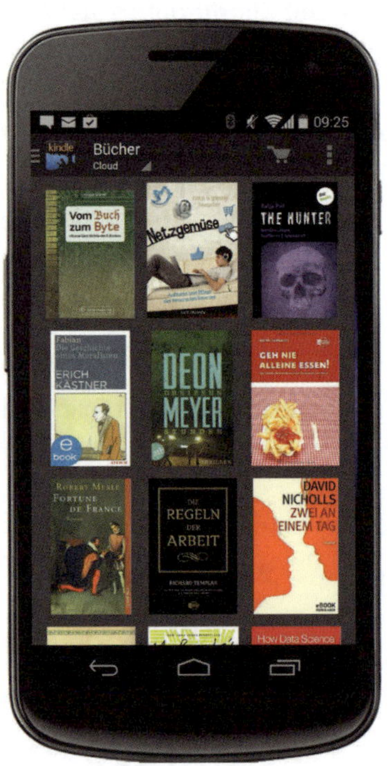
09:25
kindle
Bücher
Cloud
Vom Buch zum Byte
Netzgemüse
THE HUNTER
ERICH KÄSTNER
DEON MEYER
GEH NIE ALLEINE ESSEN!
FORTUNE DE FRANCE
REGELN DER ARBEIT
DAVID NICHOLLS
ZWEI AN EINEM TAG

Kapitel 13 | Bücher lesen und hören

Als Amazon 2008 den ersten Kindle einführte, sagte der Apple-Chef Steve Jobs: »Egal, wie gut oder schlecht das Produkt ist, Tatsache ist, dass die Leute nicht mehr lesen«. Da hatte er sich gründlich getäuscht: Denn gerade E-Books bringen die Menschen wieder zum Lesen. Amazon macht mittlerweile mehr Umsatz mit E-Books als mit gedruckten Büchern, und auch Google verkauft mittlerweile E-Books im eigenen Play Store. Mit E-Book-Readern und Audio-Apps verwandeln Sie Ihr Android-Smartphone in Ihre mobile Bibliothek. Und der Lesestoff kommt über das Internet.

- Bücher kaufen mit Kindle und Google Play
- Aldiko Reader nutzen für alle Formate
- Hörbücher bei Audible kaufen und hören

amazon.de
Anmelden
E-Mail
Kennwort
1
Anmelden
Neuer Kunde?
Ein Konto erstellen
Kennwort vergessen
Unsere AGB
Datenschutzerklärung
Impressum
Cookies & Internet-Werbung

kindle
2
Christine Nöstlinger
Quatschgeschichten vom Franz
e book
Ihre Empf.
Was wir tun, wenn es an der Haustür klingelt
BILDER BUCH

kindle
Kindle-Shop
Mehr als 2.655.000 Titel kaufen
Im Kindle-Shop suchen
LOS
3
Bücher
Zeitungen
Zeitschriften
Kindle Bestseller
Neuheiten
Beliebte kostenlose Klassiker
Empfehlungen für Sie

kindle
Stöbern in über 2.655.000 Büchern
Kindle eBooks
2.659.022
Belletristik
62.249
4
Biografien & Erinnerungen
9.680
Business & Karriere
21.713
Börse & Geld
1.931
Comics & Mangas
1.091
Computer & Internet
3.850
Erotik
10.674
Esoterik
5.644
Fachbücher

kindle
Kindle-Shop
Mehr als 2.655.000 Titel kaufen
ebooks für kinder 3
5
LOS
Bücher
Zeitungen
ABC
Los

kindle
Im Kindle-Shop suchen
LOS
Suche verfeinern
6
1. eBooks für Kinder 3 (Kindle Edition)
Tobias Schindegger
EUR 0,99 - Jetzt als Download verfügbar
2. Die drei ??? Feuermond Teil 2: Der Pfad der Täuschung (drei Fragezeichen): Das Rätsel der Meister, Pfad der Täuschung, Die Nacht der Schatten (Kindle Edition)
André Marx
Derzeit nicht verfügbar
3. Das Wilde Pack, 3, und der geheime Fluss (Kindle Edition)
Boris Pfeiffer
Derzeit nicht verfügbar
4. Die drei !!!, 46, Filmstar in Gefahr (drei Ausrufezeichen) (Kindle Edition)
Henriette Wich
EUR 5,99 - Jetzt als Download verfügbar
5. Gregs Tagebuch 3 - Jetzt reicht's! (Kindle Edition)
Jeff Kinney
EUR 6,99 - Jetzt als Download verfügbar

kindle
eBooks für Kinder 3 (Kindle Edition)
Tobias Schindegger (Autor)
Isabell Schmitt Egner (Autor)
Veronika Aretz (Autor)
Mona Fuchs (Autor)
Heidi Dahlsen (Autor)
Kindle-Preis: EUR 0,99
*Kindle-Preis inkl. MwSt
Verkauf durch: Amazon Media EU S.à r.l.
7
Jetzt mit 1-Click® kaufen
8
Eine Leseprobe bestellen
Empfehlen
Ich möchte Sie herzlich zu dem 3. Katalog begrüßen, in dem ebooks für Kinder vorgestellt werden. Die Idee entstand in der Facebook-Gruppe „ebooks für Kinder". Ziel ist es, einen Überblick an Kinder- und Jugendliteratur für Amazons Kindle
Mehr
Produktinformation

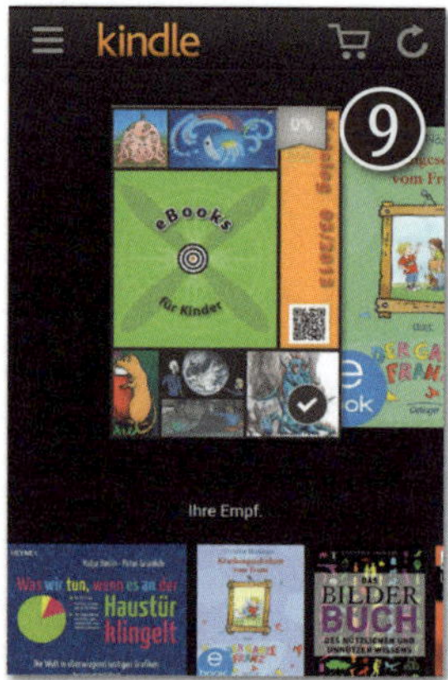
kindle
9
eBooks für Kinder
Ihre Empf.
Was wir tun, wenn es an der Haustür klingelt
BILDER BUCH

Ein Kindle-E-Book bei Amazon laden

Der unkomplizierteste Weg, E-Books auf dem Smartphone zu lesen, führt über Kindle, den E-Book-Reader des Internet-Riesen amazon.de. Kindle-Bücher können Sie mit dem Kindle Wireless Reader, dem eigenen Lesegerät von Amazon, lesen oder mit den Apps für Windows, Mac, iPhone, iPad und natürlich Android. Alle Bücher, die Sie geladen haben, sind auf allen Geräten verfügbar. Sie werden über das Internet abgeglichen. Amazon nennt das Whispersync. So kommen Sie an Lesestoff:

❶ Installieren Sie die Amazon Kindle-App aus dem Play Store. Melden Sie sich beim ersten Start mit Ihrem Amazon-Konto an. Sollten Sie noch keines besitzen, können Sie über den Link ganz unten eins erstellen.

❷ Der Inhaltsbereich öffnet sich. Alle Bücher, die Sie besitzen, werden hier angezeigt. Darunter finden Sie Empfehlungen von Amazon für Sie. Drücken Sie die Menütaste und dann den Kindle-Shop, um neuen Lesestoff hinzuzufügen.

❸ Stöbern Sie im Shop. Tippen Sie auf Bücher, und wählen Sie dann eine Kategorie von Kindle eBooks bis Sport & Fitness.

❹ In den Kategorien können Sie clever sortieren und filtern und so interessante Bücher finden, zum Beispiel die aktuellen Topseller der Belletristik.

❺ Wenn Sie wissen, was Sie suchen, geben Sie den Namen des Autors oder des Buchs in das Suchfeld ein und tippen auf Los.

❻ Ich suche nach einem Buch für meine Tochter: eBooks für Kinder 3. Der erste Treffer ist der richtige.

❼ Tippen Sie auf die rote Taste Jetzt mit 1-Click kaufen, um das Buch sofort zu kaufen.

❽ Noch nicht ganz sicher? Lesen Sie die Rezensionen, und schnuppern Sie in das Buch rein. Tippen Sie dazu auf Eine Leseprobe bestellen. Die ist kostenlos und enthält einen Bestell-Link zum vollständigen Buch. Sehr praktisch.

❾ Ihr neues Buch steht jetzt ganz vorne im Inhaltsbereich; Leseproben sind mit einem kleinen Balken markiert. Tippen Sie auf das Buch, um es zu lesen.

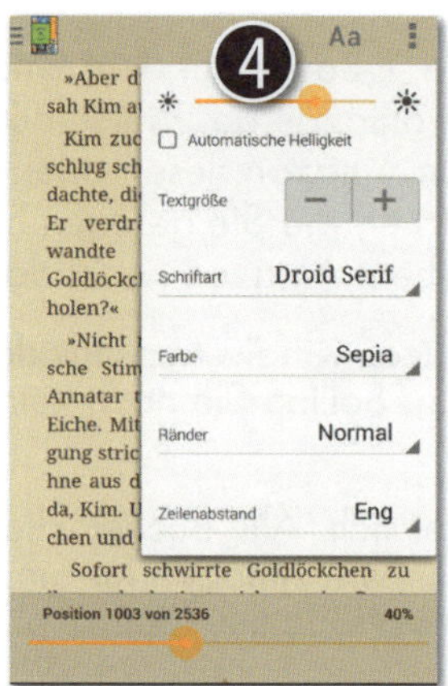

1.0 VORWORT

Ich möchte Sie herzlich zu dem 3. Katalog begrüßen, in dem ebooks für Kinder vorgestellt werden. Die Idee entstand in der Facebook-Gruppe „ebooks für Kinder“. Ziel ist es, einen Überblick an Kinder- und Jugendliteratur für Amazons Kindle wiederzugeben.

Danke an alle Autorinnen und Autoren, die diesen Katalog erst ermöglicht haben, an alle Leserinnen und Leser und an die Rezensenten, die durch ihr Lob beflügelt und durch ihre konstruktive Kritik zur ersten Verbesserung gegenüber des 2. Kataloges beigetragen haben.

Sie verfassen selbst auch Kinder- bzw. Jugendbücher und haben diese als

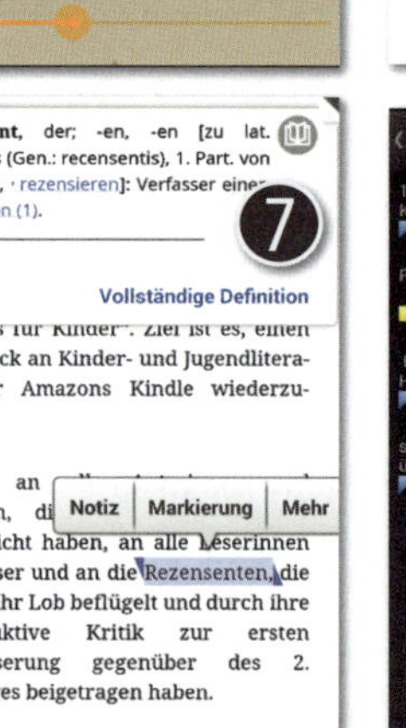

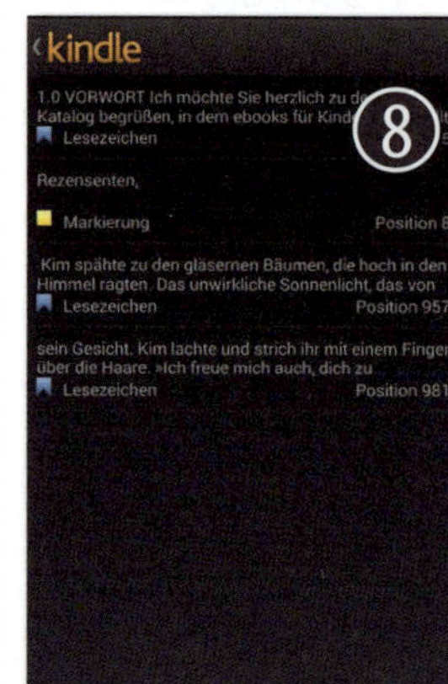

Ein Kindle-E-Book auf dem Smartphone lesen

Das Display Ihres Smartphones ist zum Lesen sehr gut geeignet. Es flimmert nicht und hat eine bessere Darstellungsqualität als viele Taschenbücher. Und was Sie alles mit dem Text machen können:

❶ Tippen Sie im Inhaltsbereich auf das Buch, das Sie lesen möchten. Ich schaue mir das Buch eBooks für Kinder 3 an.

❷ Das Buch öffnet sich auf der zuletzt gelesenen Seite. Tippen Sie an den rechten und linken Rand, um vor- oder zurückzublättern.

❸ Die Kapitelinformationen und den Fortschrittsbalken am unteren Rand sehen Sie, wenn Sie in die Seite tippen. Mit dem Schieber bewegen Sie sich schnell im Buch vor- und zurück.

❹ Tippen Sie auf die Taste Aa, um Ihr Buch anzupassen. Verändern Sie die Schriftgröße, und stellen Sie die Hintergrundfarbe um. Ich mag den Sepia-Effekt: Er gibt dem Buch einen echten Vintage-Look und ist auch noch angenehm für die Augen.

❺ Wenn Sie sich eine Seite merken möchten, fügen Sie ein Lesezeichen durch einen Tipp in die rechte obere Ecke ein. Es erscheint ein Eselsohr. Auf dieselbe Art können Sie es auch wieder entfernen.

❻ Sie können das gesamte Buch durchsuchen. Öffnen Sie oben links das Menü und tippen Sie Suchen. Geben Sie dann einen Begriff ein. Tippen Sie auf ein Suchergebnis, um die Seite zu öffnen.

❼ Drücken Sie lange auf ein Wort, blendet Kindle die Definition aus dem Lexikon ein (wenn Sie diese Funktion das erste Mal nutzen, fordert die App Sie auf, das Wörterbuch herunterzuladen). Gefällt Ihnen eine Textstelle, markieren Sie sie, oder schreiben Sie eine Notiz dazu. Mehr ruft die Suche nach dem Begriff im Buch, bei Google und in der Wikipedia auf.

❽ Alle Lesezeichen, Markierungen und Notizen finden Sie gesammelt auf einer Seite, die mit allen Kindle-Readern abgeglichen wird. Tippen Sie dazu auf Menü → Notizen und Markierungen.

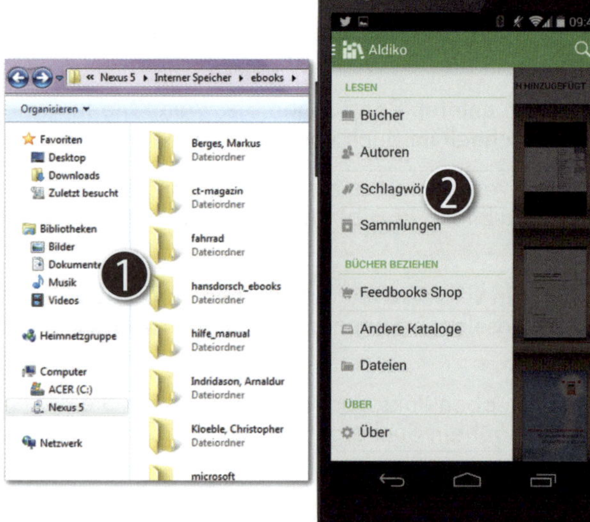

Nexus 5 ▸ Interner Speicher ▸ ebooks
Organisieren
Favoriten
Desktop
Downloads
Zuletzt besucht
Bibliotheken
Bilder
Dokumente
Musik
Videos
Heimnetzgruppe
Computer
ACER (C:)
Nexus 5
Netzwerk
Berges, Markus
Dateiordner
ct-magazin
Dateiordner
fahrrad
Dateiordner
hansdorsch_ebooks
Dateiordner
hilfe_manual
Dateiordner
Indridason, Arnaldur
Dateiordner
Kloeble, Christopher
Dateiordner
microsoft
1
09:49
Aldiko
LESEN
Bücher
Autoren
Schlagwör
Sammlungen
BÜCHER BEZIEHEN
Feedbooks Shop
Andere Kataloge
Dateien
ÜBER
Über
2

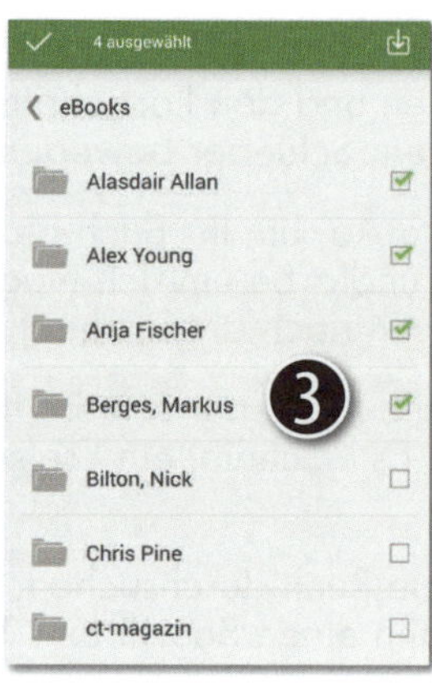

4 ausgewählt
eBooks
Alasdair Allan
Alex Young
Anja Fischer
Berges, Markus
Bilton, Nick
Chris Pine
ct-magazin
3

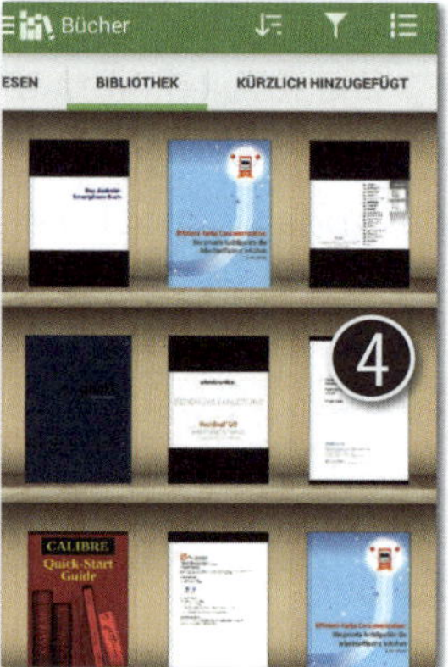

Bücher
BIBLIOTHEK
KÜRZLICH HINZUGEFÜGT
CALIBRE
Quick-Start
Guide
4

EPUB- und PDF-Bücher mit Aldiko importieren und öffnen

Die populärsten Formate für E-Books sind EPUB und PDF. Das erste ist speziell für elektronische Bücher gemacht, das zweite für die layoutgetreue Speicherung digitaler Dokumente im Allgemeinen. Zum Glück können Sie beide mit dem Aldiko-Book-Reader öffnen. Über die SD-Karte kommen sie von Ihrem Computer auf das Smartphone.

1. Speichern Sie E-Books im Format .epub oder .pdf in einem Ordner auf der SD-Karte. Trennen Sie anschließend die USB-Verbindung.
2. Starten Sie Aldiko, und öffnen Sie oben links das Menü. Wählen Sie unter Bücher beziehen den Punkt Dateien.
3. Der Inhalt Ihrer Speicherkarte (oder des USB-Speichers) wird angezeigt. Navigieren Sie zu dem Ordner, in dem Sie Ihre E-Books gespeichert haben (meine liegen im Ordner ebooks). Wählen Sie die Bücher aus, die Sie lesen möchten, und tippen Sie auf das Symbol zum Herunterladen rechts oben (das Laden kann ein wenig dauern).
4. Ihre neuen Bücher werden jetzt in der Aldiko-Bibliothek angezeigt.

BIBLIOTHEK
KÜRZLICH HINZUGEF
1
CALIBRE
Quick-Start
Guide

Feedbooks
TSELLER
GEMEINFREI
ENGLISH
2
Reise nach dem...
Jules Verne
Zwanzigtausend Meilen...
Jules Verne
Das Tal des Grauens
Arthur Conan...
Die Schrecken der deutschen Sprache
MARK TWAIN
Die Schatzinsel
Reise um die Erde in 80 Tagen

1 ausgewählt
ESEN
BIBLIOTHEK
KÜRZLICH HINZUGEFÜGT
3
JO NESBØ
Leopard
Macintosh Terminal
Make:
Pitch PERFECT

Leopard
Nesbø, Jo
10
Ertrinken
Sie wachte auf. Blinzelte in die Finsternis. Atmete mit weit aufgerissenem Mund durch die Nase. Blinzelte wieder. Spürte eine Träne über ihre Wange laufen, spürte, wie sie das Salz alter Tränen auflöste. In ihre Kehle rann kein Speichel m
e Mundhöh
trocken und
rrt. Die
wurden von dem
ren Druck fes
außen gewölbt. Der Fremdkörper in ihrem Mund schien ihren Kopf sprengen zu
5
4
8 / 639
Tt
6
7
8
9

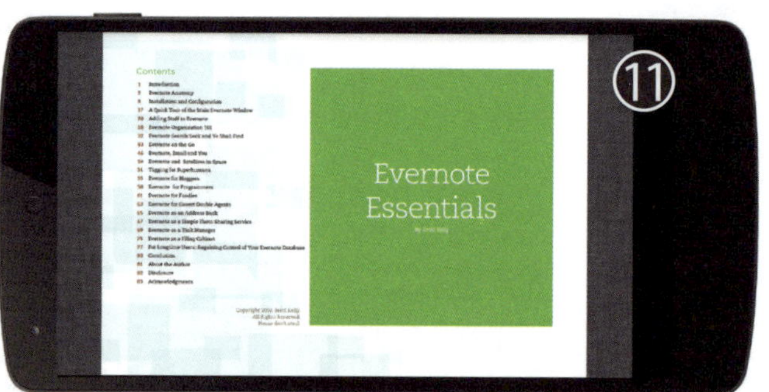

Contents
Evernote Essentials
11

E-Books mit Aldiko öffnen, verwalten und lesen

Mit dem Aldiko-Reader können Sie E-Books in den verbreiteten Formaten EPUB und PDF elegant verwalten und lesen.

❶ Öffnen Sie Aldiko. Die Startseite bringt Sie zum Bücherregal mit Ihren Büchern. Neue Bücher bekommen Sie über den Store oder über die Speicherkarte (vorherige Seite).

❷ Im Store finden Sie die Angebote mehrerer Anbieter. Die meisten sind englischsprachig, und zum Einkauf müssen Sie sich bei jedem Shop separat registrieren. Zum Glück gibt es aber auch eine Menge kostenloser Bücher, zum Beispiel bei Feedbooks. Schauen Sie mal in die Gemeinfreien Bücher (Public Domain). Hier finden Sie unter anderem Klassiker von Jules Verne. Tippen Sie auf einen Titel, um Details anzuzeigen und ihn zu laden.

❸ Alle Bücher erscheinen im Bücherregal. Tippen Sie auf ein Buch, um es zu öffnen. Drücken Sie lange darauf, um Details zum Buch anzuzeigen oder es zu löschen (die obere Leiste verändert sich).

❹ Während Sie lesen, wird nur der Text angezeigt. Tippen Sie an den rechten und linken Rand, um vor- oder zurückzublättern.

❺ Tippen Sie in die Mitte der Seite, um sämtliche Steuerelemente anzuzeigen.

❻ Tippen Sie unten links auf den Pfeil, um Lesezeichen hinzuzufügen und aufzurufen oder das Inhaltsverzeichnis anzuzeigen.

❼ Die Tag/Nacht-Taste invertiert die Anzeige zu Weiß auf Schwarz.

❽ Textgröße, Seitenränder und noch viele Details mehr ändern Sie über die Tt-Taste.

❾ Über die Menütaste können Sie etwas teilen.

❿ Die Bücher oben links führen Sie zur Startseite, und mit der Lupe rechts oben durchsuchen Sie das Buch. Das geht erstaunlich fix.

⓫ Natürlich können Sie Texte auch im Querformat lesen. Vor allem gestaltete PDFs passen auf diese Weise häufig besser ins Display. Und – das hätte ich beinahe vergessen – mit den Laut/Leise-Tasten können Sie zurück- und vorblättern.

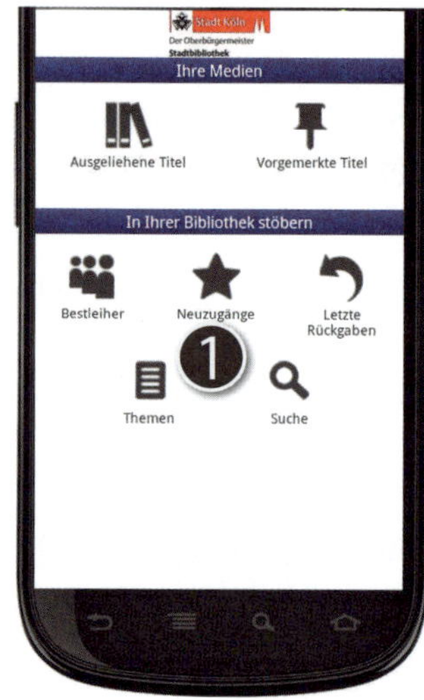
Stadt Köln
Der Oberbürgermeister
Stadtbibliothek
Ihre Medien
Ausgeliehene Titel
Vorgemerkte Titel
In Ihrer Bibliothek stöbern
Bestleiher
Neuzugänge
Letzte Rückgaben
Themen
Suche
1

Stadt Köln
Der Oberbürgermeister
Stadtbibliothek
Ausgeliehen
Aktuell
Themen
Suche
Neuzugänge
ausgeliehen, Vormerkung möglich
Turow, Scott
"Der letzte Beweis"
Roman
verfügbar
2
Cleave, Paul
"Der Tod in mir"
Thriller
ausgeliehen, Vormerkung möglich
Tremayne, Peter
"Der Tod soll auf euch kommen"
historischer Kriminalroman
ausgeliehen, Vormerkung möglich
Tremayne, Peter

Stadt Köln
Der Oberbürgermeister
Stadtbibliothek
Turow, Scott
Der letzte Beweis
Roman
Erschienen: 01.01.2010
Verlag: PeP eBooks
Sprache: Deutsch
Leihdauer: 7 Tage
Jetzt ausleihen
Leseprobe (PDF)
3
Inhalt:
Ein Mann sitzt stundenlang am Ende eines Bettes, in dem eine tote Frau liegt. Seine Frau. Erst am nächsten Morgen ruft er die Polizei. Er – Kandidat für einen Sitz am obersten Gerichtshof – wird des Mordes angeklagt werden. Alles wird gegen ihn sprechen. Er wird beweisen müssen, dass er unschuldig ist. Vor zwanzig Jahren hatte Rusty Sabich eine Affäre mit einer Kollegin, bevor diese brutal ermordet wurde. Sein

Turow, Scott
Der letzte Beweis
Roman
Erschienen: 01.01.2010
Verlag: PeP eBooks
Sprache: Deutsch
Leihdauer: 7 Tage
Buchtitel wurde ausgeliehen.
Weiter suchen
Jetzt lesen
4

Gerät berechtigen
Adobe DRM
Sie versuchen mit Adobe DRM geschützten Inhalt zu öffnen; um weiterzufahren müssen Sie sich mit einer Adobe ID anmelden.
Adobe ID
5
Anmelden
Haben Sie noch kein Konto?
Anmelden

Bibliothek
Neue Inhalte
Der letzte Beweis
PeP eBooks
Herausgegeben : 2010-07-30
Dateityp : EPUB
6

Bücher ausleihen und lesen

Haben Sie einen Mitgliedsausweis Ihrer Stadtbibliothek? Wenn nicht, sollten Sie sich vielleicht überlegen, wieder einen zu besorgen. Immer mehr Städte bieten neben den gedruckten Büchern nämlich auch E-Books an. Und die können Sie, genau wie die Papierversionen, kostenlos ausleihen – mit der App Onleihe. Lesen können Sie die Bücher mit dem Aldiko-E-Book-Reader (und nur mit dem).

❶ Vom Startbildschirm der Onleihe-App aus erschließt sich das Angebot Ihrer Bibliothek ähnlich wie das Angebot in echten Buchhandlungen. (Beim ersten Start müssen Sie Ihre Bibliothek aus der Liste wählen.) Die beliebtesten Bücher finden Sie unter Bestleiher und die neuesten bei den Neuzugängen. Nur in der Leihbibliothek gibt es die Letzten Rückgaben. Ich wähle die Neuzugänge.

❷ Blättern Sie in der Liste der Bücher. Gelb markierte Bücher sind verliehen, können aber vorgemerkt werden. Titel mit einem grünen Punkt können ausgeliehen werden. Tippen Sie auf Ihr Wunschbuch.

❸ Die Detailseite zeigt alle wichtigen Informationen zum Buch und auch die Leihdauer (7 Tage, da muss man schnell lesen). Tippen Sie auf Jetzt ausleihen, um das Buch sofort zu laden. (Wollen Sie nur kurz reinlesen oder ist der Titel gerade vergriffen, laden Sie einfach die Leseprobe (PDF). Öffnen Sie diese mit Aldiko, wenn Sie gefragt werden.)

❹ Onleihe startet jetzt die Ausleihe. Tippen Sie im nächsten Schritt auf Jetzt lesen. Onleihe schickt die Datei jetzt zum E-Book-Reader Aldiko.

❺ Geben Sie Ihre Adobe ID ein, oder legen Sie eine neue an, und tippen Sie dann auf Anmelden.

❻ Sie finden das Buch jetzt in der Aldiko-Bibliothek.

Adobe ID, was ist das?

Die E-Books sind durch ein sogenanntes DRM (Digitales Rechtemanagement) der Firma Adobe kopiergeschützt. Ihr Schlüssel dazu ist die Adobe ID. Diese Adobe ID können Sie online bearbeiten. Gehen Sie zu www.adobe.de, und suchen Sie nach Anmelden.

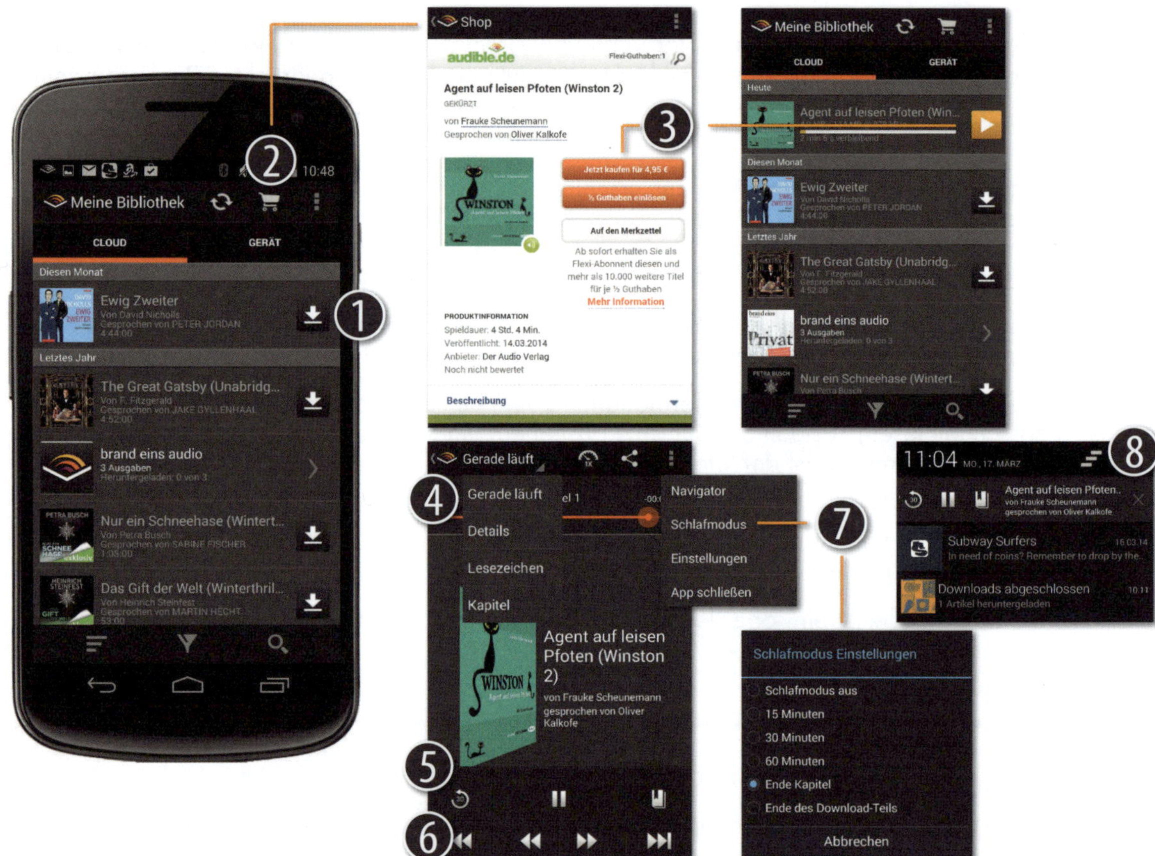

Meine Bibliothek
CLOUD
GERÄT
Diesen Monat
Ewig Zweiter
Von David Nicholls
Gesprochen von PETER JORDAN
Letztes Jahr
The Great Gatsby (Unabridg...
Von F. Fitzgerald
Gesprochen von JAKE GYLLENHAAL
brand eins audio
3 Ausgaben
Heruntergeladen: 0 von 3
Nur ein Schneehase (Wintert...
Von Petra Busch
Gesprochen von SABINE FISCHER
Das Gift der Welt (Winterthril...
Von Heinrich Steinfest
Gesprochen von MARTIN HECHT
Shop
audible.de
Agent auf leisen Pfoten (Winston 2)
GEKÜRZT
von Frauke Scheunemann
Gesprochen von Oliver Kalkofe
Jetzt kaufen für 4,95 €
½ Guthaben einlösen
Auf den Merkzettel
Ab sofort erhalten Sie als Flexi-Abonnent diesen und mehr als 10.000 weitere Titel für je ½ Guthaben
Mehr Information
PRODUKTINFORMATION
Spieldauer: 4 Std. 4 Min.
Veröffentlicht: 14.03.2014
Anbieter: Der Audio Verlag
Noch nicht bewertet
Beschreibung
Meine Bibliothek
CLOUD
GERÄT
Heute
Agent auf leisen Pfoten (Win...
Diesen Monat
Ewig Zweiter
Letztes Jahr
The Great Gatsby (Unabridg...
brand eins audio
3 Ausgaben
Nur ein Schneehase (Wintert...
Gerade läuft
Gerade läuft
Details
Lesezeichen
Kapitel
Navigator
Schlafmodus
Einstellungen
App schließen
Agent auf leisen Pfoten (Winston 2)
von Frauke Scheunemann gesprochen von Oliver Kalkofe
11:04 MO., 17. MÄRZ
Agent auf leisen Pfoten..
von Frauke Scheunemann
gesprochen von Oliver Kalkofe
Subway Surfers
In need of coins? Remember to drop by the...
Downloads abgeschlossen
1 Artikel heruntergeladen
Schlafmodus Einstellungen
Schlafmodus aus
15 Minuten
30 Minuten
60 Minuten
Ende Kapitel
Ende des Download-Teils
Abbrechen
1
2
3
4
5
6
7
8

Hörbücher von Audible kaufen und abspielen

Wer pendelt, hat mehr Zeit zum Lesen. Beim Auto- oder Radfahren geht das aber leider nicht. Nehmen Sie doch ein Hörbuch und lassen Sie es sich vorlesen. Ich nutze Audible schon länger. Dort gibt es die größte Auswahl.

❶ Laden Sie die Audible-App aus dem Play-Store herunter. Öffnen Sie die App und melden Sie sich mit Ihren Zugangsdaten an (Audible gehört zu amazon). Die Bücher in Ihrer Bibliothek werden angezeigt. Tippen Sie auf die Download-Taste, um ein Hörbuch auf Ihr Smartphone zu laden. Je nach Verbindungsgeschwindigkeit kann das ein wenig dauern.

❷ Um ein neues Hörbuch zu kaufen, tippen Sie auf den Einkaufswagen oben. Sie werden in den Audible-Shop umgeleitet. Dort können Sie direkt nach einem Buch suchen oder in den Bestsellern stöbern. Ich kaufe ein Hörbuch für meine Tochter (mit Katzen).

❸ Nach dem Kauf finden Sie das Hörbuch in Ihrer Bibliothek. Laden Sie es gleich herunter (Pfeil nach unten). Noch während das Buch lädt, können Sie anfangen zu hören.

❹ Gerade läuft heißt der Bildschirm, den Sie sehen, während Ihr Buch abgespielt wird. Tippen Sie auf die Reiter, um Details zum Buch, die Kapitel oder Lesezeichen anzuzeigen.

❺ Die Steuerelemente kennen Sie vom Musik-Player, sie sind hier aber an Hörbücher angepasst. Links neben der Start/Stopp-Taste spulen Sie mit einem Tipp 30 Sekunden zurück, wenn Sie den letzten Satz noch einmal hören möchten. Rechts davon ist die Lesezeichentaste, wenn Sie sich eine Stelle merken möchten.

❻ Mit den Pfeiltasten spulen Sie den Text schnell zurück oder vor (Profis hören mit doppelter Geschwindigkeit) oder springen von Kapitel zu Kapitel.

❼ Tippen Sie auf Menü für die weiteren Optionen. Besonders wichtig dabei ist der Schlafmodus. Audible schaltet sich automatisch nach dem Ablauf einer bestimmten Zeit oder, wie hier, am Ende des Kapitels aus.

❽ Wie alle Audio-Player finden Sie auch Audible im Benachrichtigungsfeld und können von hier aus die wichtigsten Funktionen bedienen.

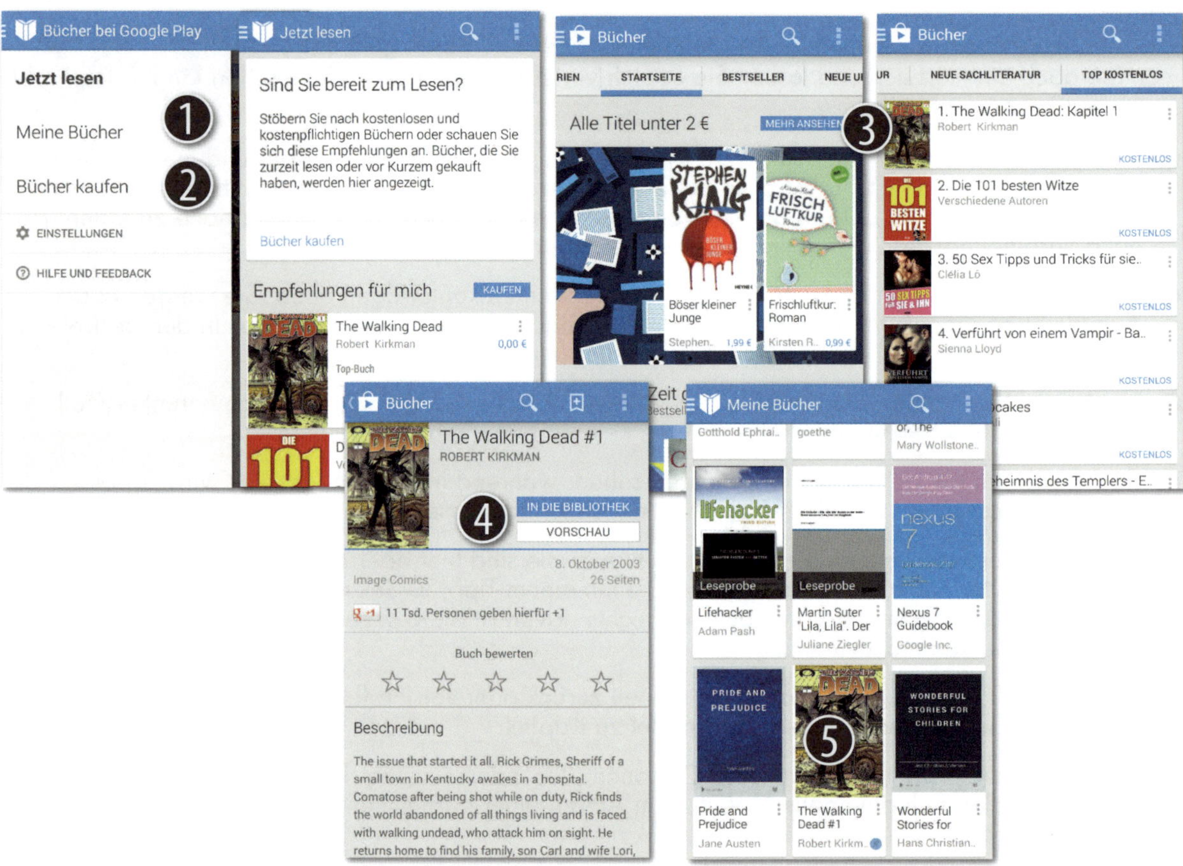

Bücher bei Google Play
Jetzt lesen
Jetzt lesen
Meine Bücher
1
Bücher kaufen
2
EINSTELLUNGEN
HILFE UND FEEDBACK
Sind Sie bereit zum Lesen?
Stöbern Sie nach kostenlosen und kostenpflichtigen Büchern oder schauen Sie sich diese Empfehlungen an. Bücher, die Sie zurzeit lesen oder vor Kurzem gekauft haben, werden hier angezeigt.
Bücher kaufen
Empfehlungen für mich
KAUFEN
The Walking Dead
Robert Kirkman
0,00 €
Top-Buch
Bücher
STARTSEITE
BESTSELLER
Alle Titel unter 2 €
MEHR ANSEHEN
3
Böser kleiner Junge
Stephen..
1,99 €
Frischluftkur: Roman
Kirsten R..
0,99 €
Bücher
NEUE SACHLITERATUR
TOP KOSTENLOS
1. The Walking Dead: Kapitel 1
Robert Kirkman
KOSTENLOS
2. Die 101 besten Witze
Verschiedene Autoren
KOSTENLOS
3. 50 Sex Tipps und Tricks für sie..
Clélia Lo
KOSTENLOS
4. Verführt von einem Vampir - Ba..
Sienna Lloyd
KOSTENLOS
KOSTENLOS
Bücher
The Walking Dead #1
ROBERT KIRKMAN
4
IN DIE BIBLIOTHEK
VORSCHAU
8. Oktober 2003
Image Comics
26 Seiten
11 Tsd. Personen geben hierfür +1
Buch bewerten
Beschreibung
The issue that started it all. Rick Grimes, Sheriff of a small town in Kentucky awakes in a hospital. Comatose after being shot while on duty, Rick finds the world abandoned of all things living and is faced with walking undead, who attack him on sight. He returns home to find his family, son Carl and wife Lori,
Meine Bücher
Gotthold Ephrai..
goethe
Mary Wollstone..
Leseprobe
Lifehacker
Adam Pash
Leseprobe
Martin Suter "Lila, Lila". Der
Juliane Ziegler
Nexus 7 Guidebook
Google Inc.
Pride and Prejudice
Jane Austen
5
The Walking Dead #1
Robert Kirkm..
Wonderful Stories for
Hans Christian..

Bücher laden bei Google Play

Man braucht nicht zwingend die Kindle-App, um Bücher zu lesen. Auch über die vorinstallierte App Google Play Books können Sie Bücher laden. So kommen Sie an Ihre Lieblingsbücher:

❶ Starten Sie die App Play Books. Der Bereich Jetzt lesen mit Ihren aktuellen Büchern und Empfehlungen öffnet sich. Alle Ihre Bücher finden Sie im Menü oben links unter Meine Bücher.

❷ Tippen Sie auf das Menü und wählen Sie Bücher kaufen. Sie gelangen in die Bücher-Abteilung des Play Store. Hier gibt es neuen Lesestoff.

❸ Stöbern Sie im Store.

- Sie können aus verschiedenen Kategorien wählen, von Bestsellern bis Fachliteratur. Oder, falls Sie ein bestimmtes Buch finden wollen, mit der Lupe danach suchen.
- Nicht alle Bücher kosten Geld. In der Kategorie Kostenlose Bücher finden Sie meist Klassiker, die inzwischen freie Lizenzen haben.

❹ Ich wähle »The Walking Dead« von Robert Kirkman. Mit einem Klick kommen Sie – wie bei den Apps – zum Auswahlbildschirm und können das Buch herunterladen.

❺ Zurück in der Bücherübersicht wird ihr neuestes Buch schon angezeigt. Bereit zur Lektüre.

Foto @ StefanieGordon bei flickr.com

Kapitel 14 | Fotos und Videos mit und ohne Internetanschluss

»Die beste Kamera ist die, die man dabei hat«, sagt der Fotograf Chase Jarvis, und ich sage: »Stimmt«. Und da jedes Smartphone mindestens eine Kamera eingebaut hat, sind Sie jederzeit in der Lage, unwiederbringliche Augenblicke festzuhalten. Die ersten vier Plätze der am häufigsten verwendeten Kameras beim Fotodienst flickr werden übrigens von Smartphones belegt. Nicht wenige Käufer achten bei Neuanschaffungen zuerst auf die eingebaute Kamera. Mit der Smartphone-Kamera können Sie aber nicht nur scharfe Fotos erstellen, sondern auch Videos in hoher Auflösung (HD mit 720 oder 1080p), bis Ihr Speicher voll ist. Und jetzt raten Sie mal, mit welchen Geräten die meisten Videos bei YouTube erstellt werden.

- Schießen Sie Fotos und Videos ganz einfach mit Ihrem Smartphone.
- Nutzen Sie kreativ die Möglichkeiten, und erweitern Sie sie mit Apps aus dem Play Store.
- Verwalten Sie Fotos und Videos auf Ihrem Computer.
- Synchronisieren und teilen Sie Fotos und Videos online mit den Diensten von Google.

HDR+
2
1

4

Weitere Optionen
HDR+
HDR+
3

Fotos schießen mit der Kamera

Viele Smartphones haben Kameras eingebaut, deren Technik vor wenigen Jahren noch hochwertigen Amateurkameras vorbehalten war. Auflösungen ab 8 Megapixel sind schon fast die Regel und machen eine spezielle Digitalkamera überflüssig. So einfach ist das Fotografieren mit der Original-Kamera-App von Google:

1. Öffnen Sie die Kamera-App. Tippen Sie auf die Auswahl und wählen Sie die Fotokamera.
2. Visieren Sie Ihr Motiv an. Der Autofokus stellt automatisch scharf. Tippen Sie auf den Auslöser.
3. Für Schnappschüsse müssen Sie keine Einstellungen verändern. Wenn Sie jedoch das Ergebnis Ihrer Aufnahmen beeinflussen möchten, schauen Sie mal in die Einstellungen. Nehmen Sie sich ein wenig Zeit, um sich mit ihnen vertraut zu machen.
   - Tippen Sie auf die Taste für die Kameraeinstellungen (der Kreis neben dem Auslöser). Hier legen Sie fest, ob der aktuelle Ort mit dem Bild gespeichert werden soll. Das ist praktisch, denn so können Sie sehen, wo welches Bild aufgenommen wurde. Wenn Sie einmal keine Geodaten an Ihrem Foto haben möchten, schalten Sie die Funktion Ort speichern einfach ab.
   - Praktisch ist der Szenenmodus (SCE), der Standardsituationen der Fotografie bedient. Sie finden ihn in den Weiteren Optionen.
   - Den Weißabgleich, also das Einstellen der Kamera auf die richtige Lichtfarbe, erledigt die Kamera normalerweise sehr gut automatisch. In schwierigen Situationen greifen Sie hier von Hand ein. Sie finden ihn auch in den Weiteren Optionen. Tippen Sie dort auf das Thermometer mit dem A.
   - Die Standardeinstellung für den Blitz ist der Automatik-Modus. Tippen Sie auf das Symbol, um ihn manuell ein- oder auszuschalten. Letzteres ist, glauben Sie mir, fast immer die beste Wahl.
4. In den Einstellungen können Sie die Kamera wechseln. Hier ist mein Selfie mit Turm, aufgenommen mit der Frontkamera.

Funny
Make your photos creative and intresting
2
Effect
Selfie
Easy
Scene
3
Tilt-Shift
Recomendation
1

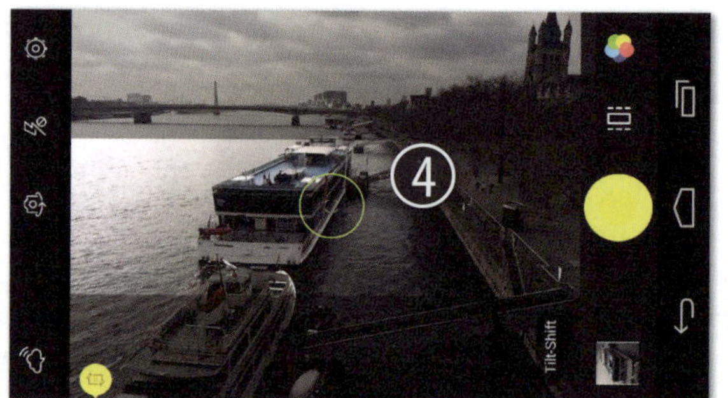
4
Tilt-Shift

5

Mehr Fotospaß mit Kamera-Apps

Mit der mitgelieferten Kamera-App können Sie schnelle Schnappschüsse erstellen, aber auch richtig kreativ werden, indem Sie mit Einstellungen, Belichtung und Filtern experimentieren. Das ist aber ein wenig umständlich. Camera360 aus dem Play Store hilft Ihrer Kreativität auf die Sprünge und macht einfach mehr aus Ihren Bildern.

1. Öffnen Sie die App, und wählen Sie einen Effekt. Die Auswahl ist wirklich beeindruckend und die Ergebnisse von Hand kaum zu erreichen.
2. Wählen Sie einen der Effekte. In schwierigen Lichtverhältnissen, zum Beispiel bei Gegenlichtmotiven, empfehle ich den Effekt HDR. Dieser Effekt ermöglicht Fotos, die näher an dem sind, was unser Auge sehen kann – und zwar mit einem einfachen Trick: Die Kamera erstellt drei Fotos mit unterschiedlicher Belichtung und kombiniert sie zu einem Bild. Wählen Sie hierzu die Effects aus und tippen Sie dann im Fotomodus auf den Zauberstab. Dort versteckt sich die Option HDR.
3. Bilder, wie sie früher nur mit großen, teuren Großformatkameras (die mit dem schwarzen Balgen) möglich waren, erstellen Sie jetzt mit Ihrem Smartphone. Wählen Sie Tilt-Shift.
4. Das Prinzip ist einfach. Mit dem Finger wählen Sie einen kleinen Bereich aus, der scharf gestellt wird. Alles davor und dahinter wird stark unscharf dargestellt. Damit erhalten auch große Objekte den Anschein, als seien sie eine Makroaufnahme.
5. Ihre Bilder können Sie in der App und im Ordner Kamera ansehen.

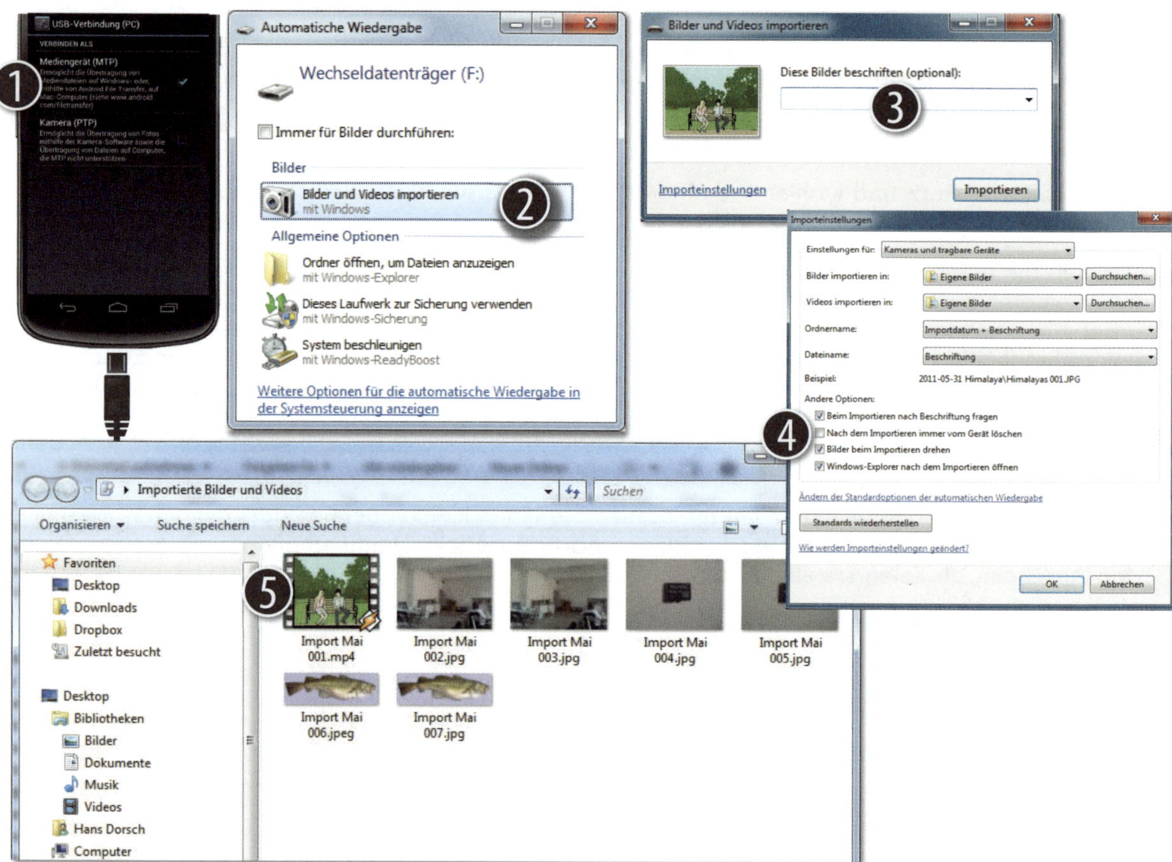

USB-Verbindung (PC)
VERBINDEN ALS
Mediengerät (MTP)
Kamera (PTP)
1
Automatische Wiedergabe
Wechseldatenträger (F:)
Immer für Bilder durchführen:
Bilder
Bilder und Videos importieren
mit Windows
2
Allgemeine Optionen
Ordner öffnen, um Dateien anzuzeigen
mit Windows-Explorer
Dieses Laufwerk zur Sicherung verwenden
mit Windows-Sicherung
System beschleunigen
mit Windows-ReadyBoost
Weitere Optionen für die automatische Wiedergabe in der Systemsteuerung anzeigen
Bilder und Videos importieren
Diese Bilder beschriften (optional):
3
Importeinstellungen
Importieren
Importeinstellungen
Einstellungen für: Kameras und tragbare Geräte
Bilder importieren in: Eigene Bilder Durchsuchen...
Videos importieren in: Eigene Bilder Durchsuchen...
Ordnername: Importdatum + Beschriftung
Dateiname: Beschriftung
Beispiel: 2011-05-31 Himalaya\Himalayas 001.JPG
Andere Optionen:
4
Beim Importieren nach Beschriftung fragen
Nach dem Importieren immer vom Gerät löschen
Bilder beim Importieren drehen
Windows-Explorer nach dem Importieren öffnen
Ändern der Standardoptionen der automatischen Wiedergabe
Standards wiederherstellen
Wie werden Importeinstellungen geändert?
OK
Abbrechen
Importierte Bilder und Videos
Suchen
Organisieren
Suche speichern
Neue Suche
Favoriten
Desktop
Downloads
Dropbox
Zuletzt besucht
Desktop
Bibliotheken
Bilder
Dokumente
Musik
Videos
Hans Dorsch
Computer
5
Import Mai 001.mp4
Import Mai 002.jpg
Import Mai 003.jpg
Import Mai 004.jpg
Import Mai 005.jpg
Import Mai 006.jpeg
Import Mai 007.jpg

Bilder und Filme mit Windows 7 importieren

Fotos und Videos, die Sie auf dem Smartphone erstellen, lassen sich am besten am Computer verwalten. Dort lassen sie sich erstens richtig groß auf dem Bildschirm betrachten und zweitens bequem organisieren und verwalten. Unter Windows benötigen Sie dazu eigentlich nicht mehr als den Explorer. So kommen Ihre Fotos und Videos auf den PC:

❶ Stecken Sie Ihr Gerät an den USB-Anschluss, und wählen Sie den Modus Mediengerät (MTP) oder Kamera (PTP).

❷ Sobald Sie Ihr Gerät anstecken, fragt Windows, wie es verfahren soll. Wählen Sie Bilder und Videos importieren.

❸ Im nächsten Schritt können Sie einen eigenen Namen für Ihre Dateien festlegen. Zum Beispiel Familienfest Regensburg oder, wie hier, Import Mai. Alle Dateien werden dann nummeriert und heißen Import Mai 001 etc.

❹ Diese Einstellungen können Sie in den Importeinstellungen anpassen. Klicken Sie dazu auf den gleichnamigen Link im Importfenster. Setzen Sie dort den Haken, wenn Sie die Bilder nach dem Import löschen möchten.

❺ Im Normalfall landen Ihre Dateien in Meine Bilder (in Ihrem Benutzerordner), und zwar durchnummeriert in einem Ordner, der das Importdatum als Titel trägt.

Und wie kommen meine Bilder auf mein Smartphone?

Ebenfalls über den Explorer (Kapitel 3) oder über das Internet mit Picasa (nächste Seite).

17:18
USB-Verbindung (PC)
VERBINDEN ALS
Mediengerät (MTP)
Ermöglicht die Übertragung von Mediendateien auf Windows- oder, mithilfe von Android File Transfer, auf Mac-Computer (siehe www.android.com/filetransfer)
Kamera (PTP)
Ermöglicht die Übertragung von Fotos mithilfe der Kamera-Software sowie die Übertragung von Dateien auf Computer, die MTP nicht unterstützen
1

Picasa 3
Foto-Übersicht
Importieren
Importieren aus
Duplikate ausschließen
63 Dateien eingelesen
Importieren in:
Ordnertitel:
Nach dem Kopieren:
Hochladen
An unterschiedlichen Daten aufgenommene Fotos jeweils in eigene Ordner importieren
Abbrechen
Alle importieren

2

Importieren
Alben (2)
Personen (7)
Ordner (19)
Bilder (202)
2011-05-22
2011-05-28
3
Hochladen
E-Mail

Picasa – Fotos und Videos auf den Computer übertragen

Es gibt kaum etwas Einfacheres, als Ihre Fotos auf den Computer zu bringen. Das mit USB-Kabel angeschlossene Smartphone verhält sich am Rechner wie eine Digitalkamera. Aber mit einer Fotosoftware erschließen Sie erst richtig, was die Fotosensoren eingefangen haben.

So eine Software ist Picasa von Google. Die App ist ideal, um selbst große Foto- und Videoarchive auf dem Computer zu sichten, zu verwalten und zu bearbeiten. Egal, auf welchem Computer Sie sie verwenden, ob PC, Mac oder Linux: Sie sieht immer gleich aus und funktioniert immer gleich – und sie ist immer gleich günstig, nämlich kostenlos. So kommen Ihre Fotos und Videos in die Picasa-Datenbank:

1. Öffnen Sie Picasa, und schließen Sie Ihr Smartphone über USB an den Computer an. Ignorieren Sie Meldungen anderer Programme, die sich anbieten, die Fotos zu verwalten.
2. Picasa öffnet einen neuen Reiter: Importe. Wählen Sie einen Ort und einen Titel für den Ordner mit den importierten Fotos aus, und legen Sie fest, was nach dem Kopieren mit den Fotos auf dem Gerät passieren soll. In diesem Fall werden alle Inhalte von der Karte gelöscht. Auf der nächsten Seite sehen Sie, wie Ihre liebsten Fotos wieder aufs Telefon kommen. Tippen Sie auf Alle importieren.
3. Alle Fotos sind jetzt in Picasa geladen. Sie finden sie in der linken Spalte im Bereich Ordner. Sie können jetzt Ihr Smartphone wieder vom USB-Anschluss trennen.

Picasa oder doch eine andere App?

Es gibt noch andere Apps, mit denen sich Fotos und Videos verwalten und bearbeiten lassen. Diese sind jedoch entweder nur für eine Plattform erhältlich, wie iPhoto am Mac und die Windows Fotogalerie unter Windows, oder sie kosten Geld, wie zum Beispiel Adobes Photoshop Elements. Und Picasa hat noch etwas, das die anderen nicht haben, nämlich Picasaweb und Google+-Anschluss. Mehr dazu finden Sie auf der nächsten Seite.

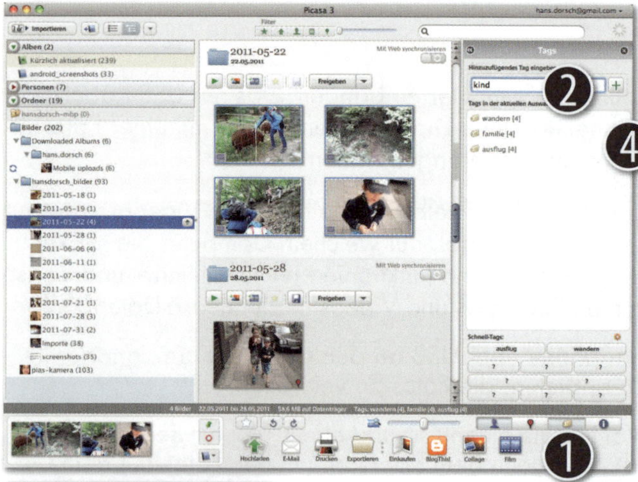

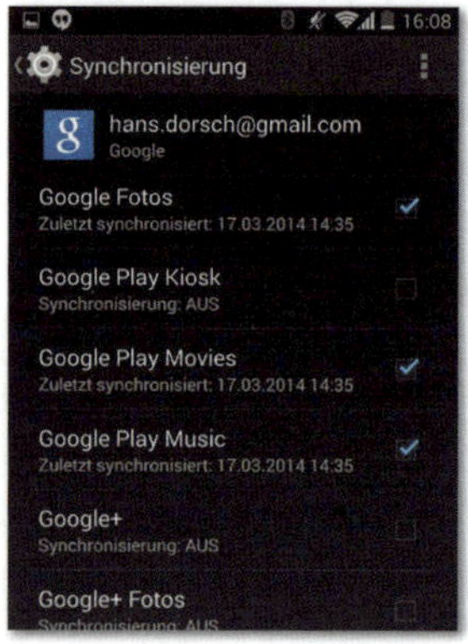
16:08
Synchronisierung
hans.dorsch@gmail.com
Google
Google Fotos
Zuletzt synchronisiert: 17.03.2014 14:35
Google Play Kiosk
Synchronisierung: AUS
Google Play Movies
Zuletzt synchronisiert: 17.03.2014 14:35
Google Play Music
Zuletzt synchronisiert: 17.03.2014 14:35
Google+
Synchronisierung: AUS
Google+ Fotos

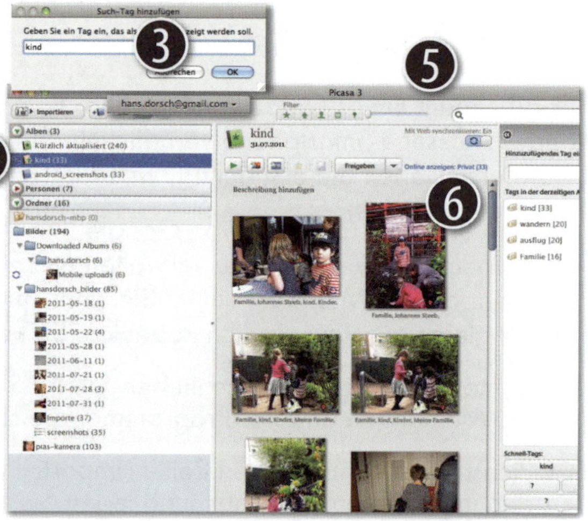

7

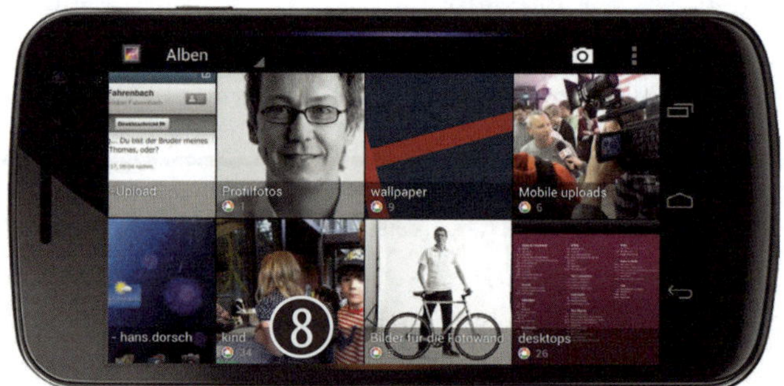
Alben
Upload
Profilfotos
1
wallpaper
9
Mobile uploads
6
hans.dorsch
kind
8
Bilder für die Fotowand
desktops
26

Mit Google+ haben Sie immer die neuesten Familienbilder dabei

Darf ich Sie noch mal an den Computer bitten? Es lohnt sich. Denn mit Picasa erstellen Sie automatisch ein immer aktuelles Familienalbum, und mit den Picasa-Webalben bringen Sie die Fotos auf Ihr Smartphone. So haben Sie Ihre Liebsten immer dabei.

❶ Blättern Sie mit Picasa in Ihren zuletzt importieren Fotos und Videos. Blenden Sie in der rechten Spalte die Tags (Schlagworte) ein. Klicken Sie dazu unten auf die Tag-Taste.

❷ Versehen Sie Ihre Fotos mit aussagekräftigen Schlagworten. Für den Familienausflug wähle ich kind, familie, wandern und ausflug.

❸ Erstellen Sie jetzt ein automatisches Album für alle Bilder mit dem Schlagwort kind. Wählen Sie dazu aus dem Menü Tools → Sonstiges → Tag als Album anzeigen … Geben Sie ein Tag in das Suchfeld ein; ich nehme kind.

❹ Das automatische Album taucht jetzt in der linken Spalte auf. Wann immer Sie ab jetzt ein Foto mit dem Schlagwort kind versehen, wird es in diesem Album angezeigt. Wählen Sie das Album aus.

❺ Melden Sie sich am oberen Fensterrand in Ihrem Google+-Konto an.

❻ Klicken Sie dann auf den Schalter unter der Überschrift Mit Web synchronisieren. Wählen Sie im nächsten Schritt, wer das Album sehen soll.

❼ Jetzt muss Android das Album noch synchronisieren. Öffnen Sie dazu auf dem Smartphone vom Startbildschirm aus Einstellungen → Konten & Synchronisierung und dann Ihr Google-Konto.

❽ Nach kurzer Zeit finden Sie das Album kind in der Galerie Ihres Smartphones.

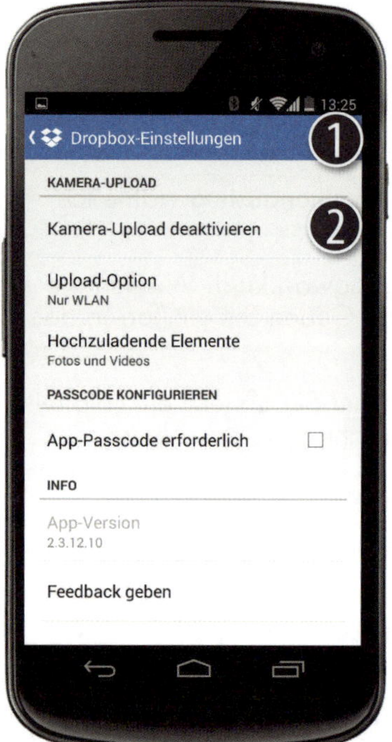
13:25
Dropbox-Einstellungen
1
KAMERA-UPLOAD
Kamera-Upload deaktivieren
2
Upload-Option
Nur WLAN
Hochzuladende Elemente
Fotos und Videos
PASSCODE KONFIGURIEREN
App-Passcode erforderlich
INFO
App-Version
2.3.12.10
Feedback geben

Kamera
Rasteransicht
3

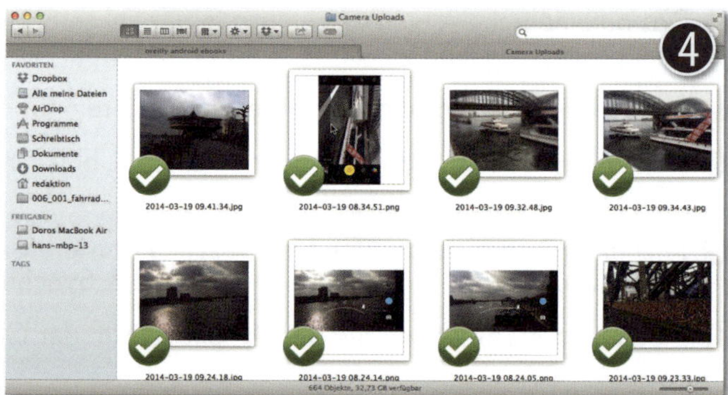
Camera Uploads
4
FAVORITEN
Dropbox
Alle meine Dateien
AirDrop
Programme
Schreibtisch
Dokumente
Downloads
redaktion
FREIGABEN
Doros MacBook Air
hans-mbp-13
TAGS
2014-03-19 09.41.34.jpg
2014-03-19 08.34.51.png
2014-03-19 09.32.48.jpg
2014-03-19 09.34.43.jpg

Dropbox Kamera Upload – alle Fotos und Videos automatisch auf allen Geräten

Die Dropbox habe ich in Kapitel 8 schon vorgestellt. Das ist, kurz gefasst, ein Ordner im Internet (in der Cloud), auf den Sie mit allen Ihren Geräten zugreifen können. Alle Dateien, die sich im Dropbox-Ordner Ihres Computers befinden, werden automatisch mit dem Speicher im Internet abgeglichen. Das funktioniert auch andersrum. Alle Fotos, die Sie mit Ihrem Smartphone schießen, werden automatisch mit dem Internet – und Ihrem Computer – abgeglichen. Eine tolle Sache. Sie müssen sie nur einmal einrichten.

❶ Öffnen Sie Dropbox auf dem Smartphone (wie Sie die Dropbox einrichten, lesen Sie in Kapitel 8). Öffnen Sie dann Menü → Einstellungen.

❷ Tippen Sie auf Kamera-Upload aktivieren. Danach können Sie noch einstellen, wann was hochgeladen werden soll. Ich habe Nur W-Lan eingestellt für Fotos und Videos. Fertig. Mehr ist nicht zu tun.

❸ Schießen Sie jetzt Fotos und drehen Sie Videos. Sie landen im Ordner Galerie Ihres Smartphones. Sobald Ihr Smartphone sich mit einem WLAN-Netz verbindet, lädt Dropbox die neuen Bilder automatisch hoch. Sie sollten darauf achten, dass der Akku geladen ist. Wenn Ihr Akku fast leer ist, lädt Dropbox keine Fotos und Videos mehr hoch.

❹ Dropbox legt alle Ihre Fotos und Videos in den Ordner Camera Uploads Ihres Dropbox-Ordners. Wenn Sie an Ihren Computer gehen (mein Mac ist immer eingeschaltet), sind sie möglicherweise schon alle geladen. Wenn nicht, können Sie dabei zusehen, wie sich der Ordner mit Ihren Bildern füllt.

01:37
3
2
1

Zeitraffer
Aus
Videoqualität
HD 1080p
Ort speichern
4

Videos aufnehmen in HD

Mit der Kamera im Smartphone brauchen Sie noch ein Gerät weniger zu kaufen und mit sich zu tragen: die Videokamera. Die Objektive der meisten Smartphones sind besser als die der Videokameras, die gerne vor den Ferien bei den Discountern im Prospekt zu finden sind. Und weil sie über das große Display gesteuert werden, lassen sich die Funktionen auch wesentlich besser nutzen.

❶ Öffnen Sie die Kamera-App. Tippen Sie auf die Kameraauswahl und wählen Sie die die Videokamera.

❷ Tippen Sie auf den Auslöser, und nehmen Sie Ihr Video auf. Tippen Sie noch einmal auf den Auslöser, um die Aufnahme zu stoppen. Tippen Sie während der Aufnahme in das Bild, schießt die Kamera zusätzlich ein Foto.

❸ Das Miniaturbild oben zeigt die letzte Aufnahme an. Tippen Sie darauf, um zur Galerie zu wechseln und die letzten Videos anzuzeigen.

❹ Den eingebauten Blitz nutzt die Videokamera als Filmleuchte.

- Tippen Sie auf das Symbol, um ihn einzuschalten. Um den Weißabgleich, also das Einstellen der richtigen Lichtfarbe, müssen Sie sich bei guten Lichtverhältnissen nicht kümmern. In schwierigen Situationen greifen Sie hier von Hand ein.
- Stellen Sie die Videoqualität ein. Die Standardeinstellung ist mittlerweile schon häufig HD 1080p. Das ist perfekt für HD-Fernseher.

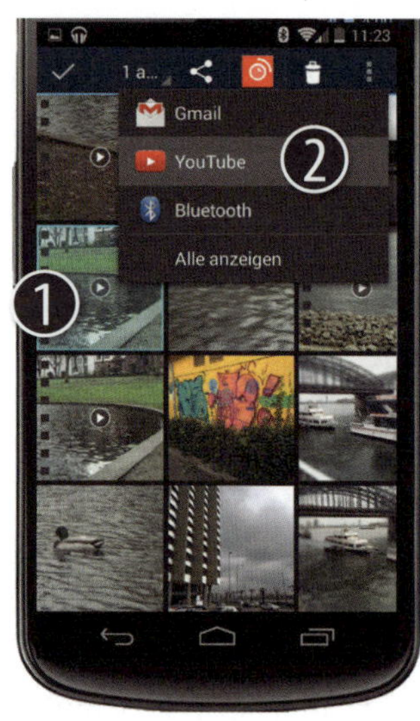
11:23
Gmail
YouTube
Bluetooth
Alle anzeigen
1
2

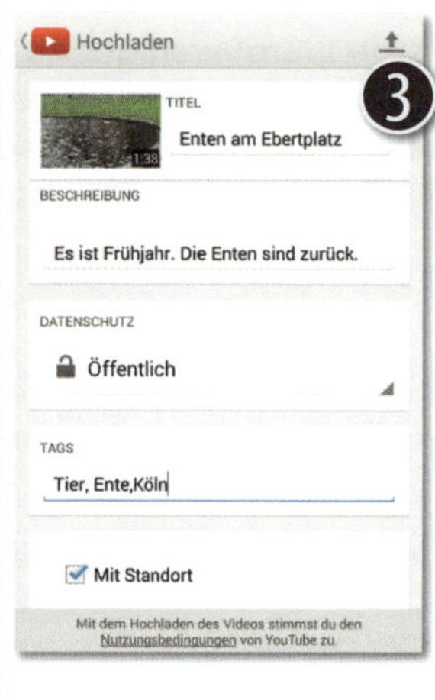
Hochladen
TITEL
Enten am Ebertplatz
BESCHREIBUNG
Es ist Frühjahr. Die Enten sind zurück.
DATENSCHUTZ
Öffentlich
TAGS
Tier, Ente,Köln
Mit Standort
Mit dem Hochladen des Videos stimmst du den Nutzungsbedingungen von YouTube zu.
3

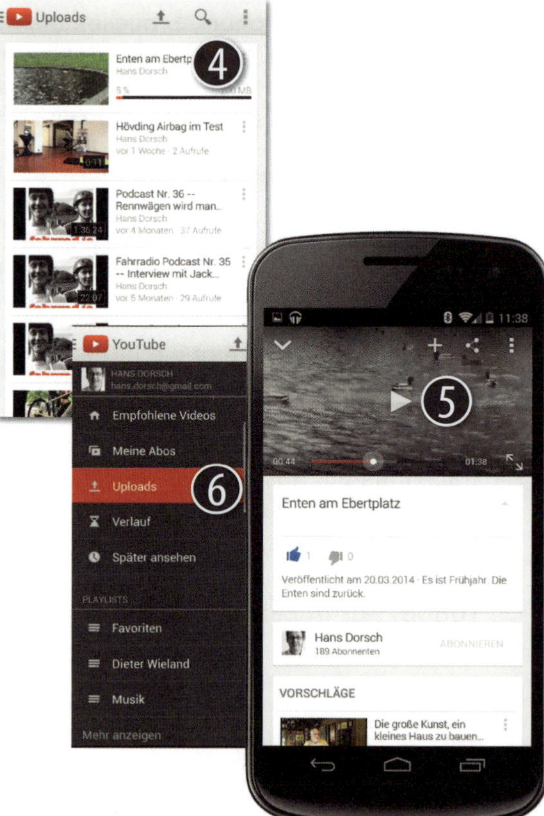
Uploads
Enten am Ebertp
Hövding Airbag im Test
Podcast Nr. 36 -- Rennwägen wird man...
Fahrradio Podcast Nr. 35 -- Interview mit Jack...
4
YouTube
Empfohlene Videos
Meine Abos
Uploads
Verlauf
Später ansehen
PLAYLISTS
Favoriten
Dieter Wieland
Musik
Mehr anzeigen
6
11:38
5
Enten am Ebertplatz
Veröffentlicht am 20.03.2014 · Es ist Frühjahr. Die Enten sind zurück.
Hans Dorsch
189 Abonnenten
VORSCHLÄGE
Die große Kunst, ein kleines Haus zu bauen...

Videos bei YouTube hochladen

Wohin mit den drolligen Tiervideos? Zu YouTube natürlich. Das Portal ist der Quasi-Standard für Online-Videos. Der beste Ort also, um Ihre Videos im Netz zu veröffentlichen. Der Upload-Kanal ist fest in Android eingebaut, YouTube gehört schließlich auch zu Google, dem Android-Entwickler.

❶ Öffnen Sie die Galerie, und suchen Sie das Video, das Sie hochladen möchten. Drücken Sie lange darauf, um ein Video auszuwählen. Der Rahmen zeigt die Auswahl an, und die Aktionsleiste erscheint am oberen Rand.

❷ Tippen Sie in der Aktionsleiste auf Teilen und wählen Sie aus dem Menü YouTube. Die YouTube-App wird geöffnet.

❸ Geben Sie einen Titel für Ihr Video ein, und legen Sie fest, ob das Video öffentlich zu sehen sein soll oder privat, nur für Sie und Ihre Freunde. Tippen Sie dann auf das Symbol Hochladen in der Aktionsleiste.

❹ Den Verlauf können Sie in Uploads verfolgen. Sobald Ihr Film online ist, können sie ihn direkt öffnen. Tippen Sie auf den Film, um ihn anzusehen.

❺ So sehen Sie und Ihre Freunde den Film in der YouTube-App. Geben Sie den Link an Freunde und Verwandte weiter – über das Menü Teilen.

❻ Falls Sie mal den Überblick über Ihre Aktivitäten verloren haben: Alle Ihre hochgeladenen Filme finden Sie über das Menü oben links im Abschnitt Uploads.

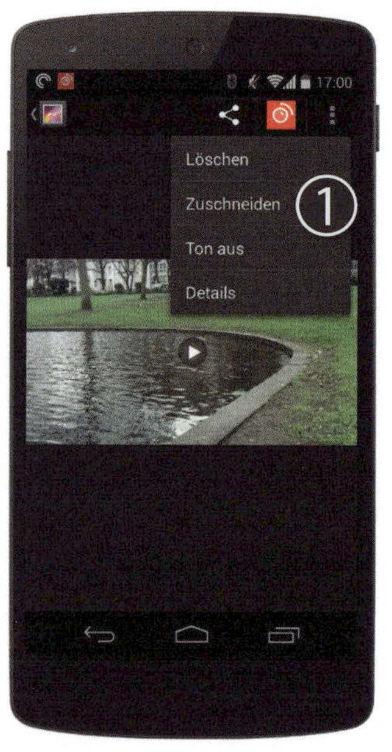
17:00
Löschen
Zuschneiden
1
Ton aus
Details

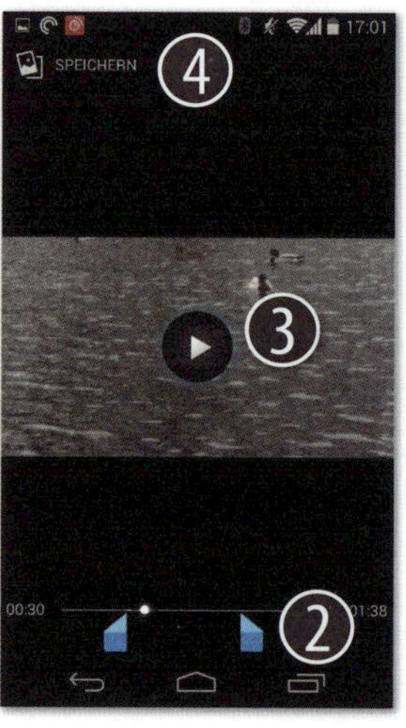
17:01
SPEICHERN
4
3
00:30
2
01:38

17:02
Kamera
Rasteransicht
5

Video auf dem Smartphone trimmen

Jeder gute Kameramann lässt bei der Aufnahme vorne und hinten etwas Luft, damit er beim Schnitt entscheiden kann, wo die Szene beginnt. Oft ist auch die lustigste Stelle des Videos vom letzten Ausflug genau in der Mitte der Aufnahme. In diesem Fall möchte man den Rest einfach wegschneiden, bevor man das Video anderen zeigt. Das nennt man Trimmen.

1. Öffnen Sie Ihr Video in der Galerie, und wählen über das Optionsmenü Zuschneiden aus.
2. Verschieben Sie die Anfasser links und rechts in der Zeitleiste. So legen Sie den Bereich für das neue Video fest.
3. Tippen Sie in das Bild, um die Wiedergabe anzuhalten oder fortzufahren.
4. Sind Sie mit dem Ausschnitt zufrieden, speichern Sie Ihr Video.
5. Sie finden das Video in der Galerie neben dem Original.

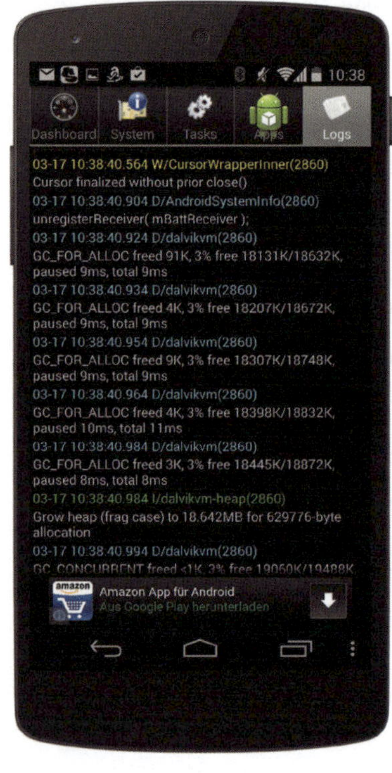
10:38
Dashboard
System
Tasks
Apps
Logs
03-17 10:38:40.564 W/CursorWrapperInner(2860)
Cursor finalized without prior close()
03-17 10:38:40.904 D/AndroidSystemInfo(2860)
unregisterReceiver(mBattReceiver);
03-17 10:38:40.924 D/dalvikvm(2860)
GC_FOR_ALLOC freed 91K, 3% free 18131K/18632K, paused 9ms, total 9ms
03-17 10:38:40.934 D/dalvikvm(2860)
GC_FOR_ALLOC freed 4K, 3% free 18207K/18672K, paused 9ms, total 9ms
03-17 10:38:40.954 D/dalvikvm(2860)
GC_FOR_ALLOC freed 9K, 3% free 18307K/18748K, paused 9ms, total 9ms
03-17 10:38:40.964 D/dalvikvm(2860)
GC_FOR_ALLOC freed 4K, 3% free 18398K/18832K, paused 10ms, total 11ms
03-17 10:38:40.984 D/dalvikvm(2860)
GC_FOR_ALLOC freed 3K, 3% free 18445K/18872K, paused 8ms, total 8ms
03-17 10:38:40.984 I/dalvikvm-heap(2860)
Grow heap (frag case) to 18.642MB for 629776-byte allocation
03-17 10:38:40.994 D/dalvikvm(2860)
amazon
Amazon App für Android
Aus Google Play herunterladen

F.O.I.L.

Kapitel 15 | Wartung, Pflege und Fehlerbehebung

»Hello, IT. Did you try to turn it off and on again?« – oder zu Deutsch: »Schon mit Aus- und Einschalten versucht?«

Mit diesem Satz auf dem Anrufbeantworter halten sich Roy und Moss, die Systemadministratoren in der großartigen BBC-Serie The IT Crowd lästige Computernutzer vom Leibe. Und in den meisten Fällen funktioniert das auch.

Ihr Android-Smartphone ist nichts anderes als ein äußerst leistungsfähiger Computer. Diese Tatsache versteckt sich allerdings ziemlich gut unter einer schicken Oberfläche und aufgeräumten Programmen. Tauchen mal Probleme auf, hilft es aber, sich daran zu erinnern: Ausschalten, einschalten und dann weitersehen.

- Starten Sie Ihr Smartphone neu, um Fehler zu beheben.
- Setzen Sie Ihr Gerät auf die Werkseinstellungen zurück, und stellen Sie danach Ihre Einstellungen wieder her.
- Holen Sie sich Systeminformationen, und sparen Sie Energie.

SAMSUNG
10:35
10:35
Geräteoptionen
Ausschalten
Datennetzmodus
Datennetzmodus aktiviert
Offline-Modus
Offline-Modus deaktiviert
Neustart
Lautlos
Vibrieren
Ton
1

3
SAMSUNG
2

Das Android-Smartphone neu starten

Die Qualitätskontrollen bei der Smartphone-Produktion sind ziemlich gut. Wenn sich Ihr Android also seltsam verhält, träge reagiert, wenn eine Taste nicht mehr funktioniert oder wenn der Bildschirm plötzlich so dunkel ist, dass man kaum mehr etwas erkennen kann, ist das in den seltensten Fällen ein Hardware-Defekt. Ziehen Sie dann einfach mal den Stecker – oder übersetzt: Starten Sie es neu.

1. Schalten Sie Ihr Gerät mit der Einschalttaste aus.
2. Öffnen Sie die Abdeckklappe, und entfernen Sie den Akku (unterschiedlich, je nach Gerät).
3. Stecken Sie den Akku wieder in das Gerät, und schalten Sie es wieder an.

Reagiert Ihr Gerät nicht mehr auf Eingaben, überspringen Sie einfach Punkt 1, und nehmen Sie den Akku im laufenden Betrieb heraus.

Testen Sie die Hotline

Was man tun kann, wenn der Bildschirm zu dunkel ist, verriet mir übrigens die Samsung-Hotline. Nicht sofort, aber im Laufe eines längeren Gesprächs. Ein Anruf kann sich also lohnen.

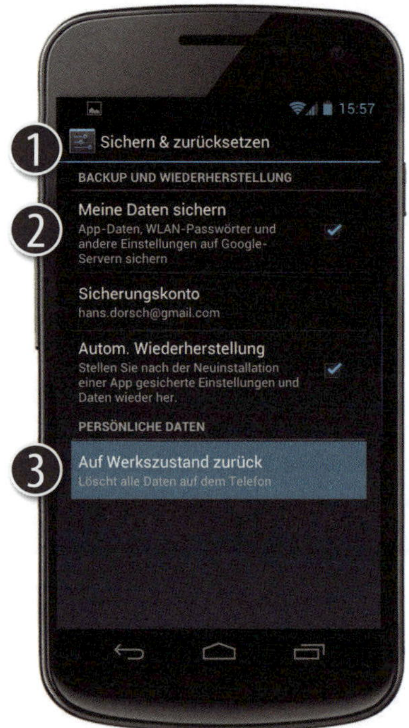
15:57
Sichern & zurücksetzen
BACKUP UND WIEDERHERSTELLUNG
Meine Daten sichern
App-Daten, WLAN-Passwörter und andere Einstellungen auf Google-Servern sichern
Sicherungskonto
hans.dorsch@gmail.com
Autom. Wiederherstellung
Stellen Sie nach der Neuinstallation einer App gesicherte Einstellungen und Daten wieder her.
PERSÖNLICHE DATEN
Auf Werkszustand zurück
Löscht alle Daten auf dem Telefon
1
2
3

15:58
Auf Werkszustand zurück
Hierdurch werden alle Daten aus dem internen Speicher Ihres Telefons gelöscht, u. a.
• Ihr Google-Konto
• System- und App-Daten sowie entsprechende Einstellungen
• und heruntergeladene Apps.
• Musik
• Fotos
• Sonstige Nutzerdaten
Sie sind zurzeit in folgenden Konten angemeldet:
hans@firmadorsch.com
hans@firmadorsch.com
Telefon zurücksetzen
5

USB-Speicher löschen
4

Android sichern und auf Werkseinstellungen zurücksetzen

Ihr Smartphone ist unter der schicken Hülle ein kleiner leistungsfähiger Computer. Wenn es sich seltsam verhält, langsam wird oder permanent abstürzt, hilft es, wie beim Computer, den Zustand wiederherzustellen, den es beim Kauf hatte: den Werkszustand. Verglichen mit dem Computer geht das beim Android-Smartphone jedoch viel schneller und einfacher.

1. Öffnen Sie Einstellungen → Sichern & zurücksetzen.

2. Sichern Sie Ihre Daten: Aktivieren Sie die Punkte Meine Daten sichern sowie Automatische Wiederherstellung. Über Ihr Google-Konto speichert Android dann alle Einstellungen für Kontakte, Kalender, Apps und Zugangsdaten für WLAN und andere Netze sicher im Netz. Wie lange die Sicherung der Daten dauert, kann niemand genau sagen. Geben Sie Ihrem Gerät vielleicht einen Tag Zeit. Wie Sie die gesicherten Daten zurückholen, zeige ich auf der nächsten Seite.

3. Tippen Sie auf Auf Werkszustand zurücksetzen.

4. Manche Geräte setzen auch die SD-Karte beziehungsweise den USB-Speicher zurück. Setzen Sie den Haken, wenn Sie das wollen. Wenn nicht, bleiben alle Fotos, Videos und Dokumente, die Sie darauf gespeichert haben, auch danach noch verfügbar.

5. Bestätigen Sie das Zurücksetzen des Telefons. Wenn Ihr Telefon durch ein Passwort geschützt ist, geben Sie dieses im nächsten Schritt ein. Jetzt werden alle Einstellungen und alle heruntergeladenen Anwendungen gelöscht. Im Anschluss startet Ihr Telefon neu.

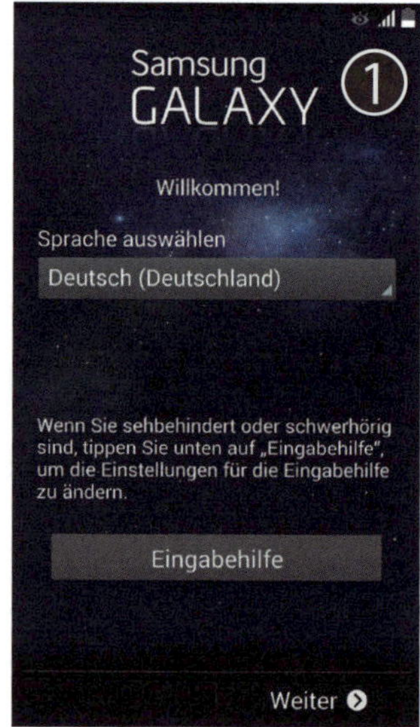

Samsung
GALAXY
①
Willkommen!
Sprache auswählen
Deutsch (Deutschland)
Wenn Sie sehbehindert oder schwerhörig sind, tippen Sie unten auf „Eingabehilfe", um die Einstellungen für die Eingabehilfe zu ändern.
Eingabehilfe
Weiter

WLAN
firmadorsch
Passwort
②
Passwort anzeigen
Erweiterte Optionen anzeigen
Abbruch
Verbinden
JH-WLAN
Nutzen Sie schon Google?
Haben Sie ein Google-Konto?
Falls Sie Gmail oder Google Apps nutzen, antworten Sie mit "Ja".
Ja
Nein
③
Anmelden
hans.dorsch@gmail.com
Google-Dienste
SICHERUNG & WIEDERHERSTELLUNG
Sichern Sie Ihre Daten in einem Google-Konto. Stellen Sie vorherige Sicherungen auf diesem Gerät wieder her.
④
STANDORT
Dieses Telefon gehört...
Für die Personalisierung einiger Apps verwendet das Telefon Ihren Namen.
Hans
Dorsch
⑤
Wiederherstellung läuft...
Ihr Telefon stellt zur Wiederherstellung Ihres Kontos eine Verbindung zu Google her. Dies kann eine Weile dauern.

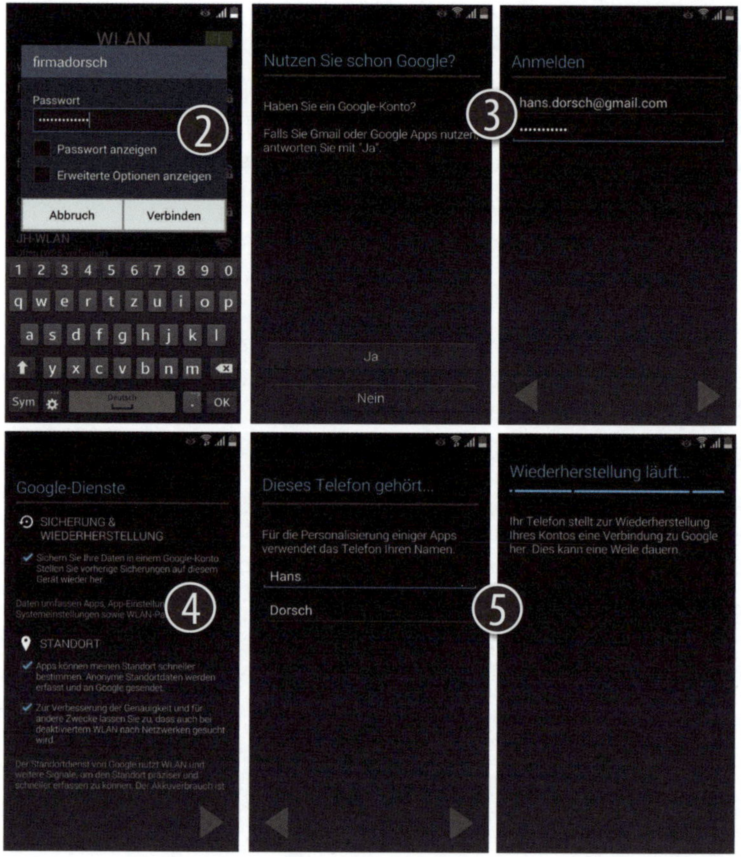

Ihr Android-Smartphone mit Ihrem Google-Konto wiederherstellen

Wenn Sie Ihre Daten bei Google gesichert haben (siehe vorherige Seite), können Sie Ihr Gerät im Falle eines Resets komplett wiederherstellen. Und falls Ihr Gerät tatsächlich kaputt sein sollte, können Sie auf diese Weise mit Ihren Einstellungen und Daten auf ein neues Smartphone umziehen:

❶ Schalten Sie Ihr Gerät ein, und folgen Sie den Anweisungen. Hier ist es ein Samsung Galaxy.

❷ Verbinden Sie sich mit einem WLAN. Je nachdem, wie viele Apps und Daten Sie gespeichert haben, werden bei der Wiederherstellung eine Menge Daten übertragen.

❸ Melden Sie sich mit Ihrem Google-Konto an, das Sie als Hauptkonto für Ihr Gerät verwenden.

❹ Wichtig: Holen Sie jetzt Ihre Daten zurück. Markieren Sie dazu den Punkt Von meinem Google-Konto auf diesem Gerät wiederherstellen. Tippen Sie Weiter.

❺ Jetzt können Sie Ihr Telefon benutzen. Tippen Sie den Pfeil für Weiter. Die Wiederherstellung der Daten dauert eine Weile. Bis alle Daten wieder auf Ihrem Gerät sind, können einige Stunden vergehen. Sie können es aber schon nutzen.

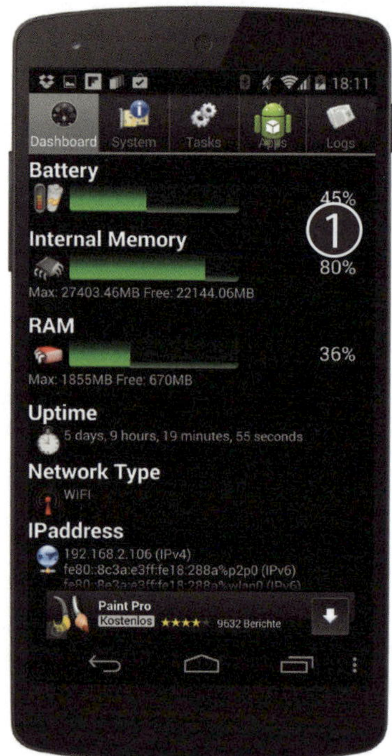
18:11
Dashboard
System
Tasks
Apps
Logs
Battery
45%
Internal Memory
80%
Max: 27403.46MB Free: 22144.06MB
RAM
36%
Max: 1855MB Free: 670MB
Uptime
5 days, 9 hours, 19 minutes, 55 seconds
Network Type
WIFI
IPaddress
192.168.2.106 (IPv4)
fe80::8c3a:e3ff:fe18:288a%p2p0 (IPv6)
Paint Pro
Kostenlos
9532 Berichte
1

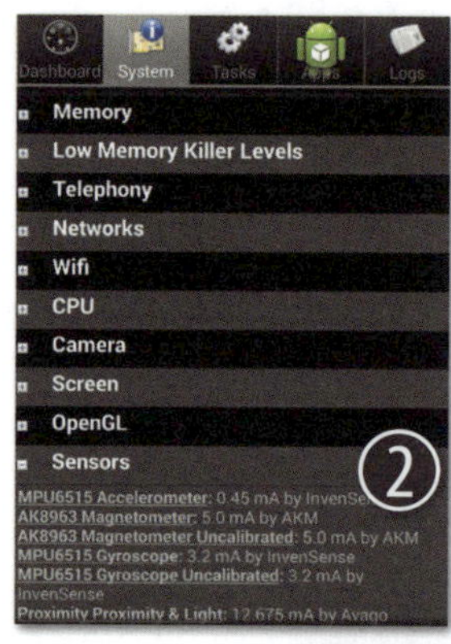
Dashboard
System
Tasks
Apps
Logs
Memory
Low Memory Killer Levels
Telephony
Networks
Wifi
CPU
Camera
Screen
OpenGL
Sensors
MPU6515 Accelerometer: 0.45 mA by InvenSe
AK8963 Magnetometer: 5.0 mA by AKM
AK8963 Magnetometer Uncalibrated: 5.0 mA by AKM
MPU6515 Gyroscope: 3.2 mA by InvenSense
MPU6515 Gyroscope Uncalibrated: 3.2 mA by InvenSense
Proximity Proximity & Light: 12.675 mA by Avago
2

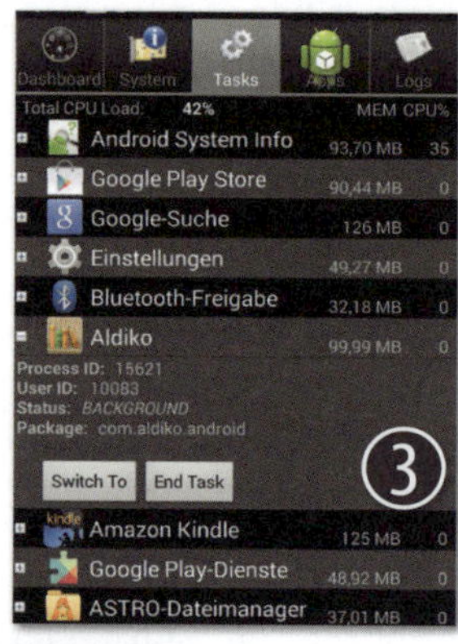
Dashboard
System
Tasks
Apps
Logs
Total CPU Load: 42%
MEM CPU%
Android System Info 93,70 MB 35
Google Play Store 90,44 MB 0
Google-Suche 126 MB 0
Einstellungen 49,27 MB 0
Bluetooth-Freigabe 32,18 MB 0
Aldiko 99,99 MB 0
Process ID: 15621
User ID: 10083
Status: BACKGROUND
Package: com.aldiko.android
Switch To
End Task
Amazon Kindle 125 MB 0
Google Play-Dienste 48,92 MB 0
ASTRO-Dateimanager 37,01 MB 0
3

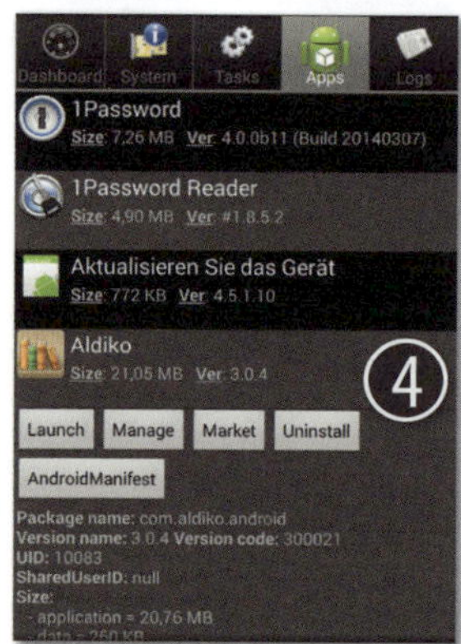
Dashboard
System
Tasks
Apps
Logs
1Password
Size: 7,26 MB Ver: 4.0.0b11 (Build 20140307)
1Password Reader
Size: 4,90 MB Ver: #1.8.5.2
Aktualisieren Sie das Gerät
Size: 772 KB Ver: 4.5.1.10
Aldiko
Size: 21,05 MB Ver: 3.0.4
Launch
Manage
Market
Uninstall
AndroidManifest
Package name: com.aldiko.android
Version name: 3.0.4 Version code: 300021
UID: 10083
SharedUserID: null
Size:
- application = 20,76 MB
4

Systeminformationen anzeigen und verwalten

Das Schöne an offenen Systemen wie Android ist, dass Sie beinahe unendlich viele Informationen über Ihr Gerät abfragen können. Ich verwende dazu eine App namens Android System Info. Diese App ist wie ein Röntgengerät für Ihr Smartphone. Ist etwas nicht in Ordnung, können Sie es auch gleich reparieren.

❶ Das Dashboard zeigt die wichtigsten Zustände Ihres Gerätes an: Batterie und Speicher.

❷ Alles, was Sie über Ihr System wissen wollen, finden Sie im zweiten Reiter. Schauen Sie doch mal nach, welche Sensoren welches Herstellers in Ihrem Telefon verbaut sind.

❸ Die laufenden Tasks, also Apps und Hintergrunddienste, finden Sie im dritten Reiter. Tippen Sie auf einen Eintrag, um die Informationen dazu anzuzeigen, sie zu öffnen oder zu beenden.

❹ Alle Apps auf Ihrem Smartphone finden Sie im vierten Reiter. Tippen Sie auf einen Eintrag. Sie können die App von hier starten, verwalten oder deinstallieren. Praktisch oder?

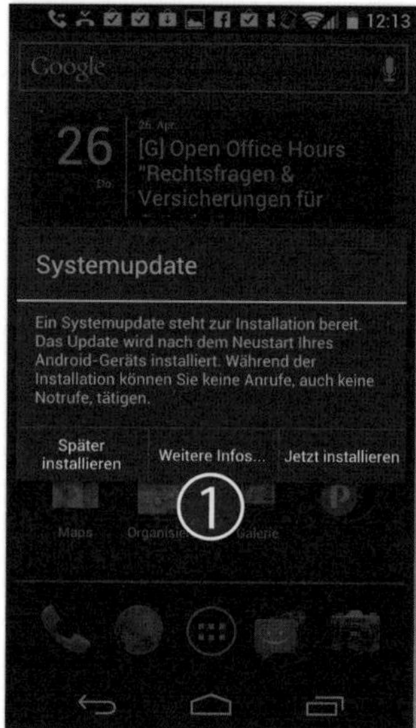
12:13
Google
26
26. Apr.
[G] Open Office Hours "Rechtsfragen & Versicherungen für
Systemupdate
Ein Systemupdate steht zur Installation bereit. Das Update wird nach dem Neustart Ihres Android-Geräts installiert. Während der Installation können Sie keine Anrufe, auch keine Notrufe, tätigen.
Später installieren
Weitere Infos...
Jetzt installieren
1

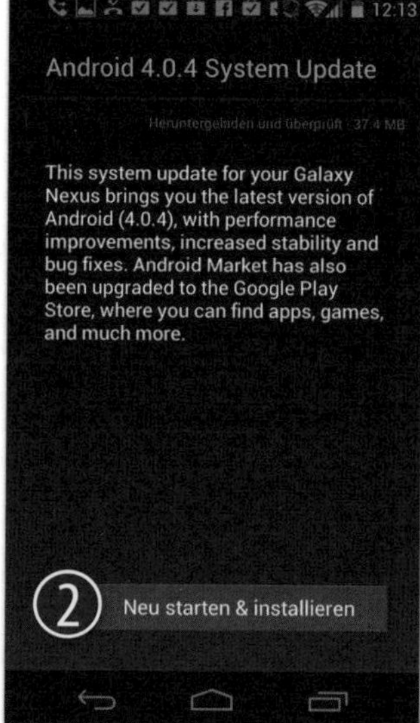
12:13
Android 4.0.4 System Update
This system update for your Galaxy Nexus brings you the latest version of Android (4.0.4), with performance improvements, increased stability and bug fixes. Android Market has also been upgraded to the Google Play Store, where you can find apps, games, and much more.
2
Neu starten & installieren

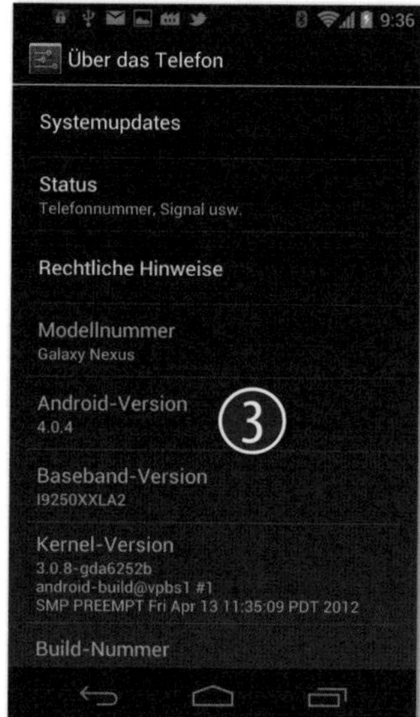
9:36
Über das Telefon
Systemupdates
Status
Telefonnummer, Signal usw.
Rechtliche Hinweise
Modellnummer
Galaxy Nexus
Android-Version
4.0.4
3
Baseband-Version
I9250XXLA2
Kernel-Version
3.0.8-gda6252b
android-build@vpbs1 #1
SMP PREEMPT Fri Apr 13 11:35:09 PDT 2012
Build-Nummer

Android-Systemupdates installieren

Für mich gibt es kaum etwas Schöneres als Systemupdates. Ich versuche immer schon vorher herauszubekommen, welche neuen Funktionen demnächst veröffentlicht werden. Umso mehr freue ich mich, wenn es endlich so weit ist. Selbst wenn Ihnen das Thema nicht so wichtig ist (ich kann es mir vorstellen), sollten Sie Softwareupdates mitnehmen, vor allem, wo sie so schnell und einfach durchzuführen sind wie bei Android.

❶ Ist ein Systemupdates erhältlich, werden Sie mit einer Benachrichtigungen darüber informiert. Tippen Sie auf Weitere Infos …, um Details zum Update anzuzeigen.

❷ Die Infos zeigen Informationen zum Update. Hier gibt es zum Beispiel Leistungssteigerungen und Fehlerbehebungen, außerdem wurden einige Apps umbenannt. Tippen Sie auf Neu starten & installieren.

❸ Das Update dauert nur kurze Zeit. Währenddessen sehen Sie eine kleine Pausenanimation (Android mit Ladebalken) auf dem Telefon. Wenn es wieder gestartet ist, können Sie die aktuelle Systemversion in Einstellungen → Über das Telefon sehen. Hier ist es die Version 4.0.4.

Warten Sie auf ein Update? Mit einem Tipp auf den Eintrag Systemupdates weiter oben suchen Sie nach aktuellen Daten.

Worauf Sie achten sollten

Systemupdates sind unterschiedlich groß. Wenn möglich, sollten Sie das Update dann laden, wenn Sie in einem WLAN angemeldet sind.

Schließen Sie Ihr Smartphone ans Ladegerät oder per USB an Ihren Computer an. Während eines Updates sollte auf keinen Fall der Strom ausgehen.

SAMSUNG
17:39
So, 16. März
WLAN
GPS
Ton
Bildschirm drehen
Bluetooth
+3
Auto
Keine Benachrichtigungen
1
2
Telekom.de

16:18
Google
Ausschalten
Flugmodus
Flugmodus ist AUS.
3

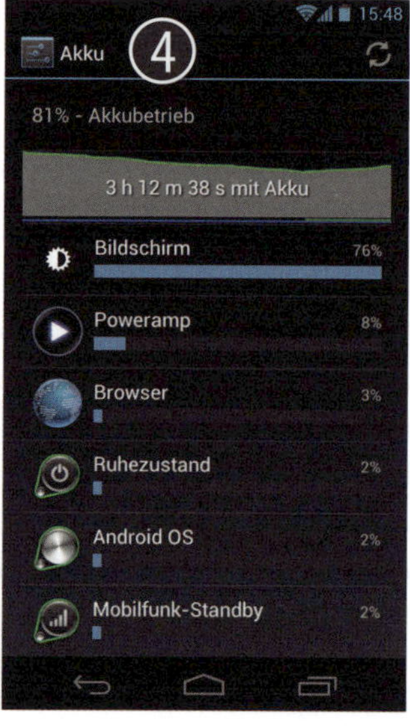
15:48
Akku
4
81% - Akkubetrieb
3 h 12 m 38 s mit Akku
Bildschirm
76%
Poweramp
8%
Browser
3%
Ruhezustand
2%
Android OS
2%
Mobilfunk-Standby
2%

Energiesparen für längeren Smartphone-Spaß

Falls Sie bisher eines dieser Geräte hatten, die nur telefonieren konnten, werden Sie sich umgewöhnen müssen. Ihr Smartphone muss wahrscheinlich häufiger an die Steckdose, wenn Sie es intensiv nutzen. Schließlich handelt es sich um einen kleinen Computer. Dass dieser Computer mit einem Akku im Format eines Streichholzbriefchens überhaupt so lange laufen kann, lässt mich immer wieder staunen. Ich habe aber ein paar Tipps, mit denen Sie die Laufzeit verlängern können:

- Öffnen Sie das Benachrichtigungsfeld (hier bei einem Samsung-Gerät) ❶. Hier steuern Sie die wichtigsten Parameter: WLAN/Wi-Fi, Bluetooth, GPS, Synchronisierung, Helligkeit.
- Schalten Sie die Option Auto-Helligkeit ein ❷. Ihr Smartphone verfügt über einen Helligkeitssensor. Je nachdem, wie das Licht in der Umgebung ist, wird der Bildschirm heller oder dunkler. Ist der Bildschirm immer noch zu hell, regeln Sie die Helligkeit unter Einstellungen → Display von Hand. Das Display ist nämlich einer der größten Stromschlucker.
- Wie es um den aktuellen Stromverbrauch Ihres Smartphones bestellt ist, sehen Sie sogar grafisch aufbereitet unter Einstellungen → Akku ❹.
- Aktivieren Sie den Flugmodus (oder Offline-Modus) ❸. Sie erreichen ihn über die Standby-Taste (lange drücken). Damit schalten Sie automatisch drei Großverbraucher ab: Mobilfunk, WLAN und Bluetooth.
- Schalten Sie Push-Funktionen ab: Holen Sie E-Mail manuell ab, und verzichten Sie auf Benachrichtigungen anderer Apps.
- Schalten Sie Apps mit Ortungsdiensten aus: Maps und andere Navigationstools brauchen ziemlich viel Strom. Denken Sie daran, und beenden Sie die Akkusauger, wenn Sie sie nicht brauchen.
- Auch eine Möglichkeit: Überfluss statt Askese. Schaffen Sie sich ein KFZ-Netzteil oder einen Zusatzakku an. Wenn ich unterwegs bin, zum Beispiel auf Messen oder anderen Veranstaltungen, habe ich immer einen Zusatzakku (gefüllt mit Öko-Strom) dabei und ein Micro-USB-Kabel, um ihn an meine diversen elektronischen Geräte anzuschließen.

Index

1Password 247

A

Aldiko 343, 345
alternative Tastatur 231
Amazon MP3 315
Android 11
  Systemupdate Samsung Kies 93
Android Beam 209
Android System Info 381
APN einstellen 47
App
  1Password 247
  Aldiko 343, 345
  Android-Apps-Überblick 33
  Android Geräte-Manager 53
  Android System Info 381
  Audible 349
  Barcoo 101
  Browser 147
  Call a Bike 289
  Camera360 357
  Chromecast 327
  Chrome to Phone 163
  DB Navigator 287
  Dropbox 365
  Evernote 273, 275
  Flinkster 289
  Flipboard 293
  Google Mail 171
  Google Play Movies 331
  Instapaper 295, 297
  Kalender 261
  Kindle 339
  Lookout 97
  moovel 289
  Onleihe 347
  Outlook 79
  Papier Kamera 107
  Picasa 361
  PocketCast 299
  Ringtone Maker 229
  Samsung S Note 75
  Sipgate 141, 143
  Skype 137
  Spotify 335
  TuneIn Radio 317
  WeatherPro 301
  Webbrowser 147
  YouTube 319, 369
Apps
  Google Play Music 307, 309, 311
  iTunes 313
Apps am Computer kaufen 109
Apps für Kinder 249
Apps löschen 111
Apps-Überblick 33
Audible 349
Audio-CD 313
Auto-Rotate-Switch 225

B

bewegen 57, 59
Bilder, siehe auch Fotos

Einsetzen 71
Kopieren 71
Bing 155
Bluetooth
Pairing 133
Bluetooth-Headset 133
Browser 147
Lesezeichen 159
Tab 153
Zoomen 151

C

Call a Bike 289
Camera360 357
Chat 201
Chromecast 327
Cloud-Computing 27

D

Daten gemeinsam nutzen 237
Datenschutz 91
Daten unterwegs 77
Display-Rotation 225

E

E-Book
Importieren 343
Laden 339
Lesen 341
Einsetzen 69, 71
Einstellungen
Konten 87
Sicherheit 97
E-Mail 185
Entwurf speichern 191
IMAP 81
Evernote 213
Exchange 77
Exchange-Konto mit Android verbinden 87
Explorer 235

F

Facebook 205
Fingersteuerung 57, 59
Flinkster 289
Flipboard 293
Fotos
automatisch hochladen 365
Importieren 359
Fotos taggen oder verschlagworten 363

G

Gerät
iPhone 11
Samsung Galaxy S4 51
Gesten 57, 59
Gmail
Anhänge öffnen 173
Suchen 177
GMX Mail 193
Google 77
Datenschutz 91
Google+ 201
Google Mail 171
Google Play 351
Google Talk 201
Konto 109
Maps 281

Google+ 201, 363
Google-Dienste 91
Google Hangout 203
Google Kalender 257, 261
Google-Kalender mit Outlook abgleichen 79
Google-Konto 109
  Hauptkonto 29
  Hauptkonto für Google Play 109
Google Now 65, 67, 303
Google Play 101, 351
  Am Computer 109
  App kaufen 103, 105
  App umtauschen 107
Google Wallet 103
Grundlagen 17
  Home-Taste 21
  Home-Taste mit Klick 23
  Launcher 13, 19
  Menü-Taste 21, 23
  Smartphone 13, 19
  Startbildschirm 13, 19
  Statusleiste 13, 19
  Tasten 17, 21, 23
  Touchscreen 17
  Zurück-Taste 21, 23
Gtask 271

H

Hintergrundbild 223
Home-Taste 21
Home-Taste mit Klick 23

I

IMAP 185
Instapaper 295, 297
Internet 49
  Bing 155
  Suchmaschine 155
  Yahoo 155
  Zugangspunkt 47

K

Kalender 79
Kindersicherung 249
Kontaktdaten teilen 73
Kontakte
  Exportieren 83
  Synchronisieren 85
Kopieren 69

L

Launcher 13, 19
Lesezeichen 159
  Google Chrome 161
  Importieren 161
  Synchronisieren 161
  Verschicken 163

M

Malware 97
Maps 281
  Download 283
Mediaplayer 307
Menü-Taste 21, 23
moovel 289
MP3 313

MS-Exchange 87
Musik
  Bei Amazon einkaufen 315
Musik abspielen 309
Musik streamen, Spotify 335

N

Navigation 281
NFC 209

O

Onleihe 347
Online-Speicher 241
Open Handset Alliance 11
Open Source 11
Ordner erstellen 221

P

Papier Kamera 107
Passwort 245
Passwortverwaltung 247
Places 283
PocketCast 299
Podcast 299

R

Radio 317
Remote Wipe 37
Reset 377

S

Samsung
  Multi Window-Modus 75
Samsung Kies 93
SD-Karte 51, 89
Sicherheit 37, 39, 41, 43, 53, 97, 249
  Dropbox 241
  Google Datenschutz 91
  Online-Speicher 241
Sim-Karte 95
  Kontakte importieren 95
Sipgate 137, 141, 143
Skype 137
Smart Keyboard 231
Smartphone steuern 13, 19
SMS 197
SMS/MMS-Alternativen 199
Sonderzeichen 61
Speicher erweitern 51
Spracherkennung 65, 67
Sprachsteuerung 65, 67
Standardanwendungen festlegen 227
Startbildschirm 13, 19
  Ordner 221
  Verknüpfungen 217
  Widget 213
Statusleiste 13, 19
Stoppuhr 277
Streichen 57, 59
Suche nach Kontakten 215
Suchmaschine 155
Systeminformationen anzeigen 381
System wiederherstellen 379

T

Taschenrechner 277
Tastatur
  Umlaute eingeben 61
  virtuelle Tastatur 61

Tastatursprache ändern 63
Tasten 17, 21
Telefon 115
  Anklopfen 127
  Anruf abweisen 121
  Anruf annehmen 121
  Favoriten 119
  GSM-Codes 129
  Kontakte 119
  SIP 137, 141, 143
  Suchen 119
  Telefonkonferenz 125
  Weiterleiten 127
Telefonrechnung 105
Text 69
  Einsetzen 69
  Kopieren 69
Timer 277
Töne einstellen 31
Töne einstellen (Samsung) 25
Touchscreen 17
Twitter 207

U

Uhr 277
Umlaute eingeben 61
USB
  SD-Karte lesen 89
USB-Speicher 89

V

Vibration einstellen 31
Vibration einstellen (Samsung) 25
Video-Chat 203
Videos
  bei YouTube ansehen 319
  DVD umwandeln 325
  merken 321
  Trimmen 371
  von der SD-Karte abspielen 323
Videos abspielen 331
Videos und Musik ans TV-Gerät senden 327
Virenscanner 97
Virtuelle Tastatur 61
Voice Over IP 137

W

WeatherPro 301
Webbrowser 147
Web.de Mail 193
Webradio 317
Wecker 277
Werkseinstellungen 377
WhatsApp Messenger 199
Widget-Suche 215
Wi-Fi 49
Windows 359
WLAN 49

Y

Yahoo 155
YouTube 369

Z

Zugangspunkt 47
Zurück-Taste 21, 23